Die Auflösung der Abteilung für Haarspalterei

Texte moderner chinesischer Autoren

Von den Reformen bis zum Exil

Herausgegeben
von Helmut Martin und
Christiane Hammer

Rowohlt

Entstanden im Rahmen des European Project on China's Modernization
Contemporary Patterns of Cultural and Economic Change,
gefördert von der Volkswagen-Stiftung, Hannover
Leitung Prof. Dr. Helmut Martin, Ruhr-Universität Bochum

1. Auflage August 1991

Übersetzer- und Quellenhinweise s. S. 313–315

Umschlaggestaltung Cordula Reiser
Satz Garamond (Lasercomp), LibroSatz, Kriftel
Druck und Bindung Franz Spiegel Buch GmbH, Ulm
Printed in Germany
ISBN 3 498 02907 x

DIE AUFLÖSUNG DER ABTEILUNG FÜR HAARSPALTEREI

Für die Transkription chinesischer Namen und Termini wurde die Hanyu-Pinyin-Umschrift verwendet; Ausnahmen bilden Ortsnamen und geographische Bezeichnungen wie Peking, Nanking, Taipei oder Sinkiang sowie Begriffe wie Kuomintang (KMT), die im internationalen Sprachgebrauch eingebürgert sind. Die Jahreszahlen am Ende der Texte geben – sofern bekannt – das Entstehungsjahr an, sonst in eckigen Klammern das Jahr der Veröffentlichung.

INHALT

CHINA — EINE GENERAL-ABRECHNUNG

DUO DUO

Künstliche Menschen

Nach dem Pekinger Massaker 1989 verstummten Chinas Literaten. Endgültig desillusioniert über die Volksrepublik, meldete sich der Lyriker Duo Duo als einer der ersten Exilanten mit tagebuchartigen Prosaskizzen zu Wort.

Ende September 1989 habe ich in Kanada am 54. Internationalen PEN-Kongreß teilgenommen. Am Eröffnungsabend fanden im Konzertsaal Torontos ein großer Empfang und ein Konzert statt. Fast fünfhundert berühmte Schriftsteller und Dichter aus der ganzen Welt trafen dort zusammen. Sie begrüßten sich, sie unterhielten sich und sie tranken zusammen. Irgendwann rief mich jemand:

«Duo Duo, darf ich dir eine chinesische Kollegin vorstellen?»

Die Chinesin stand vor mir und schielte mich aus den Augenwinkeln an. Ihre Arme hatte sie vor ihrer Brust verschränkt. Auf ihrem Namensschild stand ‹Exilschriftstellerin xy›.

Ich begrüßte sie. Ihr erster Satz aber war:

«Duo Duo? Wieso habe ich noch nie von diesem Namen gehört?»

Wie sollte ich die Frage beantworten?

«Woher kommst du?»

Bist du etwa von der Polizei? dachte ich und antwortete: «Ich komme aus Peking.»

«Stimmt das?»

Was sollte das nun wieder heißen?

«Wann bist du gekommen? Bist du vom Tiananmen-Platz geflohen? Wann bist du hier angekommen? Was machst du in Kanada . . .?»

War das nicht etwas zuviel? Ich war seit mehr als hundert Tagen im Ausland, und noch kein einziger Westler hatte so mit mir gesprochen. Ich drehte mich um und ging, ohne ein einziges Wort mehr zu verlieren.

Fünf Minuten später kam ein Freund zu mir und erzählte, daß diese ‹Exilschriftstellerin› ihm gesagt habe: «Duo Duo ist ein Lügner. Einen Schriftsteller dieses Namens gibt es in Peking gar nicht!»

Ich kann nicht begreifen, wenn sich zwei chinesische Schriftsteller im Ausland begegnen, warum dann der eine echt sein soll und der andere als falsch identifiziert werden muß. Wer hat diese Schriftstellerin eingeladen, hier als Detektiv und Richter zu fungieren?

1987 habe ich eine Fernsehdiskussion zwischen Studenten der Taiwan-Universität und der Fudan-Universität aus Shanghai verfolgt. Das Thema lautete: «Kann China die Invasion der häßlichen westlichen Kultur mit der konfuzianischen Tradition abwehren?» Die taiwanesischen Studenten haben sich zustimmend geäußert. Die Studenten vom Festland dagegen meinten, daß man sich nur auf die Rechtsstaatlichkeit, nicht aber auf die Traditionen stützen könne. Ich denke, daß von der Argumentation her damals die Festlandsstudenten gewonnen haben. Aber wenn man die Teilnehmer an sich betrachtet, dann bin ich der Meinung, daß die Studenten aus Taiwan die Gewinner waren – und die Teilnehmer sind wichtiger als der Inhalt. Das Festland und Taiwan sind seit vierzig Jahren getrennt: Auf der einen Seite stehen die Produkte kommunistischer Kultur – sie haben einen Diskussionsstil hervorgebracht, der wie große Überschwemmungen oder hungrige Raubtiere jeden, der im Weg steht, umbringt. Das drückt auch eine bestimmte innere Haltung aus. Demgegenüber stehen auf der anderen Seite die konfuzianische Tradition und die Prägungen aus der Anfangsphase eines Demokratisierungsprozesses.

Meiner Meinung nach ist der moralische Verfall auf dem Festland beispiellos weit fortgeschritten. Die Behauptung, daß dieser Verfall auf die ‹Invasion der häßlichen westlichen Kultur› zurückzuführen sei, ist nicht haltbar. Daß wir mit den konfuzianischen Traditionen gebrochen haben, ist für mich nur eine Ursache unter vielen für diesen moralischen Verfall. Zu glauben, daß die Rechtsstaatlichkeit China aus der sozialen Krise retten kann, ist sicherlich nicht falsch; aber Rechtsstaatlichkeit wird von Menschlichkeit bestimmt. In diesem Zusammenhang ist für mich ein Satz des amerikanischen

Schriftstellers John Updike aufschlußreich: «Die Veränderungen eines Systems sind schnell realisierbar, aber die der Menschen nehmen viel Zeit in Anspruch.»

Die ‹Exilschriftstellerin› beschäftigte mich weiter. Jemand kam vorbei und sagte: «Tut mir leid, Duo Duo, aber sie kommt aus Taiwan . . .»

Wir kamen auf Chinas modernen Kaiser, Mao Zedong, zu sprechen. Er soll eine Vorliebe für schwangere Frauen gehabt haben, die ihn oral befriedigen mußten. Nach dem Akt fragte er die Frauen: «Würdest du die Sache draußen weitererzählen?» Die jungen Frauen sagten: «Nein, nein, das würde ich nie tun!» Mao lachte: «Das macht nichts. Du kannst es ruhig weitererzählen. Niemand würde dir glauben.»

«Ist das ein Witz oder eine wahre Geschichte?» fragte mein englischer Freund.

«Niemand weiß es, aber jeder glaubt daran.»

Dann holte ich aus meiner Hosentasche einen Briefumschlag, das Weihnachtsgeschenk von einem meiner Schüler.

«Rate mal, was drin ist?»

«Kondome?»

Ich machte den Briefumschlag auf – ein kleiner Stein und ein Zettel: Dieses Steinchen stammt aus der gerade geöffneten Berliner Mauer.

«Wird man einst die Diktatur in China und AIDS im Westen beseitigen?» fragte ich.

Mein englischer Freund antwortete: «Niemand weiß es, aber jeder glaubt daran.»

Vor einigen Tagen fragte mich eine Journalistin eines unabhängigen englischen Fernsehsenders:

«Duo Duo, du lebst nun seit neun Monaten in London. Was ist das Absurdeste, was du in England gesehen hast?»

Ohne Zögern antwortete ich:

«Hunde. Eine bestimmte Art . . .

Auf Londoner Straßen habe ich oft Hunde gesehen, die wie

Spielzeug aussehen. Sie sind das Ergebnis mehrmaliger Kreuzungen und dienen auch als Spielzeug. Ihr Fell sieht wie Nylon aus. Ihr Schwanz hängt wie eine Schnur zu Boden. Ihre Ohren sind wie Wollhandschuhe. Wenn ich sie mit anderen Hunden vergleiche, könnte ich weinen: ‹Ihr seht nach allem möglichen aus, bloß nicht mehr wie Lebewesen.› Sie ängstigen mich: Eines Tages wird es vielleicht möglich sein, so eine Menschenrasse zu erzeugen!»

Die Journalistin lächelte.

Ich fuhr fort: «Einen bestimmten künstlichen Menschentyp gibt es bereits. Das ‹Züchten› künstlicher Persönlichkeiten in der Volksrepublik China macht mich noch trauriger als die physische Vernichtung der Menschen.»

In der Geschichte Chinas dominierte lange eine Klassengesellschaft. Die Begründer der chinesischen Feudalkultur waren die Adligen, nicht das Volk. Nach der Machtübernahme durch die Kommunisten ist die Geschichte umgekehrt worden: Das Volk macht jetzt Geschichte, die arbeitende Bevölkerung schafft Kultur. Man kann ohne Übertreibung sagen, daß der Sieg der KP der größte Sieg einer Bauernmacht in der chinesischen Geschichte ist. Und was hat die vierzigjährige Propagierung einer kommunistischen Kultur – der Stalinismus zusammen mit dem Bauernbewußtsein – in der chinesischen Gesellschaft hinterlassen?

Wenn wir die chinesische Literatur der achtziger Jahre betrachten, können wir feststellen, daß sie keine sichtbaren Spuren des Charakters einer kommunistischen Kultur mehr trägt. Verfälschungen, maßlose Übertreibungen oder leeres Gerede gibt es nicht mehr. Geblieben sind vulgäre Darstellungen, die verklärt als ‹natürlich› bezeichnet werden. Dies gilt auch für Filme: Wenn ein ‹guter Mensch› den Satz «Ich liebe dich» sagte oder «Du beeindruckst mich sehr», bekamen die Zuschauer eine Gänsehaut. Die Sätze klangen gekünstelt, von Liebesszenen mit einem schamhaften Kuß ganz zu schweigen. Aber wenn ein ‹Bösewicht› schrie: «Ich bring dich um!», wurde das sehr realitätsnah gespielt. Diese beiden platten Charaktere sind jetzt verschwunden, geblieben sind ‹schlichte, natürliche und bescheidene› Personen. Manche Schriftsteller haben mir sogar gesagt: «Man sollte seinen Werken einen möglichst pittoresk-naiven ‹nationalen Charakter› geben. Wenn man das auf die Spitze treibt, werden sie für alle exotisch.» Das bedeutet: Je stärker der nationale Charakter als ‹Markenzeichen›, desto größer die weltweite Akzeptanz, denn dadurch wird der Unterschied deutlicher. Aber ist pittoreske Naivität wirklich ‹typisch chinesisch› und läßt sich das charakteristisch Chinesische mit ‹grob und vulgär› gleichsetzen?

Für mich herrscht seit Mitte der achtziger Jahre in der chinesischen Gesellschaft ein ‹Lumpenbewußtsein›. Die Literatur gleicht einer ‹Lumpenliteratur›: stupide, hinterlistig und schmutzig. Oberflächlich gesehen mag sie eine Literatur des Widerstands gegen die kommunistische Kultur sein, in Wirklichkeit aber ist sie ein Produkt genau dieser Kultur. Die jahrtausendealte Zivilisation Chinas ist auf einem beispiellosen Tiefpunkt angelangt.

Für den moralischen Verfall und die deprimierenden Entwicklungen innerhalb von Kunst und Literatur hat die offizielle chinesische Seite die ewig gleiche Erklärung: dies alles sei auf die ‹Angriffe der dekadenten westlichen Kultur› zurückzuführen. Ich bin überzeugt davon, daß dies die schlimmen Folgen der totalen Untergrabung der traditionellen chinesischen Kultur sind. Die chinesischen Künstler und Schriftsteller der Gegenwart arbeiten auf den Ruinen der Tradition und auf der Müllhalde der kommunistischen Kultur. Wer eingeklemmt ist zwischen einem geliehenen Geist und dem Tod dieses Geistes, der kennt nichts außer Bauernschläue und Vorurteilen und hat nichts anderes im Sinn, als kurzsichtig nach schnellem Profit zu streben.

Unsere kulturelle Tradition wird von den Menschen eingeatmet wie die Luft, sie ist die Basis für Dichter, Schriftsteller und Künstler; allein mit einer ‹neuen Vorstellung› oder einem ‹neuen Bewußtsein› läßt sich da nicht viel ausrichten. Der Hauptstrom der gegenwärtigen chinesischen Literatur ist zwar frei vom Geruch kommunistischer Propaganda, aber sie ist schwach wie ein Patient nach einer schweren Operation: voller Narben, geschwächt, hat sie den Glauben ans Leben verloren. Die chinesische Literatur hat gerade eine Operation durch die kommunistische Kultur hinter sich. Durch diese Operation ist die Persönlichkeit der Chinesen abgetötet worden – gerade bei den bedeutendsten chinesischen Schriftstellern der Gegenwart habe ich dies feststellen müssen; oft bringe ich es nicht über mich, weiterzulesen. Es ist wie eine Prophezeiung, wie ein Signal und eine Ahnung vom Untergang.

Ein krankes Volk braucht zu seiner Heilung seine eigenen Lebens- und Abwehrkräfte. Ohne grundlegende moralische Werte, ohne humanistische Ideen und Menschenrechte bleibt die kommunistische Kultur wie eine Krebszelle im Körper unseres Volkes.

Was hilft da anderes, als Widerstand zu leisten?

Ich habe 1988 bemerkt: Die sogenannten Widerstandskämpfer und die Herrschenden hatten ein Bündnis geschlossen. Wird es nach der extremen Konfrontation durch das Massaker erneut eine Lockerung im Verhältnis zwischen Widerstand und Herrschern geben können? Oder wird sich das Massaker wiederholen, weil der Haß die Beziehungen untereinander bestimmt?

Die kommunistische Kultur, eine Mischung aus Stalinismus und Brutalität, prägt die Chinesen seit vierzig Jahren. Seine Folgen für die Seelen sind größer als die Spuren, die die Panzer hinterlassen haben. Nach dem Massaker vom 4. Juni 1989 habe ich oft gesehen, daß junge Soldaten, die meistens vom Lande kommen, sich lächelnd auf dem Tiananmen-Platz fotografieren lassen. Immer wenn ich so eine Szene sehe, tut mein Herz weh. Ein solcher Persönlichkeitstypus ist schon gezüchtet worden! 1989/90

BO YANG

Häßliche Chinesen

Mit seiner polemischen Charakterstudie über das «wahre Gesicht der Chinesen» hielt ein 1949 nach Taiwan übergesiedelter Festländer allen Landsleuten den kulturkritischen Spiegel vor – was besonders in der Volksrepublik bereits Mitte der achtziger Jahre einen heftigen Diskussionsprozeß auslöste.

In diesem Jahr bin ich 65 Jahre alt geworden. Als einige Freunde in Taipei am 7. März eine Geburtstagsfeier für mich veranstalteten, sagte ich zu ihnen: «Ich lebe nun seit 65 Jahren – Jahre voller Mühsal.» Ich meinte damit: Nicht lediglich für mich persönlich waren sie voller Mühsal, sondern für jeden einzelnen Chinesen ebenso. Die Mühsal, von der ich rede, ist weder ein individuelles Problem noch ein politisches. Es ist ein Problem der Chinesen in ihrer Gesamtheit. Hier geht es nicht um das Leid, das eine einzelne Person durchgemacht hat, nicht einmal um das der Generation, der ich angehöre. Worauf es ankommt, ist, daß sich unser Unglück bis in alle Ewigkeit immer und immer wiederholen wird, sofern wir dieses Leid und diese gifthaltige Kultur nicht endlich verstehen lernen.

Ein Volk muß man zwar zugegebenermaßen in seiner langfristigen Entwicklung sehen, aber das Leben eines einzelnen Menschen ist doch begrenzt. Wie viele große Hoffnungen kann es in einem Menschenleben geben, ohne daß es an deren Vereitelung zerbricht? Als ich vor vier Jahren in New York eine Rede hielt und einige sehr persönliche Punkte ansprach, stand jemand auf und sagte: «Sie kommen aus Taiwan. Da sollten Sie uns eigentlich etwas Hoffnung machen und unser Nationalgefühl bestärken. Statt dessen greifen Sie uns an – das hätte ich nicht erwartet.» Natürlich benötigt ein Mensch Ansporn. Das Problem aber ist: Wie geht es weiter, nachdem er angespornt wurde? Als ich fünf oder sechs Jahre alt war, sagten die Erwachsenen zu mir: «Die Zukunft Chinas liegt in den Händen deiner Generation!» Ich fand, daß diese Verantwortung viel zu groß sei, um sie auf mich nehmen zu können. Später dann sagte ich zu meinem Sohn: «Die Zukunft Chinas liegt in den Händen deiner Generation!» Jetzt sagt auch mein Sohn zu seinem Sohn: «Die Zukunft Chinas liegt in den Händen deiner Generation!» Eine Generation macht es wie die andere – wie lange denn noch? Mit welcher Generation wird es denn endlich besser werden?

Auf dem großen chinesischen Festland schloß sich an die ‹Kampagne gegen die Rechten Elemente› 1957 noch jene ‹Große Kulturrevolution› 1966 bis 1969 an, die Himmel und Erde ins Wanken brachte. Nie zuvor in ihrer Geschichte ist die Menschheit mit einer so großen, von Menschen geschaffenen Katastrophe geschlagen gewesen. Das betrifft nicht nur den Verlust an Menschenleben; der größte Verlust entstand durch die Zerstörungen an Menschlichkeit und moralischer Gesinnung, ohne die es zwischen Menschen und wilden Tieren keinerlei Unterschied mehr gibt. Diese ‹Zehnjährige Katastrophe› machte zahllose Menschen zu wilden Tieren. Wie kann ein Volk, das charakterlich so tief gefallen ist, je wieder auf die Beine kommen? Es bringt nicht nur große Mühsal, ein Chinese zu sein, sondern auch Leid und Schmach.

Auf der ganzen Welt gibt es kein anderes Land, das eine so lange Geschichte hat wie China und eine so kontinuierlich überlieferte Kultur wie wir. Die Griechen der Gegenwart haben nichts mit den alten Griechen zu tun, ebensowenig stehen die Ägypter von heute in irgendeiner Beziehung zu den alten Ägyptern. Die heutigen Chinesen aber sind direkte Nachkommen der alten Chinesen. Doch warum sank ein so gewaltiges Land, ein derart gewaltiges Volk, auf eine solche Stufe der Häßlichkeit herab? Wir wurden nicht nur von Ausländern schikaniert; viel mehr noch waren es unsere eigenen Leute – despotische Fürsten, tyrannische Beamte und grausames Volk –, die uns drangsalierten.

Im Ausland bleibe ich manchmal für einen Augenblick in einem Park stehen und schaue den Kindern beim Spielen zu. Wenn ich sehe, wie glücklich sie sind, wird in mir ein Gefühl neidvoller Bewunderung wach. Sie wirken unbelastet, ihre Zukunft scheint geebnet und rosig, sie sind seelisch gesund und voller Heiterkeit. Unsere Kinder in Taiwan dagegen tragen eine Brille für ihre kurzsichtigen Augen, wenn sie zum Lernen in die Schule eilen. Um dem Druck im Unterricht standhalten zu können, kennen sie bald nicht einmal mehr ihre nächsten Verwandten und Freunde. Wehe, man schaut sich dann noch die Kinder auf dem chinesischen Festland an, die von klein auf kämpfen und andere täuschen müssen – hält man sich diese ganz schreckliche Erziehung vor Augen, dann weiß man, wie die nächste Generation aussieht. Und wir sollen auf diese nächste Generation bauen?!

Ich lebe seit über dreißig Jahren in Taiwan. Zehn Jahre lang schrieb ich Romane, zehn Jahre lang Essays, von 1968 bis 1977 saß ich zehn Jahre lang im Gefängnis, und jetzt beschäftige ich mich zehn Jahre lang mit Geschichte. Das ist eine gleichmäßige Verteilung, würde ich sagen. Warum habe ich keine Romane mehr geschrieben? Weil ich finde, daß man sich mit Romanen nur indirekt äußern kann. Ein Essay aber ist wie ein Dolch, den ich direkt ins Herz des Übels hineinstoßen kann. Ein Essay ist wie ein konstant mahnender Beifahrer, der dem Fahrer sagt, wenn er falsch gefahren ist. Man muß unaufhörlich mahnen, unaufhörlich rufen – hat man zu laut gerufen, wird man allerdings für längere Zeit ins Gefängnis gesperrt. Die Leute, die das Steuer in ihren Händen halten, meinen nämlich, daß sie niemals Fehler begehen, und niemand macht sie darauf aufmerksam.

Ich habe in meiner Zelle darüber nachgegrübelt, warum ich im Gefängnis sitze, was für ein Verbrechen ich begangen, gegen welches Gesetz ich eigentlich verstoßen habe. Noch angestrengter versuchte ich nach meiner Entlassung herauszufinden, ob das, was mit mir geschehen war, als ein normaler oder ein besonderer Fall anzusehen ist. Da traf ich, als ich am International Writers Program in Iowa teilnahm, offiziell mit Schriftstellern vom chinesischen Festland zusammen. Hierbei entdeckte ich, daß es solchen Menschen wie mir von Gott bestimmt ist, im Gefängnis zu landen – wenn nicht in Taiwan, dann in der Volksrepublik. Die Schriftsteller vom Festland sagten mir: «Mit deinem Temperament wärst du gar nicht erst bis zu den Roten Garden und zur ‹Großen Kulturrevolution› gekommen; die ‹Kampagne gegen Rechte Elemente› hätte dich schon weggewischt.»

Warum muß einen Chinesen, sobald er nur ein klein wenig mutig oder unbesonnen ist und sobald er einmal die Wahrheit sagt, gleich ein solches Schicksal ereilen? Ich habe sehr viele Leute getroffen, die auf dem chinesischen Festland im Gefängnis gesessen haben. Die fragte ich: «Warum warst du im Gefängnis?», und alle antworteten: «Ich habe die Wahrheit gesagt.» Und genau so ist es. Aber warum kann jemanden ein solches Schicksal treffen, nur weil er ein paar wahre Worte sagt? Ich bin der Meinung, daß dies kein individuelles Problem ist, sondern ein Problem der chinesischen Kultur.

Oft höre ich Leute sagen: «Jeder hat sein Schicksal selbst in der Hand.» Seit ich älter geworden bin, finde ich diese Worte sehr problematisch. In Wirklichkeit ist es doch so, daß man nur die eine Hälfte seines Schicksals selbst in der Hand hat – die andere Hälfte haben doch wohl andere Leute in ihrer Hand. So gleicht das Leben des Menschen auf der Erde einem Kieselstein in einer Zementmischmaschine: wenn sie angefangen hat, sich zu drehen, ist man nicht mehr Herr über sich selbst.

Dem Sterben nahe, sagte Jesus: «Vergib ihnen, denn sie wissen nicht, was sie tun.» Als ich in jungen Jahren diese Worte las, hielt ich sie für belanglos und banal. Erwachsen geworden, fand ich sie immer noch kraftlos. Erst jetzt im Alter entdecke ich, wie tiefgründig, geheimnisvoll und schmerzerfüllt diese Worte sind. Sie erinnern mich an uns Chinesen und daran, wie wir zu dem wurden, was wir heute sind – an unsere Häßlichkeit und an die Ursachen dafür, die darin liegen, daß wir gar nicht wissen, wie häßlich wir sind.

Sind denn nun die natürlichen Anlagen von uns Chinesen tatsächlich problematisch? Ist es wirklich so, daß Gott uns Chinesen mit einem häßlichen Herzen ausgestattet hat, als er uns schuf? Ich glaube, die Chinesen haben von Natur aus auch gute und edle Anlagen. Aber warum war es den Chinesen dann während der letzten Jahrhunderte nicht möglich, sich aus ihrer Not zu befreien? Was ist der Grund dafür? Ich möchte mich erdreisten, eine allgemeine Antwort zu geben: In der chinesischen Kultur gibt es eine Art Virus, von dem wir bis auf den heutigen Tag nicht genesen konnten und durch den auch unsere Kinder und Kindeskinder infiziert wurden. So ein riesiges Land mit einem riesigen Volk, das ein Viertel der gesamten Weltbevölkerung ausmacht – und doch versank es im Treibsand der Armut, der Dummheit, des Kampfes, des Blutgeruchs, aus dem es sich selbst nur schwer herausziehen kann. Diese gegenwärtige Situation wurde von der traditionellen Kultur geschaffen, die auch dafür verantwortlich ist, daß wir Chinesen so vielerlei schreckliche Charakterzüge besitzen.

Einige unserer augenfälligsten Eigenschaften: Chinesen sind schmutzig, unordentlich und lärmend. In Taipei gab es zwar immer mal wieder eine Aktion gegen Schmutz und Unordnung, das Ergebnis aber war, daß man sich ein paar Tage lang zusammenriß, und dann war alles wieder beim alten. Unsere Küchen und unser ganzes Zuhause sind schmutzig und unordentlich. Im Ausland ziehen vielerorts die anderen Leute fort, sobald Chinesen einziehen. Und was das Lärmen angeht: Die Chinesen haben ein lautes Organ, das wirklich ohnegleichen auf der Welt ist; die Landsleute aus der Provinz Guangdong sind da ein besonderer Publikumserfolg. Warum aber sprechen die Chinesen so laut? Weil sie sich unsicher fühlen! Deswegen heben sie ihre Stimmen an und meinen, je lauter sie reden, um so mehr seien sie im Recht, nach dem Motto: Wenn ich nur laut genug und aus voller Kehle schreie, dann kommt alles Recht zu mir gerannt. Warum wäre ich sonst so entrüstet?! Ich glaube, diese Verhaltensweisen reichen dazu aus, daß das Image der Chinesen zerstört wird und sie innerlich nicht sicher und ruhig sein können, da Lärm, Schmutz und Unordnung natürlich auch ihre Psyche beeinträchtigen.

Die ‹Nestkämpfe› nun sind bestimmt ein Hauptmerkmal der Chinesen, das weltbekannt ist. Jeder einzelne Japaner beispielsweise ist plump und unbeholfen wie ein Schwein, aber drei Japaner zusammengenommen sind stark wie ein Drache. Der Gruppengeist der Japaner macht Japan unüberwindlich. Die Chinesen aber konnten die Japaner im Krieg nicht schlagen und können sie auch beim Geschäftemachen nicht übertreffen. Wenn Chinesen allein an einem

Platz arbeiten, wie im Forschungslabor oder im Prüfungssaal, also unter Bedingungen, wo keine zwischenmenschlichen Kontakte nötig sind, dann können sie sich ganz enorm entfalten. Aber drei Chinesen – drei Drachen – zusammengenommen werden zu einem Schwein, zu einem Wurm. Ja, nicht einmal mit einem Wurm können sie sich vergleichen, weil die Chinesen wahrhafte Meister der Intrige sind – wenn es irgendwo Chinesen gibt, dann gibt es auch Binnenkämpfe.

Aber Chinesen sind nicht nur unsolidarisch, sie finden auch immer einen plausiblen Grund dafür, und jeder einzelne könnte seine Begründungen zu einem Buch verarbeiten. Jede Chinesengemeinde zerfällt sofort in dreihundertfünfundsechzig Fraktionen, die sich gegenseitig den Garaus machen wollen. Es sind folglich nicht Ausländer, die die Chinesen am unerträglichsten peinigen, sondern Chinesen. Es sind nicht Ausländer, die die Chinesen verraten, sondern Chinesen. Es sind nicht Ausländer, die gegen die Chinesen intrigieren, sondern Chinesen. Viele meiner Freunde sagten zu mir: Wenn dein unmittelbarer Vorgesetzter Chinese ist, dann mußt du besonders auf der Hut sein und dich in acht nehmen. Nicht nur, daß er dich nicht befördert; wenn es darum geht, Personal zu entlassen, wird er dich sogar zuallererst feuern, weil er seine Gerechtigkeit und ‹Selbstlosigkeit› demonstrieren will.

Eine Folge dieser Nestkämpfe ist, daß die Chinesen eine ganz besondere Verhaltensweise hervorgebracht haben: ums Verrecken keine Fehler zuzugeben. Im Gegenteil, sie finden sogar unzählige Gründe, um ihre eigenen Fehler zu vertuschen. Es gibt die volkstümliche Redensart: «Hinter verschlossenen Türen über Fehler nachdenken.» Aber über wessen Fehler denkt man denn dann nach? Über die Fehler der anderen natürlich! Um einen Fehler zu kaschieren, wenden die Chinesen viel Energie auf, und sie fabrizieren dadurch noch weitere Fehler, um zu beweisen, daß die erste Verfehlung absolut kein Fehler war. Deshalb heißt es auch, daß die Chinesen gerne große Töne spucken, gerne leeres Gerede von sich geben, gerne Lügen und Unwahrheiten erzählen und außerdem noch allzu gerne mit ‹giftigen› Worten um sich werfen – mit heimtückischen, bösartigen Worten. Obendrein heben sie ununterbrochen die großchinesische Herrlichkeit der Han in den Himmel, und ununterbrochen geben sie damit an, daß die traditionelle chinesische Kultur sich über die ganze Welt ausbreiten werde.

Viele ausländische Bekannte meinten zu mir: «Der Umgang mit Chinesen ist sehr schwer; man kann den halben Tag mit ihnen reden und weiß trotzdem nicht, was sie nun eigentlich denken.» Ich gab zurück: «Was ist daran so außergewöhnlich? Das geht nicht nur euch Ausländern so; selbst wenn Chinesen untereinander verkehren, weiß der eine vom anderen nicht, was der im Grunde denkt.»

Diese Umstände bürden dem Chinesen von Geburt an eine schwere Last auf. Jeden Tag muß man zu ergründen versuchen, was andere eigentlich meinen. Das ist nicht nur Verschwendung geistiger Energien, es ist auch ein großes Problem: Weil die Chinesen unaufhörlich ihre Fehler kaschieren und unaufhörlich große Töne spucken, leeres Gerede von sich geben, Lügen, Unwahrheiten und giftige Worte verbreiten, sind sie seelisch völlig verkrüppelt und können nicht offenherzig sein.

China ist so riesig, seine Kultur ist so alt und so beständig – wir sind ein großes und stolzes Land. Welche Geisteshaltung sollten die Chinesen also an den Tag legen? Natürlich die eines großen und stolzen Landes. Aber diese Geisteshaltung von Bewohnern eines großen und stolzen Landes ist nur in Büchern oder im Fernsehen zu finden. So bedeutet es möglicherweise hundert Jahre Feindschaft und Haß, der noch nach drei Generationen nicht gestillt ist, wenn Chinesen sich streiten. Warum fehlt es uns so sehr an generöser Toleranz?

Der intolerante Charakter und die engherzige Geisteshaltung bewirken, daß die Chinesen unausgeglichen zwischen zwei Extrempunkten hin- und hertaumeln: einem absoluten Minderwertigkeitsgefühl und einer absoluten Überheblichkeit. Wenn sie sich minderwertig fühlen, werden sie zu Sklaven; wenn sie überheblich sind, zu Herren. Durch dieses Schwanken zwischen zwei Extremen sind die Chinesen zu seltsamen Lebewesen mit gespaltener Persönlichkeit geworden.

Nie und nimmer scheinen die Chinesen zur Selbstachtung fähig. Das geht sogar so weit, daß sie nicht das geringste mit der Idee der

Gleichheit anfangen können – wenn du nicht mein Herr bist, dann bin ich eben deiner. All das beeinflußt die psychische Verfassung der Chinesen dahingehend, daß sie eine Art paranoider Furcht entwickelt haben. Wenn ich ein Ausländer wäre oder ein Tyrann, ich würde es für ein unerträgliches Unrecht halten, ein solches Volk nicht zu unterdrücken oder zu tyrannisieren! Die paranoide Furcht der Chinesen züchtet Tyrannen und ist die beste Brutstätte für grausame Beamte.

Wie aber sollten Menschen, die sich unter den Bedingungen einer derartigen Kultur entwickelt haben, selbständig denken lernen? Da wir keine Übung im selbständigen Denken haben, fürchten wir es auch. Die chinesische Kultur hat in viertausend Jahren nur einen einzigen Denker hervorgebracht, und das war Konfuzius. Nach ihm interpretierten alle Leute, die lesen und schreiben konnten, nur noch die Lehre des Konfuzius oder die seiner Adepten. Sie selbst hatten keine eigenständigen Meinungen, weil unsere Kultur dies nicht zuließ. Deshalb mußten sie versuchen, irgendwie in diesem Tümpel toten Wassers zu überleben. Dieser Tümpel, dieses tote Wasser – das ist das Sojasoßenfaß der chinesischen Kultur. Das Sojasoßenfaß begann zu stinken und bewirkte, daß die Chinesen so häßlich wurden. Eben wegen der unergründlichen Tiefe dieses Sojasoßenfasses konnten auch zahlreiche Probleme nicht durch eigenes Nachdenken gelöst werden, denn man stützte sich nur auf das Vordenken anderer Leute als Krücke. So ein totes Wasser, so ein Sojasoßenfaß! Selbst wenn man einen saftigen und süßen Pfirsich hineinwürfe, verwandelte er sich augenblicklich in ein runzliges Stück Kot.

Sobald etwas von außen nach China gelangt, erlebt es eine Metamorphose. Andere haben Demokratie, wir auch – unsere ‹Volksherrschaft› ist: «Du bist das Volk, ich habe die Herrschaft.» Andere haben ein Rechtssystem, wir auch. Andere haben Freiheit, wir auch. Alles, was andere haben, haben wir auch. Ihr habt Zebrastreifen, wir auch – natürlich: Unser Zebrastreifen dient dazu, dich auf die Straße zu locken, um vom Auto überfahren zu werden . . .

Wie die Erde ist, so ist das Gras, das darauf wächst. Wie eine

Gesellschaft ist, so sind die Menschen, die sie hervorbringt. Für die Demokratie muß man selbst kämpfen, man kann nicht darauf vertrauen, daß sie einem von anderen geschenkt wird. Nun hört man oft Leute sagen: «Die Regierung ist jetzt doch viel toleranter.» Das ist eine schreckliche Einstellung. Wir haben ein Anrecht auf Freiheit, wir haben Rechte, ganz egal, ob sie uns zugestanden werden oder nicht. Wenn wir die Fähigkeit hätten, kritisch an die Dinge heranzugehen, würden wir uns gewiß für Wahlen einsetzen und auch rigoros bei der Auswahl der Kandidaten sein. Haben wir diese Fähigkeit aber nicht, dann können wir nicht einmal eine Schönheit von einem pockennarbigen Gesicht unterscheiden.

Die Chinesen haben so viele häßliche Seiten, und nur die Chinesen selbst können sich umerziehen. Aber die Ausländer haben die Pflicht, uns dabei zu helfen – nicht wirtschaftlich, sondern kulturell. Unser chinesisches Boot ist sehr groß; wenn es unterginge, würde es auch andere mit in den Strudel hinunterziehen, und alle würden ertrinken.

1984

DAS TRAUMA DER MASSENKAMPAGNEN

GU HUA

Der Soldat aus dem Norden

Ein Ausschnitt aus dem Roman Die Stadt Hibiskus, *in dem der Autor als Zeithistoriker der ländlichen Wirklichkeit von Anfang an eine generellere Aussage über die linke Periode gewagt hatte.*

Gu Yanshan, der ‹Soldat aus dem Norden›, hatte sich mittlerweile einen Namen als Trunkenbold gemacht. Weil man ihn verdächtigte, einige tausend Kilo staatlichen Getreides illegal verhökert und außerdem mit der neureichen Bäuerin Hu Yuyin seit kurzem ein ‹unsittliches Verhältnis› zu haben, bat die Arbeitsgruppe die zuständige Abteilung um Zustimmung, ihn im Kreiskrankenhaus ärztlich untersuchen zu lassen. Für ihn kam das einer Verurteilung gleich.

Obwohl der Alte Gu sich seit Jahren danach sehnte, eine eigene Familie zu gründen und sein privates Glück zu finden, hätte er doch niemals diesen Preis dafür gezahlt. Doch nun gab es kein Entrinnen mehr. In einem schneeweißen Raum, der vom Sonnenlicht der ganzen Welt durchflutet zu sein schien, so daß er nicht im Stande war, seine Augen zu öffnen, befahl man ihm, sich ganz zu entkleiden, damit ‹die nackten Tatsachen ans Licht kommen›. Ein Haufen weißbekittelter und maskierter Menschen – später hörte er, daß auch einige Praktikantinnen und Praktikanten darunter waren – steckte die Köpfe zusammen, musterte, befingerte und betätschelte ihn, um anschließend bedeutungsvolle Blicke miteinander auszutauschen. Reglos lag er da wie ein kastrierter Hengst, am ganzen Körper Gänsehaut, vor Kälte zitternd und naß vom kalten Schweiß. Mit geschlossenen Augen, als hätte er das Bewußtsein verloren, lag er da, sein Kopf eine kalte, öde Leere ...

In der Nähe von Tianjin war er während des Bürgerkriegs einmal von den Kuomintang-Truppen des Generals Fu Zuoyi verwundet worden. Blut sickerte aus seinem Oberschenkel und er glaubte sterben und für immer von diesem Land Abschied nehmen zu müssen, das bald befreit sein würde. Auch damals war in seinem Kopf diese kalte, öde Leere gewesen. Damals hatten Kameraden ihn gerettet und er kehrte, nachdem er einige Wochen von einem alten Mütterchen gesund gepflegt worden war, wieder zu seiner Einheit zurück. Natürlich würde er auch diesmal nicht sterben, doch wessen Geschoß hatte ihn jetzt eigentlich getroffen? Und was war das nur für eine Schlacht? ‹Revisionismus› und ‹Kapitalismus› mußten bekämpft, ‹bürgerliche Ideen› mit Stumpf und Stiel ausgerottet und die proletarische Ideologie befördert werden, damit die Partei nicht ‹dem Revisionismus verfalle›, ‹China nicht seine Farbe wechsele› und nicht wieder Tausende von Köpfen rollen mußten. Deshalb hatte sich jeder einer Prüfung zu stellen und einer gründlichen geistigen und körperlichen Untersuchung zu unterziehen. Das war weit schwieriger, als mit der Waffe in der Hand gegen den Feind zu kämpfen, viel komplizierter und verwirrender ...

Er wußte nicht, wieviel Zeit vergangen war, als ein Pfleger ihm bedeutete, hinauszugehen und sich wieder anzuziehen. Durch die angelehnte Tür hörte er die Diagnose der Weißkittel: «Der Kerl ist impotent.» Eine kindliche Stimme, wahrscheinlich ein naiver Praktikant, fragte leise: «Ist er ein Zwitter, mal Mann, mal Frau?» Das dröhnende Gelächter der Weißkittel, die das wohl für einen ausgezeichneten Witz hielten, brachte die Fensterscheiben zum Klirren. Gu Yanshan wünschte, der Himmel möge ein Erdbeben schicken, um ihn mitsamt diesem Hohngelächter zu verschlingen.

Die Arbeitsgruppe meldete dem Kreisparteikomitee, Gu Yanshan habe seinen ‹Klassenstandpunkt verlassen› und jahrelang ‹kapitalistische Umtriebe› im Städtchen Hibiskus gefördert. Wegen dieser verwerflichen Handlungen und wegen seines äußerst schädlichen Einflusses beantragte man seinen Parteiausschluß, seine Entfernung aus allen Kaderfunktionen und die Rückkehr in seine Heimat zwecks ‹Läuterung durch körperliche Arbeit›. Doch einige alte Genossen im Kreisparteikomitee erinnerten sich, daß er als Kader in den Süden gekommen war und sich bisher nichts hatte zuschulden kommen lassen. Obwohl er sich diesmal schlecht aufgeführt und keine Selbstkritik geübt hatte, wollte man ihm einen

Ausweg offenhalten. Man beschloß, es bei einem strengen parteiinternen Verweis zu belassen, sein Gehalt zu kürzen und ihn in Zukunft im Auge zu behalten. Bald darauf bestimmten die Vorgesetzten eine neue Nummer eins für das Getreidemagazin. Obwohl der Alte Gu von seinem Posten entfernt wurde, fiel er nicht weiter ‹die Treppe herunter›. Er war daran gewöhnt, ‹im oberen Stockwerk› zu leben, und brachte sich nicht um.

Ohne offizielle Pflichten lebte es sich leichter, und als im Jahr darauf der Sturm der Kulturrevolution durchs Land fegte, kümmerte sich der Alte Gu gar nicht weiter darum. Er ertränkte seine Sorgen im Schnaps und blieb frei und unbehelligt. Oft trank er sich einen kleinen Rausch an und erzählte den Kindern Geschichten, vor allem Saufgeschichten. Wenn er sich, beseligt vom Pflaumenwein, über die alten Helden ausließ, ging es meist darum, wie die prächtigen Haudegen aus dem Roman ‹Am Flußufer› vom Alkohol gefällt wurden: wie zum Beispiel der Tätowierte Mönch völlig betrunken das Kloster angriff und sich dabei noch die Reste vom Hundebraten in den Mund schob; wie Wu Song sich auf dem Jingyang-Berg zum Schlafen niederlegte und den riesigen weißen Tiger erlegte; wie Wu Yong an ein wertvolles Geschenk gelangte, indem er listig Schlafpulver in den Wein kippte; wie Song Jiang rebellische Gedichte an den Turm von Xunyang pinselte und so weiter und so fort. Die Heldenlegenden aus alter Zeit sind voll von solchen Zechgeschichten, so daß ihm der Stoff nie ausging, und die Kinder wurden auch nie müde, ihm zuzuhören. Sie denunzierten ihn auch nie etwa wegen der ‹Verbreitung schwarzer feudalistischer, bürgerlicher und revisionistischer Geschichten›.

In jenem Winter hörte Gu, daß ‹Pfefferkralle›, die Frau des Produktionsbrigadesekretärs Li Mangeng, ein Faß Maisschnaps – echtes Feuerwasser – gebrannt und einen schwarzen Hund gemästet hatte, der nun schon mehr als zehn Pfund wog. So zog er eines Abends im dichten Schneetreiben zu Lis Haus, 60 Yuan in der Tasche für den Schnaps und den Hund, um mit Mangeng das Faß aufzumachen und bis zum Umfallen zu saufen. Mangeng hatte in den letzten Jahren eine Pechsträhne gehabt, unter der Fuchtel von

Wang Qiushe arbeitete er als Sekretär, war aber kaum mehr als ein Laufbursche und ständigen Demütigungen ausgesetzt. Die beiden machten sich sofort ans Werk, steckten den Hund in einen alten Sack, schleppten ihn zu einer seichten Stelle am Fluß und ertränkten ihn. Schließlich schafften sie ihn nach Hause, scheuerten sein Fell mit ungelöschtem Kalk und hatten so nach kurzer Zeit den flauschigen schwarzen in einen fleischigen weißen Köter ohne Haare verwandelt. Dann machten sie Feuer, zerlegten das Tier in drei Teile, brieten diese zuerst kurz in Teesamenöl an und schmorten sie schließlich langsam mit Fünfgewürzepulver und Sternanis gar . . .

Bei Schneewetter Hundefleisch zu essen gehört schon seit alters her zu den Dingen, für die groß und klein im Wuling-Gebirge wahre Freudentänze aufführten. Da ‹Pfefferkralle› glücklicherweise an diesem Abend mit den vier Töchtern zu ihrer Mutter gefahren war, gab es weit und breit niemanden, der die beiden Kerle am Saufen hätte hindern können. So langten sie kräftig zu und tranken, sich gegenseitig immer weiter anstachelnd. Mangeng prahlte: «Heut abend sauf ich dich altes Weinfaß untern Tisch!», worauf der Alte Gu meinte: «Wir kriegen dein Fäßchen heut schon noch leer!»

Anfangs tranken sie aus Schnapsgläschen, dann gingen sie zu Teebechern über und landeten schließlich bei Reisnäpfen: «Prost! Trink aus, verdammt noch mal! Ich bin noch nie richtig betrunken gewesen, weiß also gar nicht, wieviel ich vertrage!» stieß der Alte Gu mit Mangeng an und kippte gluckernd den Schnaps in sich hinein.

«So ist es richtig, trink aus! Vor Jahren hab ich einen falschen Schritt getan und seitdem nur noch falsche Schritte . . . Alles wegen eines alten Weibs, einer alten Giftspritze . . . Los, sauf! Dieses Faß geht auf meine Kosten!» Mangeng leerte seine Schale und knallte sie auf den Tisch.

«Weiber? Es gibt alle möglichen Weiber, manche sind die allerlieblichsten Geschöpfe, manche sind wahre Teufelinnen . . . Du darfst sie nicht alle in einen Topf werfen. Komm, schenk mir noch einen ein!» Der Alte Gu hielt ihm die Schale hin.

Sie waren schon leicht angesäuselt und Mangeng kurz davor,

unüberlegt draufloszuschwadronieren. Er schaffte es aber gerade noch, den Mund zu halten. Der Alte Gu lachte innerlich über solche Angeberei. Mangeng hatte längst die 60 Yuan eingesackt und prahlte jetzt damit, er gebe hier einen aus. Du Krötensohn – Väterchen Gu ist es, der dich freihält!

Sie prosteten sich zu und versuchten, einander beim Trinken zu überbieten. Allmählich fühlten sie ihre Körper leichter werden, sie spürten Kraft, Lust und Selbstvertrauen in sich aufsteigen und ihnen war, als könnten sie es mit der ganzen Welt aufnehmen. Dann griffen sie zu ihren Eßstäbchen und stopften sich gegenseitig Hundefleisch in den Mund.

«Alter Gu, mein Bruder Soldat, iß dieses verdammte Stück für mich, und wenn's ein Stück Menschenfleisch wär – iß es, verdammt noch mal!»

«Mangeng, altes Haus! Heutzutage gibt es Menschen mit Herzen härter als Stein und mit Klauen schärfer als die des Tigers – die fressen wirklich Menschenfleisch . . . Aber das sind die, die von denen da oben bevorzugt werden – kein Gewissen, kein Rückgrat! Soll das die Revolution sein? Haben wir dafür etwa gekämpft?»

«‹Die Revolution kennt keine Verwandten und Bekannten!› Wer kämpfen will, muß sein Herz verhärten.»

«Hahaha, recht hast du – prost!»

Je mehr sie in sich hineinkippten, desto besser verstanden sie sich, desto hitziger wurden sie auch.

«Mangeng, erzähl doch mal, dieses Weib, diese Li Guoxiang, taugt die was? Da verwandelt sich eine mickrige Imbißleiterin so mir nichts, dir nichts in die Leiterin der Arbeitsgruppe . . . Bei uns in Hibiskus war alles in Ordnung, bis sie kam und alles auf den Kopf stellte – keiner hatte mehr Ruhe, weder Mensch noch Tier! Dann wurde sie plötzlich Mitglied des Kreisparteikomitees, Kommunesekretärin . . . Ich weiß nicht, was an ihr dran ist, daß sie so beliebt war – bis die Roten Garden ihr Affären mit Männern nachweisen wollten, ihr ein Paar ausgetretene Schuhe um den Hals hängten und sie so Spießruten laufen ließen!»

Der Schnaps war dem Alten Gu zu Kopfe gestiegen, rasend vor Wut taumelte er hoch und hämmerte fluchend auf den Tisch, daß

Tassen und Schüsseln, Schalen und Stäbchen klapperten. Mangeng spuckte Hundeknochen auf den Boden und brüllte vor Lachen:

«Dieses Weib kann den ‹Teufelstanz› nicht tanzen, aber sie kann kriechen wie ein Hund – was für ein Witz! Sie sieht nicht schlecht aus, aber sie ist tückisch in allem, was sie denkt, sagt und tut. Als ich anfing, in der Bezirksregierung zu arbeiten, hat ihr Onkel, der Bezirkssekretär, hartnäckig versucht, mir dieses Miststück unterzujubeln . . . Ich war wirklich zu dumm damals . . . Wenn ich, wenn ich nicht . . . würde sie heut nach meiner Pfeife tanzen. Auf jeden Fall wäre ich heute die Nummer eins in der Kommune!»

«Laß den Mut nicht sinken. In der langen Geschichte Chinas sind nur wenige Furien den Männern aufs Dach gestiegen, um auf sie zu scheißen. Der verrückte Qin, das ‹Rechte Element› aus deiner Brigade, hat mir nur von der Herrscherin Lü Zhi aus der Han-Zeit, von Kaiserin Wu Zetian aus der Tang-Zeit und von der Kaiserinwitwe Cixi aus der Qing-Zeit erzählt . . . Übrigens ist dieser Qin in Wirklichkeit gar nicht so eine miese Type wie die meisten anderen der ‹Fünf Kategorien› übler Elemente . . .»

«Erzähl mir doch nicht so was, Alter Gu – du, ein alter Revolutionär aus dem Norden! Bist du nicht selbst bei allen möglichen Gelegenheiten kritisiert worden, mal von links, mal von rechts? Und dann diese endlosen Selbstkritiken, die ich abfassen mußte – alles nur wegen des verrückten Qin! Alle Widerrufe, die ich geschrieben habe: ‹zu oberflächlich›. Es hat nicht viel gefehlt, und die Arbeitsgruppe hätte mich sogar auf Tonscherben knien lassen. Es ging um Leben und Tod . . . Ich kümmere mich heute, verdammt noch mal, nur noch um meine eigenen Angelegenheiten! Ich muß unempfindlicher und härter werden. Was, zum Teufel, schert es mich, ob sich die ‹Fünf Kategorien› in Schweine oder Hunde verwandeln, ob sie am Leben bleiben oder nicht? Es kommt nur darauf an, daß ich mit meiner ‹Pfefferkralle› und den Kindern durchkomme . . .»

«Du solltest aufpassen, was du sagst, Mangeng. Siehst du denn nicht, daß die junge Witwe es von allen Leuten in Hibiskus am schwersten hat? Aber du denkst wohl nur noch an den Hintern deiner ‹Pfefferkralle› und wie du's ihr besorgen kannst, was?»

Alkohol macht den Kopf klar und benebelt ihn zugleich. Die Augen des Alten Gu hatten sich gerötet, vom Schnaps oder von Tränen. Als schließlich der Name Hu Yuyin fiel, wurden Mangengs Augen glasig, für eine Weile verstummte er völlig.

«Meine Schwester! Nein, nein, sie ist jetzt eine reiche Bäuerin. Da habe ich schon vor langer Zeit einen Schlußstrich gezogen ... Die Arme ... Was bin ich doch für ein Dummkopf, was für ein Idiot!» Er lachte kurz auf und hob seine Hände vors Gesicht, das plötzlich wie versteinert wirkte. «Ich Narr, ich war zu jung, zu jung, hab die Dinge zu ernst genommen ... Hab' versäumt, sie zu heiraten – die Partei hat es nicht erlaubt, aber wenn ich ...»

«Wenn was? Du sollst nicht reden, wenn du den Mund voll Hundeknochen hast!» Gu Yanshan starrte ihn herausfordernd an.

«Die Wahrheit ist, wenn wir über sie reden, wenn ich nur an sie denke, dann tut mir schon das Herz weh ...»

«Bist du noch immer in sie vernarrt? Mir scheint, Brüderchen, du hast gegen dein Gewissen gehandelt. Du hast ihr noch einen Schlag versetzt, als sie schon am Boden lag ... Es war grausam, was du getan hast, um deine Haut zu retten! Für sie warst du ein Bruder, sie hat dir die 1500 Yuan zur Aufbewahrung gegeben, du aber hast das Geld bei der Arbeitsgruppe abgeliefert – als ‹Beute aus ihren Wuchergeschäften›, als ‹Beweis für ihre kapitalistischen Verbrechen› ... Bruder und Schwester sind wie Vögel im selben Wald, die bei Gefahr in unterschiedliche Richtungen davonfliegen!»

«Alter Gu! Alter Gu ... bitte, laß!» Mangeng schlug sich gegen die Brust, Tränen flossen in Strömen über seine Wangen. «Jedes deiner Worte ist wie ein Messerstich für mich ... Ich konnte damals einfach nicht anders, es ging nicht! Im Angesicht des Feindes habe ich die Zähne zusammengebissen, lieber wäre ich gestorben, als Verrat zu begehen. Aber gegen die Partei, gegen die Arbeitsgruppe des Kreises – was konnte ich da schon ausrichten? Sag mir das! Ich hatte Angst, aus der Partei zu fliegen. Verflucht, ich durfte doch nicht meine Parteimitgliedschaft verlieren ...!»

«Haha, Mangeng, heute abend habe ich 60 Yuan ausgegeben für das Fäßchen Schnaps, für den Hund – und für dieses Geständnis von dir!»

Als Gu Yanshan den ehemaligen Parteisekretär der Brigade so hemmungslos schluchzen hörte, hellte sich seine Miene auf. Er lachte und brüllte: «Dein Herz ist doch noch nicht vollkommen schwarz und verhärtet! Nicht alle in Hibiskus haben ein Herz aus Stein . . .» – «Bruder, du bist immer noch der ‹Soldat aus dem Norden›, zu dem die ganze Stadt aufblickt! Hinter deinem groben Äußeren verbirgt sich wahrlich ein Heiliger.» – «Also hast du doch noch ein Quentchen Menschlichkeit in dir, Bruder», krächzte der Alte Gu, «doch noch so etwas wie Gefühle!»

So lachten und weinten sie, bis der erste Hahnenschrei schließlich den Morgen ankündigte. Als zu guter Letzt nicht ein Tröpfchen mehr im Faß war, ließen sie ihre Schalen fallen und hielten sich, wobei sie bedrohlich schwankten, die Bäuche vor Lachen: «Ich laß dich jetzt mit deinem verdammten Faß alleine und komm morgen wieder zum Saufen!» – «Du bist voll wie 'ne Haubitze! Nimm den Hundeschenkel für morgen mit, wenn du alleine in deiner Bude säufst.» – «Behalte nur, was von dem Hund noch übrig ist, ich muß jetzt schleunigst zurück zum Getreidemagazin . . . Ich bin doch noch keineswegs die ‹Treppe heruntergefallen›, ich muß auch weiterhin oben bleiben . . .»

Sanft fiel der Schnee. Ganz so, als ob Mutter Natur den Unrat, der sich auf der Erde angehäuft hatte, nicht mehr ertragen könne, breitete sie eine weiße Decke über all den Dreck. Das trübe Licht einer Taschenlampe beleuchtete die unregelmäßigen Fußstapfen zur gepflasterten Hauptstraße hin. Glücklicherweise war die Brükke fertig, so daß er um diese Zeit nicht den Fährmann wecken mußte – Gu Yanshan torkelte im Nordwind nach Hause. Ihm war schwindlig von dem vielen Schnaps. Er war bereits einige Male gestürzt, jetzt aber stand er mitten auf der Straße und fluchte laut: «Hör zu, du Schlampe, du Furie! Elendes Miststück, was hast du aus unserer Stadt gemacht? He, was? Auf den Straßen ist kein Huhn und kein Hund mehr zu sehen. Keiner traut sich mehr, ein Wort zu sagen, die Erwachsenen nicht und auch nicht die Kinder. Schlampe! Xanthippe! Miststück! Wenn du Mumm hast, dann komm her und stell dich mir!»

Sein Geschrei weckte die Anwohner, die sehr wohl wußten, auf wen der ‹Soldat aus dem Norden› fluchte. Doch bei dieser Eiseskälte stand niemand auf, um ein Auge auf ihn zu haben oder ihn gar zu bremsen. Nur die Mitarbeiter der Vertriebsgenossenschaft und ihre Familien bedauerten, daß Li Guoxiang seine Verwünschungen nicht hören konnte – sie war zu einer Parteiversammlung in die Kreisstadt gefahren.

Gu Yanshan war mittlerweile völlig außer sich. Er tobte im Schneetreiben des frühen Morgens auf der Straße umher und brüllte seine Flüche. Schließlich sackte er, betrunken wie er war und vom Fluchen völlig erschöpft, vor der Tür der Betriebsgenossenschaft zusammen. Er erbrach das Hundefleisch und den Schnaps in den Schnee. Ein streunender Hund kam gierig herbeigelaufen und leckte geräuschvoll schlabbernd das Erbrochene auf. Der Alte Gu schnarchte inzwischen und schüttelte noch im Traum die Faust: Still, Sekretär Yang, Vorsitzende Li! Ihr könnt schmatzen und euch die Lippen lecken, wenn ihr selber freßt und sauft . . . Ich bin voll, ich will schlafen . . . Ihr könnt euch die Lippen lecken . . .

Der Alte Gu erfror nicht, ja seltsamerweise erkältete er sich nicht einmal. Noch ehe es hell wurde, die Läden in der Hauptstraße waren noch geschlossen, trug ihn jemand in seine Kammer über dem Getreidemagazin. Wer das getan haben mochte? Keiner weiß es.

[1981]

FENG JICAI

Nachtgetier

Ein typischer Text der «Wundenliteratur», der sich mit erschreckenden Charakterstudien und Innenansichten aus einem Forschungsinstitut während der Kulturrevolution um die literarische Vergangenheitsbewältigung bemühte.

Jia Dazhen galt im Historischen Institut als ein Mann mit eiserner Faust. Zwar war er nur Leiter der Abteilung für Politische Arbeit, der in Personalangelegenheiten auf unterster Ebene ein bißchen was zu sagen hatte. Zwar kam er jeden Tag mit einem verrosteten Fahrrad unbekannter Marke zur Arbeit gefahren, zwar konnte er sich zu den Mahlzeiten nur die billigeren Gerichte leisten, und wenn er krank war, verzichtete er darauf, von Pontius zu Pilatus zu laufen, um sich schwer erhältliche Medikamente zu beschaffen. Aber zu Zeiten, in denen die normale Ordnung aufgehoben war und in den Einheiten gerade die Personalangelegenheiten eine entscheidende Rolle spielten, waren seiner Machtentfaltung keine Grenzen gesetzt. Nicht wenige mußten sich jedem Wink von ihm fügen und den von ihm bestimmten Schicksalsweg einschlagen. Geriet ihm ein Opfer unter die Finger, so ließ er es sich so ungern wieder entreißen wie der Teufel eine arme Seele.

Andere Leute mit seinen politischen Attacken zu stürzen, zu ruinieren und zu unterwerfen – das war sein Lebenszweck, seine höchste Leistung. Er gehörte zu den Hauptdarstellern, zu den Mächtigen jener Zeit – freilich zu einer ganz bestimmten Sorte von Hauptdarstellern und Mächtigen. Mit absoluter Macht herrschte er über die Menschen. Sich mit ihm einzulassen hieß, sich selbst ins Unglück zu stürzen, sich unter einen bösen Stern zu stellen. Er wirkte derartig bedrohlich, daß ihm niemand freiwillig ins Gehege kam. Voller Stolz bezeichnete er sich selbst als ‹Hochkonzentriertes Schädlingsvernichtungsmittel›. Weil kein Ort verschont blieb, wenn dieses Mittel verspritzt wurde, machte es auch nützlichen Insekten den Garaus. Er besaß den Spürsinn und die Wachsamkeit eines scharfen Hundes und war mit allen Wassern gewaschen. Jeden Blick, jeden Gesichtsausdruck, jede Stimmnuance und jede kleinste Körperbewegung verstand er zu deuten, und er konnte den Menschen tief ins Herz schauen. Mit großer Raffinesse trieb er sie dazu, ihre geheimsten Gedanken preiszugeben. In jeder neuen Kampagne trat er als erfahrener alter Hase mit großem Selbstbewußtsein auf. Gewitzt und geschickt war er wie ein begabter Grillenfänger, der die Grillen mit unzähligen Tricks aus ihren Mauerritzen hervorlockt.

Abnorme Lebensumstände bringen Männer wie ihn hervor, und Menschen seines Schlages geben ihrerseits dem Leben ein noch abnormeres Gepräge. Als solide Arbeit nicht mehr zählte, wuchs die Zahl der Leute, die ein Gewerbe wie Jia Dazhen betrieben, von Tag zu Tag. Schon bald bildeten sie eine eigene Berufsgruppe, eine eigene Schicht von politischen Verfolgern. Während die meisten Menschen Gut und Böse mit feinen Tastzirkeln maßen, rückten sie Worten und Taten mit grober Elle zu Leibe. Wenn andere mit all ihrer Weisheit, ihren Erfahrungen und Gefühlen, mit Blut und Schweiß, mit dem Gold, Silber, Scharlach und Purpur ihres Herzens Stücke verfaßten, so beschränkten sie sich darauf, auf dem Rücken dieser Menschen Stücke zu spielen. Sie erzeugten eine stikkige, steife und furchterregende Atmosphäre, die alles muntere und fröhliche Leben zerstörte. Sie hatten eine gemeinsame Berufskrankheit: Unter normalen Umständen wirkten sie einsam, träge und gelangweilt; sie schienen nicht so recht zu wissen, was sie mit sich anfangen sollten. Doch wenn das Leben wieder einmal Wellen schlug, verwandelte sich ihr Mißmut schlagartig in Hochstimmung und Tatendrang, als hätten sie Aufputschmittel genommen, und ihr Verstand arbeitete auf Hochtouren. Sie glichen dem Nachtgetier, das sich erst wenn die Dunkelheit ihre Schatten geworfen hat, ausgelassen zu tummeln beginnt. Genauso verhielt es sich in diesen Tagen mit Jia Dazhen: Wie ein Athlet, der energiegeladen das Stadion betritt, vermochte er seine Kräfte kaum noch zu bändigen.

Sein besonderer Beruf hatte auch sein Äußeres geprägt: Er hatte sein Hirn so übermäßig beansprucht, daß er schon kahlköpfig war, obwohl er die Vierzig kaum überschritten hatte. Im Verhältnis zu seiner hochaufgeschossenen, dürren Gestalt schien der Kopf etwas zu klein geraten. Wie bei den meisten Kopfarbeitern hatten langjährige Mühen seinen Körper ausgezehrt. An vielen Stellen traten die Konturen seines Skeletts hervor. Von seiner Gesichtshaut war jedes Rot gewichen, sie war vergilbt wie altes Zeitungspapier. Allein die aus den ausgetrockneten Augenhöhlen hervortretenden Augen, die alles um sich herum sorgfältig zu mustern pflegten, sprühten vor Lebendigkeit. Sein eisiger kritischer Blick war voller Überheblichkeit und verhieß dem, der davon getroffen wurde, nichts Gutes. Er starrte anderen Menschen rücksichtslos ins Gesicht – ein Blick, den niemand – und mochte er ein noch so reines Gewissen haben – ertragen konnte.

An diesem Vormittag schrieb der ‹Kapitalismusanhänger› Zhang Dingchen eine Wandzeitung, mit der er sich selbst anprangerte. Sie trug die Überschrift: «Erbarmungslose Kritik an meinen ausbeuterischen Verbrechen». Wu Zhongyi, Spezialist für die Erforschung der lokalen Bauernbewegung, ging mit ihm zusammen in den Hof und half ihm, die Wandzeitung aufzuhängen, denn seine vielen ängstlichen Befürchtungen quälten ihn derart, daß er es nicht länger am Schreibtisch aushielt. Außerdem wollte er im Hof nachschauen, ob sich schon etwas gegen ihn zusammenbraute. Er hatte die naive Vorstellung, daß er dort auf den Finder seines verlorenen Briefes treffen und ihn noch rechtzeitig abfangen konnte.

Die Hofmauer war schon mit zahlreichen Wandzeitungen beklebt. Sie enthielten persönliche Absichtserklärungen, Gelöbnisse und Kritiken oder enthüllten, was sich hinter den Kulissen zwischen den beiden Fraktionen abspielte. Sie berichteten über ein kompliziertes Gewirr von Beziehungen und vielfältigen Verwicklungen, über kaum erklärbare und schwer zu durchschauende Fraktionsquerelen. Darunter gab es Attacken und Gegenattacken, welche ihrerseits erneuten Wortkrieg heraufbeschworen. Manche Angriffe wurden klar und deutlich ausgesprochen, andere nur dunkel angedeutet. Direkte und indirekte Beschuldigungen wurden vorgebracht. Die Konflikte zwischen den einzelnen Menschen aufgedeckt, verschärft und vertieft. Und weil sie aufgedeckt wurden, verschärften und vertieften sie sich.

Zwischen all diesen Wandzeitungen fanden Wu Zhongyi und Zhang Dingchen schließlich noch ein leeres Plätzchen. Sie trugen den Kleister auf und klebten die Wandzeitung mit Zhang Dingchens Selbstbeschimpfung an. Doch Zhang Dingchen war nicht ganz zufrieden, weil sie ein bißchen schief hing. Er reckte die Arme und machte sich mit seinen feingliedrigen weißen Händen an die Korrektur. Mit dem Kleistereimer in der Hand entfernte Wu Zhongyi sich ein paar Schritte, um Zhang Dingchen beim Zurechtrücken der Wandzeitung Anweisungen zu geben. Plötzlich hatte er das Gefühl, daß jemand hinter ihm stand. Er wandte den Kopf und sah zwei kalte und hochmütige Augen auf sich gerichtet: die Augen von Jia Dazhen! Dieser hielt die Arme auf dem Rücken verschränkt und betrachtete ihn mit einem starren Blick, der sein Innerstes vollständig zu durchdringen schien. Ein Schreck durchfuhr ihn, der Kleistereimer in seinen Händen fiel krachend zu Boden, sein Inhalt ergoß sich auf die Erde.

Auf Jia Dazhens Gesicht erschien ein Lächeln. Es war ein unergründliches Lächeln, ein Lächeln, in dem leichter Spott mitzuschwingen schien.

Einige Sekunden war Wu Zhongyi vor Entsetzen wie gelähmt. Dann kniete er nieder, um den klebrig-schleimigen Kleister vom Boden aufzuwischen. Dabei gelang es ihm nicht, seine zitternden Hände unter Kontrolle zu bringen. Er blickte zu Jia Dazhen auf und erklärte mit einem gezwungenen Lächeln: «Der Henkel ist so glatt, ich . . .»

Er versuchte zu verbergen, wie sehr er aus der Fassung geraten war.

Jia Dazhen sagte kein Wort, drehte sich um und ging. Es waren keine weiteren Fragen nötig. Unerwartet war ihm ein dicker Fisch ins Netz gegangen.

Er kehrte in das Büro des Organisationskomitees zurück, wo Abteilungsleiter Zhao Chang gerade ganz allein damit beschäftigt war, die aus den verschiedenen Abteilungen eingegangenen Enthüllungsberichte zu sortieren. Er setzte sich, zündete sich eine

Zigarette an und rauchte eine Weile. Ohne Zhao Chang den Kopf zuzuwenden, fragte er: «Mein Lieber, was hältst du eigentlich von Wu Zhongyi?»

Zhao Chang fuhr zusammen. Er spürte sofort, daß Jia Dazhen mit Wu Zhongyi zusammengetroffen sein mußte. Hatte Jia Dazhen schon etwas über sein eigenes Problem in Erfahrung gebracht und wollte nun einmal auf den Busch klopfen? Er war wie betäubt. Panik ergriff ihn und spiegelte sich deutlich auf seinem Gesicht. Hätte Jia Dazhen ihn in diesem Augenblick angesehen, dann hätte er gewiß einen zweiten unerwarteten Fang machen können. Er hätte Gelegenheit gehabt, alle seine Talente zur Geltung zu bringen und eine Menge Lorbeeren zu ernten. Doch so viel Glück auf einmal war ihm nicht vergönnt. Zufällig wendete sich das Glück dieses Mal auf Zhao Changs Seite: Es war Jia Dazhen entgangen, daß dieser für einen kurzen Augenblick die Kontrolle über sich verloren hatte. Zhao Chang senkte eilig den Kopf, blätterte weiter in den Enthüllungsberichten und antwortete:

«Wu Zhongyi? . . . Das ist schwer zu sagen.»

«Wieso, ich dachte, du wärst mit ihm befreundet?» Jia Dazhen wandte ihm fragend sein Gesicht zu.

«Befreundet?» meinte Zhao Chang leichthin. «Der kommt doch mit allen gut aus.»

«Hast du dich nicht immer um ihn gekümmert?»

«Wir sind schließlich in derselben Abteilung und haben die gleiche Arbeit. Da ist man natürlich häufiger zusammen . . .»

«Montierst du ihm nicht jedes Jahr zu Beginn des Winters seinen Ofen? Und vor zwei Monaten, als sein Bruder krank war, hast du ihm doch zwanzig Yuan geliehen, oder etwa nicht?» Jia Dazhen sah ihn durchdringend an.

Zhao Chang war ziemlich überrascht, daß Jia Dazhen so gut über sein Verhältnis zu Wu Zhongyi Bescheid wußte. Jia Dazhen hatte sich schon immer dafür interessiert, wer mit wem verkehrte. Er kannte das komplexe Gefüge der Beziehungen zwischen den Mitarbeitern des ganzen Instituts wie seine Westentasche. Und von den meisten wußte er auch, was sie in ihrer Freizeit taten. Obwohl Zhao Chang und Jia Dazhen zu Beginn der früheren Kampagne derselben Fraktion angehört hatten und Jia Dazhen ihm wichtige Positionen zugeschoben hatte (so versetzte er ihn zum Beispiel in das Organisationskomitee), war Zhao Chang doch völlig klar: dies war allein dem Umstand zu verdanken, daß Jia Dazhen nichts Nachteiliges gegen ihn in der Hand hatte. Sobald Jia Dazhen bei irgend jemandem eine Schwachstelle entdeckte, ließ er nicht mehr locker, selbst wenn es sich um seinen allerbesten Freund handelte. Zhao Chang wußte noch nicht, worauf Jia Dazhen mit seinen Fragen hinauswollte, doch er ahnte, daß es nur etwas Unangenehmes sein konnte. Ausweichend sagte er: «Sicher, er hat mich um das Geld gebeten. Ich konnte es ihm schlecht abschlagen. So würde man sich doch bei jedem Kollegen verhalten.»

«Kannst du sagen, was er so denkt?» forschte Jia Dazhen weiter. Zhao Chang schloß aus der Frage, daß Jia Dazhens Neugier nicht ihn selbst betraf. Er spürte eine gewisse Erleichterung, und die Antworten kamen ihm nun flüssiger von den Lippen: «Wenn du so fragst, muß ich gestehen, daß ich ihn eigentlich gar nicht so gut kenne, auch wenn es nach außen hin den Anschein haben mag. Wenn wir zusammen waren, haben wir uns immer nur über die Arbeit oder über irgendwelche Belanglosigkeiten unterhalten. Wie er denkt, darüber hat er nie mit mir gesprochen, und er hat mir auch nie etwas über sein Privatleben erzählt. Manchmal hat er unglücklich vor sich hin geseufzt. Aber wenn ich fragte, was denn los sei, wollte er nichts sagen. Mit der Zeit habe ich es aufgegeben nachzufragen und ihn einfach seufzen lassen.»

Zhao Chang beabsichtigte, Jia Dazhens Interesse auf Wu Zhongyi zu lenken und gleichzeitig zu bekunden, daß er mit diesem niemals irgendwelche vertraulichen Gespräche geführt hatte. Falls Wu Zhongyi ihn wegen seiner in betrunkenem Zustand gemachten Äußerungen anzeigte, könnte er um so glaubwürdiger alles bestreiten. Er sicherte sich lückenlos ab und errichtete einen unsichtbaren Verteidigungswall um sich herum.

«Hat er zu Hause einen Kurzwellenempfänger?» schnitt Jia Dazhen ein neues Thema an.

«Aber nein! Wahrscheinlich hat er noch nicht einmal ein einfaches Radio!» vermutete Zhao Chang. Ihm war zwar immer noch nicht klar, was Jia Dazhen bezweckte, er war jetzt aber ganz sicher, daß die in diesen Fragen versteckte Speerspitze nicht auf ihn selbst gerichtet war.

«Führt er Tagebuch?» wollte Jia Dazhen nun wissen.

«Keine Ahnung. Wenn ja, würde ich es wohl kaum zu Gesicht bekommen. Wieso, was ist denn mit ihm?» Zhao Chang begann zurückzufragen. Er begriff, daß er in die Defensive geriet, wenn er es dabei beließ, Fragen zu beantworten. Um dies zu vermeiden, mußte er selbst die Fragen stellen.

Jia Dazhen stellte sich vor Zhao Chang auf und verkündete in einem Tonfall, der absolute Gewißheit verriet:

«Mit ihm stimmt etwas nicht!»

Diese Worte versetzten Zhao Chang in helle Aufregung. Seine Augen weiteten sich. Der Gewehrlauf, den er schon auf sich gerichtet glaubte, zielte also tatsächlich auf jemand anders. Wenn er jetzt allein gewesen wäre, hätte er laut ausgerufen: «Dem Himmel sei Dank!» Doch es war ihm immer noch ein Rätsel, wo Jia Dazhen an dem ängstlichen, kleinmütigen Wu Zhongyi, der nie aufgefallen war, dunkle Punkte aufgespürt haben wollte. Unwillkürlich entfuhr es ihm: «Gegen ihn soll etwas vorliegen?»

Jia Dazhen blickte ihn aus den Augenwinkeln schräg an. Er unterließ es, Zhao Chang über die zufällige Entdeckung, die ihm gerade gelungen war, aufzuklären. Unablässig an der Zigarette ziehend, schritt er im Zimmer auf und ab, während sein Verstand arbeitete. Schließlich machte er vor seinem Schreibtisch halt und drückte die Zigarette im Glasaschenbecher aus. Er drehte seinen Kopf in Zhao Changs Richtung und antwortete: «Laß das vorerst noch meine Sorge sein. Ich verrate dir nur soviel: Da ist etwas faul. Ich . . . äh, ich will, daß er weiter beobachtet wird. Sobald er sich in irgendeiner Weise auffällig benimmt, muß ich es wissen. Ich möchte, daß du das übernimmst. Du hast ja schon immer mit ihm Umgang gehabt. Wenn du dich mit ihm abgibst, wird er keinen Verdacht schöpfen. Aber du darfst dir unter keinen Umständen etwas anmerken lassen. Glaubst du, das wird dir gelingen?»

Jia Dazhens Rede war Musik in Zhao Changs Ohren. Daß er ihn mit dieser Aufgabe betraute, bedeutete, daß Wu Zhongyi ihn bis jetzt noch nicht verpfiffen hatte. Es war ihm nicht wichtig, ob Wu Zhongyi wirklich etwas auf dem Kerbholz hatte und welche Verfehlungen ihm angelastet wurden. Er hatte ihn jetzt endlich in der Hand. Er konnte einer Person, die imstande war, über sein Wohl und Wehe zu entscheiden, das Maul stopfen. Er war Wu Zhongyi gegenüber im Vorteil – die Initiative lag nun bei ihm selbst.

Er versprach: «Ich werde es schaffen. Aber sag doch bitte Abteilungsleiter Cui Jingchun Bescheid, damit er sich nicht wundert, wenn er mich andauernd mit Wu Zhongyi zusammen sieht. Cui Jingchun ist ohnehin etwas schwierig.»

«Schwierig? Ein rechtsabweichlerischer Konservativer ist der! Das war er schon immer. Der hatte seit jeher Antipathien gegen den Klassenkampf. Aber das ist nicht deine Sache. Ab morgen wirst du dich im Auftrag des Organisationskomitees an den Aktivitäten der Abteilung für Geschichte der Neuzeit beteiligen. Einverstanden?»

«In Ordnung! Ausgezeichnet!» Zhao Changs Jagdinstinkt war geweckt.

1979

ZONG PU

Wer bin ich?

Eine weithin beachtete, dem chinesischen Modernismus zuzurechnende frühe Erzählung der Gegenwartsliteratur über die Behandlung der Intellektuellen während der Kulturrevolution

Wei Mi öffnet die Tür und betritt die Küche. Dann schreit sie gellend auf, dreht sich taumelnd um und stürzt schwankend wieder hinaus ins Freie.

Alles um sie herum, die ganze Welt, erscheint ihr plötzlich pechschwarz. Wei Mi weiß nicht, wohin sie laufen soll. Sie wankt hin und her, ihre Beine geben nach. Sie fällt in den Straßengraben und bleibt dort liegen wie ein abgenutzter, schäbiger Kartoffelsack.

Die Strahlen der Abendsonne tauchen Himmel und Erde in ein blutrotes Licht. Die Schatten der schiefen Zäune vor den Gebäuden wirken an den Häuserwänden wie die Abdrücke blutverschmierter Hände. In der Abenddämmerung erscheint die Universität friedlich, aus den Wohnheimen dringt kein Laut. Und doch liegt in dieser Stille eine bedrohliche Spannung. Der von den revolutionären Losungen aufgeputschte Mob ist noch nicht heimgekehrt. Nur gelegentlich kommt jemand vorbei.

Einer sieht das menschliche Bündel am Straßenrand, läuft hinüber und beugt sich hinab: «Was ist los, was ist passiert?»

Vorsichtig hebt er Wei Mis Kopf hoch und zuckt zusammen: «Wei Mi!»

Hastig läßt er ihren Kopf wieder auf den Boden gleiten, als sei Wei Mi eine tickende Zeitbombe. Unruhig blickt er um sich, voller Angst, es könne jemand vorbeikommen. Ihn selbst hat man schon einmal auf einer Versammlung aus der Menge gezerrt, beschimpft und gedemütigt. Wenn er nun hier bei Wei Mi entdeckt würde, brächte ihm das nur noch mehr Ärger ein.

Ein anderer kommt die Straße entlang und betrachtet die Gestalt im Graben: «Ah, Wei Mi!»

Sein jugendliches Gesicht verzieht sich voller Abscheu: «Du Liebling der schwarzen Clique! Du Spionin!» Dann dreht er sich um und verschwindet.

Noch jemand geht vorüber: «Na, wen haben wir denn hier?»

Anscheinend hält er die Sache für einen Spaß. Er grinst und tritt Wei Mi in die Seite. Ihr Körper bewegt sich ein wenig, da entdeckt er ihren halbrasierten Schädel. Das reicht. Mehr muß er nicht wissen.

«Stell dich nicht dumm, du Rinderteufel, du Schlangengeist! Du hast dich von der Partei gelöst, hast dich vom Volk entfernt. Dein Hundeleben ist nur noch ein paar Schriftzeichen wert!» Er versetzt ihr weitere Fußtritte und entfernt sich erhobenen Hauptes.

Wei Mi kommt wieder zu sich. Das Licht der untergehenden Sonne färbt ihr leichenblasses Gesicht rot. Sie blutet aus zwei Wunden am Kopf. Plötzlich springt sie auf. Blut tropft auf das verwelkte Laub am Boden und hinterläßt eine Spur, die sogleich von umherwehenden Blättern verdeckt wird.

«Du Rinderteufel, du Schlangengeist! Du hast dich vom Volk entfernt!»

Die Worte hämmern noch immer in ihren Ohren.

«Spionin! Liebling der schwarzen Clique!»

«Du tötest mit deinem Pinsel, du heimtückische Mörderin, du konterrevolutionäre Verbrecherin!»

«Du grausame Reaktionärin! Du giftige Expertin!»

Alle Parolen der Kritikversammlung schießen ihr gleichzeitig durch den Kopf. Sie lassen ihr keinen Fluchtweg. Ziellos torkelt Wei Mi weiter. Sie will nur noch Ruhe finden, den Schmähungen entfliehen.

Ein kleines Mädchen kommt ihr entgegen. Ihrem erhitzten, hochroten Gesicht ist anzusehen, daß sie Wei Mi erkennt. Es muß doch auf der Straße irgendwo einen Spalt geben, in dem sie verschwinden kann, ein Versteck, in dem sie sicher ist vor ihren Peinigern! Wei Mi geht auf das Mädchen zu. Die Kleine wird von Angst gepackt und rennt kreischend davon.

«Ich habe Wei Mi gefunden! Ich habe Meng Wenqi gefunden!»

Wei Mi stutzt.

«Wei Mi? Seltsam, wer ist das? Und wer ist Meng Wenqi? Was haben die beiden mit mir zu tun? Wo soll ich hinlaufen? Wohin soll ich fliehen? Und was bin ich überhaupt? Ja, wer bin ich denn eigentlich? Schmähungen und Drohungen verfolgen mich, Blut fließt aus meinem Gesicht, aus meinem Herzen – Wer bin ich? Wer . . . bin . . . ich?»

Mühsam schleppt Wei Mi sich weiter und läßt die Wohnheime langsam hinter sich. Sie erreicht eine Anhöhe, bedeckt mit vertrocknetem, verfilztem Gras. Ein schmaler, gewundener Pfad führt zu ebener Erde um den Hügel herum. Wei Mi aber kommt es so vor, als müsse sie einen gefährlichen Gipfel im Hochgebirge erklimmen. Manchmal kriecht sie gar auf allen vieren weiter, überschlägt sich dabei und fällt zurück. Doch immer wieder rappelt sie sich hoch. Sie will nur noch vorankommen, nur noch laufen, um irgendwo eine Antwort zu finden auf ihre Frage: «Wer bin ich? Was ist dieses Ich?»

An einem Abzweig des Weges steht ein kleiner künstlicher Berg. Felsen können in den Augen der Betrachter so viele Gestalten annehmen – Wei Mi starrt gebannt auf die Steine, allmählich erkennt sie scheußliche Fratzen von Dämonen. Das rote Licht der Abendsonne fließt in die Spalten und Höhlen des Felsens und läßt sie aussehen wie bluttriefende Mäuler. Plötzlich scheint es ihr, als wüchsen diese Mäuler aus ihrem Körper heraus, bereit, andere Menschen zu fressen. Laut schreiend stürzt sie zu Boden.

«Ich bin ein . . . Rinderteufel!»

Wei Mi betrachtet ihren furchterregenden, abstoßenden Körper, ihre Hände, so groß wie Müllschaufeln. Damit jagt sie Kleinkinder: Ganz gleich, ob mager oder fett – sie will sie alle! Was stieben diese rosigen und fein herausgeputzten Kleinen vor Schreck durcheinander, wenn sie hinter ihnen her ist – aber nein, das sind doch keine Kinder, das sind ihre pflanzlichen Zellproben unter dem Mikroskop! Ihnen hat sie ihr Leben gewidmet, für sie auf eigene Kinder verzichtet. Ja, all diese Proben sind ihre Söhne und Töchter. Genauso hat Meng Wenqi all die rätselhaften Formeln als sein eigen Fleisch und Blut betrachtet. Wie kann sie nur zulassen, daß ihre Kinder von den blutigen Mäulern gefressen werden? Das versteht Wei Mi nicht. Ach doch, natürlich, die Stimmen in ihren Ohren brüllen es ihr zu: Sie vergiftet mit ihren Zellproben die Schüler, bringt die Söhne und Töchter anderer um. Aber kann man denn so töten? Wei Mi begreift es nicht. Sie sieht, wie die Kleinen sich in Reihen aufstellen und plötzlich losrennen. Mit lautem Gejohle stürmen sie geradewegs hinein in das immer dunkler werdende Abendrot, bis Wei Mi sie aus den Augen verliert.

Aber wo sind all die Toten? Richtig, eine Leiche hing doch am Heizungsrohr in ihrer Küche, die schaukelte sogar noch hin und her. Wei Mi erschrickt. Sie dreht sich um und schaut mit großen, ausdruckslosen Augen zum Fenster ihrer Küche hinüber.

Ihr scheint, als fliege Meng Wenqi zu ihr herüber, als schwebe er durch die Luft. Jetzt erreicht er den Boden und läuft auf sie zu. Immer näher kommt er, auch sein Schädel ist halb rasiert. Wie leichtfüßig er sich bewegt, wie freudig er lächelt – doch plötzlich hält er an, schaut ängstlich auf Wei Mis scheußliche Fratze und rennt davon, rennt hinein in die untergehende Sonne. Dann ist auch er verschwunden.

«Ich habe getötet. Ich habe wirklich jemanden umgebracht –»

Wei Mi schluchzt und schreit, verzweifelt zerrt sie an ihrer Kleidung: «Ich habe Meng Wenqi getötet – er ist tot . . . er ist tot!»

Gestern sind beide auf einer Versammlung ihrer Schule kritisiert und geschmäht worden. Man hat sie und andere gefesselt und vorgeführt wie Verbrecher. Im Gebrüll der Revolutionsparolen sind ihnen die Haare zur Hälfte geschoren worden, damit alle Welt sie sofort als Kriminelle erkennt. Mit ihren halbrasierten Schädeln hat man die Gruppe unter Peitschenhieben hinausgetrieben und sie überall auf dem Universitätsgelände vorgeführt. Jedem war es freigestellt, sie zu beleidigen und brutal zu schlagen – überflüssig, all die grausamen Einzelheiten aufzuzählen.

Nach der Versammlung wurden sie vor das Osttor des Schulgeländes gebracht, dort mußten sie Müll verbrennen. Während sie stumm und mechanisch arbeiteten, hörte Wei Mi plötzlich ein Stöhnen und schaute zu Meng Wenqi hinüber. Er hockte auf der Erde und hielt mit zitternden Händen ein paar raschelnde Blätter Papier aus dem Abfallberg umklammert.

«Meine . . . meine . . .!»

Mehr als ein Stammeln war nicht aus seinem Munde zu hören. Er hielt Wei Mi das Papier unter die Nase – wie gut sie diese seltsamen Formeln kannte: Es waren die Ergebnisse seiner jahrelangen Forschungen, ihm wertvoller als das eigene Leben. Vor ein paar Monaten hatte Meng Wenqi den Befehl bekommen, seine eigenhändig geschriebenen Manuskripte zur Untersuchung vorzulegen. Nie hätte er damit gerechnet, daß man aus seinem Herzen, seiner Seele, seinem ganzen Leben ein paar Schnipsel zerrissenen Papiers machen könnte, Müllfetzen auf einem Abfallhaufen, der schon bald verbrannt sein würde.

«Was tust du da? Gib her!»

Ein Aufpasser riß ihm das Papier mit Gewalt aus den Händen und warf es ins lodernde Feuer. Jahrelange, unwiederbringliche Bemühungen wurden zu Rauch, zu Wölkchen, die in die Luft aufstiegen und sich in nichts auflösten.

Benommen und verstört machten sie sich schließlich auf den Heimweg.

«Ich will sterben, ich will sterben . . .»

Immer wieder murmelte Wei Mi diese Worte vor sich hin. Und in Meng Wenqis schwermütigen Augen war plötzlich ein Aufleuchten zu sehen – der Tod erschien ihm als Hoffnung. Beide wußten genau, was die Zukunft ihnen bringen würde: Einzelhaft unter permanenter Bewachung und immer wieder erzwungene Selbstkritiken. Man würde streng darauf achten, daß sie sich nichts antun, und ihnen auf diese Weise sogar die Freiheit nehmen, selbst über das eigene Leben oder Sterben zu entscheiden.

Innerhalb von nur einer Nacht stürzten sie in den Abgrund zwischen Leben und Tod, in die Kluft zwischen Vernunft und Chaos. Wei Mi geht nun allein durch diese Schlucht und sucht noch immer nach einer Antwort auf ihre Frage: «Wer bin ich?»

Ein Lichtstrahl fällt in die Tiefen ihrer Erinnerung. In der hereinbrechenden Dunkelheit erkennt Wei Mi deutlich eine kleine, strahlendweiße Blume. Und während sie noch schaut, wächst diese Blume zur Größe eines Menschen heran. Die Blüte nickt Wei Mi freundlich zu.

«Das bin ich!»

Bei diesem Gedanken muß Wei Mi lächeln. Mit Tränen in den Augen beugt sie sich vor, um die Blüte zu umarmen. Doch da ist nur ein steil emporragender Stein, der ihr das Gesicht aufschürft. Blut tropft auf den Boden, aber davon merkt Wei Mi nichts. Sie glaubt, sie sei eine schneeweiße, reine Blüte auf einem hohen Stengel inmitten eines Meeres anderer Blüten. Die ganze Welt empfindet sie als farbig, leuchtend und wunderschön.

Wei Mi erblickt ihre Eltern: Sie sehen noch genauso aus wie vor vielen Jahren. Sie treten aus einer einfachen hölzernen Tür, jeder eine Gießkanne in der Hand, und wässern sorgfältig alle Blumen. Selbst die Blüten unter den Bambushecken vergessen sie nicht. Auch zu Wei Mi kommen sie: «Unsere Blume!»

Jedes Kind ist im Herzen seiner Eltern eine Blume. Jeder Mensch ist eine Blume, die heranwächst, blüht und verdorrt und schließlich zu jener Erde wird, die den Boden der Welt bedeckt. Aus diesem fruchtbaren Humus erblühen wieder neue, frische Blumen, das ist das Gesetz der Natur.

Aber Wei Mi kann nicht zu fruchtbarer Erde werden, denn sie ist giftig – die unheilvollen, tödlichen Schmähungen und Beschimpfungen bringen ihren Kopf fast zum Bersten, immer lauter dröhnen sie in ihren Ohren: «Sie ist vom Gift durchtränkt! Sie verspritzt ihr Gift, um zu töten!»

Richtig, sie ist voll vom Gift des Wissens, und sie verbreitet es auch noch. Sammelt sich nicht das Gift all jener Pflanzen, die sie jemals erforscht hat, in ihrem Körper? Die schneeweiße Blume strahlt ein funkelndes Licht aus, als wolle sie in der anbrechenden Dunkelheit vor sich selbst warnen: «Ich bin giftig!»

Jetzt sieht Wei Mi den jungen Meng Wenqi auf sich zukommen, so, wie sie ihn das erste Mal erlebt hat: stattlich, elegant und anmutig in seinen Bewegungen, in der Hand eine Zellprobe für Wei Mi. Freudestrahlend läuft er zu ihr herüber. Wei Mis Herz schlägt schneller, sie möchte zerspringen vor Glück.

«Ja, komm zu mir, ich werde alles für dich tun –» Sie sehnt sich so nach ihm.

Doch plötzlich kommt sie wieder zu sich: «Nein, bleib stehen, faß mich nicht an, ich bin giftig!»

Beide werden von panischer Angst ergriffen. Sie fallen zu Boden und verwandeln sich unversehens in zwei große Würmer.

«Jetzt bin ich wirklich ein Schlangengeist.»

Dieser Gedanke beruhigt Wei Mi. Die Schlange hat Eva dazu verführt, den Apfel vom Baum der Erkenntnis zu essen, und so die Menschheit aus dem Zustand der Unwissenheit und Barbarei befreit. Dafür ist auch die Schlange bestraft worden, sie wurde dazu verurteilt, für alle Ewigkeit am Boden zu kriechen und sich niemals mehr aufrichten zu können – daß die Intellektuellen sich nun in Würmer und Schlangen verwandeln, erscheint Wei Mi da ganz logisch. Mühsam kriecht sie vorwärts, krümmt den Rücken, zieht ihren Körper halb zusammen und streckt sich dann wieder. Es ist nicht leicht, den kleinen Felsen auf diese Weise zu erklimmen. Meng Wenqi kommt offensichtlich schneller voran, er ist schon nicht mehr zu sehen. Von Zeit zu Zeit hebt sie unter großen Anstrengungen den Kopf und hält Ausschau nach ihm.

Wo ist er? Wo ist er bloß? Ach ja, er hängt in der Küche am Heizungsrohr – so ein großer Wurm an einem Heizungsrohr! Wei Mi will den Kopf drehen und sich umschauen, aber sie hat ja keinen Hals mehr. Mechanisch bewegt sie sich vorwärts, auf der Erde eine lange Blutspur hinter sich lassend.

Ein kalter Windstoß fährt über ihren Körper und läßt sie erschauern.

«Er ist in der Küche, da friert er wenigstens nicht.»

Das tröstet Wei Mi ein wenig, und sie fühlt Wärme in sich aufsteigen. Die kleine Küche – sie ist der Zeuge für ihren jahrelangen gemeinsamen, entbehrungsreichen Marsch im Dienste der Wissenschaft. Gleichgültig, ob es nun früher Morgen war oder tiefe Nacht, egal, wie viele Tassen wäßrigen Tees sie ihren erschöpften Körpern zugemutet hatten, die Atmosphäre in dieser kleinen Küche gab vielen angehenden Wissenschaftlern immer wieder neue Kraft, ermunterte sie immer aufs neue zum Weiterforschen. Doch sie war auch der Beweis für ihr Verbrechen, Schüler zu verderben und sie aufzustacheln gegen das Proletariat. Und gerade dort mußte Meng Wenqi den Preis für sein aufopferungsvolles Schaffen zahlen –

«Ich bin ein großer, giftiger Wurm.»

Wei Mi glaubt, endlich ihre Identität gefunden zu haben. Sie ist glücklich, will lachen – aber wie kann sie denn lachen? Ein lachender Wurm fehlt gerade noch in dieser Welt der Verrückten. Sie kriecht weiter, fühlt sich ruhig und mit sich selbst im reinen: Das ist der Status, der den Intellektuellen im China der späten sechziger Jahre zusteht. Warum sollten sie damit nicht zufrieden sein? Vielleicht muß einfach nur jeder an dem Platz bleiben, der ihm gebührt.

Wei Mi schaut umher. Von allen Seiten kriechen Würmer heran, und obwohl sie keine Gesichter mehr haben, kann Wei Mi doch ein paar Bekannte ausmachen. Professoren und Dozenten sind darunter, Natur- und Geisteswissenschaftler. Und alle kriechen unbeirrt weiter, achten gar nicht auf die unzähligen blutenden Wunden auf ihren Körpern. Es liegt eine Atmosphäre des Schmerzes und der Schmach über diesem sich windenden, dahinschlängelnden Haufen.

Ein besonders dicker, buckliger Wurm, vormals ein anerkannter Physiker, stößt plötzlich zischende Laute aus. Er strengt sich an und plagt sich sehr; hätte er Arme, er würde sie erheben, um seine kläglichen Versuche zu unterstützen. Aber so bringt er nur ein abgehacktes Zischen zustande. Wei Mi versteht seine Worte dennoch: «Wer . . . bin . . . ich?»

Da ist sie wieder, diese Frage. Wei Mi wird von Angst gepackt, ihre innere Ruhe ist wie weggeblasen. In ihrem Kopf wirbeln die Erinnerungen, dröhnen all die tödlichen Beschimpfungen und Demütigungen. Sie schlugen ein wie Blitze.

Die anderen Würmer beachten Wei Mi überhaupt nicht, sie kriechen weiter und lassen sie allein zurück.

«Bin ich wirklich ein giftiger Wurm? Nein. Aber was bin ich dann?»

Sie denkt angestrengt nach, aber das Dröhnen in ihrem Kopf quält sie. Sie kann keinen klaren Gedanken fassen.

Sie läuft weiter.

Bald tauchen vor ihr ein paar Teiche auf, verborgen hinter dichtem Gestrüpp. Das ist der einsamste und entlegenste Ort des Schulgeländes, eine düstere, unheimliche Stimmung liegt über der Szenerie.

Plötzlich zerreißen Schreie die bedrückende Stille. Einige Wildgänse haben in der immer schwärzer werdenden Dunkelheit die Orientierung verloren und flattern hilflos durch die Luft. Wei Mi stürmt los, die Arme ausgestreckt, um einen dieser verirrten, ihrem Schicksal hilflos ausgelieferten Vögel zu fangen.

Und dann glaubt Wei Mi, mitten in einem Schwarm von Wildgänsen zu fliegen. Sie denkt zurück an das Jahr 1949, als sie aus Amerika heimkehrte nach China. Das Flugzeug brachte sie durch das schwere Artilleriefeuer des Feindes hindurch von Shanghai aus in das schon befreite Peking.

Ihr Kopf ist jetzt ganz klar, die Vergangenheit wird wieder lebendig. Sie erlebte diesen Flug voller Euphorie und Begeisterung, schüttelte die Gefahr, von den feindlichen Kugeln und Granaten in Stücke gerissen zu werden, einfach ab. Dieser Flug war geradezu feierlich: Sie kam, sich in die Obhut der Partei zu begeben, Schutz zu suchen beim Volk. Sie flog heim in ihr Vaterland, flog mitten hinein in die Revolution – du geliebtes Vaterland, du herrliches Feuer der Revolution!

Oft hatte sie gemeinsam mit Wenqi wehmütig an die Wärme der Heimat gedacht, an die Mühen und das Leid des Befreiungskampfes. Sie hatten überlegt, immer wieder gründlich darüber diskutiert, wie schwer es doch sei, ein neuer Mensch zu werden, welche Anstrengungen es kosten werde, sich von Grund auf zu ändern. Doch sie waren bereit, hineinzugehen in das Feuer der Revolution, waren gewillt, sich schmieden zu lassen zu Waffen für den Kampf: Wie unvergleichliche, legendäre Schwerter des Altertums wollten sie sein, um die Disteln auf dem Wege der Wissenschaft niederzumähen und zu zerfetzen – alles für ihre Mutter China!

Doch wo sind die Schwerter jetzt, und wo ist ihre Mutter?

Und ist sie selbst, Wei Mi, nicht ein Rinderteufel, ein Schlangengeist? Ist sie nicht eine giftige Reaktionärin, eine gefährliche Mörderin? Flieg, flieg davon, verlaß diese verdrehte Welt! Flieg – sie fühlt sich selbst wie eine verirrte Wildgans in der Finsternis und schluchzt laut auf.

Dann läuft sie los, immer schneller. Die Haarsträhnen, die man ihr gelassen hat, wehen im Wind. Sie rudert mit den Armen, will fliegen. Zweige reißen an ihrer Kleidung, zerkratzen ihre Haut, doch sie hastet weiter. Das Wasser der Teiche kommt näher, es leuchtet immer heller.

Das Geschrei der Gänse steigert sich, wird verzweifelter. Heftig flügelschlagend kreisen die Vögel in der Dunkelheit, immer höher steigen sie empor in die Finsternis, als wollten sie die blutverschmierte, von Schmach und Schande besudelte Welt so weit wie möglich unter sich lassen.

Wei Mi strengt sich an, ihnen zu folgen, aber sie bleibt allein zurück. Die Konturen der Gänse verschwinden in der Dunkelheit der Nacht. Plötzlich steht Wei Mi wie angewurzelt, als sei sie geradewegs vom Himmel gefallen. Verwirrt blickt sie umher, und mit einem Male fühlt sie ihren Körper zerbröckeln, spürt, wie sie zu Staub zerfällt, zu Luft wird und allmählich im Nichts verschwindet.

Eine namenlose Furcht ergreift sie: «Ich zerfalle, ich löse mich auf ... Aber wer bin ich denn? Wer ... bin ... ich?»

Ihre hilflosen Schreie zerreißen die Stille des Parks und irren durch die Finsternis.

Plötzlich wird die Schwärze des Himmels erhellt von einem großen Schriftzeichen: ‹Mensch›. Das Zeichen verstrahlt einen so blendenden Glanz, als vereine es auf sich das Licht von Sonne und Mond. In dieser Helligkeit aber sind viele schwarze Punkte auszumachen, die sich in alle Richtungen bewegen. Und wenn man genau hinschaut, erkennt man unzählige Skelette, Schlangen, Skorpione und Schädlinge, die herumwühlen in dem Schriftzeichen, sich darin festbeißen und daran zerren: Sie wollen es auseinanderreißen und niederwerfen, um es mit Füßen zu treten, um es zu zertrampeln.

Wei Mi wird ganz ruhig. Sie spürt, daß ihr Körper wieder zusammenfindet, daß ihr Selbst wiederaufersteht. Langsam steigt sie hervor aus dem Abgrund zwischen Vernunft und Chaos. Sie begreift plötzlich, wer sie ist. Sie legt alle Kraft in ihre Stimme: «Ich bin ...»

Sie stürzt sich ins Wasser. Sie gibt sich ganz ihrem geliebten Lande hin, dem sie und Wenqi ihr ganzes Leben gewidmet haben, sie wirft sich an die Brust ihrer Mutter China.

Auf dem schmutzigen Wasser bilden sich schaumige Wellen. Wei Mi schreit gellend auf, aber diese Schreie sind voller Zuversicht. Endlich hat sie die Antwort gefunden – doch das Wasser erstickt ihre Stimme, schlägt über ihr zusammen.

Dann ist es wieder dunkel und still.

Wenn es noch einmal richtig Frühling wird, dann kann der Mensch zurückkehren auf seine eigene Erde. Wenn der Mensch zurückkehrt auf seine eigene Erde, dann kann es noch einmal richtig Frühling werden. [1979]

LIU BINYAN

Warnung

Im Mittelpunkt dieser einzigen «literarischen» Geschichte des engagierten und «von oben» angefeindeten Journalisten und Reportageautors stehen der gefürchtete Geheimdienstchef Kang Sheng und andere Führungspersönlichkeiten der radikalen Periode.

Dieser Ort gilt als der wohl ehrfurchtgebietendste der Welt. Hier gibt es keinen Laut, keine Bewegung. Es scheint, als seien an ihm eine Reihe von Lebensuhren zur Schau gestellt, die zu irgendeiner Zeit für immer und ewig zu schlagen aufhörten. Sie gleichen einander fast völlig: ein paar Kästen, alle mehr oder weniger gleich groß, der größere Teil von ihnen aus Holz, der kleinere aus Stein. Öffnet man diese Kästen und schaut hinein, ähneln sie einander noch mehr: Häufchen für Häufchen körnige Holzkohle. Das sind die allerletzten Spuren menschlicher Lebewesen, die auf dieser Erde geboren und herangewachsen waren und einige Jahrzehnte auf ihr gelebt hatten.

Sie alle haben Freud und Leid, Glück und Unglück durchgemacht. Welcher Art jedoch waren die Gedanken, Gefühle und Erinnerungen, die in jenem Moment, da sie die Augen für immer schlossen und von dieser Welt Abschied nahmen, in ihnen aufblitzten? Aus den Fotos auf ihren Urnenkästen werden wir wohl die Antwort nicht herausfinden. So will ich hier die Lebensgeschichten von einigen Leuten erzählen, die mit einem Lächeln dahingingen.

Drei aus verschiedenem Marmor geschnittene Urnenkästen zeigen an, daß ihre Bewohner mit den Massen nichts gemein hatten. Auch war die Gier dieser drei Menschen nach Langlebigkeit besonders ausgeprägt gewesen. Die Menge der von ihnen aus diesem Grunde täglich eingenommenen Stärkungsmittel war so groß, daß davon selbst nach dem Verbrauch sämtlicher Lebenssäfte wegen ihrer Sucht nach Ausschweifung und Amüsement noch ein Rest in ihrem Körper zurückblieb – sie waren sogar hinsichtlich ihrer Lebensrückstände noch von den Massen verschieden. Mag sein, ihr Wunsch nach Unsterblichkeit hat Gott gerührt, mag sein, die in ihren Körpern verbliebenen Stärkungsmittel wirkten nach, jedenfalls hatte sich nach ihrem Tode in der Asche dieser Lebewesen noch ein Rest von Wärme erhalten. Und obgleich ihre Körper verschwunden waren, hatten sie doch ihr seelisches Empfinden noch nicht vollständig eingebüßt. Darin waren sie ja auch zu Lebzeiten am unnachgiebigsten gewesen.

Damals verfolgte sie ein hartnäckiger Gedanke. Man könnte sagen, es war eine Mischung aus Eigenliebe und Neugierde, vielleicht auch ein wenig Angst. All das vermengte sich bei ihnen zu einer wahren Besessenheit, unbedingt wissen zu wollen, wie wohl die Menschen nach ihrem Tode über sie denken mochten. Freilich kamen nur sehr wenige Leute hierher, um einzutreten in diese andere Welt, die offensichtlich auf die Lebenden keine große Anziehungskraft ausübte. Letzten Endes war es sehr entmutigend, es kam nicht ein Satz, nicht eine Äußerung.

Die Notwendigkeit ist etwas sehr Kraftvolles. Wenn nun die Menschheit aus der Notwendigkeit heraus die Sprache erschaffen hat, warum sollten dann Lebewesen, in denen selbst nach ihrem Tod ein Rest von Körperwärme verblieben war, nicht auch mit Hilfe irgendeiner Methode ihre Empfindungen austauschen können?

So sagte eines Tages der General: «Sie haben uns völlig vergessen!»

«Vergessen zu werden kann mitunter gut sein . . .», brachte der Zeitungsredakteur und einstmalige Propagandaminister auf Provinzebene seine eigene Klugheit zum Ausdruck.

«Mich können sie nicht vergessen haben. Und solange die von mir zurückgelassenen Bergwerke und Fabriken noch existieren, werden sie mich auch nicht vergessen!» sagte die einst führende Persönlichkeit aus der Wirtschaft.

Der General, der in einem roten, und der Propagandaminister, der in einem grünen Urnenkasten Obdach gefunden hatte, brachten mit ihrem unheilverkündenden Schweigen zum Ausdruck, daß ihre Selbstachtung und ihr Ehrgefühl beleidigt worden waren. In der Tat wurden ihre Errungenschaften, verglichen mit denen jener Persönlichkeit, von den Menschen leicht vergessen. Aber der Zeitungsredakteur war einfallsreicher als der General und widersprach:

«Was du sagst, ist die Wahrheit. Falls jedoch die Leute beginnen sollten zu fragen, welchen Preis das Volk entrichten mußte, dann würde das, wie ich fürchte, nicht so fabelhaft für dich ausgehen. Meine Zeitung hat doch stets nur von deinen Erfolgen berichtet; die Probleme haben wir verheimlicht. Obwohl beispielsweise die Grundstücksfragen noch ungeklärt waren, hast du einen Bau planen und über die Ausrüstungen beschließen lassen. Als man dann damit beginnen wollte, die Fabrik hochzuziehen, war kein Strom vorhanden – und einige hunderttausend Tonnen Walzstahl wurden einfach ins Meer gekippt . . . Deshalb sage ich noch einmal: Für uns gibt es nichts Besseres, als in Vergessenheit zu geraten!»

Draußen flog die Zeit nur so dahin, die Verhältnisse änderten sich. Lediglich im Umkreis der Urnenkästen blieb es gleichmäßig still. Es schien, als hätte selbst die Luft sich zu einem marmornen Festkörper verdichtet.

Eines Tages aber drang ein Luftstrom in ihre Gruft ein. Den Schritten nach unterschieden sich die jetzt hereinkommenden von allen bisherigen Besuchern; sogar ihr Atem war vernehmbar. Dann erschütterte plötzlich ein Knall, einer explodierenden Atombombe gleich, jene drei wehrlosen kleinen Seelen:

«Diese Burschen gehören sämtlich zur Anhängerschaft des gestürzten Mao-Stellvertreters Lin Biao und der ‹Viererbande›!»

Den dreien war Hören und Sehen vergangen, ihr Tastsinn aber sagte ihnen, daß einige Leute soeben auf den reinen und erhabenen Marmor ihrer Urnen spuckten. Am übernächsten Tag spürten sie gar einen kläglichen Schmerz, denn irgend jemand ritzte mit einem Messer kreuzweise über ihre Fotos, die an der Vorderseite der Urnenkästen angebracht waren. Wenig später wurde auf einen jeden ein schwarzes Tuch geworfen, und die drei so erschrockenen

Seelen fanden wieder etwas Frieden. Jede verfiel in ein bitteres Grübeln, wer wohl mit jener sogenannten ‹Viererbande› gemeint sei und in welcher Beziehung sie selbst zu diesen Leuten gestanden hätten.

Bereits nach kurzer Zeit aber wurden die schwarzen Tücher wieder abgedeckt. Plötzlich fühlten sie ein Wanken, und im selben Moment spürten sie, wie sich die Körperwärme lebendiger Menschen auf den Marmor übertrug – die drei Urnenkästen wurden aufgehoben.

«Wohin bringt man uns?» Die drei erschraken maßlos. Sie fühlten, daß sie jetzt aus der kühlen und düsteren Gruft ans helle Tageslicht geschafft wurden. Dieser Transport aber war ganz anders als damals, da sie von der Trauerfeier hierher in die Gruft verbracht worden waren. Diese Leute, die jetzt ihre Kästen ergriffen, waren allzu unaufmerksam – oder zeigten sie etwa absichtlich Feindseligkeit und Geringschätzung? Die Aschenteilchen ihrer Gebeine wurden durch die Erschütterung kräftig durcheinandergewirbelt und gerieten vollkommen aus der seit Jahren unveränderten Ordnung, was äußerst unbehaglich war.

Noch hatte die Sonne die steinernen Kästen nicht erwärmt, da hielt man plötzlich inne. Irgend jemand öffnete ein verrostetes Schloß. Darauf, zum letzten und zugleich heftigsten Male, erfolgte wieder eine Erschütterung: die Kästen wurden auf die Erde geworfen. Dann entfernten sich die menschlichen Stimmen allmählich, vermischt mit zufrieden verklingendem Gelächter.

Jene Welt ist an sich schon trostlos und furchterregend, und die Hülle aus erhabenem Marmor verstärkt nur das Gefühl von Kälte. Doch wenn man so auf den feuchten Boden geschleudert wird, in einen seit Jahren unbenutzten Raum, der nie das Sonnenlicht gesehen und nie die Wärme eines menschlichen Körpers gefühlt hat – man kann sich vorstellen, wie einsam und trostlos das erst sein muß.

Aber daran konnte man sich ja noch allmählich gewöhnen. Was die drei Seelen jedoch wirklich in Unruhe versetzte, war das Problem der Sicherheit. Daß ihre Fotos mit Messern zerkratzt, zerfetzt, beschmiert und ihr Aussehen völlig verunstaltet worden war, bewies lediglich, daß man ihnen mit Geringschätzung begegnet war; im Vergleich zu der Krise, in der sie sich nun befanden, eine geradezu belanglose Angelegenheit. Die Frage war jetzt: Hatte ihr Mißgeschick damit ein Ende gefunden oder würde es sich noch verschlimmern? Konnte die Sache sich gar zum Schlimmsten steigern, würden ihre steinernen Urnen zerschmettert, würde ihre Asche mit Füßen getreten und in alle Winde zerstreut werden?

Und dann gab es da noch etwas, weshalb sie von Gewissensbissen geplagt wurden: Wie sah das Los ihrer Familienangehörigen aus? Zu Lebzeiten waren Glanz und Wohlstand für die Familie ihre Hauptkampfziele gewesen. Durch sie hatten Frauen und Kinder, Freunde und Verwandte all die Jahre im Licht gestanden. Höhere Schulbildung, Parteieintritt, Versetzung, Beförderung, Lohnerhöhung, Wohnung, Heirat, Auslandsreisen und vieles andere mehr, kurzum: All die Privilegien, in deren Genuß ein Chinese überhaupt gelangen kann, darüber hinaus all die materiellen und geistigen Genüsse, welche in fast unerschöpflichem Ausmaße über ihre Schwelle kamen und unter denen es einige gab, die für gewöhnliche Menschen ganz unerreichbar blieben, ja von denen sie tatsächlich nicht einmal etwas ahnten, sich auch keinerlei Vorstellung machen konnten – das alles war untrennbar mit jenen zwei oder drei Schriftzeichen ihrer Namen verbunden. Wahrhaftig, diese Namen hatten geleuchtet wie Gold, sie hatten alle Blicke auf sich gezogen und die Menschen neidisch werden lassen, sie waren ein Symbol für Macht, Ruhm und Reichtum gewesen!

Als die drei von ihren Familien für immer Abschied nahmen, schien ihr gesamter Besitz noch dauerhaft zu sein, ja es schien sogar, als könne er bis in alle Ewigkeit fortbestehen, als würde er sich auch auf Söhne und Enkel und all die nachfolgenden Generationen weitervererben. Da hatte es schon genügt, ein wenig von ihren ‹Beziehungen› Gebrauch zu machen, und wie von selbst konnten sie Befriedigung für ihre Bedürfnisse erlangen. Nun jedoch, da ihre Urnenkästen von einem so hocherhabenen Platz hinabgestürzt waren, bestand plötzlich die Gefahr, daß dies alles verschwand. Würde die Angelegenheit sich so weit entwickeln, war es schlimm genug. Das fürchterlichste aber wäre, wenn das Lebensniveau ihrer Angehörigen noch unter das der gewöhnlichen Sterblichen sinken sollte – und damit waren die drei Seelen vertraut wie niemand sonst: Noch heute standen ihnen die Betroffenen jener schrecklichen Tragödien, die sie nicht nur mit angesehen, sondern selbst verursacht hatten, und das Schicksal von deren Angehörigen deutlich vor Augen. Erwarteten etwa solche Tränen, solche menschenunwürdige Demütigungen bereits die eigenen Familien?

Die drei Seelen versanken für viele Tage in ein tiefes Schweigen. Vor kurzem noch hatten sie die Erinnerungen an zahllose neiderregende Anblicke und Empfindungen, deren Besitz nur ihnen vergönnt war und die ihnen im Leben das höchste Glück gewesen, ihre jetzige Trostlosigkeit und Leere vergessen lassen (– denn merkwürdig: Obwohl sie längst schon alles Fleischliche als den Ursprung der Begierden eingebüßt hatten, brachte die Erinnerung an Erlebnisse der Wunschbefriedigung noch immer große Lustgefühle mit sich.) Seit der Zeit ihres Absturzes an diesen Ort aber waren solche Erinnerungen eng mit dem Gedanken an die allfällige Kehrseite verbunden, an kärgliche materielle Lebensverhältnisse ihrer Angehörigen, an Orte, wo sie von den Leuten wie Hunde und Schweine beschimpft werden würden, an die vielen Tore, die ein Mensch auf seinem Lebensweg passieren mußte und die nun vor ihnen fest verschlossen blieben . . .

Aber nicht einmal diese Stille war von langer Dauer. Eines Tages erschütterte das Splittern von zerschlagenen Fensterscheiben sie derart, daß die drei Seelen fast aus ihren marmornen Gehäusen gefahren wären. Gleich darauf nahte eine Gruppe schimpfender Menschen, und ein paar von zufriedenem Gelächter begleitete Steine schlugen auf den drei bemitleidenswerten kleinen Urnen ein, als sei dies ein Wettbewerb, wer das Ziel wohl am häufigsten und genauesten treffen könnte. Hätten Seelen die Kraft zu schreien, die drei hätten gewiß vor Schmerz gebrüllt und um Gnade gefleht.

«Ist das nicht, als prügelte man eine Leiche?» beschwerte sich der General, der zuerst die Beherrschung verlor, bei seinen Genossen.

«Es ist barbarisch! Außerdem verstößt es gegen die uralte chinesische Tradition ‹Wenn der Sargdeckel sich geschlossen hat, ist das Urteil gefällt›», fügte der Propagandaminister hinzu. Er dachte freilich den Gedanken nicht weiter, daß ihre eigene Bestialität bei der Behandlung anderer Menschen zu Zeiten, da sie selbst noch große Macht in Händen hielten, dieses Steinewerfen um vieles übertraf. Und er dachte auch nicht so weit, daß sie selbst den Grundsatz ‹Ein mit dem Tode gefälltes Urteil sollst du nicht antasten› oft verletzt hatten.

Zu jener Zeit war schon tiefer Herbst. Mitunter bliesen die heftigen Herbststürme Pekings die ganze Nacht hindurch. Das hörte sich dann an, als fegte jemand unaufhörlich mit einem Besen auf den Marmorplatten. Manchmal war zu vernehmen, wie herabfallende Blätter gegen die Fenster trieben; einige fielen auch durch das zertrümmerte Fenster auf den Marmor. So waren sie in dieser Trostlosigkeit nicht ohne ein gewisses angenehmes Gefühl, denn schließlich hatten sie zu jener Welt, in der sie einstmals gelebt, eine Verbindung bewahrt. Die herabfallenden Blätter vermischten sich mit Staub und Schmutz und bedeckten langsam in einer dünnen Schicht die Oberfläche des Marmors. Es schien, als verliehe sie den drei Seelen ein wenig Wärme und Sicherheit.

Eine Eigenart des Menschen – die Hoffnung – war den dreien noch nicht ganz abhanden gekommen. Der Ökonom erinnerte sich als erster an jene hohe Persönlichkeit, die in den letzten zwanzig Jahren nach und nach das Vertrauen der Partei wiedererlangt hatte und unaufhaltsam bis zu den höchsten Gipfeln der Macht aufgestiegen war. Ihm kam in den Sinn, daß der Urnenkasten jenes Mannes vor nicht allzu langer Zeit in die Gruft gebracht und anscheinend unweit von ihnen aufgestellt worden war. Daß man seine Urne nicht gemeinsam mit den ihren in diesen finsteren Raum geworfen hatte, bewies, daß der Besitzer noch nicht mit jener ‹Viererbande› in Zusammenhang gebracht wurde. Hierin sah er eine Hoffnung. Nach so vielen Jahren in offiziellen Kreisen war ihm geläufig, daß eine Person, die so hoch stand und über so viele ‹Beziehungen› verfügte, Protektion genießen mußte, um nicht an einen Ort wie den ihren zu geraten. Hieß das nicht aber, daß auch in ihrem Schicksal, die sie alle einst unter den Fittichen dieser hohen Persönlichkeit zu Ehren gekommen waren, bald eine Wendung zum Guten eintreten mußte?

Dieser Gedanke war ein entscheidender Wendepunkt, eine Inspiration. Jede Seele kehrte für einige Tage unter der Begleitmusik tosender Herbststürme in die Welt der Erinnerungen zurück. Noch einmal durchschritten sie ihren Lebensweg, schieden sie Freunde von Feinden, gingen aufmerksam den Siegen und Niederlagen derjenigen Menschen nach, die ihnen durch Jahrzehnte hindurch vertraut gewesen waren. Natürlich waren ihre Kräfte für solche Überlegungen schon verschwindend gering, waren sie doch im letzten Feuerschein ihrer Asche fast ausgebrannt. So hüteten die drei sorgsam, was ihnen an Energie noch geblieben war, und konzentrierten sich in ihren Erinnerungen auf die letzten zwanzig Lebensjahre. Persönlichkeiten, die man während jener Jahre gestürzt hatte, waren uninteressant und längst vergessen; die Aufsteiger aber, von denen manche es tatsächlich aus eigener Kraft geschafft hatten, tauchten wie von selbst schemenhaft auf.

Ja, da gab es einige! Ganz bestimmt lebten sie noch und hielten große Macht in ihren Händen – obgleich sie gewiß nicht alle Mitläufer waren, manche von ihnen hatten sogar in den letzten Jahren viel Leid durchgemacht. War nicht ihr Weg durch die Jahre fast derselbe gewesen, und hatten sie nicht fast dieselbe Sprache gesprochen? Konnten sie all das schwer Erkämpfte leichtfertig aufgeben, um neue Wege einzuschlagen? Wohl kaum . . .

Der Hoffnungsschimmer schien sich noch zu erhellen.

Von draußen drang eine leise, aber vertraut wirkende Frauenstimme herein und zerstörte die Stille dieser menschenleeren Welt. Dann hörte man auch die Schritte einiger Leute, ein Schlüssel knarrte in einem verrosteten Schloß.

Allmählich kamen die Schritte näher. Die Frau seufzte auf und sagte unter Tränen: «Haben Sie keinen Schemel? Sie werden ihn doch nicht etwa hier auf den Boden stellen . . .?!»

Die Stimme kam den drei Seelen ungemein bekannt vor, doch sie konnten sich beim besten Willen nicht mehr erinnern, wer diese Frau war.

«Sie haben dafür die Verantwortung zu tragen . . . Ich werde mich beim stellvertretenden Vorsitzenden darüber beschweren!»

Mit diesem Satz hatte sie wieder zu ihrem gewöhnlichen Tonfall zurückgefunden, und im selben Moment errieten die drei, wer diese Frau war: «Das ist doch Schwester J.!»

Noch ehe sie ihren Gedanken weiter nachhängen konnten, fiel ein schwerer Gegenstand, um vieles größer und gewichtiger als ihre eigene letzte Behausung, genau vor ihnen auf den Boden: ein aus schildpattfarbenem Marmor gefertigter Urnenkasten.

Es war der größte, kunstvollste und imposanteste Urnenkasten in der Geschichte der Volksrepublik China. Plazierte man ihn überdies neben die schlichten Urnenkästen der hochgeachteten und verdienstvollen Staatsgründer, deren Vorderseiten lediglich mit verkleinerten Exemplaren ihrer auf den Trauerfeiern ausgehängten Fotos beklebt waren, dann stand er in gar keinem Verhältnis. Darüber hinaus befand sich auf dem Deckel des Urnenkastens dieser hohen Persönlichkeit ein prächtiges Bronzerelief – kurzum: Der Kasten wirkte wie ein steil emporragender Berggipfel inmitten kleiner blasser Erdhaufen. Den ungetrübten Glanz störten einzig und allein die menschlichen Exkremente, mit denen irgend jemand die Oberfläche beschmiert hatte, und all die respektlosen Symbole, die in das Relief eingekratzt waren. Bronze ist eben ein zu weiches Material. Hätte man solche Zeiten vorausgesehen, wäre wohl besser eine Stahllegierung verwendet worden.

Die drei Seelen wußten dank ihres geschulten politischen Spürsinns sofort, wer der Bewohner dieses Urnenkastens war. Hohe Wellen der Gemütsbewegung schlugen plötzlich aus den modrigen Tümpeln ihrer Gefühlsreste empor. Sie waren erschrocken und entrüstet, obgleich aus den untersten Schichten ihres seelischen Sumpfes ein eher kompliziertes Gemisch unbewußter Gefühle aufstieg. Zum einen hatte ihre Clique der Unglücklichen ein neues Mitglied gewonnen, dem sie mit Schadenfreude begegnen konnten, zum anderen brachte dieser neue Leiter und Beschützer ein Gefühl von Herzlichkeit und Sicherheit mit, für das sie dankbar waren.

Nachdem ihnen lange Jahre hindurch eine nun zur Gewohnheit gewordene Haltung der Demut und Ergebenheit gegenüber hohen Persönlichkeiten anerzogen worden war, wagten die drei nicht, auch nur eine einzige Frage vorzubringen. Sie fürchteten außerdem, daß dies gegen den Anstand verstoßen und den Unmut jenes Leiters, eines von Natur aus mißtrauischen, harten und unbeherrschten Mannes, hervorrufen könnte, denn gewiß bestehen die Verhältnisse der irdischen Welt im Jenseits fort.

Die Unleidlichkeit des Leiters hatte sich nach seinem Tode noch durch ein unaufhörliches, in jeder seiner Körperzellen steckendes Schmerzgefühl verschlimmert. Während seiner letzten Lebensjahre war er – ausgenommen die wenigen Stunden im Schlaf – von heftigen Kopfschmerzen und schrecklichen Wahnvorstellungen geplagt worden. Immer wieder erschienen vor seinen Augen alle möglichen Geister, die sich bald auf ihn stürzten und ihn packten, ihn bald herumzerrten und prügelten oder wegen der Ungerechtigkeit ihres eigenen Todes mit ihm haderten. Unter ihnen gab es einige, die in den späten zwanziger und dreißiger Jahren durch seine Denunziation, seinen Verrat oder seine Intrigen umgekommen waren. Da gab es andere, die in den vierziger Jahren aufgrund von Geständnissen gestorben waren, die er eigenhändig ausgearbeitet und ihnen abgepreßt hatte. Da waren auch die Opfer der großangelegten, das ganze Land erfassenden Verfolgungen aus den späten fünfziger Jahren. Noch zahlreicher jedoch waren die Opfer aus den Sechzigern und Siebzigern, angefangen von den alten Revolutionären mit schlohweißem Haar, über Männer und Frauen in der Blüte ihrer Jugend, bis hin zu Säuglingen in ihren Wickeltüchern.

Öffnete er die Augen, sah er die Seelen unschuldig Getöteter, die mit zerzaustem Haar und blutbefleckten Körpern in Scharen umherirrten; schloß er die Augen, verfolgten sie ihn weiter. Er zerbarst schier vor quälendem Kopfschmerz und Angstgefühl, mühsam erkämpfte er sich zwei, drei Stunden Schlaf. Aber sobald er erwachte, begann der endlose Kampf aufs neue. Er rang verzweifelt, er ächzte und schrie – bald um Hilfe, bald um Gnade, bald brüllte er unwillkürlich wie ein wildes Tier.

Ein Henker, einstmals im Besitze der Macht, über das Schicksal von Millionen und Abermillionen Menschen zu richten, ist hilflos im Angesicht der zahllosen, unter seines Messers Schneide zum

Tode beförderten Seelen. Eigentlich sollte der Tod eine Art Befreiung sein, die Freuden und Leiden gleichermaßen mit dem Ende eines Menschenlebens zugrunde gehen läßt. Diese besondere Persönlichkeit aber vermochte durch ihr besonderes Geschick nicht, den Verfolgungen zu entgehen: Loderndes Feuer konnte wohl ihr Fleisch zu Asche verwandeln, das Schmerzgefühl jedoch war erstaunlicherweise in ihr zurückgeblieben.

Die vier Seelen versanken für einige Tage in tiefes Schweigen. Das einzige, was die Todesstille unterbrach, waren jene Schmerzensschreie, die dann und wann aus dem größten der Urnenkästen drangen. Sie zwangen die drei anderen Seelen, ein starkes Verlangen zu unterdrücken: Sie wollten sich möglichst diskret beim Leiter nach dessen Befinden erkundigen und seine so sehr gequälte Seele ein wenig trösten, um sich auf diese Weise einzuschmeicheln (– tatsächlich war dies ihre eigentliche Spezialität, nur zeitigte so etwas heute keine rechte Wirkung mehr.) Auch konnten sie ihre Besorgnis hinsichtlich ihres eigenen Schicksals und dem ihrer Familien kaum noch zurückhalten, sie wünschten sich, einige Erläuterungen von ihrem weisen Leiter zu erhalten.

Schließlich nahm einer von ihnen, der General, dessen frühere Beziehungen zum Leiter am engsten gewesen waren, seinen ganzen Mut zusammen und sprach ihn an. Er hatte gerade zwei Worte herausgebracht, als es zornig aus dem größten der Urnenkästen herausbrüllte: «Halt's Maul!»

Einen Moment später hörten sie die schwerfällige Stimme im wohlbekannten Shandong-Dialekt in kurzen, gedrängten Sätzen, die von Schmerzensschreien unterbrochen wurden, sagen:

«Wir müssen an uns halten . . . Die Menschen mögen uns ruhig vergessen, unsere ganze Existenz! Jetzt gibt es nur noch eine einzige Hoffnung: daß die Menschen immer weiter den alten Weg gehen, daß sie sich auch weiter in unserer Richtung bewegen . . . Darin liegt unsere ganze Hoffnung.»

Die drei Genossen verstanden genau, was der Leiter damit meinte. Sein wohlvertrautes Gesicht stand ihnen sofort vor Augen – die hageren Züge, die grimmigen, kalten und beängstigenden Blicke, die ab und zu hinter seinen Brillengläsern hervorblitzten . . .

In der Gruft wurde es wieder still. Würde sich die Außenwelt den Wünschen dieser Geister entsprechend entwickeln? Würden sich gar noch mehr Urnenkästen an diesem Ort ansammeln?

Die heftig tosenden Herbststürme Pekings blasen von Zeit zu Zeit goldbraune, verdorrte Blätter durch das zerschlagene Fenster in die Gruft. Ihr Rascheln durchbricht für kurze Augenblicke die Todesstille.

1979

WANG ZENGQI

Katzenjammer

Eine lakonische Kritik an der allgemeinen Verrohung während der Kulturrevolution, verfaßt vom Libretto-Autor der revolutionären Peking-Oper

Klein-Elegant, Klein-Eifrig, Klein-Vorpresch und Klein-Fortschrittlich wohnten alle im Häuserblock neun, Eingang sieben. Sie waren zur gleichen Zeit den Windeln entwachsen, in den gleichen Kindergarten gegangen und besuchten nun auch noch dieselbe Grundschule, dort saßen sie jetzt alle in der dritten Klasse. Den Vater von Klein-Elegant nannte man verächtlich einen ‹Wegbereiter des Kapitalismus›. In den Familien von Klein-Eifrig, Klein-Vorpresch und Klein-Fortschrittlich gehörten alle Erwachsenen zur Rebellenfraktion. Klein-Eifrig, Klein-Vorpresch und Klein-Fortschrittlich war das ziemlich egal, sie spielten nach wie vor zusammen mit Klein-Elegant.

Niemand kümmerte sich sonderlich um sie, und so spielten sie einfach drauflos. Sie fingen Kaulquappen und holten sich mit Klebmasse Zikaden herunter. Sie zertrümmerten in der Schule die Fensterscheiben und schossen den Lehrern mit der Zwille vor den Hinterkopf. Sie spielten Zuschauer bei den ‹Großen Debatten› oder beim ‹Bewaffneten Kampf›. Sie schauten zu, wie man mit den ‹Wegbereitern des Kapitalismus› umsprang, und sie waren dabei, als die ‹Kapitalismusanhänger› mit hohen Schandhüten durch die Straßen getrieben wurden. Als man den Vater von Klein-Elegant Spießruten laufen ließ, sind auch sie eine ziemlich große Wegstrekke mitgelaufen und haben gegafft.

Später trieben sie ihr Spiel mit Katzen. Sie spielten mit allen möglichen Exemplaren, mit schwarzen Katern, weißen Katzen, fuchsbraunen Kätzchen, schildkrötenfarbenen Löwenkätzchen: die hatten ein dreifarbiges Fell in Gelb, Weiß und Schwarz; mit ‹Schwarzwolke bedeckt den Schnee›: schwarzer Rücken und weißes Bauchfell; mit ‹Eisenknüppel schlägt drei Pfirsichbeulen›: weißer Körper, schwarzer Schwanz und auf dem Schädel drei schwarze Flecken . . . Die Großmutter von Klein-Elegant betrieb früher die Katzenzucht als Hobby, und solche Finessen in der Katzenwelt hatte ihnen natürlich diese Großmutter beigebracht.

Wenn sie eine Katze gefangen hatten, so trieben sie ihr Spiel mit dem Tier, bis es tot umfiel; erst dann war Schluß. Klein-Elegant war anfangs dagegen, daß sie die Katzen einfach umbrachten. Er sagte: «Eine Katze, das sind sieben Leben.» So hatte die Großmutter ihm das nämlich eingetrichtert . . . «Halt die Klappe, verpiß dich!» – «Eine Katze, wie kann die sieben Leben haben!» Danach wehrte sich Klein-Elegant nicht mehr weiter, er fing mit den anderen zusammen Katzen ein, und gemeinsam trieben sie ihr Spiel mit den Tieren.

Sie schnitten den Katzen die Barthaare ab. Da mußten die Katzen ununterbrochen niesen. Sie banden den Katzen einen Streifen Knaller um und zündeten ihn an. Die Katzen sprangen dann um ihr Leben wie toll herum. Sie dachten sich eine weitere Spielart aus: Von vier Flaschen suchten sie sich die Kronkorken zusammen und klebten die Tatzen der Katzen mit milchigem Hartkleber darin fest. Beim ersten Schritt schon glitten die Tiere aus, Schritt für Schritt schlidderten sie dahin. Für die Katzen war das schier unerträglich, die Jungen fanden das jedoch äußerst vergnüglich.

Später dachten sie sich noch eine andere, ziemlich einfache Art des Spiels aus: Sie warfen die Katzen kurzerhand aus dem sechsten

Stock vom Balkon. In der Luft maunzten die Katzen kläglich, aber die Jungen patschten begeistert in die Hände und schütteten sich aus vor Lachen. Derweil klatschten die Katzen auf den Boden und waren natürlich hinüber.

Einmal hatten sie eine große buntgescheckte Katze eingefangen. Der hatten sie einen Strick umgebunden und sie mit nach Hause geschleift; sie wollten das Tier vom sechsten Stock hinunterwerfen.

Doch was war da passiert? Vor Eingang sieben des neunten Blocks standen Menschen in einem großen Kreis: Klein-Elegants Vater hatte sich aus dem sechsten Stock herabgestürzt. Ein Rettungswagen kam herangebraust, Sanitäter schleppten Klein-Elegants Vater weg.

Daraufhin haben Klein-Elegant, Klein-Eifrig, Klein-Vorpresch und Klein-Fortschrittlich davon abgesehen, die große buntgescheckte Katze aus dem sechsten Stock zu werfen – sie schenkten ihr die Freiheit.

vor 1987

ENTRECHTETE,
ENTFREMDETE,
VERLORENE

YANG JIANG

Brunnenbau

Thema der wegen ihres Understatements gerühmten und zunächst nur in Hongkong veröffentlichten Sechs Kapitel aus der Kaderschule *ist die Zwangsarbeit von Akademiemitgliedern auf dem Lande während der Kulturrevolution.*

In der Kaderschule gab es vielerlei Arbeiten zu verrichten. Die Feldarbeit bestand aus dem Anbau von Bohnen und Weizen. In den Tagen der größten Hitze ging es schon frühmorgens um drei mit leerem Magen auf den Acker. Um sechs kam das Essen, nach dem Frühstück schufteten alle weiter bis zur Mittagspause, und dann noch einmal von der Abenddämmerung bis in die Nacht hinein. Jede Kompanie war nach der Ankunft zunächst bei den Bauern untergebracht. Aber dort konnte man nicht lange bleiben, es mußten schleunigst eigene Unterkünfte errichtet werden. Dafür wurden Backsteine benötigt, die aber kaum zu kriegen waren und zum größten Teil durch Lehmziegel ersetzt wurden. Sie zu formen war Schwerstarbeit. Gleich danach kam die Schweinehaltung, die schmutzigste und widerwärtigste Beschäftigung. Im Gemüsegarten und in der Küche bildeten die Alten und Schwachen die Mehrheit, alle schweren Arbeiten lagen auf den Schultern der Jüngeren.

Einmal fand in der Kaderschule aus irgendeinem Anlaß eine Festveranstaltung statt. In allen Darbietungen ging es um die Arbeit. Ein Theaterstück zeigte, wie die Mitglieder einer Kompanie auf Teufel komm raus Ziegel brannten, obwohl der Brennofen einzustürzen drohte. Dem soll ein wahre Begebenheit zugrunde gelegen haben. Eine andere Kompanie führte das Bohren eines Brunnens vor. Es waren viele Darsteller, die keinen Text zu sprechen hatten, ihre einzige Handlung war das Drehen des Bohrgerätes, um das sie sich unablässig im Kreise herum bewegten und dazu rhythmisch im Chor sangen: «He-jo! He-jo! He-jo! He-jo!» So ging es Runde für Runde, ohne Pause, der Bohrer durfte nicht zum Stillstand kommen, er mußte Tag und Nacht in Bewegung bleiben, um die Bohrung in einem Zuge zu Ende zu bringen. «He-jo! He-jo! He-jo! He-jo!» tönte es dumpf in ewigem Gleichklang und rief die Erinnerung an die Filmmusik ‹Lied der Wolgaschiffer› wach, die eine Zeitlang populär gewesen war. Dabei schien es, als könne man all die Fußpaare der Treidler sehen, die sich am Ufer des Flusses mit der ganzen Last, die auf ihren Körpern lag, Schritt für Schritt bis zur Erschöpfung vorwärts kämpften. Trotz seiner Monotonie schien das Stück ungleich lebendiger und wirklichkeitsnäher als das vom Ziegelbrennen mit seinem Lobgesang auf ‹Standhaftigkeit und Opfermut›.

Nach der Vorstellung gab es eine lebhafte Diskussion, wobei diese Darbietung einhellige Anerkennung fand, zumal sie – ohne lange Proben auf die Bühne gebracht – als ein richtiges Theaterstück gelten konnte. Auf einmal platzte jemand heraus: «Moment mal! Dieses Stück – ideologisch ist es wohl nicht ganz einwandfrei? Als ob ... als ob ... wir alle so ... so –»

Alle verstanden die Anspielung und lachten. Dann trat einen Moment lang Schweigen ein, wir begannen von etwas anderem zu reden.

Ich war der Gemüsebrigade zugeteilt worden. Ohne Maschinen, nur mit unserer Muskelkraft, gruben auch wir einen Brunnen.

Unsere Kaderschule hatte Glück, zwei Jahre hintereinander war es so trocken gewesen, daß der Huai-Fluß nicht über die Ufer trat. Aber auf dem ausgedörrten, steinharten Boden Gemüse zu ziehen war nicht leicht. Man sagt hier, der Boden im Kreis Xi sei ‹bei Regen eine Eiterblase, bei Sonne eine Messingplatte›. Sie hatten den Gemüsegarten einmal mit dem Traktor umgepflügt und dabei überall nur große Erdklumpen aufgeworfen, größer als Menschenschädel und härter als Knochen. Wollte man Gemüse anbauen, mußte man den Boden weiter bearbeiten; jeder einzelne Klumpen mußte in Stücke gehauen und zermalmt werden. Das war nicht nur anstrengend, es erforderte auch Geduld. Wir bereiteten die Beete vor und hoben Bewässerungsgräben aus, aber wir hatten kein Wasser.

In einem Gemüsegarten in der Nähe, der auch zur Kaderschule der Akademie der Wissenschaften – Abteilung Philosophie und Soziologie – gehörte, gab es einen Maschinenbrunnen. Wie es hieß, war er zehn Meter tief. Dort holten wir uns oft Wasser zum Trinken. In einem von Menschenhand gegrabenen Brunnen von nur etwas über drei Metern Tiefe ist das Wasser trübe. Wollten wir es unabgekocht trinken, setzten wir, um es zu desinfizieren, jedem Schöpfeimer ein ganzes Fläschchen eines keimtötenden Mittels zu; es schmeckte sehr seltsam. Das Wasser aus dem tiefen Brunnen war dagegen süß und kühl; schöpfte man sich, von der Arbeit in der glühenden Sonne durstig geworden, eine Schale davon, so war es, als schlürfe man erquickenden Tau. Wir tranken nicht nur, sondern nutzten auch die Gelegenheit, uns Hände und Füße zu waschen. Als wir aber unseren Gemüsegarten damit bewässern wollten, war das die schwierigste Sache der Welt; ohne Pumpe wollte das Wasser einfach nicht herüberfließen.

Einmal hatten wir uns mit viel Mühe eine Pumpe geliehen, das Wasser floß durch die von uns ausgehobenen Gräben zum Gemüsefeld. Doch unterwegs versickerte so viel, daß wir nur ein paar Beete bewässert hatten, als schon die Nacht hereinbrach und die Pumpe wieder abgeholt wurde. Wir säten Spinat, aber es verging mehr als ein Monat, ehe nach einem heftigen Regenguß endlich die grünen Spitzen aus der Erde lugten. So faßten wir den Beschluß, zur Bewässerung unseres Gartens einen eigenen Brunnen zu graben. Wir wählten den Platz aus und machten uns ans Werk.

Der Boden war wirklich wie Messing. Ich bot meine äußerste Kraft auf, aber mein Versuch zu graben hinterließ nur einen hellen Kratzer, was bei den jungen Burschen großes Gelächter hervorrief. Nachdem auch sie angestrengt versucht hatten, den Boden aufzugraben, erklärten sie, es müßten Spitzhacken her. Meine ‹Stärke› bestand in flinken Beinen. Da ich mit den Händen nichts auszurichten vermochte, lief ich, so schnell ich konnte, zurück zur Kompanie, griff mir zwei Spitzhacken, schulterte sie und war, ehe man es gedacht, wieder im Gemüsegarten.

Unsere kräftigsten Arbeiter benutzten nun der Reihe nach die Spitzhacken und lockerten den harten Boden, während die übrigen ihnen zur Hand gingen und die Erde zur Seite schaufelten. Nachdem so alle einen ganzen Tag lang verbissen geschuftet hatten, war zwar eine tiefe Grube ausgehoben, Wasser aber war keines zu sehen. Unser Kleiner Büffel, der Frauenverächter Xiao Niu, tuschelte: «Beim Brunnengraben dürfen keine Frauen mitarbeiten. Sind Frauen dabei, kommt kein Wasser.»

In der Gemüsebrigade gab es nur zwei Frauen, ich war die älteste in der ganzen Kompanie, A Xiang, eine ‹Auslandschinesin›, die jüngste und nicht einmal halb so alt wie ich. Diese unerhörte Behauptung empörte und belustigte sie zugleich, kichernd erzählte sie mir davon. Sie wollte sich auch mit Xiao Niu darüber auseinandersetzen, um gegen solche Pauschalverleumdung der Frauen zu protestieren. Wir waren wirklich beunruhigt und fürchteten, daß sie uns beiden die ganze Schuld gäben, falls sie nicht auf eine Wasserader stießen. Zum Glück wurde der Grund feucht, und Wasser begann zutage zu treten, noch bevor eine Tiefe von zwei Metern erreicht war.

Die trockene Erde heraufzuschaufeln strengte zwar an, noch viel schwerer aber war der nasse Lehm. Je tiefer sie kamen, um so matschiger wurde es. Zwei, drei Mann sprangen barfuß in den Brunnen und gruben. Sie reichten einen Eimer Schlamm nach dem anderen herauf, die Obenstehenden nahmen sie ihnen ab und kippten sie aus, wodurch nach kurzer Zeit rings um die Brunnenöffnung herum alles im Schlamm versank. Alle zogen die Schuhe und Strümpfe aus. A Xiang war begeistert bei der Sache, sie stand, ebenfalls mit bloßen Füßen, am Brunnenrand und reichte die Eimer weiter. Ich konnte zwar keinen Eimer voll Schlamm hochheben, entledigte mich aber der Gesellschaft halber ebenfalls meiner Schuhe und Strümpfe und schaufelte den überall breitlaufenden Matsch wieder zusammen.

Früher habe ich Schlamm immer als etwas Schmutziges empfunden, das von Auswurf und Rotz bis zu Kot und Urin alles mögliche enthalten konnte. Als ich jetzt aber mit den Füßen darin herumwatete, spürte ich nur eine große Weichheit, und es machte mir nichts mehr aus, daß ich im Schmutz stand. So wie man den Widerwillen gegen eine ansteckende Krankheit verliert, wenn ein geliebter Mensch davon betroffen ist, den man auch mit der Krankheit liebt. Im stillen verspottete ich mich selbst: Hieß das nicht, daß ich meine ‹Haltung› oder meinen ‹Standpunkt› geändert hatte?

Wir befürchteten, daß das Ansteigen des Wassers im Brunnen das Graben behindern würde. Das Brunnengraben von Hand war natürlich nicht wie das Bohren mit der Maschine in einem Zug in Tag- und Nachtarbeit zu Ende zu bringen, wir mußten aber trotzdem mit vereinten Kräften kontinuierlich daran arbeiten. Deshalb folgten wir auch dem Beispiel der Feldarbeiter und begaben uns in aller Frühe mit hungrigem Magen in den Gemüsegarten.

Zur Frühstückszeit gingen A Xiang und ich zurück zur Küche, luden Dampfbrote, Reisschleim, eingelegtes Gemüse und abgekochtes Wasser auf eine Schubkarre und brachten alles in den Gemüsegarten. Auf den ebenen breiten Wegen oder wenn es bergab ging, schob ich die Karre; in den Biegungen und auf den gewundenen kleinen Pfaden oder bergan schob A Xiang. Es war sehr kräftezehrend. Schob man nicht gleichmäßig, konnte es passieren, daß man den dünnen Brei oder das Wasser verschüttete; ich hatte es versucht und meine Erfahrungen gemacht. Gut bei dieser ungleichen Zusammenarbeit, daß diejenige, welche die Hauptlast trug, nicht kleinlich war, so daß wir beide harmonisch miteinander auskamen. Zum Mittagessen ging der ganze Trupp zurück in die Kompanie; nach der Pause wurde weitergearbeitet, bis der Tag sich neigte. Erst bei Einbruch der Dunkelheit stellten wir die Arbeit ein und kamen stets als letzte zum Abendessen.

Ich weiß nicht mehr, wieviele Tage wir auf diese Weise geschuftet hatten und mit dem Graben bei drei Meter Tiefe angekommen waren. In den letzten Tagen, als mit ansteigendem Wasser das Schachten immer schwerer wurde, kamen wir nicht umhin, fremde Hilfe in Anspruch zu nehmen. Wir mußten darum bitten, daß man uns zwei große junge Kerle schickte. Unten im Brunnen standen sie im Wasser. Im allgemeinen bohrt man Brunnen im Winter, da ist es auf der Brunnensohle warm. Wir aber gruben im Hochsommer, da war es kalt dort unten. A Xiang und ich waren besorgt, daß die beiden sich in dem eisigen Wasser erkälten könnten, sie aber waren in Hochstimmung und erklärten, sie frören nicht. Uns Frauen war es peinlich, für wehleidig gehalten zu werden, so beschränkten wir uns darauf, immer wieder in den Brunnen hinunterzuspähen.

Das Wasser bedeckte allmählich die Knie der Männer, kletterte nach und nach an ihren Beinen hoch und stieg langsam bis in Hüfthöhe. Für die Bewässerung des Gartens war der Brunnen mit mehr als drei Metern nun tief genug. Ich bot mich an, Branntwein zu holen, damit sie sich aufwärmen und wir unter diesem Vorwand den Erfolg begießen konnten. Alle waren begeistert.

Einer der beiden Helfer war der Chef des Versorgungszuges, er gab mir ein paar Hinweise, wie ich an den Schnaps herankommen konnte. So lief ich zur Kompanie, trug in der Küche auf die mir empfohlene Weise meine Gründe vor und ergatterte eine Schnapsflasche. In der Küche hatten sie, wahrscheinlich um Schnapsdiebe abzuschrecken, auf die Flasche ein Etikett geklebt, auf dem in großer Schrift das Wort ‹Gift› mit drei Ausrufezeichen stand. Außerdem waren ein großer Totenkopf und darunter zwei sich kreuzende Knochen daraufgemalt. In der Flasche befand sich noch ein Rest Schnaps, drei Finger hoch. Ich drückte die furchterregende Flasche an die Brust und eilte zu dem vom Gemüsegarten noch zwei Meilen weiter in westlicher Richtung entfernten ‹Zentralstützpunkt›, um Schnaps zu holen. Den ganzen Weg über hatte ich Angst, daß ich zu spät kommen und der dortige Genossenschaftsladen schon geschlossen haben könnte. Ich hatte keinen Berechtigungsschein für Schnaps, doch durch Vorweisen meiner Flasche gelang es mir mit einigem guten Zureden, einen halben Liter Branntwein zu erstehen. Sie hatten nichts, was man als Imbiß zum Schnaps hätte nehmen können, das einzig Eßbare waren wie Lehmklumpen anmutende ‹Fruchtbonbons›. Davon kaufte ich ein Pfund und eilte zurück zum Gemüsegarten.

Die Arbeit am Brunnen war inzwischen beendet. Die Schwerarbeiter und diejenigen, welche die leichteren Arbeiten verrichtet hatten, saßen auf der Erde und ruhten sich aus. Alle griffen ausgelassen nach ihren großen oder kleinen Wasserbechern und gossen sich Schnaps ein. Nachdem wir unseren halben Liter getrunken hatten, verblieb in der Flasche wieder ein drei Finger hoher Rest, den wir der Küche zurückgaben. Die Lehmklumpenbonbons wurden im Handumdrehen ratzekahl vertilgt. Das war unser Siegesbankett.

Ich war nicht in der Lage, mir den Grad der Erschöpfung der Brunnenbauer vorzustellen. Ich wußte nur, daß meine Zimmergenossinnen sich nach des Tages Arbeit oft ächzend und stöhnend im Schlafe herumwälzten. Ich hatte einen leichten Schlaf und war im stillen beschämt, wenn ich sie hörte, denn ich konnte mir denken, daß ihnen vor Erschöpfung alles weh tat. Selbst die Männer hörte man stöhnen: «Wir sind auch nicht mehr die Jüngsten.» Es verdroß sie, daß sie nicht mehr so stark waren wie in ihren Zwanzigern; auch sie spürten, daß sie nicht mehr über so viel Kräfte verfügten, wie sie sie hier eigentlich benötigten.

Bis wir das Schöpfwerk gekauft hatten, war der Brunnen bereits voll Wasser gelaufen. Das Gerät wurde auf der Brunneneinfassung in der Mitte über dem Wasser montiert. Weil die Brunnenöffnung so weit war, mußten wir eine sehr lange Göpelstange anbringen. Das hatte auch seinen Vorteil: Wenn wir sie schoben, wurde uns nicht so schnell schwindelig, weil wir in einem großen Kreis gehen konnten. Die jungen Männer entwickelten eine große Fertigkeit und drehten, die Stange vor sich herschiebend, in einem Zuge mehrere Dutzend, ja bis zu hundert Runden. Das erkannte auch ein jeder an, der zufällig mal zur Aushilfe in den Gemüsegarten arbeiten kam: Die ‹Bückarbeit› war zwar nicht leicht, aber die ‹Dreharbeit› hatte es auch in sich.

Jeden Tag brach ich mit meinen Schicksalsgefährten zeitig auf und kehrte erst spät zurück. Ich verrichtete einige leichtere Tätigkeiten, die man kaum als Arbeit bezeichnen konnte. Aber an ihrer Seite zu sein, das war so, als hätte ich an der Arbeit aller mitgewirkt. Nach und nach entstand eine Art ‹Kollektiv-› oder ‹Zusammengehörigkeitsgefühl›, ich verstand mich als eine der ‹Ihrigen› – man könnte es auch als ‹Wir-Gefühl› bezeichnen. Eine vorübergehende kollektive Arbeit, der Abschluß eines Vorhabens, nach dem alle wieder auseinanderlaufen, bringt dieses Gefühl nicht hervor.

Geistige Arbeit ist schwer mit vereinten Kräften zu bewerkstelligen. Man kann zwar zusammenarbeiten, aber jeder hat seine eigenen Erfolge. Will man gemeinsam einen Artikel schreiben, so führt meist kein Weg dahin, daß derjenige, der das Material sammelt, und derjenige, der die Feder führt, ‹einträchtig dasselbe Ziel verfolgen›; sie kommen nicht unter einen Hut. Die langen Jahre in der Kaderschule jedoch, ohne eine andere Perspektive vor Augen, verstärkten allmählich das ‹Wir-Gefühl›.

Ich habe Leute, die in die Kaderschule geschickt worden waren, sagen hören: «Jedenfalls werden *sie* nicht vom Regen durchnäßt und von der Sonne verbrannt!» Das waren ‹sie›. ‹Wir› – das schloß die Arbeitenden aller Kompanien ein – bestanden aus unterschiedlichen Fraktionen, zu denen auch die Leute gehörten, die aus ‹Kuhställen› kamen, jenen Privatgefängnissen der Kulturrevolution. Wir waren keine homogene Masse. Aber wir standen alle unter ‹ihrer› Verwaltung. Doch waren die uns Verwaltenden durchaus nicht allesamt ‹ihnen› zuzurechnen; auch die ‹nicht vom Regen Durchnäßten und von der Sonne Verbrannten› gehörten nicht alle zu ‹ihnen›. Es gab beispielsweise einen Leiter, der sich als Chef aufspielte und dessen ganzes belehrendes Vokabular sich in «Hm» und «Äh» erschöpfte; er war das Musterbeispiel für ‹sie›. Andere von der Sorte der ‹schamlosen Speichellecker› und der ‹hoch im Kurs stehenden Lumpen› mußte man ebenso zu den typischen Vertretern von ‹ihnen› zählen.

Der Unterschied zwischen ‹uns› und ‹ihnen› war nicht mit Klassenunterschieden gleichzusetzen. Aber durch die körperliche Arbeit kam ich zu Analogieschlüssen und Einsichten, und ich begriff am Ende doch ein ganz klein wenig mehr vom ‹Klassenempfinden›.

Die armen und unteren Mittelbauern indes, in denen wir unsere ‹Lehrer› sehen sollten, betrachteten die Mitglieder der Kaderschule als Fremde. Von den Süßkartoffeln, die wir angebaut hatten, plünderten sie in einer einzigen Nacht etliche Reihen vollständig. Unser Gemüse wurde jedesmal, noch bevor es herangewachsen war, gestohlen. Auf unseren Protest sagten sie nur: «Ihr kauft doch täglich euer Gemüse, wozu baut ihr selber noch welches an!» Die von uns angepflanzten Baumsetzlinge rissen sie heraus und verkauften sie auf dem Bauernmarkt. Als wir bei der Ernte unserer Sojabohnen waren, holten sie sie vom Feld, noch ehe wir selbst alles abernten konnten, und beschimpften uns obendrein: «Ihr lebt doch vom Marktgetreide!» Wir gehörten nicht zu ihrem ‹Wir›, für sie waren wir ‹Sie› – die, die zwar zerschlissene Kleider tragen, aber gut essen, und von denen jeder eine große Armbanduhr besitzt!

[1981]

ZHANG XIANLIANG

Zwiegespräch

Beherrschendes Thema von Zhangs autobiographischer Erzählprosa sind die qualvollen Versuche der Lagergeneration, sich während der Reformperiode in das «normale» Leben der Volksrepublik wieder einzugliedern.

Ohne Vorwarnung steckten mein Pferd und ich plötzlich in einem Schlammloch fest. Es war ‹Nummer 101›, ein alter Schecke, mit dem ich ausgeritten war. Er trat mit den Vorderhufen ins Leere, dann folgten Kopf und Brust. Die Hinterhufe wollten instinktiv die Vorderhufe herausziehen, aber er sank bei diesem Bemühen immer tiefer ein.

Ich peitschte das Pferd, stieß ihm mit den Steigbügeln in die Flanken. Es hob den Kopf und richtete die Ohren auf. Selbst auf seinem Rücken sitzend konnte ich erkennen, wie es mit den Augen rollte. Je mehr er mit allen vieren unter Aufbietung aller Kräfte verzweifelt im Schlamm wühlte, desto tiefer sank er ein.

Es hatte keinen Sinn, das Tier weiter zu schlagen, und ich glitt von seinem Rücken. Wir waren in ein grasüberwachsenes Loch geraten, das beim Bruch des großen Bewässerungskanals entstanden war. Obwohl man den Bruch ausgebessert hatte, kam aus der reparierten Stelle ein kleines Rinnsal, das Schwemmsand mit sich führte und das Loch allmählich mit Schlamm füllte. Mit der Zeit hatten Schilf und Rohrkolbengräser das Loch überwuchert, so daß es wie ein Grasteppich wirkte. Bisher hatte ich diese natürlichen Fallgruben mit aller Vorsicht umgangen, heute aber waren wir in eine hineingetappt.

Es war gerade die Zeit gewesen, die Pferde zurückzutreiben. Die im Westen untergehende Sonne schickte ihre letzten, besonders kräftigen Strahlen über Gräser und Bäume, gab ihnen einen gleißend-goldenen Glanz. In der Ferne fingen sie sich in den kristallsilbernen Wasserläufen des Sumpflandes. Frösche und Kröten, die zuallererst den kühlen, frischen Hauch spürten, stimmten überall ein ohrenbetäubendes Lärmen an. Die anderen Tiere, vom stummen Yaba nur widerwillig zum Stehenbleiben gebracht, spähten in unsere Richtung, als wollten sie fragen: Was ist los? Warum geht es nicht zurück in die Ställe? Die Mücken werden gleich kommen . . .

«He!» rief ich Yaba zu. «Treib du sie heim. Ich muß das Pferd hier erst mal herauskriegen und komme später nach. Warte nicht auf mich.» Ich überlegte, ob ich ihn bitten sollte, Huang Xiangjiu Bescheid zu geben, daß es spät werden konnte. Aber er war ja stumm. Er knallte mit der Peitsche und trieb die Tiere nach Hause.

Um mich herum wurde es still. Mein Schecke wieherte zweimal klagend und sah mich mit großen angstvollen Augen an. Dann senkte er den Kopf auf das Rohrkolbengras und schien auf meine Befehle zu warten. Die Mücken mit ihrem natürlichen Spürsinn umkreisten uns unheildrohend.

Ich zündete mir eine Zigarette an und setzte mich auf den Deich des Bewässerungskanals.

Ein Schwarm heimkehrender Vögel strich über das Grasland. Weiter entfernt hoppelte ein graues Wildkaninchen über ein Feld. Die Schatten der Gräser und Bäume, des Kaninchens, des Pferdes und mein eigener wurden länger. Alle Dinge erschienen jetzt matt und müde. Über der Graslandebene lag eine sanfte dunkle Würde. Selbst der Rauch meiner Zigarette verteilte sich nicht, sondern stieg senkrecht auf, wurde blasser und blasser, löste sich in nichts auf.

Ich tat wohl besser daran, dem Pferd den Sattel abzunehmen,

damit es für einen neuen Versuch Kraft schöpfen konnte. Die Zigarette zwischen den Lippen, durchtrennte ich den Sattelgurt mit dem Hirtenmesser und nahm ihn ab. Ich warf den Sattel ins Gras und paßte auf, nicht selbst in das Schlammloch zu fallen.

Lange Zeit ruhten wir aus. Ich zupfte dem Pferd Kletten aus Mähne und Schwanz.

«He, Kamerad, jetzt wollen wir es noch einmal versuchen», sagte ich. «Ich halte mich an deinem Schwanz fest und drücke von hinten, so gut es geht. Wie neulich, als du in der Ebene in die Frostaufbrüche geraten bist, erinnerst du dich? Und jetzt los!»

Der dicke Schwanz fühlte sich wie Holz an. Schwer sich vorzustellen, daß er aus einem lebendigen Körper herauswuchs. Hau ruck! Mit aller Kraft schob ich mit meiner Schulter und trat gleichzeitig mit meinen eisenbeschlagenen Bergstiefeln ins Hinterteil des Pferdes. Es schien zu begreifen, was von ihm verlangt wurde, und versuchte ungestüm einen Satz vorwärts. Der nasse Schlamm unter seinen Hufen gab schmatzende Geräusche von sich wie ein aufgeschreckter Kobold. Beide gaben wir uns die größte Mühe, versuchten wohl an die zwanzigmal, der feuchten Falle zu entkommen. Aus dem Schlamm war inzwischen eine klebrige Flüssigkeit geworden. Schließlich mußten wir einsehen, daß wir verloren hatten. Das Pferd gab seine Anstrengungen auf. Schwer atmend ließ es den langen Kopf wieder auf die Rohrkolbengräser sinken. Ich wischte mir den Schweiß vom Gesicht, hockte mich ins Gras und fächelte mir Kühlung zu. Was war zu tun?

Die Dunkelheit hatte das Brachland, die weiten Felder, Siedlung und Wäldchen bereits aufgesogen. Ich hob den Kopf, sah in die Ferne und konnte kein einziges Licht entdecken. Die geheimnisvolle Stimmung der Nacht wehte ruhig und leise heran. Plötzlich hörte ich neben mir eine Stimme, die fremd und doch zugleich vertraut klang.

«Du brauchst gar nicht so zu tun! Ihr Menschen versteht es wirklich, euch zu verstellen.» Die alte Mähre hob den Kopf und starrte mich mit weit aufgerissenen Augen an: «In Wirklichkeit willst du nämlich gar nicht nach Hause. Ihr seid erst einen Monat verheiratet, schlaft aber schon getrennt voneinander, stimmt's? Du fürchtest dich – fürchtest den Abend, wie ich mich davor fürchte, an die Deichsel gespannt zu werden.»

«Was? Du kannst sprechen?» Verschreckt setzte ich mich mit dem Hintern ins klatschnasse Gras.

«Hoho!» verhöhnte es mich. «Wieviel Angst du hast! Vergiß nicht, daß direkt gegenüber unserem Stall ein Lautsprecher ist. Außerdem habe ich seit meiner Geburt jede Menge Wandzeitungen gefressen. Auch wenn sie nach Tinte schmecken, sind sie doch immerhin aus Grasfasern gemacht – viel besser als dieses lange Gras, mit dem uns der verantwortungslose Stallbursche füttern will. So habe ich festgestellt, daß ich in ein Zeitalter geraten bin, in dem die Sprache beispiellos hoch entwickelt ist. In allen anderen Aspekten eurer menschlichen Natur seid ihr jedoch ganz schön degeneriert. Auf das Jonglieren mit der Sprache versteht ihr euch, auf sonst nichts! Weil alles abfärbt, was man anfaßt, habe ich schließlich sprechen gelernt.»

«Ja», stotterte ich verdattert, «das . . . das ist ja unglaublich!»

«Das ist eben das Problem mit euch Menschen. Ihr solltet von uns lernen, zu schweigen und die Dinge mit kühlem Verstand zu betrachten.»

«Und wie kommt es, daß du erst heute dein Maul aufmachst und zu sprechen anfängst?» fragte ich.

«Ich weiß, daß du nicht nach Hause gehen willst», schnaubte es. «Und wie du siehst, habe ich auch keine Lust dazu. Es gibt offenbar Zeiten, in denen wir beide zu dem Schluß kommen, daß es nötig ist, sich von den Massen zu trennen, allein zu sein . . . Wir könnten in Ruhe ein paar Fragen durchdenken. Philosophie ist allumfassend, auch für das Denken von Pferd und Mensch lassen sich doch wohl gemeinsame Richtlinien finden.»

Das konnte ich nicht bestreiten. «Offen gesagt, will ich tatsächlich nicht zurück. Ich möchte allein hier in der Wildnis ein paar Dingen auf die Spur kommen.»

«Vielleicht kann ich dir dabei behilflich sein?» fragte das Pferd im bescheidenen Tonfall eines Gelehrten.

«Wenn du so viel weißt», sagte ich, «welchen Rat hast du denn für mich?»

«Tst, tst», schnalzte es mit der Zunge. «Zunächst einmal hast du mein volles Mitgefühl. Wir haben beide das gleiche Problem. Du müßtest ja wissen, daß ich von euch Menschen auf grausamste Weise verstümmelt worden bin.»

«Ja», sagte ich, «aber mich haben sie nicht kastriert. Ich habe mein Geschlechtsorgan noch, doch es verweigert mir den Dienst.»

«Vor meiner Kastration brauchte ich nur das Wiehern einer Stute zu hören, ihren Geruch zu wittern, und schon waren meine Sinne betört. Da mochten tausend Berge und Flüsse zu überqueren sein, Festungen und Burgen den Weg versperren – nichts konnte mich aufhalten. Mein Organ hatte nie irgendwelche Probleme. Immer wieder brachte es mir diese überwältigenden, euphorischen Glücksgefühle. Aber seitdem sie mich kastriert haben, ist mir jede Leidenschaft abhanden gekommen. Alles läßt mich gleichgültig und kalt. ‹Der Tod des Herzens ist schlimmer als das stärkste Leid›, lautet ein Sprichwort. Da seht ihr eure Grausamkeit und Heimtükke, ihr Menschen: ihr habt mir die Hoffnung aus dem Herzen gerissen. Mein lieber Hirte, du solltest deine seelische Verfassung gründlich untersuchen und dich einer strengen Selbstüberprüfung unterziehen.»

«Nein», sagte ich, «zwischen uns gibt es einen Unterschied. Ich hatte immerhin die Hoffnung, die du längst verloren hast, noch beim ersten und zweiten Mal, sogar später, wenn sie mit mir die Freuden des Bettes teilen wollte. Aber in letzter Zeit empfinde ich Überdruß, mich hat die Angst vor dem Versagen gepackt.»

Das Pferd lachte seltsam hämisch. «Du versteifst dich zu sehr auf diesen einen Aspekt, kommst du dir dabei nicht ein bißchen vulgär vor? Ich habe von deiner gesamten seelischen Verfassung gesprochen. Deine ‹Impotenz› muß sich doch zwangsläufig auf dein ganzes inneres Wesen und Denken auswirken. Du bist gebildet; da solltest du eigentlich verstehen, daß Mensch und Welt eine Einheit sind. Hast du überhaupt noch Überzeugungen, Ideale, Ambitionen?»

«Ich glaube nicht, daß die davon beeinflußt werden», sagte ich zögernd. «Sima Qian zum Beispiel, der berühmte Geschichtsschreiber aus der Han-Zeit, hat seine großen *Historischen Aufzeichnungen* erst verfaßt, nachdem er kastriert worden ist.»

Das Pferd lachte noch höhnischer und schnaubte dann verächtlich. «Mein lieber Hirte, du begehst einen logischen Fehler. Über Sima Qian weiß ich nämlich Bescheid. Im Rahmen der ‹Kritik an den Legalisten und Konfuzianern› 1973 habe ich fast täglich Einführungen über ihn aus dem Lautsprecher gehört. Seine Kastration, die sogenannte ‹Palaststrafe›, war eine rein äußerliche Methode, den Körper zu verstümmeln, die seine Seele, seinen Geist nur um so mehr anstachelte. So erst konnte er seine *Historischen Aufzeichnungen* vollenden. Ich bin sogar der Auffassung, daß sie ohne die ‹Palaststrafe› überhaupt nicht zustande gekommen wären. Kaum, daß einem hier auf Erden die Fortpflanzungsorgane abhanden kommen, ist man auch schon in den Stand gesetzt, die brillantesten Werke zu verfassen. Es dröhnt doch auch häufig über den Lautsprecher, daß ‹aus Mißverhältnissen freudige Tatsachen werden›! Dir aber geht es wie meinen Brüdern, die ihresgleichen auf den Richtplatz begleiten mußten: die Kugeln haben ihnen selbst nicht das kleinste Härchen gekrümmt. Auch dein Körper ist unversehrt, aber über deine Seele hat sich durch deine Erlebnisse ein Trauma gesenkt. Diese Krankheit wirkt sich auf dein Hirn, deine Nerven, dein ganzes Inneres aus. Meinst du wirklich, du könntest dich noch mit Sima Qian vergleichen?»

«Nein, ich glaube, du hast recht.» Ich ließ den Kopf hängen.

«In bestimmten Aspekten sind wir einander ganz ähnlich.» Der Schecke warf mir einen warmherzigen Blick zu, seine Augen funkelten in der nächtlichen Dunkelheit. «Einerseits ist meine Begierde seit der Kastration ausgelöscht, andererseits aber hat sie bewirkt, daß ich an mir arbeite. Ich habe mich weitergebildet, sogar die menschliche Sprache erlernt. Bei dir liegt das ähnlich. Man muß sagen, daß du dich im Kreise der Arbeitslagersträflinge, im Kreise der Bauern, die sich unter so üblen Bedingungen durchschlagen, im Zitieren von Marx, Engels und Lenin bestens auskennst! Wir beide haben unser Leben nicht mehr in der Hand. Wir können uns unsere Träume nicht mehr erfüllen, immer werden sie uns antreiben, uns peitschen, auf uns herumreiten. Wir sind wahrlich ein gutes Gespann: ein Impotenter, der einen kastrierten Gaul reitet! Du mußt entschuldigen, aber oft kann ich meinen Spott nicht im Zaum halten. Manchmal frage ich mich sogar, ob in China nicht alle Intellektuellen kastriert sind. Sie haben zumindest in der Entwicklung ihrer Sprache Schaden genommen. Gäbe es unter euch nur zehn Prozent richtige Männer – euer Land wäre nicht in einem derartigen Zustand! Ich weiß nicht, was du denkst, aber ich habe es satt, jeden Tag diesem Lautsprecher zuzuhören. Wie ist es nur möglich, daß euch bei eurer immensen Redegewandtheit nichts Neues einfällt?!»

«Deinen Analysen nach zu urteilen, hört es sich an, als wäre die Sache für mich gelaufen», sagte ich gequält.

«Was heißt ‹gelaufen›?» Das Pferd sah mich ernst an. «Du kamst auf die Welt, hast gegessen, hast gearbeitet, hast dich umgesehen und allerlei unglaubliche Geschichten gehört, daß zum Beispiel aus einem Staatsoberhaupt wie Liu Shaoqi ein Sträfling werden kann, daß ein kleiner Schurke wie Lin Biao Vizepräsident einer Partei mit Millionen von Mitgliedern werden kann. Na, und dann stirbst du eben. So ungefähr läuft doch das Leben eines Menschen ab. Und dabei hast du sogar Glück gehabt, in ein so lächerliches Zeitalter geraten zu sein. Was willst du eigentlich noch, vielleicht gar Nachkommen produzieren?»

«Nein, solche Absichten habe ich keineswegs. Denn wenn unser Land weiterhin diese Komödien aufführt, diese Farcen, würden meine Nachkommen mein erbärmliches Schicksal nur wiederholen. Da ist es besser, gar nicht erst geboren zu werden.» Ich stützte meinen Kopf auf die Arme. «Ich meine nur, daß der Mensch in seinem Leben etwas zum Gedeihen der Welt beitragen, ihr etwas Menschlichkeit geben sollte . . .»

«Oho! Große Worte, große Worte! Das ist wieder der alte Fehler», unterbrach mich das Pferd. «Denk an uns Pferde: Ist es nicht auch ein Beitrag, daß man jeden Tag die Deichsel zieht, mal hierhin, mal dorthin? Ihr Menschen seid ständig bemüht, den belanglosesten, trivialsten Kleinigkeiten schillernde Farbanstriche zu verpassen. Selbst das Leeren der Latrinen wird als Resultat des Studiums der Werke des Vorsitzenden Mao hingestellt.»

«Du hast mich nicht verstanden. Ich spreche von kreativer Arbeit, nicht von der, die unter Zwang verrichtet wird.»

«Was willst du denn erschaffen?» bohrte der Schecke weiter. «Die kreativste Tat des Menschen, der Pferde, aller Lebewesen, ist die Fortpflanzung. Da du das nicht leisten kannst – wie willst du da noch kreativ sein? Zugegeben, unter euch Menschen gibt es eine Reihe großartiger Persönlichkeiten, die sich opfern, die nie heiraten und auch keine Kinder in die Welt setzen. Aber die mußten doch nicht erst ihre Fortpflanzungsfähigkeit einbüßen, um kreativ zu werden, um neue Dinge erfinden zu können. Du hast diese Fähigkeit nun aber völlig verloren. Dein Innenleben ist aus dem Gleichgewicht, dein System unkoordiniert und durcheinander. Bilde dir bloß nicht weiter ein, du könntest kreativ sein! Selbst wenn du etwas schaffst, müßte das verformt sein, unausgewogen – vielleicht sogar ein Schaden für die Menschheit. Mein lieber Hirte, ich hoffe nur, es ergeht dir nicht wie einem meiner Brüder. Der wurde nicht ordentlich kastriert, und obwohl er die Zeugungsfähigkeit einbüßte, blieb das Verlangen. Schließlich ist er an den Qualen seiner Begierde geistig zugrunde gegangen. Er wurde von euch allen verspeist, sein Fell liegt noch heute auf dem Stalldach. Sei also ein ruhiger, beherrschter Mensch, wie ich ein fügsames Pferd bin. Erkenne deinen Platz, und beachte die Regeln!»

«Dann hat sie also recht? Ich bin nichts als ein Krüppel, ein halber Mann?» Ich merkte, daß mir Tränen über die kalten Wangen liefen.

Das Pferd stieß einen langen, tiefen Seufzer aus. «Ja», sagte es, «ich fürchte, so ist es. Du mußt dich damit abfinden, weil es eine Tatsache ist. Ein Unglück zeigt einem die Macht des Schicksals. All deine Zuversicht, deine Ideale und Ambitionen sind vergebens, schlimmer noch, sie werden zu Hindernissen, die dich quälen. Du weißt so gut wie ich, warum man uns kastriert: Man tut es, um uns die Kreativität zu nehmen, um uns lenkbar zu machen. Wenn sie es nicht täten, behielten wir unseren freien Willen, und unsere überlegene Intelligenz ließe sich niemals gängeln. Selbst Sima Qian hat gesagt: ‹Menschen, die bestraft worden sind, hören auf, mutige Reden zu führen.› Von welcher Kreativität sprichst du also noch?»

Dem hatte ich nichts mehr entgegenzusetzen. Ich fühlte mich gedemütigt, gallebitter stieg es in mir hoch.

«Mein Hirte, du mußt sehr vorsichtig sein. Ich möchte nicht, daß dir etwas zustößt – schließlich bist du jemand, der verhältnismäßig bedacht mit uns Pferden umgeht. Wir sollten jetzt aufbrechen.»

Sprach's, hob energisch die Vorderhufe und befreite sich aus dem Schlammloch. Die Vorderhufe setzte es sicher auf den festen Rand des Loches, schließlich zog es sein Hinterteil heraus. Das alles dauerte lediglich wenige Sekunden.

«Na, dann los.» Das Pferd kam unterhalb der Dammböschung zum Stehen, drehte den Kopf und rief mir zu: «Bei dieser Dunkelheit kannst du den Weg nicht mehr erkennen. Ich werde vorangehen und du folgst mir. Meine Instinkte sind besser als die der Menschen. Ihr seid ja überhaupt die am meisten zurückentwickelte Gattung im Tierreich. Eines der wichtigsten Anzeichen dafür ist eure Neigung, euch für die Klügsten zu halten . . .»

Hufklappernd trabte der Schecke voraus, und ich folgte ihm, den Sattel auf der Schulter und die Peitsche nutzlos in der Hand. Die Dunkelheit war ungeheuer und schien kein Ende zu nehmen . . .

Als wir die Stallung erreichten, schlief dort schon alles. Nur in unseren beiden Lagerschuppenräumen brannte noch Licht: sie wartete auf mich. Es war doch schön, ein Heim zu haben.

An der Stalltür drehte das Pferd den Kopf. «Pst!» machte es und bedeutete mir zu schweigen. «Mein lieber Hirte, von nun an werde ich wieder stumm und dumm sein wie früher. Und du solltest dich unter den Menschen nicht zu sehr hervortun – behalte dein Wissen, deine Überlegungen für dich. Das ist die einzige Möglichkeit, dir dein Leben zu bewahren.» [1985]

LIU XINWU

Im Aufzug

Konfuzianisch streng stellte diese frühe Erzählung die Frage nach der moralischen Verantwortung des Individuums und der Legitimation der KP als Führungsorganisation Chinas.

Die Türen des Aufzugs schlossen sich. Die Dicke, die den Aufzug bediente, drückte auf den Knopf für das zehnte Stockwerk. Die Taste leuchtete auf. Ruckartig bewegte sich der Aufzug nach oben. Die Dicke saß lustlos auf einem metallenen Klappstuhl unter den Bedienungsknöpfen und studierte die Kinoanzeigen in der Zeitung.

Na gut, man brauchte ja bloß so zu tun, als sei die Dicke gar nicht da. Sie sah ihn an und hatte im nächsten Augenblick das Gefühl, es gebe auf der Welt nur sie und ihn.

Er lächelte. Sein Haar war grau geworden, aber immer noch ganz dicht. Die Falten auf der Stirn und in den Augenwinkeln, fein und doch deutlich gezeichnet, nahmen seinem Gesicht nichts von seiner jugendlichen Lebendigkeit. Er war sorgfältig rasiert, aber auf Kinn und Wangen lag noch ein gleichmäßiger schwarzer Schatten. Sein Kehlkopf stand genauso stark hervor wie früher.

Sie wandte die Augen ab. Sie konnte seinem Blick nicht standhalten, diesem Blick, der nicht verurteilte, nicht ablehnte, verachtete oder verdächtigte, sondern ganz im Gegenteil voll Milde, Anteilnahme, Respekt und Vertrauen war. Gerade deshalb konnte sie ihn nicht ertragen.

Der Aufzug fuhr weiter nach oben.

Sie hatten sich zufällig auf der Straße getroffen.

Sie erkannte ihn auf den ersten Blick. Neulich war in der Zeitung ein Interview mit einem Foto von ihm erschienen. In den letzten beiden Jahren sah man häufig Bilder von ihm in der Presse. Einmal war sogar im Fernsehen ein Porträt über ihn gesendet worden, dazu hörte man eine Stimme vom Tonband. Es schmerzte sie, als ihr klar wurde, daß wirklich er es war.

Auch er hatte sie sofort erkannt. Obwohl sie wesentlich älter geworden und ihre frühere Lebhaftigkeit dahin war, konnte er sie an ihrer Gestalt und ihrem Gang schnell erkennen. Er freute sich sehr, sie zu treffen.

Er wohnte in dem Hochhausneubau gleich in der Nähe und lud sie ein, auf einen Sprung mitzukommen. Sie war einverstanden. Beide spürten, daß es viel zu sagen gab, aber eine Weile sprach keiner ein Wort. Im Aufzug sahen sie einander nur lächelnd an.

Sie betrachtete das leuchtendrote Telefon in einer Ecke des Aufzugs. Rotierte das Schild mit den Telefonnummern wirklich? Vor ihren Augen schwebte eine leuchtendrote Dahlie. Richtig, während ihrer Studienzeit wuchsen vor ihrem Wohnheim viele Dahlien. Es war Hochsommer, in den Weidenbäumen zirpten die Zikaden. In einer ruhigen Mittagsstunde stahl sie sich aus dem Wohnheim fort, durch den gespenstisch stillen und dunklen Flur, um die Ecke, die Treppe hinunter, zur Tür hinaus . . .

Endlich, das gleißende Tageslicht. Die Welt glich einem überbelichteten Film, so hell, daß es den Augen weh tat. Erst während sie in einem versteckten Winkel am See auf ihn wartete, beruhigten sich die flimmernden Linien und Schatten vor ihren Augen.

Eine Pusteblume. Er hielt sie vor ihren Mund, sie schürzte die Lippen und blies. Nacheinander flogen die Samen dem Licht entgegen, glitzernde Silberfäden. Ein eigensinniger Same kam zurückgeflogen, direkt vor ihr Auge. Sie schmiegte sich an ihn, jetzt war er dran mit Pusten. Sie lachte leise und öffnete die Augen, die voller Tränen standen . . .

Die Welt glich einem lebensfrohen, schönen Gesicht, auf dem nur ein Wort geschrieben stand: Liebe.

Der Aufzug hielt, fünfter Stock. Zwei kleine Mädchen kamen herein, Mittelschülerinnen.

Warum mußte dieses Telefon ausgerechnet leuchtend rot sein?

Der Aufzug fuhr weiter nach oben.

«Was hast du in den letzten Jahren gemacht?»

Diese Frage mußte einfach kommen.

Ihn brauchte sie nicht erst zu fragen, seine Artikel wurden in auflagenstarken Zeitschriften veröffentlicht. Dann war da noch dieses Interview, das einige Nebensächlichkeiten unendlich aufbauschte. Außerdem gab es einen Roman, von einem neuentdeckten Autor knapp über zwanzig geschrieben, dessen Held ganz eindeutig er war. All dies hatte sie aufmerksam verfolgt.

Er hatte gelitten, war ein verkanntes Talent, ein zäher Kämpfer, aber er hatte sein Schicksal in die Hand genommen und war nun ein von unzähligen Jugendlichen verehrter Dichter.

Und sie?

«Ganz einfach. Seit ich das Studium abgebrochen habe, bin ich bei einem Amt in der Abteilung für allgemeine Angelegenheiten angestellt.»

«Warum hast du denn die Universität verlassen?»

«Probleme in der Familie.»

«War das alles?»

«Natürlich nicht. Nachdem man mir den Schandhut als ‹Rechtes Element› aufgesetzt und mich vom Studium weg zur ‹Umerziehung durch Arbeit› geschickt hatte, fand ich Studieren einfach nicht mehr so wichtig, und schon gar nicht unser Fach . . .»

Schweigen.

Der Aufzug hielt wieder. Die beiden Schülerinnen stiegen aus. Um so besser. Die Aufzugtür schloß sich lautlos, und der Aufzug fuhr weiter nach oben.

Der Roman jenes jungen Schriftstellers hatte sie gleichermaßen tief berührt und enttäuscht.

Berührt deshalb, weil der Held seinem Vorbild wirklich ähnlich war. Wenn sie heute seine Verse aus dieser Zeit las, so waren sie noch immer brisant und konnten den Schwachen Mut geben. Enttäuscht war sie wegen der Heldin: einen solchen Menschen hatte es doch nie gegeben. Hatte sie ihn etwa unter Druck von oben im Stich gelassen oder sich in Selbstvorwürfen aufgerieben? So einfach war das alles doch nicht . . .

Immer noch Hochsommer, immer noch zirpten die Zikaden in den Weidenbäumen. Wieder stahl sie sich in einer ruhigen Mittagsstunde aus dem Wohnheim, durch den Flur, um die Ecke, die Treppe hinunter, zur Tür hinaus – da sah sie: Die ganze Wand war übersät von roten und grünen Papierfetzen.

Die Welt glich einer unordentlich vollgeschmierten Wandzeitung, völlig unverständlich.

Sie lief zum Schultor. Der große Lastwagen, der die anderen wegbrachte, war schon angefahren und hatte eine Staubwolke aufgewirbelt. Sie sah gerade noch seinen Hinterkopf. Sofort überkam sie wieder jenes grenzenlose Gefühl von Liebe. Sein Kopf war zwar nicht starr geradeaus gerichtet, er drehte sich aber auch nicht nach ihr um.

Sie war sich sicher, daß er sie nicht hassen würde. Niemand wußte von ihrer Beziehung, und niemand verlangte eine Stellungnahme von ihr. Nachdem sich die Situation wieder beruhigt hatte, suchte er sie nicht, und auch sie hatte nicht nach seinem Verbleib geforscht.

Die Samen der Pusteblume stiegen ins Licht, sie drehten sich, auf und ab, weit weg, immer weiter . . .

Sie trennte sich von diesem Hinterkopf, von ihrer heimlichen ersten Liebe, trennte sich von ihrer kindlichen Betrachtungsweise der Welt, von Weichheit und Schüchternheit. Sie bemühte sich, ihn zu vergessen. Fast wäre es ihr wirklich gelungen.

Was klapperte da? Ach, nur der Ventilator an der Decke der Aufzugskabine.

Oder waren es die Abakusse in der Bank?

Ihr Mann war Buchhalter. Schon von weitem sah man ihm an, daß er sich aus allem heraushielt. In jenem Jahr hatte er gerade bei der Bank angefangen, er rieb sich die Hände und lächelte bescheiden, als ihn der Heiratsvermittler ihr vorstellte. Ringsum klapperten die Rechenmaschinen.

Ihr Mann war von mittlerer Statur, weder neben großen noch neben kleinen Menschen fiel er besonders auf. Er war schlank, aber nicht mager, seine Gesichtszüge waren regelmäßig aber nicht fein. Übervorsichtig wie er war, versuchte er, es allen recht zu machen.

«Leise, sei ein bißchen leiser . . .» Ihr Mann sah oft zu der Wand, die die ihre von der Nachbarwohnung trennte, und ermahnte sie: «Sei lieber ein bißchen leiser.»

Im Jahre 1958 zog man in Bank und Schule eine deutliche Trennungslinie zu den ‹Rechte Elementen›. Ihr Mann brachte einen Topf konservierten Bohnenkäse nach Hause, nahm mit größter Vorsicht ein Stück heraus, legte es auf den Teller und zählte auf: «Sag selten deine Meinung, rede wenig, komm den Vorgesetzten nicht in die Quere, kümmere dich nicht um Sachen, die dich nichts angehen, laß deine Phantasie nicht mit dir durchgehen . . .» Dann spülte er den Bohnenkäse mit Wein hinunter und dachte nach, furchtsam, aber doch mit seinem Los zufrieden.

Im Jahre 1960 hörten alle von der Kaltstellung des Verteidigungsministers Peng Dehuai nach seiner Kritik am Vorsitzenden Mao. Ihr Mann brachte einen Beutel gezuckerten Datteln mit nach Hause und legte sie einzeln vorsichtig auf einen Teller. Zu ihren leisen Fragen und Kommentaren schüttelte er nur den Kopf. Schließlich schaute er auf und bat sie hilflos und inständig: «Es gab doch keine offizielle Bestätigung, oder? Zu Dingen, von denen wir nichts wissen, sollten wir uns doch auch nicht äußern, oder?» Er reichte ihr eine Dattel und ermahnte sie, beim Ausspucken des Kerns vorsichtig zu sein, da die beiden Enden dieser Kerne sehr spitz seien und man sich im Mund leicht daran verletzen könne.

Still und friedlich lebten sie vor sich hin. Sie gebar ihm zwei Töchter. Während der ‹Zehn Jahre Chaos› 1966 bis 1976 wurde ihr Haus nicht durchsucht, und auch sie veranstalteten bei anderen keine Durchsuchungen. Sie wurden nicht bekämpft und bekämpften auch keine anderen. Sie wurden nicht zur Umerziehung geschickt, und man zog ihnen nichts vom Lohn ab. Sie waren weder ‹Konservative› noch ‹Revolutionäre›, sie gehörten noch nicht einmal zu den ‹Unabhängigen›. Da sie es nicht wagten, auch nur einen Tag nicht bei der Arbeit zu erscheinen, ordneten sie sich jeder Art von Leitung unter: dem ‹Großen Komitee der

Kulturrevolution›, der Arbeitsgruppe, dem Hauptquartier der Roten Garden, den Propagandatrupps der Volksbefreiungsarmee und der Arbeiterschaft, den Revolutionskomitees und diversen ‹neuen Parteikomitees›. Zusammen mit unzähligen anderen schwenkten sie das ‹Kleine Rote Buch› mit den Zitaten des Vorsitzenden Mao und riefen Losungen. Zu Hause hängten sie die Fotos auf, die man aufzuhängen hatte, und nahmen die ab, die man abnehmen mußte.

Nur eines veränderte sich nie: das kleine Zimmer von vierzehn Quadratmetern, in dem sie wohnten. Die Töchter wuchsen heran, sie wurden in eine landwirtschaftliche Produktionsbrigade geschickt, kamen vom Land zurück, arbeiteten als Verkäuferin und Busschaffnerin, während sie noch immer in jenem engen, niedrigen, feuchten, altmodischen Zimmer wohnten . . .

Dieser Aufzug war brandneu. Sie fuhr mit Vergnügen in solchen neuen Aufzügen.

Er hatte damals nicht einmal jene vierzehn Quadratmeter gehabt. Er litt unter eisiger Kälte, hatte, nur mit einer langen Unterhose bekleidet, auf der tiefsten Sohle mit der Spitzhacke nach Kohle schürfen müssen. Er war am ganzen Körper voller Läuse gewesen, in den Augen anderer selbst nicht mehr als eine Laus. War es kurz aufwärts gegangen, fiel er danach nur um so tiefer. Einen langen Weg hatte er hinter sich, er hatte das Buch des Lebens auf allen Seiten studiert. Damals mußte er bittere Tränen vergießen und konnte doch auch aus vollem Halse lachen. Selbst als er am tiefsten erniedrigt wurde, erfuhr er noch Mitgefühl und Vertrauen, auch in der härtesten Zeit hatte er durchgehalten und die Hoffnung bewahrt. Andere Menschen behielten ihn im Gedächtnis, und er selbst gab sich nie auf.

Als er in den Kulturbetrieb zurückkehrte, nahmen die alten Leser ihn ohne Zögern und mit Begeisterung wieder an, die neuen merkten sich sofort seinen Namen. Wie Romain Rolland sagte: «Das Beste, was wir vom Leben bekommen können, sind zahlreiche Wunden, denn jede Wunde bedeutet einen Schritt vorwärts.»

Sie hingegen?

Sie hatte sich zurückgezogen wie eine Schnecke in ihr Haus. So blieb sie zwar von Narben verschont, aber ihr Leben war verweichlicht, ohne Konturen.

Jetzt stand sie vor ihm. Sie wich seinem Blick aus.

Ihr Blick fiel auf seine Schuhe: Er trug Lederschuhe.

Ihr Mann besaß auch ein Paar Lederschuhe, die er mit Vorsicht und Schonung seit zwölf Jahren trug.

Das Zimmer war vollgestellt mit Kisten und Schachteln. Sie fragte: «Was machst du denn da?»

Ihr Mann blieb wie immer freundlich: «Ich suche den Rest Schuhcreme.»

«Da war doch nicht mehr viel, die Tube war nicht mal mehr halb voll.»

«Das kann man doch aber noch benutzen.»

«Willst du dafür das ganze Zimmer auf den Kopf stellen? Muß das sein?»

«Ich suche, bis ich sie gefunden habe.»

«Wie wär's denn mit einer neuen Tube?»

«Nicht nötig, ich habe nichts Besseres vor, da kann ich auch suchen.»

Er hatte keinen Ehrgeiz, keine Ambitionen, keine Ideale und keine Träume, keinen Witz oder Charme, keine Phantasie und keinen Wissensdurst mehr. Eigentlich hatte er gar keine Eigenschaften. Er ging zum Dienst und verrichtete seine Arbeit wie eine Maschine, nach Feierabend hatte er nichts zu tun. Um die Zeit totzuschlagen, briet er dann sorgfältig einen Fisch, scheuerte langsam einen Topf – oder er suchte nach einer Tube alter Schuhcreme.

Und doch . . . wie sollte man es nennen? Es war wohl doch Liebe. Sie liebte seine Sicherheit. Soviel stand fest, Sicherheit konnte er ihr geben.

Schuhe. Lederschuhe. Lederschuhe gehen über die Straße, über eine breite Straße. Viele Schuhe, die sich bewegen und gehen. Schuhe, die Staub hochwirbeln. Schuhe aus rissigem Leder.

«Was hast du?»

«Nichts.»

«Bist du das Aufzugfahren nicht gewohnt?»

«Ja, das ist es wohl.»

«In all diesen Jahren ist dir nichts wirklich Schlimmes passiert?»

«Nein.»

«Das ist gut so.»

«Das ist gar nicht gut so.»

«Wieso?»

«Es ist alles so grau – nein, mir fehlt einfach die Farbe.»

«Was meinst du damit?»

«Menschen müssen immer zur Wahrheit hinstreben, zum Licht und zum Glück.»

«Bist du nicht glücklich?»

«Nein.»

«Warum nicht?»

«Ein Haus wie unseres müßte im heutigen China eigentlich ein glückliches Haus sein. Dort sollten Dichter wohnen wie du, altgediente Kader, denen es jetzt besser geht, Wissenschaftler, die während der Kulturrevolution in Viehställen hausen mußten und die sich doch immer noch ihrer Arbeit widmen – euch müßte man in einem solchen Haus wohnen lassen. Wir haben es nicht verdient.»

«Warum nicht?»

«Nicht daß wir gleichgültig gewesen wären; wir waren nur starr vor Schreck.»

«Starr vor Schreck?»

«Ich habe noch deinen Hinterkopf gesehen, aber ich habe dir nicht nachgerufen.»

«Mir nachgerufen?»

«Ja, um dir zu sagen, daß ich auf dich warte.»

«Du hättest teuer dafür bezahlt.»

«Der Preis, den ich jetzt zahlen muß, ist noch höher.»

«. . .»

«Aber ich bereue es nicht. Was eher zu bereuen ist: daß Leute wie mein Mann und ich vor Schreck abgestumpft sind.»

«Zehnter Stock!»
Die Aufzugtür öffnete sich leise. Er ging hinaus, zögerte einen Moment, dann drehte er sich um und sah sie verwundert an.
«Ich gehe nicht mit zu dir», sagte sie, und zu der Dicken: «Fahren Sie mich bitte nach unten.» Die Dicke reagierte nicht.
Er sah ihr direkt in die Augen.
Eine Pusteblume, ihre Samen flogen ins Licht, glitzernde Silberfäden, sie drehten sich, auf und ab, weit weg, immer weiter ...
«Ich gehe nicht mit zu dir, weil alles gesagt ist, was noch zu sagen war.»
«Aber ich habe noch etwas zu sagen.»
«Ich kann es aus deinen Gedichten herauslesen. Auf Wiedersehen.»
Zu der Dicken gewandt wiederholte sie: «Fahren Sie mich bitte nach unten.»
Die Dicke drückte auf einen Knopf. Langsam schlossen sich die Aufzugtüren.
Der Aufzug glitt nach unten. Sie schloß die Augen und lehnte sich gegen die Wand der Kabine. [1980]

JIANG ZILONG

Auf der Suche nach der Kappe

Eine «Mini-Geschichte», die ein Schlaglicht auf die Tragik Tausender von Opfern der Massenkampagnen wirft, für deren Schicksal am Ende niemand mehr verantwortlich sein wollte

Nun war Jin Liu völlig ratlos. Starr und wie betäubt stand er neben dem Blumenbeet im Hof der Schulbehörde, wie eine im Rauhreif verschrumpelte Narzisse. Er war von Hause aus schon kein Mensch mit starkem Rückgrat, und in schwierigen Situationen mangelte es ihm an eigener Urteilskraft. Nun aber hätte er sich am liebsten den Kopf an dem Zierfelsen im Blumenbeet eingerannt.

Die anderen ‹Rechten Elemente› in seinem Dorf waren alle schon nach ‹Abnehmen der Kappe› und ‹Ausrichtung› rehabilitiert worden und in die Stadt zurückgekehrt. Nur er war übriggeblieben, um ihn kümmerte sich keiner. Heute hatte er nun seine alte Arbeitseinheit, die Schulbehörde, aufgesucht, um der Sache nachzugehen. Der Genosse von der Personalabteilung hatte in den Akten nachgesehen: Die ‹Rechten Elemente› der Behörde waren alle nach ‹Ausrichtung› und Rehabilitierung in die Stadt zurückgekehrt; außerdem war in dem alten Heft mit der Liste der ‹Rechten Elemente› der Name Jin Liu überhaupt nicht enthalten. Nachdem er damals also die Kappe eines ‹Rechten Elements› gar nicht aufgesetzt bekommen habe, bleibe ihm nun nichts anderes übrig, als wieder heimzufahren.

«Himmel, man hat mich doch seinerzeit ganz klar zum ‹Rechten Element› abgestempelt! Wieso hätte man mich sonst aufs Land schicken sollen?»

«Das wissen wir eben nicht mehr. Die Leute, die Sie damals ‹ausgerichtet› haben, sind nicht mehr bei der Schulbehörde.»

Über zwanzig Jahre hatte Jin Liu seine ‹Rechtsabweichler-Kappe› gehaßt und gefürchtet. Jetzt aber war diese Kappe im Begriff, zum Glücksvogel, zum Gott des Reichtums, zu einer unermeßlich wertvollen, wichtigen Sache zu werden. Und genau in diesem Augenblick war sie ihm davongeflogen. Ohne sie konnte sein Ruf nicht wiederhergestellt, konnte er nicht rehabilitiert werden. Wo aber sollte er diesen verlorenen Besitz suchen?

Lao Wang, der alte Pförtner, bekam Mitleid mit ihm. Er klopfte ihm auf die Schulter und meinte im Ton aufrichtigen Mitgefühls: «Geh doch zum alten Sui, der soll es dir bestätigen!»

Richtig, als Jin Liu korrigiert wurde, war Sui Parteisekretär der Schulbehörde gewesen; er konnte bestätigen, daß Jin Liu ein ‹Rechter› war. Jin Liu erkundigte sich bei fünfzig Leuten, lief zu fünfzig Adressen, bis er schließlich im Besprechungszimmer eines noblen Gästehauses mit Sui zusammentraf. Schon nach zwei Sätzen erinnerte der sich an alles.

Diesen Wicht, der da vor ihm saß, hatte er seinerzeit als ‹Rechten› nach oben gemeldet, von oben aber war keine Zustimmung gekommen. Darauf war er dennoch wie die ‹Rechten› eingestuft und aufs Land verschickt worden. Aber wie konnte Sui diese alte Schuld jetzt zugeben?

Kategorisch erklärte er: «Genosse Jin Liu, als ich Parteisekretär war, sind Sie nicht zum ‹Rechtselement› erklärt worden, dafür gibt es eindeutige Belege in den Akten!»

Jin Liu war wütend und verärgert und wollte anfangen herumzuargumentieren, doch Sui winkte ab: «Ich habe jetzt eine wichtige Sitzung. Ich habe Ihnen die Angelegenheit klar auseinandergesetzt, das Problem einer Rehabilitierung stellt sich für Sie gar nicht. Jetzt gehen Sie schön nach Hause und leisten gute Arbeit!» Nach diesen Worten begab er sich mit gemessenen, würdevollen Schritten nach drinnen.

Während Jin Liu das Gästehaus verließ, murmelte er immer wieder: «Meine Kappe, meine Kappe . . .» [1981]

BEI DAO

Bittere Träume

Ein Auszug aus dem autobiographischen Roman Gezeiten *über die Gefühle der «erwachten Generation», dessen kühle Sprache als Protest gegen die verlogenen Hülsen der Propagandadiktion von der Jugend begeistert aufgenommen wurde*

Ich ging ziellos durch die Straßen.

Die Waren in den Schaufenstern waren von einer Staubschicht bedeckt, über ihnen hingen kleine Schildchen: «Unverkäufliches Ausstellungsstück» und «Verkauf nur auf Marken». Am Eingang des Kolonialwarenladens drängten sich die Menschen, Kinder schlugen auf Emailleschüsseln und wurden in der Menge hin und hergestoßen. Ein junger Bursche mit einer speckigen weißen Mütze streckte den Kopf zur Tür heraus und rief etwas. Einige

Fahrrad-Rikschas standen aufgereiht an der Straßenecke unter dem Plakat «Überall auf der Welt haben wir Freunde». Die Fahrer lehnten an den Rücksitzen, rauchten, dösten oder unterhielten sich; abgetragene Strohhüte verdeckten zur Hälfte ihre bronzefarbenen Gesichter . . .

Plötzlich trat mir ein Mädchen in den Weg. Sie hatte beide Hände in den Manteltaschen vergraben und lächelte, den Kopf leicht zur Seite gelegt. «Erkennst du mich nicht mehr?»

Ich blieb erstaunt stehen. «Du bist es . . .»

«Richtig, vertrau ruhig deinem Gedächtnis. Bist du sicher, daß du an jenem Abend nicht geschlafwandelt hast?»

Ich lachte: «Ich wurde wegen eines Schlucks Wasser rausgeworfen.»

«Ich war in schlechter Stimmung an diesem Tag, und außerdem war es Abend.»

«Was hat der Abend damit zu tun?»

«Nach materialistischer Anschauung werden die Menschen von den äußeren Bedingungen beeinflußt.»

«Und nach anderen Anschauungen?»

«Du hast die schlechte Angewohnheit, Fragen zu stellen.» Sie unterbrach sich und betrachtete die Passanten. «Wir können hier nicht einfach stehenbleiben. Hast du noch Zeit? Wenn ja, begleite mich doch ein Stück, ich würde gern durch die Straßen bummeln.»

Sie sagte das so frei heraus, daß ich mir ein Lächeln nicht verbeißen konnte.

«Worüber lachst du?»

«Lädst du die Leute oft so ein?»

«Kommt darauf an.» Sie zog die Augenbrauen hoch und wandte sich ab. «Wenn du was anderes vorhast, vergiß es.»

«Nein, hab' ich nicht, ich bin auch gerade spazierengegangen», schrie ich beinahe.

Wir gingen weiter. Ein Drachen, der sich in einer Stromleitung verfangen hatte, flatterte wie ein kleines Stück von einer heruntergefallenen weißen Wolke.

«Dann will ich mich mal vorstellen: Ich heiße Yang Xun. Und du?»

Schweigen.

«Hast du Angst, ich könnte deinen Namen in den Schmutz ziehen?»

«Schmutz? Das Wort habe ich schon lange nicht mehr gehört.»

«In unserer großartigen neuen Welt existiert Schmutz eben nicht mehr.» Ein Lastwagen donnerte vorbei und übertönte meine Stimme.

«Was?»

Ich sagte es noch einmal.

«Menschen gibt es auch keine mehr», sagte sie.

«Bist du immer in schlechter Stimmung?»

«Im Moment geht es mir gut.»

«Und warum ging es dir an jenem Abend nicht gut?»

Sie blieb stehen und hob erstaunt ihre Augenbrauen. «Wie, ist das die großartige Tradition von euch Kaderkindern?»

«Mein Vater ist Rikschafahrer.»

Sie lachte höhnisch und malte mit dem Finger einen Kreis in die Luft. «Da hast du wohl das Fahrzeug verwechselt.»

«Wie kommst du darauf?»

«Intuition.» Sie schwieg ein paar Sekunden und sagte dann kaum hörbar für mich: «Die schlechten Angewohnheiten von Leuten wie du machen mich krank.»

Die Pflastersteine glitten holpernd unter meinen Füßen dahin. Ich blieb stehen. «Wenn das so ist . . .»

«Wenn was? Du hast versprochen, mich den ganzen Weg zu begleiten!» sagte sie fast schroff.

«So habe ich das nicht gemeint.»

«Vergiß es, du brauchst nichts zu erklären.»

Wir gingen durch das verfallene Stadttor und folgten schweigend dem Stadtgraben. Das übermächtige Grün des Wassers, auf dem schwarze Pflanzen schwammen, verströmte aromatischen Herbstduft. Ein Vogel stieß zwei zwitschernde Töne aus und flatterte dann raschelnd aus seinem Nest im Baum auf.

Sie schob die Äste eines Weidenbaumes beiseite, und Sonnenlicht flimmerte wie durch ein Sieb auf ihre Arme und Schultern.

«He, warum sagst du nichts mehr?» fragte sie plötzlich.

«Ich leiste gerade meine Zwangsarbeit ab.»

Sie lachte. «Ist der Zwang wirklich so schlimm? Du Armer! Schau mal, das ist doch ein wunderschöner Verbannungsort hier.»

«Ein stinkender Graben.»

«Komm mal her.» Sie griff nach einem Weidenzweig und sah zum Fluß hin. Ein paar kleine Kinder ließen Steine über das Wasser springen. Die Steine rührten kleine, ringförmige Wellen auf, und das Sonnenlicht zerstob in tausend Fünkchen, jedes einzelne eine schimmernde, auf einem Wellenkamm schwimmende Silbermünze. Fasziniert zählte sie die Sprünge mit und riß dabei jeweils ein Blatt von der Weide. «Vier, fünf, sechs . . . der kleine dunkle Bursche da ist wirklich fabelhaft . . . neun, Rekord . . .» Sie rupfte wieder ein Blatt ab und steckte es in den Mund. Ein Weidenast neben ihr schwang wie ein grünes Pendel hin und her. Mit einemmal drehte sie sich um und zwinkerte mir zu. «He, du Gefangener in deinem stinkenden Wassergrabenexil, interessiert dich das Spiel gar nicht?»

«Ich habe gerade gedacht, wie unglücklich Erwachsene doch sind. Selbst wenn sie alles haben, ihr Unglück können sie nicht ändern . . .»

«Glaubst du denn, Kinder sind glücklicher? Vergiß nicht, daß die Kinder hier alle arm sind», sagte sie. «Man wird unglücklich geboren.»

«Warum willst du dann weiterleben?»

«Leben ist nun einmal eine Tatsache.»

«Auch Tatsachen lassen sich ändern.»

«Das Bedauerliche ist nur, daß die Menschen genügend Trägheit besitzen, weiter ihr kümmerliches Dasein dahinzuleben bis zum letzten Atemzug. Gewöhnlich nennt man das Lebenskraft.»

«Warum bist du so pessimistisch?»

«Schon wieder ein Warum von dir.» Sie sah mich aufmerksam an; ihre Augen, funkelnde grüne Steine, blickten streng, eine Haarsträhne hing ihr ins Gesicht. «Willst du etwas Grundsätzliches erklären?»

Ich antwortete nicht.

«Bitte beantworte mir eins.» Sie strich sich das Haar zurück und sprach langsam und eindringlich. «Was in deinem Leben ist wirklich wert, daß man daran glaubt?»

Ich überlegte einen Augenblick. «Unser Land, zum Beispiel.»

«Ach, das ist doch ein überholtes Schlagwort!»

«Nein, ich meine nicht nur so eine abgedroschene politische Floskel, ich meine unser gemeinsames Leid, unsere gemeinsame Art zu leben, unsere gemeinsame kulturelle Tradition . . . dieses unteilbare Schicksal, das allem zugrunde liegt. Wir haben eine Pflicht unserem Land gegenüber . . .»

«Eine Pflicht?» unterbrach sie mich schroff. «Von welcher Pflicht redest du? Etwa von der, sich den Oberen ehrerbietig anzudienen, nachdem man unterdrückt und ausgebeutet worden ist, oder was?»

«Wenn es sein muß, meine ich auch diese Art von Pflicht.»

«Hör doch auf! Ich kann mir gut vorstellen, wie du in einem großen Salon sitzt und dieses Thema auf genau dieselbe Art diskutierst. Welches Recht hast du überhaupt, ‹wir› zu sagen? Welches Recht?!» Je mehr sie redete, um so erregter wurde sie. Ihr Gesicht rötete sich, Tränen traten ihr in die Augen. «Danke, dieses Vaterland ist nicht meines! Ich habe kein Vaterland, habe kein . . .» Sie wandte sich ab.

Am blaßgrünen Horizont hingen wie glühende Kohlen ein paar vom Abendlicht rotgefärbte Wolken, die der Erde ihre letzte Wärme gaben. Der Graben war dunkelgrün geworden und ließ sein leises rhythmisches Geräusch vernehmen.

Sie drehte sich wieder zu mir um und zupfte die Weidenblätter von ihren Zöpfen. Den Blick abwendend, zwang sie sich zu einem Lächeln: «Ich sollte nicht so sein. Kehren wir um.»

Wir kamen an eine kleine Schenke.

«Laß uns kurz hineingehen», schlug ich vor. «Willst du etwas trinken?»

Sie nickte. «Aber nur Schnaps.»

An der Theke stand ein Betrunkener und flirtete mit der Kellnerin. «Meine Alte ist ein Aas. Sie hat sich bestimmt schon oft mit andern herumgetrieben, meinst du nicht?»

Ich schob ihn mit der Schulter zur Seite. «Ein Viertel Fenyang-Schnaps und zwei kalte Platten.»

Der Betrunkene packte mich an der Schulter und brüllte: «Jetzt reicht's aber, du!»

Ich zahlte, nahm Teller und Flasche, blieb aber auf halbem Weg stehen. Neben ihr saß ein Bursche etwa in meinem Alter, umklammerte eine Flasche Schnaps und redete auf sie ein: «. . . ich sage Ihnen die Zukunft voraus, und das ganz kostenlos, für Sie mache ich eine Ausnahme, ganz ehrlich, auf mein Wort können Sie sich verlassen . . .»

Ich legte meine Hand auf seine Schulter. «He, was ist los?»

Er sah mich dumpf aus seinen glasigen Augen an. Seine Wangen waren gerötet, augenscheinlich war er angetrunken. «Mein Herr, auch ein Horoskop gefällig? Aber bitte hinten anstellen, Genossinnen haben Vortritt; 'ne Menge Arbeit heute, muß schon sagen.»

Sie lächelte mich mit zusammengekniffenen Lippen an und gab mir ein Zeichen, mich zu setzen. Ich setzte mich.

«Keine Frage, Sie sind intelligent, äußerst intelligent. Nur schade, daß Sie ein so schweres Leben haben, Ihnen fehlt jemand, der Sie aufheitert . . .»

Ich schlug mit der Faust auf den Tisch und stand auf. Er drehte sich zu mir um und schaute mich mit einem bösen Funkeln von der Seite an. «Nicht so ungeduldig! Es ist doch gut, sehr gut, am Leben zu sein. Weißt du überhaupt, mit wem du es zu tun hast? Ich bin Bai Hua, erkundige dich mal . . .»

«Ist mir verdammt egal, wer du bist, gleich kriegst du eine verpaßt . . .!» Ich hatte nach einer leeren Flasche neben mir gegriffen, als sich eine kleine, kräftige Hand fest auf meine Hand legte. Ich schaute sie an.

«Setz dich! Siehst du nicht, daß er betrunken ist?» Ihre Wimpern warfen lange Schatten auf ihre Wangen.

Ich setzte mich wieder.

«Bist du wirklich ein Wahrsager?» fragte sie.

«Ja.»

«So siehst du aber nicht aus.»

Bai Hua verzog den Mund, holte eine halbgerauchte Zigarette hinterm Ohr hervor und zündete sie an, nachdem er zuvor einige Streichhölzer abgebrochen hatte. Zwischen seinen Zähnen quoll Rauch hervor.

«Wo kommt ihr beide her?»

«Vom Himmel», sagte sie und wedelte den Rauch mit der Hand beiseite.

Bai Hua starrte zur Decke und schüttelte den Kopf. Nach einer Weile stellte er wieder eine Frage: «Und was habt ihr miteinander?»

«Versuch es doch herauszufinden», sagte ich.

«Fest befreundet?»

Sie lachte laut auf. «Nein, wir sind verfeindet.»

«Trinkt! Trinkt!» Bai Hua warf die halbgerauchte Zigarette ungeduldig auf den Boden, steckte die Flasche bis zum Hals in sein Glas und sang mit merkwürdig affektierter Stimme: »Nimm einen Schluck des lieblichen Weines, und in deinem schlichten und einfachen Leben wirst du keine Sorgen kennen . . .»

«Hör auf zu trinken.» Sie hielt sein Glas fest. «Du bist doch schon betrunken.»

«Wer ist betrunken? Ich? Das ist ja lächerlich . . .» Er löste ihre Hand vom Glas. «Mach dir dein zartes Händchen nicht schmutzig.» Er hob das Glas und wollte trinken, aber sie hinderte ihn daran. Er knallte das Glas auf den Tisch, daß der Schnaps herausspritzte.

«Du wagst es, mir Vorschriften zu machen?»

«Ich würde es gerne versuchen.»

«Du? Versuchen?» Bai Hua musterte sie erstaunt. Dann seufzte er laut und zuckte mit den Schultern. «Also gut, ich werde nicht mehr trinken.»

Die Straße war eingehüllt in einen dichten nächtlichen Nebel, besteckt von den strahlenden Straßenlichtern, die sich gegenseitig zuwinkten. Eine streunende Katze huschte wie der Blitz über die Straße.

«Magst du Gedichte?» Sie war plötzlich stehengeblieben.

«Ja.»

«Wenn ich eines aufsage, hörst du dann zu?»

«Natürlich.»

Sie blickte geradeaus, ihre Stimme war sanft und erregt:

«Grün, wie ich dich liebe, Grün.
Grüner Wind. Und grüne Zweige
Barke auf des Meeres Wasser
und das Pferd in hohen Bergen . . .

Grün, wie ich dich liebe, Grün.
Große Rauhreifsterne kommen
mit dem schmalen Schattenfische,
der dem Morgendämmer Bahn bricht.
Eine Brise reibt der Feigenbaum
an der Haihaut seiner Zweige;
seine spitzigen Agaven
sträubt der Berg, der diebische Kater.»

Ein Blatt fiel vor ihre Füße, wirbelte herum und flog wieder davon. Sie schüttelte den Kopf. «Ich habe es schlecht aufgesagt.»

«Nein, es war gut. Ist das nicht ein Gedicht von Lorca?»

«Ja, die ‹Somnambule Romanze›.»

«Ein wunderschöner Traum, nur schade, daß er bloß einen Augenblick währt, bevor er vergeht.»

«Ganz im Gegenteil, die Träume unserer Generation sind nur zu bitter und nur zu lang, man kann gar nicht aus ihnen erwachen. Und wenn man doch aufwacht, wird man nur wieder von einem neuen bösen Traum erwartet.»

«Warum kann es kein besseres Ende geben?»

«Oh, du zwingst dich ständig, an etwas zu glauben – an das Vaterland, an die Pflicht, die Hoffnung. Diese schönen Zuckerstückchen treiben dich immer weiter nach vorn, bis du irgendwo gegen eine hohe Mauer prallst . . .»

«Aber du kennst das Ende genausowenig.»

«Stimmt, aber ich warte es ab. Ich muß es unbedingt sehen, egal wie es ist, das ist der Hauptgrund, warum ich weiterlebe. Es gibt zwei Arten von Menschen auf der Welt: die einen, die etwas zum Glanz der Welt beitragen, und die andern, die ihr Narben beibringen. Du gehörst wahrscheinlich zur ersten Kategorie, ich zur zweiten . . .»

Schweigend betrachtete ich ihre zusammengekniffenen, unergründlichen Augen. «Ist dein Leben sehr unglücklich?»

«Mein Leben?» Sie schloß langsam die Augen. «In Zeiten wie diesen können die Menschen dich schon mit der Welt entzweien . . .»

«Nein, das habe ich nicht gemeint. Ich wollte nur fragen . . .»

Ihr Ausdruck verfinsterte sich, und sie schaute mich durchdringend an. «Es gibt viele Fragen, die man nicht stellen sollte, verstehst du?! Das ist eines der grundlegenden Dinge heutzutage, kapiert? ‹Warum?›, ‹Warum?› – als ob du gerade von einem anderen Planeten kämst!»

In dem einzigen erleuchteten Fenster der Straße erlosch das Licht, es war nun stockfinster. Der Boden war voller Schlaglöcher. Ein paar Arbeiterinnen kamen uns auf ihrem Weg zur Nachtschicht entgegen. Sie unterhielten sich leise und verschwanden eine nach der anderen zwischen den Häusern.

«Ich bin in schlechter Stimmung», murmelte sie.

«Das ist verständlich, es ist ja auch schon Abend.»

«O ja», sie lächelte ein wenig, «aber nicht jeder Abend ist wie der andere. Heute scheint der Mond.»

«Und wir hatten ein Gedicht.»

«Ja, ein Gedicht. Ich habe Nachtschicht, ich muß gehen.»

Wir standen uns an der Straßenkreuzung gegenüber. Der Nebel trieb hinter ihrem Rücken dahin wie ein gigantischer Eisberg. Eine Welle von Dunkelheit und Stille kam über uns und hielt uns umfangen. Schweigen, plötzliches Schweigen. Schließlich zog es sich zurück, widerwillig, unmerklich.

Sie reichte mir die Hand: «Ich heiße Xiao Ling.»

Das Licht flackerte in einer grünen Emailleschale auf der Werkzeugkiste. Was hatte er mit dem, was er gesagt hatte, eigentlich gemeint? Vielleicht war es auch nur wieder so ein Schwindel. Vaterland, ach nein, keine dieser fundamentalen Spielsachen existiert wirklich. Nur angepaßte Jasager, die sich für ‹emotional› halten, brauchen so ein billiges Gewissen, um ihr billiges Gleichgewicht zu halten . . . Mußt du so hart urteilen? Natürlich verachtest du ihn nicht wirklich. Und vergiß nicht, daß du einen ganzen Abend, einen sehr nebligen Abend mit ihm zusammen warst, außerdem warst du aufgeregt wie ein junges Mädchen bei der ersten Verabredung. Mir tut der Kopf weh, ich bin betrunken. Die kleine Kutsche in der Spieluhr, als Kind habe ich ihr oft die Räder abgeschraubt, eilt davon mit meinen bitteren Träumen, bis ans Ende der Welt. Und was gibt es dort? Ich fürchte, nichts, oder nur eine Fortsetzung dessen, was hier ist . . .

«Gib mir mal die Zange.»

Sinn, warum muß alles einen Sinn haben? Sind sinnlose Dinge nicht viel dauerhafter? Steine zum Beispiel – worin liegt ihr Sinn? Kinder lachen: laß sie lachen und diese endlose Stille durchbrechen . . . Ich habe ein Gedicht aufgesagt. Närrin, seit wann bist du so romantisch? War es der nächtliche Nebel? Oder das Mondlicht? Ich liebe Gedichte. Früher liebte ich sie wegen ihrer Schönheit, heute, weil sie das Leben verurteilen, weil sie in die Herzen schneiden. Aber wieso habe ich nie den Wert von beidem zugleich erkannt? Vielleicht, weil jeder das Leben nur aus einem Blickwinkel sieht . . .

«Schraubenschlüssel, hast du nicht gehört? Gib mir den Schraubenschlüssel!»

Es ist Herbst geworden, und die Blätter fallen eins nach dem anderen wie die trägen Blüten im Frühling. Es ist ein Abbild, ein schwaches, der menschlichen Gewöhnlichkeit. Wie Flammen in einem Spiegel zeigt sie sich als eine kalte Glut, die nie Wärme geben wird, doch die blutroten Lohen immer in Bewegung versetzt . . . Überall sind staubbedeckte Bühnenrequisiten, sogar die Menschen werden Teil von ihnen, die Lachenden lachen für immer, die Weinenden weinen für immer . . .

«Zwei Sechser-Schrauben . . . Was glotzt du in der Gegend herum?» ‹Doppelkracher› unterbrach seine Arbeit und steckte den Kopf aus dem Schatten der Drahtspulmaschine. Sein pickliges Gesicht und die Narben um seinen Mundwinkel waren deutlich zu sehen. Ich wandte mich ab. Auf der Glühbirne saßen ein paar Fliegen.

«He, wo bist du die ganze Zeit mit deinen Gedanken?»

Eine Fliege krabbelte vorsichtig auf der Glühbirne herum. Ihre zarten Flügel mit der deutlichen Äderung schimmerten blaßviolett. Ich öffnete die Tür des Arbeitsraums und ging hinaus.

Am Himmel über dem schmalen Weg um das Fabrikgelände rieselte Sternenlicht, und Mondlicht rollte den mit Gras bewachsenen Mauerkamm entlang. Ich blieb stehen und holte tief Atem.

Ein Zuhause, wie sehne ich mich danach, nach etwas mehr Beständigkeit und Ruhe – lieber nicht daran denken. Kein Gestern und kein Morgen, kein Schmerz und kein Glücklichsein. Ich will mein Herz vor der Außenwelt ausbreiten wie einen dunkelroten Schwamm, der still jeden durchsichtigen Wassertropfen in sich aufsaugt . . .

Am Ende des Durchgangs tauchte ein Schatten auf, und einen Moment später kam ‹Doppelkracher› auf mich zu.

«Was ist los?»

«Ich bin ein bißchen müde.»

«Du hast was getrunken, mach mir doch nichts vor.»

Er drehte sich bedächtig eine Zigarette, das Papier knisterte zwischen seinen rauhen Fingern. «Die Scheidung ist endlich perfekt. Dieses Biest hat mich ganz schön ausgenommen, kann ich dir sagen!» Er riß ein Streichholz an und hielt es einen Moment vor sich hin, so daß das Licht auf seine herabhängenden Augenwinkel fiel. Dann zündete er die Zigarette an. «Kleine Xiao, woran denkst du?»

«Was geht dich das an?»

Die Spitze seiner Zigarette wurde dunkel, und er blies auf die Asche. «Eine Frage von gegenseitigem Interesse, warum nicht? Kannst du mir einen Rat geben, was ich tun soll, Xiao Ling?»

«Siehst du den Balken da an der Decke des Arbeitsraums, ist der stabil?»

«Klar, er ist aus Eisen.»

«Dann häng dich daran auf.» Ich lachte laut heraus.

Der Dampfhammer schlug ununterbrochen.

«Na gut, ich werde dir schon zeigen, wer am längeren Hebel sitzt.» Wütend drückte er die Zigarette aus, die Funken sprühten auf den Boden. «Du bist auch nur eine Gelegenheitsarbeiterin, du bummelst während der Arbeit, du trinkst . . .»

«Dann geh doch und melde es. Aber scher dich zum Teufel!»

[1979]

ERSTE SCHRITTE
DER KRITIK

LU YANZHOU

Ringen um Rehabilitierung

Kernproblem dieses Erzähltextes ist die konfliktgeladene Situation, daß ausgerechnet diejenigen Kader, die in früheren Massenkampagnen Verurteilungen ausgesprochen hatten, auch für die Rehabilitierung ihrer Opfer zuständig waren.

Nachdem Wu Yao zurückgekommen war, nahm er an der ständigen Sitzung des örtlichen Parteikomitees teil, und wir in unserer Abteilung begannen den Tag wie immer im üblichen Trott. Wir kamen zur Arbeit, zündeten den Ofen an, kochten Wasser, diskutierten den Inhalt des Kommuniqués, welches die Vollversammlung des Zentralkomitees* herausgeben sollte – vielleicht würden darin neue Gedanken enthalten sein –, besprachen das Angebot auf dem Markt, die Preise, und danach setzte sich jeder an seinen Schreibtisch und beschäftigte sich mit seiner Arbeit.

Die Besprechungen des Falles von Luo Qun hatte natürlich auf den Sekretär Wu zu warten. Ich überlegte hin und her und rang mich schließlich zu dem Entschluß durch, die Lösung dieses Problems nicht von unserer Abteilung abhängig zu machen; Wu Yaos Standpunkt kannte ich nur zu genau. Die Ansichten meiner Genossen waren mir zwar nicht bis ins letzte Detail erklärlich, aber von meiner eigenen Position her verstand ich sie doch besser als früher.

Ich verschloß meine Tür und begann, eigenhändig einen Bericht zu schreiben. Anschließend wollte ich den ersten Sekretär des örtlichen Parteikomitees aufsuchen und ihm den Bericht übergeben. In dieser Situation konnte nur noch der erste Sekretär Luo Quns

* Das 3. Plenum des 11. ZK sprach im Dezember 1978 eine Verurteilung der Radikalen (‹Viererbande›) aus, legte die Rehabilitierungspolitik fest und wurde Ausgangspunkt der Reformen Deng Xiaopings.

Fall entscheiden – würde dort nicht entschieden, dann sah ich keine andere Möglichkeit mehr, den Schatten aus meinem Herzen zu vertreiben.

Ich hoffte, daß der erste Sekretär Wu Yao überzeugen werde. Dann konnte der Fall zum Abschluß gebracht werden, und letzten Endes würde so der Bruch zwischen Wu Yao und mir noch vermieden. Die Einstellung des ersten Sekretärs war mir bekannt. Schon öfters hatte er unseren ‹Konservativismus› und unsere Unbeweglichkeit kritisiert, und wie ich hörte, hatte Wu Yao auch heute bei der ständigen Konferenz wieder Kritik einstecken müssen.

Den ganzen Vormittag schrieb ich. Am Mittag kam Wu Yao zum Essen nach Hause. Seine Stimmung war sehr schlecht, und als er mich erblickte, tat er so, als sei ich überhaupt nicht vorhanden. In solchen Situationen existierten für ihn keine anderen Menschen, dann stand für ihn nur seine eigene Person im Mittelpunkt. Ich beachtete das gar nicht mehr und ging auch nicht zu ihm, um ihn aufzumuntern. Nach dem Essen verabschiedete ich mich von unserer Tochter und ging wieder ins Büro. Kurz bevor ich das Haus verließ, hörte ich ihn telefonieren.

Ich saß in meinem stillen Arbeitsraum, schrieb und dachte nach. Manchmal legte ich den Pinsel aus der Hand, las in Qinglans Brief und überlegte, welche Informationen ich ihm entnehmen könnte, um meinen Bericht so zu gestalten, daß er die Menschen bewegen würde. Ab und zu schaute ich ziellos zum Fenster hinaus. Draußen schmolz der Schnee, und langsam fielen Wassertropfen hinunter, sie tropften auf die Ligusterbäume vor meinem Fenster, spritzten auf die Fensterbrüstung; selbst auf der Fensterscheibe bildeten sich Wasserperlen, die sich nach und nach vereinzelten und langsam hinunterflossen.

Ich schaute, dachte nach und schrieb. Ich schrieb über Luo Quns Schicksal, über seine Rechtschaffenheit und Treue und über die Lebensumstände, in denen er und seine Frau Qinglan sich befanden. Und ohne daß ich es bemerkte, waren plötzlich Tropfen auf dem Schreiben. Da erst wurde mir bewußt, daß ich weinte.

In diesem Augenblick wurde meine Tür mit einem lauten Krach aufgestoßen. Schnell wischte ich die Tränen ab und hob den Kopf. Wu Yao stand da, aufgeregt und zornig starrte er mich an. Unwillkürlich stand ich auf. Ich hatte noch kein Wort herausgebracht, da schrie er schon wütend: «Was gibt's hier zu heulen?»

«Nein, ich bin . . .»

«Weinst du wegen Luo Qun?»

«Wu Yao . . .»

«Du bist mir eine schöne stellvertretende Abteilungsleiterin!»

Er knallte die Tür zu und baute sich vor mir auf: «Was willst du eigentlich?»

«Ich . . .»

«Ich frage dich: Warum suchst du in meiner Abwesenheit den Fall von Luo Qun heraus und wühlst darin herum? Warum verbreitest du öffentlich die Behauptung, ich hätte ihn bestraft und ins Unglück gestürzt?»

«Sein Fall ist ursprünglich . . .»

«Er ist das Musterbeispiel für ein ‹Rechtes Element!›»

Wu Yao ließ mich überhaupt nicht zu Wort kommen, er schrie weiter: «Er ist gegen die Partei und den Vorsitzenden Mao! Und für so einen Menschen setzt du dich gegen alle Vernunft wegen eurer kurzzeitigen Beziehung in Widerspruch zu den Prinzipien der Partei! Du entwendest Akten aus meiner Schublade, mißbrauchst deine amtlichen Befugnisse und widersetzt dich den Ratschlägen deiner Untergebenen! Was bedeutet diese Angelegenheit eigentlich für dich?»

«Bring so was bitte nicht ins Spiel, ich . . .»

«Habe ich es ins Spiel gebracht? Als ich nicht zu Hause war, warst du es da nicht, die glaubte, die Gelegenheit ausnutzen zu können? Das war zu gut geplant! Ich weiß alles. Bedauerlich nur, daß ich dich früher befördert habe. Du hast ihn also in den zwanzig Jahren seit 1957 niemals vergessen, du . . .! Während du neben mir lagst, hast du immer an dieses konterrevolutionäre Element gedacht – was hast du eigentlich für eine Einstellung, wie steht es mit deinen Gefühlen? Was ist er für ein Mensch, daß du dich so für ihn einsetzt? Ich sage dir, selbst wenn alle ‹Rechten Elemente› in der ganzen Welt rehabilitiert werden sollten, dann hätte er noch immer keine Chance, rehabilitiert zu werden. Das ist es, was ich, Wu Yao, dir zu sagen habe!»

Je mehr er sprach, desto heftiger und ungezügelter wurde er. Während er redete, fuchtelte er wild mit beiden Händen vor meinem Gesicht herum, und auf seinen Lippen erschienen weiße Schaumperlen. Mit einer solchen Reaktion hatte ich schon vorher gerechnet, aber ich hatte doch nicht gedacht, daß er auf so ungezügelte Art den Verstand verlieren würde. Ich empfand das als ganz unerträglich und hatte das Gefühl, man würde mir das Herz auseinanderreißen. Ich wollte die Angelegenheit klarstellen, ihn kritisieren, ihn verfluchen, daß er an Luo Quns Lage schuld sei, aber ich brachte kein Wort heraus. Seine Beleidigungen machten mich sprachlos.

Ich stolperte und fiel auf meinen Stuhl. Er kam näher. Er wollte mich weiter beschimpfen, da sah er auf meinem Schreibtisch den Bericht, an dem ich gerade geschrieben hatte, und mit einem Griff riß er ihn an sich. Zitternd hielt er ihn mit beiden Händen hoch. Nachdem er einen kurzen Moment darin herumgelesen hatte, zerriß er ihn, warf mir die Fetzen ins Gesicht und schimpfte laut: «Das ist ja herrlich, du schreibst auch noch einen Geheimbericht! So maßlos hängst du also an diesem verdorbenen Menschen, diesem . . .»

Mit meinen vierzig Jahren bin ich noch niemals von irgend jemandem so verhöhnt worden, abgesehen von den Rebellengruppen der Roten Garden. Ich war über und über mit Papierfetzen bedeckt. Mir wurde plötzlich schwindelig, und ich fiel in Ohnmacht.

Ich weiß weder, was er weiter schimpfte, noch wie ich wieder zu Bewußtsein kam, ich sah nur, daß er immer noch vor mir stand. Mein Magen drehte sich um, ich übergab mich. Er nahm sofort sein Taschentuch, um mir den Mund abzuwischen. Ich stieß ihn heftig weg, preßte meine Hand fest auf den Mund und weinte lautlos.

Er setzte sich auf den mir gegenüberstehenden Stuhl und blickte verwirrt aus dem Fenster.

Nach einer Weile wischte ich mir mit meinem Taschentuch das Gesicht ab, stieß meinen Stuhl weg und wollte nach Hause, da fragte er mich in seinem gewöhnlichen Ton: «Wohin willst du?»

Ich antwortete nicht, ging zur Tür und öffnete sie. Er war aufgesprungen, hielt mich fest und sagte leise: «Du kannst jetzt nicht gehen!»

Mir schien, er fürchtete, daß andere Leute mich weinen sehen könnten, und deswegen wollte er mich erst später gehen lassen. Ich zögerte einen Moment und er sagte: «Heute nachmittag haben wir noch eine Versammlung.»

Ich wußte nicht, daß heute eine Versammlung stattfinden sollte, an der ich teilzunehmen hatte. Ich sah ihn fragend an und er erklärte: «Ich habe die Versammlung einberufen, und du wirst sie leiten. Ich will eine Rede halten. Wisch dein Gesicht ab, da ist heißes Wasser und ein Handtuch. Zeig dich nicht so vor den anderen Leuten, es würde keinen guten Eindruck machen. Vielleicht war ich eben etwas zu hart, aber . . .»

Was nach dem «aber» kommen sollte, hat er nicht mehr ausgesprochen, die elektrische Klingel für den Arbeitsbeginn ertönte. Ich setzte mich wieder auf meinen Platz. Die Papierfetzen lagen überall auf dem Boden verstreut, unsicher betrachtete ich sie. Ich fühlte mich vollkommen erschöpft und steif. Er lief einige Schritte im Zimmer auf und ab, überlegte, hob die Fetzen auf, steckte sie in die Tasche und ging.

Die Tropfen draußen fielen lauter und stärker. Das Schneewasser schien auf mein Herz zu tropfen, Kälteschauer durchfuhren mich.

Im großen Arbeitsraum hörte man jetzt Leute reden, einmal rief jemand: «Sekretär Wu, Sekretär Wu», und dann drang auch seine Stimme herüber, als er laut mit Untergebenen über allgemeine Dinge redete.

Stumpfsinnig und steif saß ich da. Ich wußte nicht, was ich tun sollte, auch wußte ich nicht, was da für eine Versammlung geplant war. Ich wollte nach Hause gehen, aber ich konnte mich nicht entschließen. Durfte ich aber jetzt noch so tun, als wäre nichts vorgefallen, konnte ich jetzt überhaupt noch eine Versammlung leiten?

Wieder wurde die Tür geöffnet, und Wu Yao kam abermals herein, gefolgt von Gruppenleiter Zhu. Wu Yao tat so, als käme er heute zum erstenmal in mein Büro, und sagte lachend: «Genossin

Song, machst du hier Überstunden? Wie geht es dir, fühlst du dich nicht wohl?»

Gruppenleiter Zhu fragte ebenfalls sehr besorgt: «Abteilungsleiterin Song, Sie sehen sehr blaß aus, Sie haben sich sicherlich erkältet.»

Ich wollte den Tisch wegstoßen und hinauslaufen, aber ich war nicht in der Lage, mich zu bewegen. Die Art und Weise, wie sie sich aufspielten, zwang mich, so zu tun, als ob nichts geschehen wäre. Ich haßte meine momentane Schwäche und versuchte, sie zu unterdrücken. Ich stand auf, fuhr mir mit der Hand durchs Haar und sagte: «Laßt uns zur Versammlung gehen!»

Die Mitarbeiter der Abteilung waren fast alle anwesend. Wu Yao hatte wie üblich den Platz des Vorsitzenden eingenommen, mit beiden Händen hielt er sein Teeglas umfaßt, wie um sie zu wärmen, und schlürfte Schluck um Schluck. Witze sprudelten von seinen Lippen, mit den Genossen spaßte er über unbedeutende Dinge, bis die Sitzung offiziell begann. Da erst setzte er eine todernste Miene auf und inspizierte mit scharfen Augen den kleinen Konferenzraum.

Ich schob Kopfschmerzen vor und ließ Gruppenleiter Zhu die Konferenz leiten. Meine Erschütterung hatte ich noch nicht überwunden, ich fühlte mich noch ganz benommen. Gruppenleiter Zhu sagte etwas, aber ich hörte nicht, was; über mein Notizheft gebeugt tat ich, als läse ich darin. Angestrengt versuchte ich, Ordnung in meine Gedanken zu bringen.

Wu Yao begann zu reden. Ich versuchte gar nicht erst, ihm zuzuhören. Was er auch sagen würde, welche Bedeutung konnte das für mich jetzt noch haben! Zwanzig Jahre hatte er mich unterdrückt. Ich hatte mich ihm vollkommen anvertraut, hatte meine Selbständigkeit aufgegeben und war nur noch sein Anhängsel. Ich durfte keinen eigenen Willen mehr haben und sollte auch nicht mehr in der Lage sein, selbständig zu denken. Immer hatte ich alles geschluckt, hatte nur an seine positiven Seiten gedacht und bisher alles vermieden, was seinen Zorn hätte erregen können. Und dies war nun das Ergebnis: Er warf mir Papierfetzen ins Gesicht – und ich saß da und hörte mir seine Rede an!

Im Raum war es sehr still; nur Wu Yaos Stimme war zu hören. Zufällig hob ich den Kopf und bemerkte plötzlich, daß viele Genossen mich anschauten, ihre eigenartigen Blicke erschreckten mich. Was hatte sich ereignet? Warum sahen sie mich so an? Jetzt erst drangen Wu Yaos Worte klar und deutlich an meine Ohren, ich hörte, daß er meinen Namen nannte. Warum brachte er in dieser Sitzung die Rede auf mich? Vielleicht ...

Nun erst begann ich auf seine Rede zu achten: «Genossin Song hat falsch gehandelt, als sie das Material, in dem wegen eines Rechtsfalles Einspruch erhoben wird, in Arbeit nahm.» Er saß da und fuhr ernst fort: «Genosse Zhu riet ihr, es nicht zu tun, aber sie hat seine Meinung nicht akzeptiert.»

Er hatte diese Angelegenheit vor die Konferenz aller Kader unserer Abteilung gebracht! So, wie ich ihn kannte, wollte er mich auf diese Weise noch mehr einschüchtern. Das war also der Grund, warum die Genossen mich so eigenartig betrachteten.

«Genosse Zhu ermahnte sie auch», fuhr er fort, ohne mich überhaupt anzuschauen. «Er sagte ihr, was ich in dieser Angelegenheit angeordnet hatte. Aber Genossin Song Wei nutzte die familiären Beziehungen aus, anstatt sich nur von den Organisationsbelangen leiten zu lassen. Sie vervielfältigte schließlich das Material und sorgte für seine Verbreitung. Das ist ein um so schwerwiegenderer Fehler, als sich in diesem Material Unterlagen befinden, die die Linie der Partei attackieren und besonders negative Erörterungen gegen unseren großen Führer, den Vorsitzenden Mao, enthalten. Wie kann man solches Material verbreiten? Wir müssen daran denken: Wenn wir die Politik der Partei verwirklichen wollen, ist es notwendig, an den grundsätzlichen Prinzipien festzuhalten. Wenn wir das nicht tun, werden wir Fehler machen. Es gibt in einigen Abteilungen Anzeichen dafür, daß man dort wieder einfach den Meinungen anderer folgt, ohne selbst nachzudenken. Auf sie müssen wir natürlich streng achten! Genossin Song Wei ist meine Frau, das weiß jeder von euch.»

Er lachte laut und einige Leute folgten seinem Beispiel. Dann verstummte sein Lachen, und er fuhr fort: «Nur weil sie meine Frau ist, kann ich aber nicht von einer Kritik Abstand nehmen! Wir dürfen ihrem Verhalten keinen Vorschub leisten. Die schlechte Handlungsweise der Genossin Song Wei ist in ihrem Gefühl begründet, weil . . . weil die Frau jenes Mannes namens Luo Qun ihre Mitschülerin war; aus diesem Grund hat sie Fehler begangen. Aber in unserer Abteilung dürfen wir es nicht zulassen, daß irgendeine Art persönlichen Mitgefühls uns fehlleitet! Genossin Song Wei hat das schon erkannt; sie ist bereit, zu geeigneter Zeit eine Selbstkritik zu verfassen. Diese ihre Haltung müssen wir begrüßen.»

Ich konnte sein Gerede nicht mehr ertragen. Mit solchen Mitteln behandelte er also seine eigene Frau! Er benutzte die Methode, einen vor vollendete Tatsachen zu stellen, er wollte mich zur Selbstkritik zwingen, und er profitierte noch von der Angelegenheit, indem er vorgab, am ‹Prinzip› festzuhalten und seine ‹Selbstlosigkeit› unter Beweis zu stellen. Gleichzeitig lenkte er davon ab, daß eigentlich eine Diskussion über diesen Rechtsfall zu beginnen war. Ich wurde blaß, stand auf, stieß meinen Stuhl fort, ergriff meine Tasche und lief hinaus.

Meine Reaktion hatte er wahrscheinlich schon früher einkalkuliert. Als ich an die Tür kam, hörte ich ihn noch sagen: «Genossen, sie ist in einer sehr schlechten Verfassung, sie will nach Hause, um sich dort auszuruhen. Jetzt werden wir über die gegenwärtigen und zukünftigen Aufgaben reden . . .»

Atemlos kam ich zu Hause an, verschloß die Schlafzimmertür, warf mich aufs Bett und begann zu weinen.

An diesem Abend zog ich ins Gästezimmer. [1982]

WANG MENG

Die Auflösung der Abteilung für Haarspalterei

Zum beliebtesten Vehikel der «konstruktiven» Kritik an den «Entfremdungserscheinungen» der sozialistischen Gesellschaft wurde die Satire. Im neuen Genre der «Mini-Geschichten» nahmen anerkannte Schriftsteller wie unbekannte Autoren Verlogenheit und Bürokratismus aufs Korn.

Die Abteilung für Haarspalterei der Haargarnfabrik hielt ihre 106. ordentliche Versammlung ab. Abteilungsleiter Zögerlich leitete die Versammlung, außer ihm nahmen zwölf stellvertretende Abteilungsleiter und ein Sekretär teil. Nachdem die Versammlung für eröffnet erklärt war, entdeckte Abteilungsleiter Zögerlich plötzlich, daß der dreizehnte stellvertretende Abteilungsleiter, der stets streitbar eine abweichende Meinung zu vertreten wußte, noch nicht da war. Eilig wies er den Sekretär an, ihm einen Wagen zu schicken, um ihn abzuholen; deshalb blieb nichts anderes übrig, als die Sitzung für zwanzig Minuten zu unterbrechen.

Nachdem der dreizehnte stellvertretende Abteilungsleiter eingetroffen war, beschwerte sich dieser sofort und meinte, es sei mit Sicherheit kein Zufall, daß man ihn über diese Sitzung nicht informiert habe: «Das ist doch wirklich nicht mehr normal! Nicht mehr normal», erklärte er.

Abteilungsleiter Zögerlich verkündete, die Tagesordnung dieser Versammlung sehe eine Erörterung der neuesten Technologien für das Spalten von Mäusehärchen sowie die Wahl einer ‹verdienten Persönlichkeit› auf dem Gebiet der Haarspalterei vor.

Der erste stellvertretende Abteilungsleiter legte dar, welche Fortschritte man bei der Anwendung einiger neuer Technologien gemacht habe ... Dies betraf z. B. Haarspalterei mit plötzlicher

Kehrtwendung; Haarspalterei unter Seufzen; Haarspalterei auf Versammlungen; Haarspalterei im dienstlichen Schriftverkehr; Haarspalterei als Taiji-Schattenboxen sowie gebrummelte Haarspalterei.

Der zweite Abteilungsleiter machte den Vorschlag, einstweilen die Diskussion über Technologien zu beenden. Eine von ihm verantwortlich im Entwurf betreute schriftliche Bekanntmachung des Inhalts, daß man im Verlauf eines Toilettengangs nicht Basketball spielen und in die Füllungen der chinesischen Jiaozi-Ravioli keinen Pferdemist oder Stiele von Rotbohneneis hineinmengen dürfe, müsse nämlich dringendst in Umlauf gesetzt werden. Sie kursiere schon vier Monate zur Beurteilung. Nachdem alle Abteilungsleiter und stellvertretenden Abteilungsleiter unterschrieben und damit ihr Einverständnis erklärt hätten, habe der das Amtssiegel verwaltende dritte stellvertretende Abteilungsleiter sich immer wieder geweigert, das Dokument gültig abzustempeln, wodurch der Umweltschutz im Bereich der Aborte sowie die Qualität der Ravioli-Füllungen beeinträchtigt werde.

Der dritte stellvertretende Abteilungsleiter erklärte sofort, er brauche zum Abstempeln eines Dokuments jedesmal etwa einen Monat, sonst könne es zunächst zu künstlichen Engpässen und dann zu Leerlauf führen, der Monatsplan gerate aus dem Gleichgewicht, es komme so weit, daß nach dem Abstempeln keine Arbeit mehr übrigbleibe, das würde einen schlechten Eindruck machen.

Der vierte stellvertretende Abteilungsleiter unterbrach und meinte, es seien an Kader im Range eines stellvertretenden Abteilungsleiters und höher nur drei Dienstfahrräder ausgegeben worden, es gebe aber insgesamt vierzehn Abteilungsleiter und stellvertretende Abteilungsleiter, von Tag zu Tag verschlimmere sich daher der Zustand, daß viele Personen auf wenige Räder kämen. Er machte deshalb den Vorschlag:

Erstens solle ein Bericht entworfen werden, in dem um zusätzliche Fahrräder ersucht werde, und dieser Bericht sei in vierzig Exemplaren zu drucken. Zweitens müsse eine Zusammenfassung darüber erstellt werden, daß so wenige Räder auf so viele Personen kämen, weiter sei eine spezielle Dokumentation anzulegen. Drittens seien die vorhandenen Räder auseinanderzumontieren und an jeden Abteilungsleiter 0,428 Fahrradreifen zu verteilen. Was übrigbleibe, habe an ihn persönlich zu fallen.

Der sechste stellvertretende Abteilungsleiter machte den Vorschlag, das Gremium um zwei junge, kräftige stellvertretende Abteilungsleiter zu erweitern und die Abteilung zu vergrößern, unterhalb der Ebene der Abteilung solle man sechs Sektionen einrichten, und zwar eine Sektion für einführendes Haarspalten, eine Sektion für fortgeschrittenes Haarspalten, eine Sektion für gemeinsames Haarspalten, eine Sektion für Freizeit-Haarspalterei, eine Sektion für chaotische Haarspalterei sowie eine Sektion für hinterfotziges Haarspalten.

Der siebte stellvertretende Abteilungsleiter warf das Problem auf, daß das Budget für Haarspalterei erhöht werden müsse, und machte den Vorschlag, das System der staatlichen freien Verpflegung hier in Anwendung zu bringen.

Der achte stellvertretende Abteilungsleiter schlug vor, eine Delegation ins Ausland zu entsenden, um sich zu informieren und die neuesten Errungenschaften im Bereich der Wissenschaft von der Haarspalterei aus Europa und Amerika übernehmen zu können.

Zu diesem Zeitpunkt wurde telefonisch durchgegeben, der Sekretär solle einen Erlaß in Empfang nehmen.

Nachdem der Sekretär gegangen war, vertagte man die Versammlung umgehend, weil nur noch Abteilungsleiter und stellvertretende Abteilungsleiter anwesend waren und niemand mehr übrig geblieben war, der konkrete Arbeit hätte verrichten können. Als der Sekretär zurück war, verlas er den Erlaß:

«Es ergeht die Weisung, die Einrichtungen der Abteilung für Haarspalterei sofort aufzulösen; die Mitarbeiter der Abteilung haben sich umgehend einem Kollektivtraining zu unterziehen und weitere Weisungen abzuwarten.»

Abteilungsleiter und stellvertretende Abteilungsleiter blickten einander leicht betreten an. Es ist nicht ganz klar, wer zum Schluß die Bemerkung machte: «Das hätte schon längst geschehen sollen.»

[1981]

ZHANG JIE

Im öffentlichen Bad

In ihrem seit Ende der siebziger Jahre entstandenen Prosawerk, das vor allem die Frauenproblematik aufgriff, fand die Autorin auch zu einem neuen, kühneren Stil der Satire.

Angenommen, du spielst tagaus, tagein die Eiserne, so eisern, daß du ohne Beschwerden Stahlnägel schlucken kannst. Aber manchmal spürst du, daß du keine Kraft mehr hast, du möchtest heulen, doch du findest nirgends einen Platz, wo du heulen kannst. Und dann?

Kurz und gut, mit einem Wort: Immer gerade dann, wenn alles, was auf dich niederdrückt, so vernünftig und notwendig erscheint, daß du es nicht mehr aushältst und dir als einziger Ausweg bleibt, verrückt zu werden, darfst du auf keinen Fall verrückt werden. Die Welt braucht dich, auch wenn du sie nicht brauchst. Die Intelligenten könnten doch nicht weiterleben ohne Schafsköpfe wie dich!

Komm, wir gehen in das öffentliche Bad. Es gibt keinen Ort, an dem du dich glücklicher fühlst. Hier kannst du all die angestauten Demütigungen abreagieren. Du berappst sechs Mao und kannst bleiben, solange du willst – im Rahmen der vorgeschriebenen Öffnungszeiten natürlich. Beten wir darum, daß diese Einrichtung nie ausstirbt.

Unter den aufmerksamen Blicken der Wärterinnen entledigst du dich deiner Unterwäsche, enthüllst deinen Körper: anmutig und wohlproportioniert oder ausgemergelt und schlaff, brustamputiert oder übersät mit häßlichen Geburtsmalen.

Von deiner Unterwäsche schließen sie auf deine wirtschaftliche Lage. Von deinen Kleidern nehmen sie insofern keine Notiz, als es hierzulande als kulturelles Muß gilt, ein anständiges Hemd zu tragen, selbst wenn man arm wie eine Kirchenmaus ist.

Keine Umgebung ist ein geeigneteres Übungsfeld, dir die bürgerlichen Vorstellungen von der Heiligkeit und Unverletzlichkeit deiner Privatsphäre abzugewöhnen und deine Schamgefühle über Bord zu werfen.

Wahrscheinlich ist das öffentliche Bad ein Paradies für Homosexuelle – wer will mit Sicherheit behaupten, in China gebe es keine? Wer will mit Sicherheit ausschließen, daß dich nicht jemand mit begehrlichen Blicken von oben bis unten abschleckt oder dich in Gedanken vernascht.

Vermutlich ist die öffentliche Badeanstalt auch ein guter Platz für Aktstudien, du brauchst die Modelle nicht einmal zu bezahlen.

Du öffnest den Garderobenschrank, in dem sich der Schweißgeruch von wenigstens tausend Menschen vermengt hat, und mengst dein Teil dazu. Selbst ein Polizeihund würde hier verzweifeln. Um die Ansteckungsgefahr zu verringern, wurden alle an Hepatitis-A Erkrankten per Zeitung aufgefordert, die öffentlichen Badeanstalten zu meiden. Eine gute Idee, aber wohin sollen Leute mit Hepatits-A gehen, um sich zu waschen? Sie können sich schließlich nicht wie die Angehörigen gewisser Minoritätenvölker auf eine einmalige Waschung anläßlich ihres Abschiedes von dieser Welt beschränken. Im Sommer kann man sich ja noch zu Hause waschen, aber im Winter? Welcher Haushalt, abgesehen von den Kadern des soundsovielten Grades, verfügt 24 Stunden pro Tag über heißes Wasser – oder auch nur zwei Stunden pro Woche?

Anschließend begibst du dich in den von einem Oberlicht erhellten Waschsaal. In dem von Dampfschwaden erfüllten Raum wabert ein gewaltiges Monstrum mit unzähligen Schädeln, Armen und Beinen, unzähligen Brüsten und unzähligen Genitalien. Diese Massierung ist furchteinflößender als Raumschiffe, Lenkraketen und Wasserstoffbomben. Schlag einen Arm, einen Penis ab, und im Handumdrehen wächst ein neuer nach. Abschlagen, Nachwachsen, Abschlagen, Nachwachsen. Wieviel Zeit und Energie kostet es, ein Raumschiff oder eine Lenkrakete zu bauen? Von diesem Zeug werden in Sekunden Millionen und Abermillionen produziert.

Du balgst dich mit drei bis vier Köpfen, sieben bis acht Armen und Beinen um einen Wasserhahn, und das dem Hahn entströmende Wasser ist mal so eisig, daß dir die Knochen erstarren, und im nächsten Moment so heiß, daß man damit eine Sauschwarte brühen könnte. Am anderen Ende des Raumes geraten sich zwei wegen des Wassers in die Haare, die Stimmen prallen gegen die gekachelten Wände und potenzieren sich, die Welt versinkt in wogendem Kampfgedröhn. Ein kleiner Junge (vermutlich von der Mutter ins Frauenbad mitgeschleppt) oder ein kleines Mädchen (vermutlich vom Vater ins Männerbad mitgeschleppt) kreischt mit spitzer Stimme den Salut für die erste Stunde in Sexualaufklärung. Hell wie das Angriffssignal auf dem Schlachtfeld schallt er über das wogende Kampfgedröhn.

Komm her! Jetzt kannst du heulen, lachen, mit den Zähnen knirschen, dich abreagieren, deine Maske abnehmen, ganz wie du willst. Niemand wird auf dich achten. Niemand.

«Wie wär's, schrubben wir uns gegenseitig den Rücken?» Chen Momei fuhr zusammen. Diese Stimme! Für einen Moment befürchtete sie, sich in der Tür geirrt zu haben.

Frauenbad nach rechts. Männerbad nach links. Hatte sie sich beim Eintritt nach links oder nach rechts gewandt? Nach rechts. Oder doch nach links? Nein, bestimmt nach rechts.

Chen Momei wandte sich in Richtung der Stimme, aber sie sah nur eine Schulter. «Ich habe mir schon den Rücken gewaschen.» Unausdenkbar, sich von einer Unbekannten anfassen zu lassen, noch dazu von einer mit so einer Stimme.

«Na, dann könntest du doch aber wenigstens meinen schrubben?»

Chen Momei genierte sich abzulehnen.

Ein Klotz von einer Frau. Ein Rücken wie ein Nudelbrett aus Hartholz, breit und massiv. Um ihre Schultern zu erreichen, mußte Chen Momei sich auf die Zehenspitzen stellen.

Sie fuhr der Frau mit dem Waschlappen den Rücken hinab. Dabei schälten sich schichtenweise Dreckkringel von der Haut, als werde ein Teppich zusammengerollt. An den Enden waren sie dünner, in der Mitte dicker. Schlapp fielen sie herunter, wie Maden, nur hatten sie eine etwas andere Farbe. Zwischen den Schaumblasen des abfließenden Wassers trieben die von all den Körpern herabgefallenen Dreckkringelchen, ineinander verfilzten Haare, leeren Plastik-Shampootuben, Seifenreste und strömten auf den Gully zu.

Wasser ist eine großartige Sache.

Ein benachbarter Wasserhahn war schließlich frei geworden, doch entströmte ihm noch immer plätschernd Wasser.

Es hieß, der städtische Grundwasserspiegel sei bereits bedrohlich tief abgesunken. Chen Momei drehte mit einem Griff den plätschernden Strahl ab. Sofort erscholl eine Stimme: «He, was soll das, ich muß mich noch abspülen!»

«Sie können ihn doch wieder aufdrehen, wenn Sie sich abspülen.»

«Da zahlt man sechs Mao, und dann kann man sich noch nicht mal waschen, wie es einem paßt!» Mit einem heftigen Griff wurde der Hahn wieder aufgedreht, haßerfüllt, als sollte der Strahl Chen Momei das Genick brechen.

Schon recht, da hatte man sechs Mao bezahlt und wurde noch daran gehindert, nach Herzenslust zu verschwenden und den Grundwasserspiegel zu ruinieren.

Blumenrabatten auf den Grünstreifen werden über Nacht zertrampelt, als sei eine Herde von Pferden darübergaloppiert; gerade fertiggestellten Skulpturen werden Arme und Beine abgeschlagen; die Marmorfußböden neueröffneter Postämter, Buchläden oder Museen sind im Handumdrehen vollgerotzt . . . In Wirklichkeit handelt es sich um Vergeltung, Vergeltung für all die Widrigkeiten, die sich über Jahr und Tag angesammelt haben. Eine leicht unzivilisierte Art der Vergeltung, meinetwegen, aber Chen Momei hatte Verständnis dafür.

Und im übrigen, wieviel trug schon ein für einen Moment abgedrehter Wasserhahn zur Lösung der städtischen Wasserversorgungsprobleme bei? Besonders angesichts der Tatsache, daß die Stadt ein paar Millionen Einwohner hatte, aber nur knapp über vierzig Badeanstalten.

Chen Momeis Ekel vor dem Rückenschrubben verlor sich allmählich, sie gewann der Sache einen gewissen Reiz ab. Jedenfalls hatte sie dazu beigetragen, ein zig Millionstel des innerhalb eines Monats (darunter dürfte es kaum liegen) angesammelten Körperdrecks zu beseitigen.

In diesem Augenblick drang der Klang einer heiseren, doch lieblichen Stimme an ihr Ohr, halb Gesang, halb Rezitation. Chen Momei forschte nach der Eigentümerin der Stimme: eine Frau unbestimmten Alters, sie schien zugleich alt und jung. Das frischgewaschene Haar ringelte sich in schlangenhaften Strähnen auf schmiegsamen und vollen Schultern. Noch nie hatte Chen Momei so schöne Schultern gesehen. Hüften beweglich und schmal wie die eines siebzehnjährigen Mädchens. Das Gesicht, in einem Moment jugendlich, im nächsten alt und verbraucht, war überzogen von Falten, fein wie Spinnweben. Die Frau sang halb trunken und halb blödsinnig. Sie war zweifelsohne weit weg. Die Erde hatte sich gespalten, hochaufgerichtet stand sie am Ende des Abbruchs. Über die Hochebene fegte ein immer glühenderer Wind, hinter ihrem Rücken leuchtete eine immer kältere Sonne.

Wie hatte sie den Weg ins Freie gefunden? Heraus aus all dem in Jahrmillionen über ihrem Haupt abgelagerten Lehm?

Chen Momei verstand kein Wort von dem, was sie sang. Aber sie begriff, daß es von den Dingen tief unten im Lehm handelte. Chen Momei hatte das Gefühl, sie selbst sei den Abbruch hinabgestürzt. Ringsumher nichts als gelber Lehm. Irgendeine Kraft verbog, verdrehte sie, zerrte an ihr. Anfangs wehrte sie sich, doch dann ließ sie widerstandslos alles geschehen. Sie verspürte sogar das dekadente Wohlgefühl dieses Absinkens. So wohlig, daß sie in Panik geriet, fast hätte sie aufgeschrien. Mit aller Kraft schüttelte sie den Kopf, schüttelte die Wassertropfen von Gesicht und Augen, bis die unzähligen Schädel, Arme und Beine, die unzähligen Brüste und Genitalien wieder vor ihr auftauchten.

Die Sängerin sah Chen Momei geheimnisvoll an, als gebe es zwischen ihnen eine stillschweigende Übereinkunft, als habe sie Chen Momei in einen Traum begleitet. Was hatte sie in diesem Traum getan? Chen Momei konnte sich nicht mehr besinnen. Sie zog sich an und verließ die Badeanstalt. Am Eingang stand ein hellblonder, blauäugiger Ausländer. Was wollte der denn hier?

Der Bus war zum Bersten überfüllt. Unaufhörlich flehte der Schaffner: «Wer räumt seinen Platz für die Frau mit dem kleinen Kind? Einen Sitzplatz für die Frau mit dem kleinen Kind!»

Chen Momei sah nach unten, jetzt war nur noch das Oberteil einer Mütze zu sehen. Gerade noch waren seine Augen bis zu ihrem Ausschnitt hochgekrochen und hatten ihren Busen befummelt.

Chen Momei trat ihm mit der Fußspitze leicht gegen das Schienbein. Sie bemerkte, daß die Muskulatur unter seinem hochgeschlossenen Sun-Yatsen-Anzug noch immer bebte. Sie gab ihm einen weiteren Tritt, die Mütze hob sich allmählich in Schräglage. Wieder kroch der verschlagene Blick sachte aus den Augenwinkeln hervor. Mit einem Blick schräg von der Seite lächelte sie ihn an; leicht zu erlernen, man sieht diesen Kniff im Fernsehen jetzt dauernd.

«Welche emotionalen Beziehungen haben Sie zu öffentlichen Badeanstalten?» fragte Chen Momei.

Er schnellte von seinem Sitz hoch. «Eine Verrückte! Eine Verrückte!» stammelte er, während er sich fluchtartig entfernte.

[1986]

Die Sommerferien des kleinen Xing

Satirische «Mini-Geschichten» wurden als «Sozialkritik des kleinen Mannes» vor allem von Amateurschriftstellern verfaßt, in Tageszeitungen abgedruckt und später in Sammelbänden wieder veröffentlicht.

Es war an einem Sommerabend. Luo Man erstellte gerade einen Erfahrungsbericht für die Schule, in dem er nach Bekanntgabe der neuen politischen Richtlinien die verbesserte Situation der Intellektuellen schildern sollte. Allerdings machte ihm die Abfassung ziemlich zu schaffen. Morgen sollte er ihn abliefern, aber bis jetzt hatte er das Manuskript noch nicht fertig, denn eigentlich beschlich ihn das Gefühl, es gebe gar nichts zu schreiben. Doch schließlich war er der Sekretär! Sein zehnjähriger Junge hatte ebenfalls viel zu tun. Über den Tisch gebeugt, den Bleistift fest in der Hand, schrieb der kleine Xing mit geneigtem Kopf gerade am Tagebuch für die Sommerferien. In der zum Ersticken heißen Luft war nur das Kratzen des Bleistifts auf dem Papier zu hören. Luo Man warf einen Blick auf das Rundschreiben der Schule an die Eltern. Sicher! Heutzutage hatte es auch ein Grundschüler nicht mehr leicht: Während der Sommerferien mußten dreißig Eintragungen ins Tagebuch, zwanzig Zusammenfassungen über gelesene Bücher und sechs Aufsätze geschrieben werden; dazu hatte man noch zahllose Übungen für Chinesisch und Mathematik zu erledigen. Wann sollte man das alles eigentlich schaffen!

«Geschafft, Papa, das Sommerferientagebuch hab ich fertig!» rief Xing plötzlich fröhlich, die Stille des Sommerabends störend. Luo Man nahm skeptisch das Tagebuch seines Sohnes und überflog, was da in krakeliger Schrift geschrieben stand: «14. Juli, heiter. Heute fangen die Sommerferien an. Ich habe im Garten hinter dem Haus einen Windensamen gepflanzt.» – «16. Juli, heiter. Aus dem Windensamen, den ich eingepflanzt habe, sprießen zwei kleine Blättchen hervor; ich habe gedüngt und Wasser gegeben.» – «Heute, ganz früh am Morgen, habe ich für die Winde ein Bambusgerüst gebaut.» – «Die Winde hat schon ganz zarte Ranken bekommen, mit denen sie sich am Gerüst emporwindet.» – «Am Nachmittag ist die schöne Winde endlich bis zur Spitze des Bambusgestells hochgeklettert; sie ist jetzt voller grüner Blätter.» – . . . Im Nu war das Ferientagebuch beim August angekommen: «7. August, heiter. An der Winde, die bis auf die Spitze des Bambusgestells geklettert ist, hat sich mitten in den Blättern eine kleine gelbe Blüte geöffnet; sie blüht so wunderschön, so zart.» – «20. August, heiter. Die Winde am Gerüst ist mit herrlichen Blüten übersät, der Duft betört die Sinne. Papa meint, wenn man sich nur richtig anstrengt, hat man bestimmt Erfolg.»

Zum Kuckuck! Heute fingen die Sommerferien doch erst an! Bei Luo Man zu Hause hatte man überhaupt noch nie irgendwelche Blumen gepflanzt; die Wohnung war so eng und klein, daß es nicht einmal einen Balkon gab, auf den man Blumentöpfe stellen konnte, ganz zu schweigen von einem Garten hinter dem Haus! Sollte man die Winde vielleicht unter dem Bett einpflanzen? Luo Man betrachtete, halb verärgert und halb belustigt, was sich sein Sohn für das Tagebuch ausgedacht hatte. Er hatte wirklich vor, dem Jungen eine Ohrfeige zu geben. Aber als seine Hand über den Berichtsentwurf glitt, der auf dem Tisch lag, zog er sie wieder zurück, denn was hatte er da selbst geschrieben –?

«Die neuen politischen Richtlinien für die Verbesserung der Situation der Intellektuellen haben an der ‹Morgensonne›-Schule große Erfolge gebracht. Für das Lehrpersonal hat es sieben positive Veränderungen gegeben: Erstens hat jede Familie jetzt einen Balkon. Zweitens verfügt jeder Haushalt über . . .» [1982]

ZHANG XINXIN/SANG YE

Der Popcorn-Junge

Flucht in den Realismus der Reportage als List zur Umgehung der Zensur – so entstanden während der Kampagne gegen «Geistige Verschmutzung» und «Bürgerliche Liberalisierung» 1983/84 hundert Tonbandprotokolle, in denen sich Prominente und Alltagsgestalten aller Altersgruppen und Schichten über die eigene Person und ihr Land ausließen.

In der U-Bahn. Es ist gerade Feierabend, brechend voll. In unser Abteil quetscht sich ein Junge mit einer Lastenstange auf der Schulter, die viel größer als er selbst ist. Auf der einen Seite der Stange hängt eine Popcorn-Röstmaschine und ein Kohleöfchen, auf der anderen Seite ein Blasebalg, halb so groß wie ein Mensch. Das Gesicht des Jungen ist voller Kohlestaub. Er lehnt sich lässig an die Tür. Wir fragen: «Wohin fährst du?» Er läßt seine schneeweißen Zähne sehen und meint:

Ich fahre nach Babaoshan. *(Im ganzen Abteil schüttelt man sich vor Lachen: Im Pekinger Dialekt bedeutet ‹nach Babaoshan fahren› soviel wie ‹sterben› – in Babaoshan befindet sich die größte Trauerhalle, das größte*

Krematorium und der größte Friedhof von Peking.) Was gibt's da zu lachen? Ihr Städter lacht immer so gerne. Lacht über alles, was ihr seht. Ich wohne im Gästehaus von Babaoshan, pro Tag sieben Mao fürs Zimmer. In einem Zimmer schlafen mehr als zwanzig Mann, alle auf dem Fußboden.

Ich bin etwas über dreizehn, komme aus der Provinz Anhui. Meine Heimat ist Fuyang. Ich bin aber nicht allein hierhergekommen, ein älterer Bruder und vier andere aus meinem Dorf sind auch noch mit. Jeder von uns hat eine eigene Maschine. Tagsüber verteilen wir uns irgendwohin und rösten Popcorn, abends treffen wir uns wieder in Babaoshan. Jeder regelt alles für sich selbst, kommt allein für seine Ausgaben auf.

Ich habe auch die Schule besucht bis zur vierten Klasse, dann nicht mehr. Hab dann zu Hause mitgearbeitet für die staatlichen Ablieferungsquoten. Mir wurde auch ein Feld von einem Mu Fläche zugeteilt zum Selbstanbauen. Mein Papa hat gesagt: «Dritter, du brauchst nicht mehr zur Schule, komm lieber auf dem Feld arbeiten.» Ich bin nicht gerne in die Schule gegangen. Das bringt nichts. Wir sind zu Hause zu acht. Oma, Papa, Mutter, ältester, zweitältester Bruder. Ich bin der Dritte. Unter mir gibt's noch den kleinen Bruder, meine Schwester ist die Kleinste. In unserem Dorf sind knapp über dreißig Familien. Alle auf dem Acker oder, wenn nicht, dann in der Armee. Ein paar Jahre sind sie Soldaten, dann kommen sie zurück und sind wieder Bauern. Vor einigen Jahren noch war es nicht schlecht, Soldat zu sein. Früher wurde man erst Soldat, dann Parteimitglied. Wenn man zurück ins Dorf kam, dann gehörte man gleich zum ‹inneren Kreis›, wurde Mitglied der Parteizelle, kam in die Dorfverwaltung, konnte über Sachen und Leute Entscheidungen fällen. Man hatte Macht und einen Namen. Aber heute läuft das nicht mehr. ‹Die Produktionsquoten individuell festlegen› und ‹unter Eigenverantwortung anbauen› – da kümmert sich keiner mehr richtig um den anderen. Als Soldat hat man keine Chance mehr. Arme Leute denken eben ans Geld. Geld ist zwar Scheiße, aber trotzdem will ich Geld machen.

Was, wußtet ihr das nicht? Voriges Jahr gab's bei uns eine Naturkatastrophe. Hatten nur ganz wenig Getreide im Eigenanbau geerntet, ganz zu schweigen von der Lieferung für die staatlich festgesetzten Produktionsquoten. Zum Bauch-Vollschlagen hatten wir auch nichts. Deshalb sind in diesem Jahr ganz schön viele in die Stadt, um sich einen Lebensunterhalt zu suchen. Klar gab's Lebensmittelspenden, auch Kleidung, alles umsonst von der Provinz geschickt. Aber diese Nahrungsmittel zählten als Notstandshilfe, nicht als Armenunterstützung. Reichten nicht zum Leben und nicht zum Sterben. Die Armut hat man damit auch nicht beseitigt. Die Regierung hat gesagt, jeder soll produzieren, um sich selbst zu helfen. Sie hat also erlaubt, daß man sich in der Stadt einen anderen Lebensunterhalt sucht. Da sind die Männer als Popcorn-Verkäufer gegangen oder als Hilfsarbeiter auf die Baustellen von Bengbu und Hefei. Die Frauen sind auch in die Stadt, als Amah. Keiner ist betteln gegangen. Bei uns auf dem Dorf gibt's das sowieso nicht. Leute, die um Essen betteln und sich demütigen. Das bringt doch nichts. Die Regierung läßt das auch nicht zu. Also noch mal, mit den Lebensmittelspenden kommt man über die Runden, von zu Hause weg und sich einen Lebensunterhalt suchen, das macht man, um Geld zu verdienen. Kann man mit Betteln etwa was verdienen?

Mein Vater und der Älteste sind im Dorf geblieben und arbeiten auf den Feldern. Ich bin mit dem Zweiten hier. Diese Maschinen sind ganz schön teuer, für eine bezahlt man 80 Yuan. Hat meine Familie mit Landwirtschaftsdarlehen gekauft. Wir haben ewig hin und her überlegt, dann doch gekauft, jetzt bezahlen wir sie allmählich ab. Das ist eine günstige Sache: Im Katastrophengebiet bekommt man zinslose Landwirtschaftsdarlehen. Wir hatten 200 Yuan geliehen, 160 für die Maschinen, 40 für die Reisekosten.

Als wir los sind, waren die Lebensmittelspenden noch nicht ausgegeben worden. Im Frühling hapert's immer an allen Ecken und Enden, wenn da zu Hause zwei Esser weniger sind, paßt das ganz gut. Das verstehst du nicht? Als wär bei der Spendenausgabe jemand, der die empfangsberechtigten Personen abzählen würde! Voriges Jahr hatten wir angegeben, daß wir acht Leute sind, und meine Familie bekam eine Zuteilung für acht Personen. Hat jetzt sozusagen zwei Anteile zusätzlich ergattert.

Wir sind zu sechst von Fuyang nach Hefei. Mit der Maschine und dem Blasebalg auf dem Rücken. So ein Ding ist irre schwer, fünfzig, sechzig Pfund. Ich war der Kleinste, konnte das nicht tragen. Da hat mein Bruder mir geholfen. Die anderen? Die wollen erst recht nicht mit anpacken. Als wir auf dem Feld nur noch für die eigenen Quoten gearbeitet haben, hat mir natürlich auch keiner unter die Arme gegriffen. Wir sind zwar Kumpel, aber wenn ich mir von denen helfen lasse, bin ich ihnen womöglich noch zu Dank verpflichtet.

Unsere Gruppe hat einen Anführer, der war schon mal in Peking, kennt sich aus mit dem Weg. Als wir dann nach Hefei kamen, haben wir gleich mit dem Geldverdienen angefangen. Eine Woche gearbeitet, und schon hatten wir die Fahrtkosten nach Peking im Sack. In größeren Orten verdient man das Geld locker. Hefei ist nicht so gut, zu viele Leute. Viel zu viele, die dort zurechtkommen wollen. ‹Minenleger› gibt's überall, wo man hinsieht, auf Schritt und Tritt ertönt das ewige ‹peng!› und ‹puff!›. Da wußte ich schon, das Revier ist abgegrast. ‹Minenleger?› Wenn wir mit unserer Maschine Popcorn rösten, macht's da nicht ‹peng›? Deshalb werden wir so genannt.

Als wir in Peking am Bahnhof ankamen, mußten wir erst mal eine verdammte Strafe zahlen. Wir hatten ja von nichts 'ne Ahnung und haben nur für uns Fahrkarten gekauft und Schluß. Woher sollten wir wissen, daß man für die Maschine eine Gepäckkarte lösen muß? Eine extraschwere Strafe haben wir gezahlt, und dafür eine Quittung bekommen. So 'ne Quittung, die nützt einen Scheiß. Bin ich etwa ein öffentlicher Angestellter und kann locker Spesen abrechnen? Hab den Wisch zerrissen. Nachdem wir aus dem Bahnhof raus waren, haben wir einen Yuan zusammengelegt. Jeder hat sich zwei Schalen Nudeln gekauft, aufgegessen – und dann ab zum ‹Minenlegen›. Einen Nachmittag gearbeitet, und jeder hatte über zwei Yuan gemacht. Dann haben wir uns ein Hotel gesucht. Haben die Kosten für einen gemeinsamen Schlafraum ausgerechnet. Das erste Hotel war zu teuer, die haben einen Yuan fünf Mao für ein Zimmer verlangt. Wir hörten, daß das Hotel in Babaoshan billig ist, also sind wir dahin gezogen. Ich finde das Babaoshan-Hotel gut, ziemlich günstig. Die weite Entfernung von der Stadt macht nichts, es gibt ja die U-Bahn. Mit einem Mao ist man schon mitten in der Stadt.

Wir sind jetzt fast einen Monat in Peking. Jeden Tag haben wir mehr als zwei Yuan verdient. Das meiste an einem Tag war mal über vier Yuan. Wir schleppen die Maschinen auf der Stange zu den Wohnhäusern und rufen: «Die Popcorn-Macher sind da!» Kommt erst mal einer zum Popcorn-Rösten, hat man schon die Menge angelockt. Ein Knall, ein ‹peng›, das bringt mehr als zehnmal rufen. Die Leute wissen ganz genau, der Krach kann nur von uns kommen. Sie bringen das Getreide mit, ich kümmere mich nur ums Rösten. Für einmal Rösten krieg ich zwei Mao. Dafür bekommen die Leute eine Tüte voll, das ist viel billiger als in den öffentlichen Läden. Manchmal nehme ich auch kein Geld, sondern sage ihnen: »Du gibst mir eine Getreidemarke im Wert von fünf Pfund, und ich röste dir eine Tüte voll umsonst.» Das finden die auch gut. Die Stadtleute haben eh viel zu viele Getreidemarken. Ich brauch die Marken für mein Essen, sonst müßte ich für eine bessere Mahlzeit fünf Fen pro Schale Nudeln drauflegen. Manchmal laß ich mir auch Kohle geben von den Kindern. Denen sage ich, sie sollen mir zu Hause ein paar Kohlen klauen, dann würde ich ihnen eine große Tüte Puffreis schenken. Bei denen zu Hause ist die Kohle sowieso nicht abgezählt. Auf diese Weise komme ich an den Brennstoff. Die Regierung von Peking kann nämlich ziemlich gut planen, für Kohle wollen die auch eine Versorgungskarte sehen. Die Leute von auswärts, die keine Karte haben, die gucken in die Röhre. Egal, dann laß ich eben die kleinen Pekinger klauen.

Nach meinem jetzigen Einkommen gerechnet, werde ich bis zur Herbsternte wohl genug Geld machen. Pro Tag bleibt etwas mehr als ein Yuan übrig. Pro Monat sind das dann mehr als 40 Yuan. Von dem Geld kann ich 400 Pfund ungeschälten Reis kaufen – astrein!

Was hier los ist, hab ich längst geschnallt. Die Kinder der öffentlichen Angestellten sind total verwöhnt. Mit denen messe ich mich nicht, ihre Väter sind stärker. Die schikanieren mich, nennen mich ein ‹Landei›. Zuerst hab ich diesen Ausdruck gar nicht kapiert. Klar, andere Leute auslachen! Wenn die mich gerne auslachen, lacht doch, verdammt, ich leg weiter meine ‹Minen›. Falls denen in Peking auch mal eine Katastrophe zustößt: können die sich vielleicht aus eigener Kraft versorgen? Nee, können die nicht.

Da dürfen wir dann noch helfen, damit die was zu essen haben. Mir kommt schon das Kotzen, wenn die mich mit ihren großen Weisheiten löchern, hab wirklich die Nase voll von denen. Erst quetschen sie mich aus, dann fangen die großen Sprüche an: Daß ich nicht zur Schule gehe, sei ‹ein ernsthaftes Problem›, irgend so ein verdammtes gesellschaftliches Problem. Schwachsinn! Das Armutsproblem – was hat das schon mit der Gesellschaft zu tun? Ich bin mit einem Empfehlungsschreiben, von der Produktionsbrigade ausgestellt, nach Peking gekommen, auf dem Schreiben ist eine offizielle rote Plakette. Nicht, weil mich die Katastrophe dazu zwingt, sondern weil ich Geld verdienen will. Was ich gerne mache, das mach ich, was nicht, das nicht. Wen geht das was an? Ich bin doch frei.

Um mal ehrlich zu sein: Seit das Zentralkomitee die ‹Politik der Eigenverantwortung› propagiert, sieht das Leben viel besser aus. Also, nutze deine Kraft, verdiene mal selbst. Wer reich wird, ist ein Held, wer arm bleibt, ist ein Versager. Voriges Jahr hatten wir eine Überschwemmung, ganz schön übel. Wenn das nicht so gewesen wäre, hätte unsere Familie echt ein neues Zimmer angebaut. Deshalb muß ich jetzt erst recht Geld verdienen. Mein Vater hat gesagt, wenn die Ernte dieses Jahr gut wird, dann bauen wir im nächsten Jahr zu Frühjahrsbeginn doch noch das neue Zimmer. Wenn das Zimmer erst mal dran ist, sieht alles doch viel rosiger aus. Der älteste Bruder nimmt sich eine Frau, und der zweite Bruder kann sich auch eine Freundin suchen und sich verloben. Nur das politische Klima muß stimmen, dann sind die Aussichten echt gut. Aber ich meine, uns kann man nicht mit den Pekingern vergleichen. Die schmeißen das Geld auf die Straße. Schmeißen es zum Fenster raus, als ob sie niemals arm gewesen wären.

Meine Technik ist viel besser geworden. Außer Mais röste ich noch Reis und Reiskuchen. Der trockene Reiskuchen geröstet schmeckt super. In den kleinen Ortschaften mußte ich beim ‹Minenlegen› Farbe drantun und extra Zucker. Da wollten die das rot, grün und süß. Komisch, in Peking, da läuft das nicht. Die Leute wollen ihr Popcorn nur weiß. Sie sagen, wenn man noch Farbstoff und Zucker rantut, kriegt man Krebs. Totaler Quatsch! Wie kann man vom Mais Krebs bekommen? Außerdem lassen sie mich mittags nicht rösten, weil sonst könnte ich den Mittagsschlaf der Angestellten stören. Die Leute in Peking sind verwöhnt, und die Gesundheit der Angestellten ist enorm wichtig. Auch gut. Verdammt, dann schlaf ich mittags eben auch 'ne Runde, mach unter einem großen Baum mein Nickerchen.

Außer dem Tiananmen-Platz hab' ich mir noch nichts angeguckt. Wenn ich genug verdient habe, kauf ich mir neue Sachen, wasch mich ganz sauber und mache ein paar Tage richtig einen drauf. Erst dann fahr ich wieder nach Hause, mit den Leuten aus dem Dorf ‹Berge wegblasen› *(Neuigkeiten austauschen)*. Wenn es soweit ist, verkaufe ich die Maschine, die kann ich für 80 Yuan loswerden. In Peking werden diese Maschinen nicht gemacht, dauernd fragen mich Leute, ob ich sie nicht verkaufen will. Offiziell heißt das Ding ‹Getreidepuffermaschine› – ganz schön praktisch.

Wenn du mich fragst, die Steuereintreiber in Peking sind viel besser als die in Hefei. Die beachten uns gar nicht, wenn wir ‹Minen legen›, die nehmen keine Steuern von uns. Die in Anhui sind ganz mies, die berechneten uns pro Tag fünf Mao. Vorgestern habe ich so einen Steuerbeamten getroffen. Der fragte mich, ob ich Steuern bezahle. Ich sagte: «Kenn ich mich mit den Bestimmungen für die Berechnung der Steuern aus?» Hab mich dumm gestellt. Der Steuerbeamte fragte, wo ich her bin, wie alt ich bin. Schließlich meinte er: «Schon gut, du bist aus dem Katastrophengebiet.» Und dann noch: «Geh lieber nach Hause, in die Schule, du bist erst dreizehn, du solltest noch nicht arbeiten.» Also, ich gehe nicht zur Schule, ich verdiene Geld.

Meine Ausgaben für die Maschine und die Zugfahrkarte habe ich schon verdient. Jetzt mach ich noch mal 200 Yuan, dann gehe ich zurück. Das war vor der Abreise mit der Familie schon abgesprochen. Und zu Hause werde ich auch nicht in die Schule gehen, ich geh lieber auf dem Feld arbeiten und bringe es zu etwas. Wenn wir noch mal eine Katastrophe erleben, werde ich wieder nach Peking kommen und hier ‹Minen legen›. Manche sagen ja, mit Abfallsammeln kann man in Peking mehr Geld machen. Glaube ich schon, aber so eine niedere, billige Sache mach ich nicht. Ich habe den Bogen raus. Einer, der altes Papier aufhebt – was ist der schon wert?

Wozu willst du wissen, wie ich heiße? Das erzähle ich dir nicht. Auf meinem Empfehlungsbrief steht's, aber den habe ich im Hotel hinterlegt. Wir zahlen erst, wenn wir wieder abhauen. Die haben Angst, daß wir die Zeche prellen, darum haben die das Schreiben einkassiert.

Klar können wir uns wiedersehen. Ich bin den ganzen Tag in der Stadt, ‹lege Minen›. Ihr könnt mich ohne weiteres finden. Habe ich nicht schon gesagt: Wenn bei uns wieder 'ne Katastrophe ist, dann komme ich nach Peking und schlage mich irgendwie durch.

[1985]

ABKEHR – DIE SUCHE NACH DEN WURZELN

HAN SHAOGONG

Leere Stadt

Die melancholische Ausbreitung halbverwehter Erinnerungen an die «große Zeit» der Landverschickung einer ganzen Generation zeigt dieses häufig behandelte Thema von einer anderen Warte: aus der Einsicht in die Vergeblichkeit des politischen Aktivismus und in die Vergänglichkeit historischer Perioden.

Als wir das erste Mal in diese Stadt kamen, war die Dunkelheit bereits hereingebrochen. Abgesehen von dem nur hin und wieder herüberdringenden Weinen eines kleinen Kindes herrschte Totenstille, der Marktflecken war wie ausgestorben. Die Türen der windschiefen Holzhütten entlang der Straße waren fest verriegelt und schlossen jede Familie in ihrer Dunkelheit ein, als wollten sie hartnäckig ein Geheimnis vor uns Neuankömmlingen hüten. Mit der Zeit ließ uns das einsame Echo unserer Schritte die Haare zu Berge stehen – wo waren all die Menschen geblieben? Die Verkaufsstände, die Buden, der Marktplatz, die ungleichmäßig zusammengefügten Ziegel an den Dachvorsprüngen, die restliche Wärme als untrügliches Zeichen eben noch vorhandenen menschlichen Treibens – und plötzlich diese Stille einer entlegenen Bergschlucht, als hätte sich der Ort wie durch Zauberhand in eine leere Stadt verwandelt.

Der Marktplatz nahm das Geräusch unserer Schritte auf. In seiner Mitte erschienen verschwommen ein paar schwarze Schatten wie ein Dutzend vom Himmel gefallener Ungeheuer, die dort hockten und unwillkürlich Furcht einflößten. Mit unseren Taschenlampen leuchteten wir genauer hin und entdeckten, daß es Fleischhackstöcke waren, mit Hackbrettern so groß wie Türflügel und mehr als einen halben Fuß dick, klobig und felsenschwer. Dichte Schnittnarben durchzogen kreuz und quer die Oberfläche, die aussah wie Palmenrinde oder Kokosnußschale. In der Mitte war vom Hacken die helle Naturfarbe des Holzes zutage getreten, nur ringsherum der Rand war schwarzglänzend vom Fett. Manche Klötze wiesen schon Vertiefungen wie Schüsseln auf, bei einigen war sogar der Boden durchstoßen, doch standen sie noch immer auf dem Markt. Vermutlich dienten sie den Besuchern als Schemel für ihre müden Füße oder als Tische, an denen sie ein Schnäpschen kippten. An den meisten Hackstöcken hafteten noch Knochensplitter, Fleischschnipsel und Blutspuren. In zwei Reihen kauerten sie in Reih und Glied und wachten über die stockfinstere Stille. In einem Klotz steckte noch ein Stahlmesser, der Schlachter hatte vergessen, es nach Hause mitzunehmen. Silbern blitzte es zu uns herüber, daß es uns kalt den Rücken hinunterrieselte.

Erst als wir uns am nächsten Morgen in aller Herrgottsfrühe aus unseren Betten in der Herberge erhoben hatten, konnten wir uns ein genaueres Bild von dem Ort machen. Er hieß Suocheng – ‹verschlossene Stadt› – und war bestenfalls ein großes Dorf. Dennoch war der Flecken wie ein Liliputanerreich von einer gedrungenen Stadtmauer aus Sand und Lehm umfriedet. Das auf der Mauer wuchernde Gras reichte bis über die Knie und hing voller Spinnweben, weshalb Fremden meist die Lust verging, sich näher umzusehen. Der Stadtgraben am Fuße der Mauer war längst ausgetrocknet, die Mauererde von den Bewohnern der Stadt abgetragen, wodurch dann nur größere und kleinere, unterschiedlich hoch gelegene Teilstücke stehengeblieben waren. In ungleicher Höhe wiegten sich Jute und Malvengewächse, die Ackerränder umsäumte dichtes Gebüsch, um Hühner und Hunde fernzuhalten. Aus dem Turm über dem östlichen Stadttor stieg unablässig Rauch auf, unter dem Dachvorsprung hingen Windeln und Matten zum Trocknen, Feuerhaken und Ofenrohre. Schwer zu sagen, was für Menschen hier ihr Dasein fristeten. Die winzigen Windglöckchen am Turm waren vom Grünspan fleckig geworden, erstaunlicherweise hatte noch niemand sie gestohlen. Im Winde schaukelnd ließen sie ab und an ein heiseres Geläut hören, als wollten sie, ihrer Sache ganz sicher, mit ihrem Gebimmel der kleinen Stadt etwas prophezeien.

Vom Osttor führte ein ‹Beamtenweg› zum Westtor, kopfsteingepflastert und nicht gerade einfach zu begehen, ein unruhiges Flüßchen aus Steinen, das sich heranschlängelt, an dieser Stelle angekommen aber plötzlich erstarrt. Wir hatten gehört, daß ein solcher Weg wohl für Sänften taugte, nicht aber für Pferde, die mit ihren Hufen auf den blanken Steinen ausglitten. So war es Banditen kaum möglich, die Beamtensänften einzuholen, daher der Name ‹Beamtenweg›. Freilich waren nur sehr selten Beamtensänften hierhergekommen, der Kreisvorsteher hatte es dabei bewenden lassen, einmal im Jahr Geld und Getreide einzutreiben. So wurde die Gegend früher ständig von Banditen heimgesucht. Deshalb zogen die einfachen Leute aus der Umgebung das schwer passierbare und gefahrvolle Gebirge vor und bauten sich dort ihre Hütten.

Auf die Ebene zu beiden Seiten der Straße hatten sie von jeher verzichtet, deshalb waren wir jetzt zur Urbarmachung des Landes hierhergeschickt worden. Unsere Farm lag fünf, sechs Meilen von Suocheng entfernt gen Süden. Wir Mittelschulabsolventen, ‹gebildete Jugendliche› wie wir während der Kulturrevolution genannt wurden, machten in der Steppe das Land durch Brandrodung urbar. Gern fuhren wir nach Suocheng, um ‹dienstliche Aufträge› zu erledigen, weil das ja zugleich ein Stadtbesuch war, bei dem man andere Gesichter zu sehen bekam. Wenn zufällig auch noch Markttag war, mochte man um so lieber ein paar Stunden in der Stadt verbringen.

Wer Heilkräuter verkaufen wollte, Betelnüsse, Gerätschaften aus Bambus oder Fischernetze, wer mit Schweinen, Ziegen, Büffeln oder Pferden handelte, tat sich mit anderen seiner Zunft zusammen, und ein jeder fand in stillem gegenseitigem Einvernehmen irgendwo sein Plätzchen, an dem er den Tag verstreichen ließ. Manche Burschen hielten einige Stäbe gespleißten Bambus feil, andere hatten ein paar Tabakblätter vor sich ausgebreitet – auch das galt als Markthandel. Es schien, als schere man sich überhaupt nicht um die Geschäfte, sondern sei vor allem hierhergekommen, um andere zu treffen, sich auszuruhen und zu vergnügen. Man saß da, bis der Körperschatten lang wurde, ließ sich von seinen Bekannten Feuer geben, um eine zu rauchen, und gaffte den Bauernmädchen nach, die Hand in Hand bummeln kamen, trotz grellbunter Kleidung schüchtern, mit gesenkten Köpfen in der Menschenmenge auftauchend und wieder verschwindend. Gegen Abend griff man sich wieder seinen Bambus oder seine Tabakblätter und trat unbekümmert den Heimweg an.

Da gab es drüben bei den Buden Stände mit Blutwurst und Stände mit Treber. Aus den Körben der alten Frauen kamen die in Bambusblätter eingewickelten Reisklößchen, die zwar unförmig aussahen, aber köstlich schmeckten und sich bei uns ‹gebildeten Jugendlichen› besonderer Beliebtheit erfreuten. Allerdings waren hier schrecklich viele Fliegen, die sich bisweilen in laut brummenden Schwärmen sammelten. Wenn sie sich niederließen, war der halbe Tisch schwarz, was einem den Appetit gründlich verderben konnte. Die Fliegen kamen meist aus den Jauchegruben – und die waren vom übrigen Boden kaum zu unterscheiden.

Oft spazierten Mastschweine grunzend die Straße entlang und schubberten sich an den Mauerecken ihr juckendes Fell. Hatte sich ein Schwein nach verzweifelten Anstrengungen aus einer Jauchegrube befreit, war es über und über mit schmutzigem Schlamm bedeckt und trug die Jauche überallhin. Die Schweine drangen sogar dorthin vor, wo es von Menschen wimmelte, als ob auch sie in aller Geschäftigkeit ihren Lebensunterhalt zu erwerben suchten. Hinzu kam, daß Eselsdreck, Kuhfladen und Pferdemist niemals aufgefegt wurden, alles vermischte sich mit dem Schlamm und bildete eine schwarz-grüne Masse, die einen säuerlichen Gestank ausströmte und sich wie ein Teppich über dem ganzen Markt ausbreitete. An Regentagen konnte es passieren, daß sich in den Spuren der Blutegel und Regenwürmer Rinnsale von grüner Jauche bildeten, die sich teilten und wieder zusammenliefen und wer weiß wohin flossen. Dann hatte ich immer das Gefühl, dieses regnerische Suocheng, das im Begriff war, zu verfaulen, werde sich sehr bald in eine Geisterstadt verwandeln.

Wir ‹gebildeten Jugendlichen› sprachen nicht dieselbe Sprache wie die Einheimischen. Der Umgang mit ihnen und auch das Handeln bereitete große Schwierigkeiten. So manches Mal, wenn wir vor den Körben der Händler hockten und angestrengt gestikulierten, war in den Augen unseres Gegenübers zu lesen, daß ihm noch immer völlig unklar war, worum es ging. Einmal wandte sich ein Kumpel, der seine Fähigkeiten demonstrieren wollte, an einen Burschen und überschüttete ihn lautstark mit einem Redeschwall, überzeugt, im hiesigen Dialekt geredet zu haben. Dabei klang das, was er sagte, ganz so wie das Chinesisch der Japaner in Filmen:

«. . . du wissen, von Betelnuß, wo verkaufen?»

Sein Vis-à-vis griff nach einer Pampelmuse.

«Nicht das – von Betelnuß, herzförmige Betelnuß, na?»

Der Angesprochene nickte verständig und antwortete etwas, indem er auf einen Laden schräg gegenüber wies. Mit einem Lachen bedankten wir uns bei ihm, gingen frohen Mutes hinüber – und mußten feststellen, daß der Laden eine Schneiderei war.

Wir gaben uns jedoch nicht geschlagen, sondern hielten eine junge Frau an, um uns bei ihr Auskunft zu holen. Sie bekam sofort einen roten Kopf, und im Nu waren wir von Neugierigen umringt. Manche schienen uns Fragen zu stellen, manche Hinweise geben zu wollen, andere schienen uns zu beschimpfen, doch wir, mit all den breiten und schmalen Gesichtern, den sich öffnenden und wieder schließenden Mündern und den bleckenden gelben Zahnreihen konfrontiert, verstanden von dem Geschnatter kein einziges Wort.

«Ihr sucht Betelnüsse?»

Klar und verständlich drang dieser Satz an unsere Ohren. Wir schauten uns suchend nach der Stimme um und erblickten in der Menge eine alte Frau mit vielen feinen Fältchen in einem sehr ebenmäßigen und sanften Gesicht, das trotz der kleinen Nase und der kleinen Augen harmonisch und schön wirkte. Gesicht und Stirn wölbten sich in Rundungen, was ihren Zügen etwas Spitzbübisches und Naives verlieh, wie man es bei Kindern findet.

Wir bejahten die Frage. Dabei spürten wir, daß in ihren wenigen Worten etwas angeklungen war, das nicht in diese Gegend gehörte. Richtig, das war die völlig reine Aussprache der Provinzhauptstadt gewesen. Was für eine Seltenheit, sie an einem so entlegenen, über tausend Meilen entfernten Ort zu hören! Daß sie noch dazu aus dem Munde einer alten Frau im herkömmlichen chinesischen Gewand kam, mit einer Bambuskiepe über den Schultern, erschien uns als das Wunder aller Wunder.

«Ach, ist das herrlich! Sie sind also auch von auswärts, Mütterchen?»

Sie lachte nur kurz und bedeutete uns, ihr zu folgen.

«Wann sind Sie denn hierhergekommen?»

Sie ging nicht auf unsere Fragen ein, sagte bloß, am Westtor gebe es Betelnüsse.

Ausgelassen hefteten wir uns im großen Pulk an ihre Fersen, überquerten den Markt und schlängelten uns an den Fleischständen vorbei. Mit einem flüchtigen Seitenblick gewahrten wir die Farbenpracht, in der jetzt die Hackstöcke prangten: frischrote Leber und Lunge, schneeweiße Mägen und Därme. Schlugen die Schlachtmesser auf die großen Fleischstücke, war ein kraftvolles Klatschen zu hören. Zartes, festes Fleisch und auch zähes, schlaffes, so weich wie die Kerngehäuse eines Kürbisses, alles wurde fein säuberlich zerlegt. Ein paar riesige Schweinsköpfe lagen auf den Verkaufstischen, die Augen geschlossen wie in friedlichem Schlummer, als gingen die Dinge der Welt sie nicht das geringste mehr an.

Erst später erfuhren wir, daß die alte Frau jetzt als Witwe allein lebte und eine kleine Nudelgarküche betrieb, in einem unauffälligen Winkel der Straße, gleich hinter den dichtgedrängten Fleischständen. Das Lokal war winzig aber sauber, die Herdplatte ohne jede Fettspuren, Fußboden und Wände waren so blank gescheuert, daß die helle Holzmaserung hervortrat. Von den Tischplatten stieg leichter Holzduft auf. Oft kniete die alte Frau auf dem Fußboden und scheuerte mit einem Lappen die Dielen. Uns überkam beim Anblick dieses ungewöhnlich sauberen Fußbodens des öfteren die Lust, einfach Schuhe und Strümpfe auszuziehen und dort ein Schläfchen zu machen. Warf man einen flüchtigen Blick in den hinteren Raum, so konnte man Zahnpasta und Zahnbürste sehen, hier auf dem Lande eine große Seltenheit.

Sie wurde ‹Vierte Schwester› gerufen, es gab aber auch kleine Kinder, die nannten sie ‹Vierte Tante›, das hatten sie den älteren Frauen abgelauscht. Hörte sie es, lächelte sie nur und sagte nichts. Auf uns übte ihr rundes, freundliches Gesicht eine solche Anziehungskraft aus, daß wir immer öfter bei ihr einkehrten. Nachdem wir uns besser kannten, brauchten wir kein Wort mehr zu verlieren, wenn wir zur Tür hereinkamen, sie wußte immer schon, was wir essen wollten und wieviel. Lächelnd schaute sie uns zu, bis wir mit dem Essen fertig waren, wortlos erfüllte sie uns alle Wünsche. Mit ihr als Dolmetscherin holten wir in der Nähe Dung oder kauften Eier und handgewebtes Tuch. Zuweilen brachte sie ein paar Frauen aus der Nachbarschaft mit ihren Körben an unseren Tisch, begutachtete mit uns gemeinsam die Ware und verhandelte über den Preis.

Natürlich konnten wir aus ihrem Munde auch allerlei Geschichten vernehmen, die sich um den Tempel, das Theater und andere Plätze der Stadt rankten. Sicher hatte auch sie ihre Geschichte, aber sie sprach nicht darüber. Wenn ich ihr zusah, wie sie vornübergebeugt wieder und wieder den Fußboden wischte, kam mir der Gedanke, daß es gewiß sehr viele Geheimnisse gab, die sie in die helle Maserung des Holzes rieb.

Uns ereilte eine Kampagne, die zwei Jahre dauerte und in der die auf Weisung in der Farm stationierten Bauernvertreter etliche Personen ‹verhafteten›. ‹Fesseln› hieß es bei den Leuten hier, ‹Seilen›, und die Kunst des ‹Seilens› war bei ihnen außerordentlich hoch entwickelt. Hören und Sehen konnte einem vergehen beim ‹Hochseilen› mit einem dünnen Hanfstrick unter tosendem Geschrei: Plötzlich hing ich kopfüber an einem Balken, unter mir den schwankenden Boden, und fühlte, wie das Blut auf Augäpfel und Nasenhöhlen drückte. Die Umstehenden bekamen alle riesige Füße, grotesk lange Beine und einen gestauchten Oberkörper. Mein Blick erfaßte den sonst nie zur Kenntnis genommenen Dreck an den Unterseiten der Tische und Stühle.

Natürlich mußten wir uns auch, von Gongschlägen begleitet, durch die Straßen führen lassen, natürlich auch, von Gewehrläufen eskortiert, zur Arbeit marschieren. Wenn wir in jenen Tagen in Suocheng Jauche schleppten, war ich oft so hungrig, daß es mir vor den Augen flimmerte. Einmal sah ich die Bewacher im Menschengedränge verschwinden, um einem Schlangenbeschwörer zuzuschauen, da ließ ich die Jauchefässer einfach stehen, tauchte in der Menge unter und stürzte schnell in die Garküche der Vierten Schwester. Dort herrschte gerade Hochbetrieb, vor dem Eingang waren eine Menge Tragen mit Baumsetzlingen abgestellt. Die Gäste erzählten sich soeben, daß drüben in der Provinz Guangxi Leute von den Roten Garden umgebracht worden seien. Als die Vierte Schwester mich erkannte, blieb ihr vor Schreck der Mund offenstehen. Doch im Nu brachte sie mir mit zitternden Händen zwei Schalen Reisnudeln mit Pferdefleisch.

An meinem rechten Handgelenk hatten sich durch die Fesseln Wundnarben gebildet, ich konnte es nicht mehr beugen und mußte die Eßstäbchen mit der Linken halten – der Schweiß brach mir aus, obwohl ich sehr langsam aß. Ich sehnte ein Lüftchen herbei und hatte den Gedanken noch nicht zu Ende gedacht, als ich auch schon auf meinem Rücken einen kühlen Windhauch spürte. Ich wußte, ein Schilffächer bewegte sich dort hin und her, und da war auch das Puppengesicht mit den vielen Runzeln. Lag wohl ein Vorwurf in ihren Augen? Oder Besorgnis?

Als ich den letzten Bissen verschlungen hatte, sah ich mich um und stellte fest, daß hinter mir niemand mehr stand. In der Gaststube hielten sich außer kauderwelschenden braunen Burschen an einem Tisch nur ein paar Hunde auf, die sich unter den Tischen herumdrückten. Ich brach hastig auf und wurde doch das Gefühl nicht los, sie stünde irgendwo und schaute mir nach. Sie lief zwar nicht hinter mir her oder beschimpfte mich, dennoch machte ich kehrt und ging in die Garküche zurück; da sah ich, daß sie mir keineswegs mit ihren Blicken gefolgt war. Still saß sie im hinteren Zimmer und erklärte mit einer Ruhe, als sei nichts geschehen, einem jungen Mädchen, wie man stickte. Sie tat es ohne jede Hast, murmelte ein paar Worte und machte dann wieder eine Pause.

«Vierte Schwester . . .»

Sie hielt einige bunte Garnstränge zwischen den Fingern und ließ sich mit gedämpfter Stimme über die Zusammenstellung der Farben aus.

«Vierte Schwester . . .»

Ich sprach ziemlich laut, sogar das Mädchen ihr gegenüber hatte es gehört, schaute erst mich an und dann zu ihr hinüber, während sie sich nach wie vor so benahm, als sei niemand da. Sie war, anscheinend völlig ungerührt, die Schranktür öffnen gegangen, um irgend etwas zu suchen.

Erst hinterher wurde mir klar, daß dieser Gleichmut ganz natürlich war: Und ginge ich auch tausendmal zu ihr, sie würde mir immer wieder satt zu essen geben, mir immer wieder Luft zufächeln, ohne einen Pfennig dafür zu verlangen. Sie würde es lediglich nicht für notwendig erachten, mich höflich zu verabschieden und überflüssige Worte zu sagen. Ich dachte an ihr unverwechselbares Gesicht und daran, welch wunderbares, stilles Einvernehmen es zwischen den Menschen geben konnte.

Wir wurden älter, traten in die Mitte des Lebens ein, und es war plötzlich, als hätte es das alles in Wirklichkeit gar nicht gegeben. Die Gefährten von damals verdienten jetzt auf unterschiedlichste Weise ihren Lebensunterhalt. Kam man zusammen, dann waren die Kinder und die Erlebnisse der Vergangenheit immer noch die unverfänglichsten Gesprächsthemen, die der Stimmung keinen Abbruch taten. So kamen wir ganz zwanglos auf gute und böse Menschen in Suocheng zu sprechen, auch auf die Vierte Schwester, die ich schon fast vergessen hatte.

Über sie wußten alle irgend etwas zu erzählen. Jemand sagte, sie sei die Witwe eines Arztes der chinesischen Medizin aus der Provinzhauptstadt, während der Bürgerkriegswirren habe es sie in die Fremde getrieben. Ein anderer meinte, sie sei ein Dienstmädchen gewesen, das Banditen vor vielen Jahren von einem Passagierschiff entführt hätten. Später sei sie durch die Obrigkeit befreit worden und in der Gegend geblieben. Es gab noch eine andere, recht ausführliche und seltsam anmutende Darstellung, der zufolge sie zu den Mädchen eines Bordells in der Provinzhauptstadt gehört und schon in früher Jugend mit den jungen Herren aus reichen und angesehenen Familien Umgang gehabt habe.

Einmal sei ein Goldschmied aufgetaucht, der angeblich ‹weibertoll› war und sie anbetete. Er habe der Bordellwirtin ein Bestechungsgeld gegeben, damit sie ihr übermittele, er wolle sie einmal treffen. Scherzhaft habe sie so obenhin auf das Ansinnen erwidert, der Mann solle seinen ‹Körper säubern›, dann könne er zu ihr kommen. Wer hätte gedacht, daß der Goldschmied das für bare Münze nahm, sofort einen Quacksalber aufsuchte und sich beschneiden ließ! Beinahe hätte er dabei sein Leben eingebüßt. Sie sei davon tief berührt gewesen und habe gesagt, in ihrer Mehrzahl seien die Männer zwar obszöne und gefühllose Bestien, dieser Bursche aber habe ein Herz und sei nicht zügellos, er könne wohl einen guten Gatten abgeben. Von da an habe sie ihren liederlichen Lebenswandel aufgegeben und sei mit dem Goldschmied in die Provinz Jiangxi gegangen. Nach kaum zwei Jahren sei er gestorben, sie aber habe aus Treue zu ihrem Gatten den Entschluß gefaßt, sich unter einem anderen Namen in Suocheng, der Heimat des Verstorbenen, niederzulassen. Wie auch die anderen Versionen konnte man diese Darstellung nun glauben oder auch nicht, in allen Geschichten paßte lediglich das eine oder das andere Detail auf die Vierte Schwester – mehr nicht.

Jahre später stattete ich Suocheng wieder einen Besuch ab. Der ‹Beamtenweg› existierte zwar noch, aber an vielen Stellen fehlten schon Pflastersteine. Von den Stadttoren und der Stadtmauer fehlte jede Spur. Auch die kleine Garküche der Vierten Schwester war nicht mehr auffindbar, sie hatte einem ganzen Komplex von Gebäuden aus Backstein und Beton, die zu einem freien Markt gehörten, weichen müssen. Auf dem Markt ging es noch genauso lebhaft zu wie einst – nur gab es jetzt viel mehr Stände als damals mit Waren aller Art, und viel bunter. Einige junge Burschen hatten als Marktstände Feldbetten aufgeschlagen, Hongkong-Hemden, Taschenschirme, Quarzuhren und Baseballmützen baumelten einem vor der Nase herum. Sie sprachen eine nicht allzu schwer zu verstehende Hochsprache mit lokalem Akzent. Ihre dunklen Gesichter strotzten vor Lebenskraft. Mit langem Haar, Armbanduhr und modischer Schlaghose total von sich überzeugt, taxierten sie jeden Fremden kritisch.

Ich fragte ein paar junge Männer, ob sie wüßten, daß es hier früher eine Nudelgarküche gegeben hatte, ob sie eine alte Frau mit dem Namen Vierte Schwester gekannt hätten und was aus ihr geworden sei. Sie blickten ratlos drein, überlegten gemeinsam und schüttelten dann die Köpfe. War die Vierte Schwester etwa gestorben? Ich verspürte in mir eine große Leere. Dann stellte ich noch eine Frage:

«Wißt ihr, daß hier einmal ‹gebildete Jugendliche› waren?»

«Ja, wissen wir.»

Sie erklärten, es seien welche hiergewesen, die hätten in der Steppe ein paar Hütten errichtet. Was sie noch getan hatten, welche Leute später wohin gegangen waren, das wußten sie nicht mehr. Ihre Blicke drückten ihr Bemühen aus, sich zu erinnern, sie versuchten mit allen Mitteln, sich gegenseitig auf die Sprünge zu helfen und auf etwas aufmerksam zu machen. Mir war dabei, als erzählten sie eine geheimnisvolle Sage aus grauer Vorzeit – natürlich, denn Vergangenes gerät schnell in Vergessenheit.

Vor den Fleischhackstöcken, die ich nach so langer Zeit wieder zu Gesicht bekam, blieb ich stehen. Alles war verändert, nur sie sahen noch genauso aus wie damals: schmutzigschwarz und glänzend vor Fett, beherrschten sie respektheischend die Straße. Erst als ich genauer hinsah, entdeckte ich, daß die mit durchgehauenem Boden mehr geworden waren und daß bei den übrigen die schüsselförmige Hackfläche noch tiefer ausgehöhlt schien. Vielleicht sind nur mit frischem Blut getränkte Dinge so haltbar, daß sie die Zeit überdauern?

vor 1988

ZHONG ACHENG

Das Tao des Schachs

Die aus seinen Erlebnissen während der «zehn Jahre» auf dem Lande gespeiste Prosakunst Achengs zeigt auch die Auseinandersetzung mit dem traditionellen Taoismus eines Laotse und Zhuangzi.

Wang Yisheng saß auf einem Stuhl in der Mitte des Raumes, die Hände auf den Schenkeln, die Augen ins Leere gerichtet. Haare und Gesicht waren lehmverkrustet. Unwillkürlich mußte ich lachen: er wirkte wie ein Übeltäter vor Gericht. Ich ging zu ihm hinüber, um ihm den Dreck abzuklopfen. Er hielt meine Hand fest und ich spürte, wie sehr er zitterte. Wang Yisheng sagte leise: «Die machen viel Wirbel um diese Sache, haltet die Augen offen. Wenn sich irgendwas Verdächtiges tut, hauen wir ab.» Ich sagte: «Es passiert schon nichts. Du brauchst bloß zu gewinnen, der Rest läuft dann wie geschmiert. Du mußt es einfach schaffen! Neun Gegner – und darunter auch noch die drei Ersten aus dem Turnier! Wie sieht's denn aus, hast du die Sache im Griff?»

Wang Yisheng brummte vor sich hin und sagte dann: «Vor den Gelegenheitsspielern habe ich mehr Angst als vor den Profis. Die Wettkampfteilnehmer hab ich ja schon spielen sehen, aber womöglich entpuppt sich einer von den sechs anderen als echter Gegner. Bitte, nimm während des Spiels meine Schultasche, die darf auf keinen Fall verlorengehen. Da drin ist nämlich . . .», Wang Yisheng sah mich ernst an, «. . . das Schachspiel, das meine Mutter für mich geschnitzt hat.» Der Schmutz auf seinem mageren Gesicht war angetrocknet, sogar die Nasenlöcher wirkten schwarz. Die Haare standen wirr in die Höhe, der Adamsapfel bewegte sich heftig auf und ab. Seine Augen waren erschreckend dunkel. Ich wußte, daß er sich gleich das Äußerste abverlangen würde. Es versetzte mir einen Stich, aber ich sagte bloß: «Paß auf dich auf!» und ging. Dann saß er mutterseelenallein mitten in der leeren Halle und würdigte niemanden mehr eines Blickes, ganz in sich versunken.

Das Schachturnier begann. Keiner von den über tausend Zuschauern gab mehr einen Laut von sich. Man hörte nur die freiwilligen Helfer, die die Züge bald in dichter Folge, bald in längeren Abständen mündlich nach draußen weitergaben, woraufhin die Helfer vor der Halle die Position der Spielsteine auf den acht großen papiernen Schachbrettern an der Wand veränderten. Der Wind raschelte in den Spielsteinen aus Papier und ließ sie umhertanzen, die Sonne beleuchtete die Szene mit ihrem schrägen Licht und blendete die Augen. In den ersten zehn oder zwanzig Reihen hatten die Leute Sitzplätze und reckten die Hälse. Hinten standen sie dicht gedrängt, mit erdigen Brauen und erdigen Wimpern; kurzes und langes Haar wehte im Wind. Kein Mensch muckste sich mehr, als stünde jetzt das Leben eines jeden einzelnen auf dem Spiel.

Da stieg eine sehr alte und ferne Erinnerung in mir hoch, schnürte mir die Kehle zu und nahm mir den Atem. Von den paar Büchern, die ich gelesen hatte, schienen mir manche noch ganz nah, andere hingegen bereits sehr weit weg und verschwommen. Xiang Yu und Liu Bang, die heldenhaften Heerführer aus der Geschichte, die ich früher so sehr bewundert hatte, waren starr und leblos geworden. Doch schwarzgesichtige Soldaten, deren Leichen das Schlachtfeld übersät hatten, kamen aus ihren Gräbern herausgekrochen. Langsam und schweigend rückten sie vorwärts, ein Holzfäller schwang wild singend seine Axt. Dann meinte ich plötzlich Wang Yishengs Mutter zu sehen, wie sie mit schwacher Hand Druckbogen um Druckbogen faltete.

Unwillkürlich steckte ich die Hand in Wang Yishengs Schultasche und tastete darin herum, bis ich einen kleinen Stoffbeutel zu fassen bekam. Ich zog ihn heraus und betrachtete ihn. Er war klein und aus altem blauem Köper, vorn mit einer Fledermaus bestickt. An allen vier Kanten war der Stoff mit feinen Stichen bogenförmig eingefaßt. Ich holte einen Spielstein heraus. Er war sehr klein und halb durchsichtig im Sonnenlicht, wie ein Auge schien er mich sanft anzublicken. Ich umschloß ihn fest in meiner Hand.

Als die Sonne endlich unterging, wurde es angenehm kühl. Die Menschen schauten immer noch aufmerksam zu, hatten jetzt aber angefangen, über das Spiel zu debattieren. Jedesmal wenn von drinnen ein Schachzug Wang Yishengs durchgegeben wurde, ging draußen ein Aufschrei durch die Menge. Ein paar Leute waren eigens damit beauftragt, dem Schachmeister des Bezirks, der zu Hause geblieben war und von dort aus an der Partie teilnahm, per Fahrrad die einzelnen Züge zu übermitteln. Die Atmosphäre hatte sich gelockert, die Zuschauer begannen zu lachen und sich zu unterhalten.

Ich ging wieder hinein. Als ich die fröhliche Miene von Jiaoluan aus unserer Gruppe sah, ließ meine Spannung etwas nach. Ich fragte: «Wie steht's? Ich verstehe nichts vom Schach.» Jiaoluan strich sich über die Haare und sagte: «Bestens, bestens! So einen Kampf habe ich noch nie erlebt. Allein die Vorstellung: neun gegen einen, neun Partien gleichzeitig! Dauerbeschuß von allen Seiten! Das muß ich meinem Vater schreiben und ihm alle Aufzeichnungen von diesem Spiel schicken.» In diesem Augenblick standen zwei Spieler von ihren Schachbrettern auf, verbeugten sich vor Wang Yisheng, murmelten: «Ich bekenne meine Unterlegenheit» und schlichen geschlagen hinaus. Wang Yisheng nickte nur und warf einen kurzen Blick auf ihre leeren Plätze.

Seine Körperhaltung hatte sich nicht verändert. Die Hände auf die Knie gestützt, starrte er immer noch geradeaus, als hielte er Ausschau nach einem unendlich fernen Ort und fixierte doch gleichzeitig einen sehr, sehr nahen Punkt. Über seinen mageren Schultern hing die große, viel zu weite Jacke. Der Lehm war nicht sauber abgeklopft, hier und da hing noch ein Klumpen. Von Zeit zu Zeit bewegte sich Wang Yishengs Adamsapfel. Zum erstenmal begriff ich, daß Schach tatsächlich Hochleistungssport ist, und zwar ein Marathon, ein doppeltes Marathon. Langstreckenlauf kannte ich aus der Schule: Die ersten fünfhundert Meter waren zwar äußerst ermüdend, aber wenn man einen bestimmten Punkt überwunden hatte, konnte man laufen, ohne zu denken – wie ein automatisch gesteuertes Flugzeug, oder vielmehr wie ein Segelflugzeug, das hoch aufgestiegen ist und, von der Thermik getragen, dahingleitet. Doch wenn man bei einem Schachspiel den Gegner umstellen, ihn in die Enge treiben wollte, mußte man den Geist ständig wach und in Bewegung halten, man durfte sich nicht die kleinste Unachtsamkeit erlauben.

Plötzlich machte ich mir Sorgen um Wang Yishengs Gesundheit. In den letzten Tagen hatte sich unsere Clique kaum etwas zu essen gegönnt, weil wir alle knapp bei Kasse waren. Noch dazu gingen wir immer spät ins Bett, denn keiner hatte mit solchen Aufregungen gerechnet. Aber als ich Wang Yisheng so unerschütterlich dasitzen sah, überkam mich ein Gefühl wilder Entschlossenheit: Halte durch, bis zum Umfallen! Wenn wir in den Bergen Holz schleppen, immer zu zweit einen Stamm, dann muß man auch die Zähne zusammenbeißen und darf um keinen Preis loslassen, mag der Weg auch noch so uneben und zerfurcht sein. Wer da nicht durchhalten kann und losläßt, der verletzt nicht nur sich selbst, auch der andere wird durch den Stoß so erschüttert, daß er Blut spuckt. Hier jedoch mußte Wang Yisheng alle Hindernisse allein überwinden, wir konnten ihm dabei nicht helfen.

Ich holte kaltes Wasser und näherte mich ihm vorsichtig. Als ich vor ihm stand und ihm die Sicht verdeckte, durchlief ihn ein Zittern, seine Augen richteten sich wie Messer auf mich. Erst nach einer Weile erkannte er mich und lächelte gequält. Ich deutete auf die Wasserschale. Er nahm sie mir ab und wollte gerade daraus trinken, da meldete ein Gegner seinen Zug. Er hielt inne, die Schale in die Luft erhoben; das Wasser darin blieb unbewegt. Die Augen auf den Rand der Schale geheftet, erklärte er seinen Gegenzug, dann näherte er die Schale erneut langsam seinen Lippen. Im selben Augenblick meldete der nächste Gegner seinen Zug. Wang Yisheng ließ die Lippen am Schalenrand, verharrte so eine ganze Weile, sagte seinen Gegenzug an und nahm erst dann einen Schluck Wasser. Dabei gab er ein Gurgeln von sich, schrecklich laut; in seinen Augen standen Tränen. Er reichte mir die Schale zurück und sah mich dabei an. Etwas Unaussprechliches stand in seinen Augen. Ein Wassertropfen rann ihm langsam vom Mundwinkel herab und zog eine Bahn durch den Schmutz auf Kinn und Hals. Ich hielt ihm die Schale ein zweites Mal hin, doch er streckte mir nur abwehrend die Hand entgegen und tauchte wieder in seine eigene Welt zurück.

Als ich hinaustrat, war es schon dunkel. Ein paar Bergbewohner trugen Fackeln aus Kiefernzweigen, jemand funzelte einen gelben Lichtkegel mit seiner Taschenlampe. Wahrscheinlich hatten die Arbeitseinheiten der Bezirksstadt jetzt Feierabend, denn die Menschenmenge, die das Turnier draußen verfolgte, war noch größer geworden. Auch Hunde waren gekommen, sie hockten vor den Menschen und folgten mit traurigem Blick den Bewegungen der Schachfiguren, als ob sie sich um etwas Sorgen machten. Einige Jungen aus unserer Arbeitsbrigade, ‹gebildete Jugendliche› wie wir und direkt von der Schulbank aufs Land verschickt, wurden umringt und ausgefragt. Ihre Auskünfte gingen von Mund zu Mund: «Er heißt Wang Yisheng» – «Man nennt ihn den Schach-Typen» – «Der ist auch einer von den Städtern» – «Er spielt daoistisches Schach». Das reizte mich zum Lachen, ich wollte mich unter die Leute mischen und auch etwas sagen, aber dann ließ ich es bleiben. Sollten sie doch reden. Ich wurde auf einmal ganz fröhlich: An der Wand konnte man ablesen, daß jetzt nur noch drei Partien im Gange waren.

Plötzlich ging ein Aufschrei durch die Menge. Ich drehte mich um und sah, daß jetzt nur noch ein Schachbrett übriggeblieben war – ausgerechnet die Partie mit dem Schachmeister. Auf dem Brett waren nur noch einige wenige Spielsteine. Überall auf der gegnerischen Spielhälfte verstreut erhoben sich Wang Yishengs schwarze Figuren. Im Hinterland harrte, in Gesellschaft eines ‹Leibwächters›, unerschütterlich der alte ‹Marschall› aus, wie ein König, der im Zwiegespräch mit seinem vertrauten Diener darauf wartet, daß seine Armee siegreich an den Hof zurückkehrt – ganz undeutlich vermeinte ich, Bedienstete zu sehen, die im Bankettsaal lange rote Kerzen anzündeten, und Musiker, die leise ihre Instrumente stimmten, um mit Pauken und Trompeten einsetzen zu können, sobald dem König kniend die Siegesbotschaft gemeldet wurde. In meinem Bauch rumorte es heftig, der Boden unter meinen Füßen schien nachzugeben. Ich suchte mir einen Sitzplatz und reckte den Hals, um dieses letzte Kesseltreiben zu verfolgen, ständig von der Angst geplagt, irgend etwas könne doch noch schiefgehen.

Lange hatte sich keine der roten Figuren mehr bewegt, die Zuschauer wurden ungeduldig. Man schaute sich nach einem Boten auf dem Fahrrad um, es war ein einziges Gesumme im Publikum. Plötzlich entstand eine Unruhe und die Leute wichen zur Seite. Man sah einen alten Mann mit kahlem Schädel, der, von zwei Leuten am Arm geführt, langsam aus der Menge hervortrat. Unter ständigen Kaubewegungen betrachtete er genau die Endstellungen der acht bereits entschiedenen Partien. Man raunte einander zu, daß er der Bezirks-Schachmeister dieses Jahres sei, Nachfahre einer bedeutenden Familie aus den Bergen, der seine Bergeinsamkeit verlassen habe, um zum Spaß ein bißchen Schach zu spielen, und dem dabei unerwartet der erste Platz zugefallen war. Sein Kommentar zu dem diesjährigen Schachturnier habe darin bestanden, unablässig den Niedergang der chinesischen Schachkunst zu beklagen.

Als der Alte mit der Analyse der Partien fertig war, zupfte er seine Kleidung zurecht, stampfte ein paarmal mit dem Fuß auf die Erde und ließ sich erhobenen Hauptes in den Turniersaal führen. Die Meute drängte hinterher. Auch ich erkämpfte mir schleunigst den Durchgang durch das große Tor, um nicht abgedrängt zu werden. Da sah ich, wie der Alte, nachdem er durch das Eingangstor getreten war, stehenblieb und nach vorn blickte.

Wang Yisheng saß noch immer mutterseelenallein in der Mitte des großen Raumes und starrte uns mit weit geöffneten Augen an, beide Hände auf die Knie gestützt, ein schlanker Baumstamm, der nichts zu sehen und nichts zu hören schien. Eine Glühbirne warf aus großer Höhe ihr trübes Licht auf sein Gesicht. Seine Augen, tief eingesunken und pechschwarz, schienen auf endlose Welten, auf das grenzenlose Universum herabzuschauen. Seine ganze Lebenskraft schien sich in dem wirren Haarschopf zu konzentrieren und dort lange Zeit zu verharren, um dann allmählich überzuströmen und die Gesichter der anderen Menschen zum Glühen zu bringen. Die Menge erstarrte, keiner sprach mehr ein Wort. Draußen hatten sie stundenlang über ihn geredet, und nun saß er vor ihnen, in völliger Reglosigkeit: ein mageres, kleines und geisterhaft-schwarzes Wesen. Es verschlug ihnen den Atem.

Erst nach geraumer Zeit gab der Alte ein volltönendes Husten von sich, das sehr laut und klar durch den Raum schwang. Wang Yishengs Blick veränderte sich. Er bemerkte die Menschen um sich herum und machte Anstrengungen, seine Erstarrung abzuschütteln, doch er konnte sich nicht bewegen. Der Alte schob die beiden, die ihn gestützt hatten, beiseite. Er trat einige Schritte nach vorn, blieb stehen, strich sich mit gefalteten Händen über den Bauch und rief mit lauter Stimme:

«Junger Mann! Ich bin alt und hinfällig und kann mich nicht mehr so gut bewegen. Deshalb konnte ich mich nicht selbst zur Stätte des Wettkampfs begeben; es blieb mir keine andere Wahl, als die Schachzüge durch Boten übermitteln zu lassen. Du bist noch sehr jung, und doch ist deine Schachkunst schon meisterhaft! In ihr sehe ich Daoistisches und Buddhistisches zur Einheit verschmolzen. Dein Talent, Gelegenheiten auszunutzen und weitblickend zu planen, grenzt ans Wunderbare. Du eröffnest dein Spiel machtvoll und läßt den Gegner nur angreifen, um dann um so härter zurückzuschlagen. Du ‹schickst Drachen aus, um die Fluten zu bekämpfen›. Dein Geist durchdringt das Prinzip der sich ergänzenden Gegensätze von Yin und Yang – nicht anders haben zu allen Zeiten die großen Strategen gespielt! Daß ich hinfälliger Greis das Glück habe, in dir einen würdigen Nachfolger zu finden, bewegt mich sehr: Chinas Schachkunst wird also doch nicht untergehen! Ich will mit dir über die Generationen hinweg Freundschaft schließen. Diese Partie möchte ich hier abbrechen; ich habe sie nur zu meinem Vergnügen gespielt. Bist du bereit, dich mit mir auf ein Remis zu einigen, damit der hinfällige Alte nicht das Gesicht verliert?»

Wang Yisheng kämpfte noch einmal mit seinem erstarrten Körper, konnte aber noch immer nicht aufstehen. Jiaoluan und ich sprangen hinzu, faßten ihn unter den Achseln und zogen ihn vom Stuhl hoch. Doch seine Beine blieben in der Stellung, die sie im Sitzen gehabt hatten, er konnte sie nicht strecken und so blieb er in halber Höhe über dem Boden hängen. Die Last in meinen Armen schien nur wenige Kilo zu wiegen. Ich bedeutete Jiaoluan, Wang Yisheng wieder abzusetzten und seine Beine zu massieren. Die Leute kamen näher, der Alte schüttelte den Kopf und seufzte. Jiaoluan massierte mit seinen großen Händen langsam und kraftvoll Wang Yishengs Körper, sein Gesicht, seinen Nacken. Es dauerte lange, bis Wang Yishengs Glieder gelockert waren und er sich, auf unsere Arme gestützt, endlich erheben konnte. Heisere Laute drangen aus seiner Kehle. Er öffnete langsam den Mund, schloß ihn wieder, öffnete ihn noch einmal, aber es kam nur ein «Aaah» heraus. Erst nach einer langen Pause brachte er mühsam hervor: «Remis, einverstanden.»

Der Alte schien sehr gerührt, er schlug vor: «Trinkst du heute abend ein Gläschen mit mir? Du kannst dich auch ein, zwei Tage bei mir daheim ausruhen, dann unterhalten wir uns über die Kunst des Schachs!»

Wang Yisheng schüttelte den Kopf und erwiderte leise: «Das geht nicht. Ich bin mit Freunden hier. Wir sind zusammen hergekommen, also bleiben wir auch zusammen. Wir gehen . . . wir gehen zum Kulturhaus, dort wohnt ein Freund von uns.»

Gleich schrie unser Maler-Freund aus der Menge: «Los, gehen wir zu mir, ich hab schon was zu essen eingekauft. Ihr könnt alle mitkommen. So was Tolles passiert nicht jeden Tag!»

Die Menschenmenge schob uns langsam nach draußen. Um uns herum schloß sich ein Kreis von Fackellichtern. Bergbewohner und Leute aus der Bezirksstadt umringten uns, um einen Blick auf den neuen König des Schachs zu erhaschen. Sie schüttelten ungläubig die Köpfe und seufzten bewundernd.

Langsam ging ich mit Wang Yisheng voran, der Lichtschein folgte uns. Als wir das Kulturhaus und schließlich das Zimmer des Malers erreicht hatten, versuchte jemand, die Leute zum Heimgehen zu bewegen; trotzdem quetschte sich eine Traube von Menschen ins Fenster. Das versetzte den Maler in solche Panik, daß er schleunigst seine Bilder in Sicherheit brachte. Erst allmählich zerstreute sich die Menge.

Wang Yisheng war noch immer benommen. Auf einmal merkte ich, daß meine Linke noch immer seinen Spielstein umklammert hielt. Ich öffnete die Hand und zeigte Wang Yisheng den Stein. Er starrte ihn ausdruckslos an und schien ihn nicht zu erkennen. Dann jedoch kam ein Geräusch aus seiner Kehle, mit einem heftigen

Würgen erbrach er sich und schluchzte: «Mama, heute habe ich ... Mama ...» Uns allen wurde das Herz schwer. Wir wischten den Boden auf, holten Wasser für Wang Yisheng und redeten ihm gut zu. Als er sich ausgeweint und seine Übelkeit überwunden hatte, fand er langsam seine gute Laune wieder. Wir setzten uns alle zum Essen. Der Maler war schließlich so betrunken, daß er sich um keinen mehr kümmerte, sich nur noch auf sein Bett warf und sofort einschlief. Uns andere führte der Elektriker in den großen Saal, wo wir uns auf der Bühne zum Schlafen niederlegten.

Die Nacht war so dunkel, daß man die Hand nicht vor Augen sehen konnte. Wang Yisheng schlief schon wie ein Toter. In meinen Ohren jedoch summte immer noch das Stimmengewirr der Menschen, vor meinen Augen flimmerte das helle Licht der Fackeln, und die Bergbewohner erschienen mir mit ihren rauhen Gesichtern, wie sie, ein Brennholzbündel geschultert, durch den Wald zogen und ihre vielstrophigen Lieder sangen. Ich mußte lächeln und dachte: Wenn wir ‹gebildeten Jugendlichen› nicht die Gelegenheit hätten, genau wie die einfachen Leute zu leben, was wüßten wir dann von solchen Freuden? Die Kulturrevolution hat meine Familie zerstört, meine Eltern sind tot, und ich selbst bin den gewöhnlichen Bauern gleich geworden, schultere jeden Tag meine Hacke und gehe aufs Feld. Doch so ist nun mal das wahre Leben, und das zu erkennen ist – Glück. Seit es Menschen gibt, mühen sie sich täglich ab für das Lebensnotwendigste, für Kleidung und Nahrung. Wer sich aber von diesen Sorgen auffressen läßt, der kann nicht wirklich Mensch sein.

Müdigkeit kroch langsam auch in mir hoch. Ich wickelte mich in den Bühnenvorhang ein und versank in einen tiefen Schlaf.

[1985]

LI RUI

Trügerische Heirat

Was im westlichen Kontext aufgesetzt wirken mag, ist für den chinesischen Autor aufregendes Neuland: die Burlesken bäuerlicher Emotionalität und aufbrausender Sexualität, fern aller konfuzianischen Sittenlehre oder Pseudomoral.

Von Anfang an hatte er befürchtet, daß an der Sache etwas faul sein könnte. Die Bürgschaft hatte der Brigadeleiter übernommen. Aber als er dann diese Frau und ihr zwei- oder dreijähriges Mädchen mit einem breiten Grinsen auf den Hof brachte, war er sich schon sicher gewesen, daß der Brigadeleiter über die Frau gegangen war. Hitzig, wie er war, nahm er die beiden trotzdem in Empfang; seine Frau seit zwanzig Jahren tot, die beiden Töchter schon aus dem Hause, fühlte er sich wie ausgehungert nach diesen langen Jahren des Junggesellendaseins.

Während der Mann und die Frau mit ihren Fingerabdrücken den Vertragsbogen besiegelten, pflückte der Brigadeleiter einen Schilfhalm aus der Sitzmatte des Kangs, pulte sich ein Stück Zwiebelomelette aus einer Zahnlücke und ließ es in seinem alkoholgebeizten Rachen verschwinden. Dann sagte er: «Na prima, da haben wir ja wieder eine Familie zusammengebastelt! Du bist als Junggeselle zu arm, um dir eine Frau zu nehmen, und du hast deinen Mann verloren, hast Pech mit der Ernte gehabt und bist fortgegangen, um woanders was zum Beißen zu suchen. Arm trifft auf arm – das trifft sich gut. Es ist doch überall das gleiche: Die Männer beschlafen die Frauen, die Frauen bringen was Kleines zur Welt, und so lebt man dann zusammen. Der Eheschein der Kommune ist keine große Sache. Wenn du mal Zeit hast, bitte jemanden, daß er für dich einen Brief nach Hause schreibt, damit sie dir von dort die Bescheinigung schicken.»

Schon am Hoftor, raunte der Brigadeleiter noch dicht an seinem

Ohr: «An der kannst du dich schadlos halten, die kommt von weit her, aus dem Ort Hejialiang bei Yulin in Shanxi. Ich hab's mir vom Dorfschullehrer Liu auf der Landkarte zeigen lassen, da ist es ganz deutlich eingetragen. Still du nur heut nacht mal gründlich deinen Durst – aber sei nicht zu wild, es kommen ja noch viele Nächte. Haha, das ist ein ordentliches Stück Fleisch, da kommst du bestimmt auf deine Kosten . . .»

Eine heiße Wut stieg in ihm auf: Verdammt, garantiert ist der über sie gegangen! Aber das war nur eine Stichflamme, die schnell wieder verlosch. Wie auch immer, man hat dir zu einer Frau verholfen, für die du nichts ausgeben mußt. Außerdem: Auch ohne den Brigadeleiter wärst du doch auch nicht als erster über sie weggegangen – oder träumst du etwa noch davon, eine Jungfrau zu kriegen? Als er so weit gedacht hatte, mußte er über seine namenlose Wut lachen. Ha, die ‹Kröte will vom Schwanenfleisch essen›!

Zurück im Haus, zeigte er der Frau Reis und Nudeln, Öl und Salz und forderte sie auf, Feuer zu machen. Dann hob er den Wasserbehälter an und füllte den Krug, setzte den Bambusträger wieder ab und ging mit der Axt nach Feuerholz. Zwanzig Jahre lang hatte er es auf sich genommen, das Wassertragen und das Holzsammeln, und seit er die Töchter verheiratet hatte, schmeckte ihm nicht einmal mehr das Essen. Aber heute war es anders, heute strotzte sein ganzer Körper nur so vor Energie. Vorhin hatte er etwas zu heftig mit dem Brigadeleiter gebechert, und der Alkohol brannte heiß in seinen Eingeweiden, brannte so, daß ihn ein leichter Schwindel überkam.

Im Hof führte seine Axt einen wirbelnden Tanz auf. Unter den krachenden Schlägen flogen weiße Holzspäne vom scharfen Beil weg, wie Schneeflocken bedeckten sie alles um ihn herum. Er war noch mitten in der Arbeit, da kam die Frau heraus, um Feuerholz zu holen. Als sie sich an seiner Seite bückte, erhaschte er plötzlich einen Blick auf das erregende Beben ihres molligen Busens – als hätte sie eine fette Gans unter ihren schmuddeligen Kleidern verborgen. Er schmunzelte, und innerlich lachte er auf: zwei fleischige Brüste, da könnte man ein Paar Donnerkeile drauflegen!

Eigentlich hatte er die Frau gestern schon zu Gesicht bekommen. Er hatte gehört, ins Dorf sei eine Bettlerin gekommen, die im Hause des Brigadeleiters übernachte, und er war hingegangen, um einen Blick auf sie zu werfen. Da wußte er noch nicht, daß diese Frau ein Zuhause suchte. Aber sie gestern zu sehen und sie heute zu sehen, das war nicht dasselbe; gestern betrachtete er jemanden aus fremdem Hause, heute etwas Eigenes.

Als er daran dachte, erschien in seinen Augen eine besitzergreifende Schamlosigkeit: Er fixierte sie von vorn und von hinten, vom Kopf bis zu den Füßen . . . Die Frau spürte deutlich diesen brennenden Blick. Sie nahm es schweigend hin, ohne ihre Arbeit zu unterbrechen. Nur gelegentlich hob sie ein wenig die Augen und streifte mit ihrem Blick leicht den seinen, dann senkte sie wieder ergeben die Lider. Der Mann erfühlte instinktiv die Gelassenheit in dieser stillen Fügsamkeit und in diesem gelassenen Sichfügen eine nüchterne Schicksalsergebenheit. Aber er nahm Anstoß an dieser Nüchternheit, sie prallte auf die glühende Kraft in seinem Inneren, mit ihrer Nüchternheit erschien sie ihm zu wenig weiblich.

Andererseits konnte er sich beim besten Willen nicht vorstellen, wie diese Frau da vor ihm hätte beschaffen sein sollen, um seinen männlichen Wünschen zu entsprechen. Wenn drei Menschen, die sich nie zuvor gesehen haben, so mir nichts, dir nichts zu einer Familie zusammengeschustert werden, müßte doch wie im Theater die Braut auch über die Schwelle getragen werden. Aber dies war kein Theater und die Frau wußte doch längst, was zwischen Mann und Frau geschieht – ihr Kind war ja schon zwei, drei Jahre alt. Alter Habenichts, was erwartest du noch?

Der Alkohol brannte ihm noch immer in den Gedärmen, und ein anderer Drang wallte in ihm auf. Er umgriff die Axt fest mit beiden Händen und versuchte entschlossen, diese heftige Regung seines Körpers zu unterdrücken. Er wollte nicht aus der Rolle fallen, nur nicht vor den Augen dieser Bettlerin aus der seiner Männlichkeit angemessenen Rolle fallen. Als er ihre Gestalt mit ruhigem Schritt in der Haustür verschwinden sah, tauchte vor seinen Augen wieder dieses Paar runder Brüste auf. Die merkwürdige Vorstellung von den beiden Donnerkeilen brachte ihn ein zweites Mal zum Lachen:

Verflucht nochmal, glaubst du denn immer noch, du hättest eine Wahl? Alles, was den Hunger stillt, ist gutes Futter.

Nach dem Abendessen, als die Lampe angesteckt wurde, tanzten auf den Matten des Kangs und auf den Wänden drei einander fremde Schatten auf und ab. Am frühen Nachmittag hatte die Frau die Wohnung gründlich gesäubert. Jetzt brannte noch etwas Holz im Ofen, und die Frau stand halb an die Wand gelehnt vor dem Ofenloch. Vor dem dunklen Lampenschatten trat ihr Gesicht, vom Herdfeuer flackernd beleuchtet, hervor. Er versank in dieser etwas fremd erscheinenden Wärme. Sein von den Anstrengungen der Jahre längst hart gewordener Körper und sein ebenso verhärtetes Herz wurden durch diese Lampenschatten und den Feuerschein auf schwer beschreibbare Art bewegt. Und auch diese Bewegung ließ ihn sich fremd in seiner Haut fühlen.

Was gefragt und gesagt werden mußte, war bald ausgesprochen. Auch die wenigen Sätze, die die gequälte Phantasie noch hergab, waren gesagt. Was übrigblieb, war nur jener Augenblick und jene Sache. Die Dinge, die er halbbewußt vorgeschoben hatte, um seine Rolle zu wahren, fielen von selbst ab wie die Blätter im tiefen Herbst, die den Körper des Baumes splitternackt hervortreten ließen.

Die Frau wartete. Auf ihrem vom Feuerschein bald erhellten, bald im Dunkel verschwindenden Gesicht war deutlich wieder jene geduldige Nüchternheit zu lesen. Nur das Kind kümmerte sich nicht um das Paar, es hielt die aus Hirschhorn gefertigte Tabakspfeife des Mannes in Händen und tollte damit herum. Manchmal sprudelten aus seinem Mund unversehens einige kindliche Worte im fremden Dialekt.

In seinem Herzen regten sich plötzlich Ungeduld und Verdrossenheit. Er war unzufrieden über diesen beständigen Gleichmut auf dem Gesicht der Frau. Mit einem Griff riß er sich das schmutzige Stirnband vom Kopf und befahl: «Da, wasch!»

Die Frau kam lächelnd herbei und streckte die Hand aus, um es entgegenzunehmen, da nutzte er die Gelegenheit, packte sie beim Oberarm und zog sie zu sich heran.

«Mama, ein Gewehr!» Das Mädchen zeigte auf das lange, schräg an der Wand hängende Gewehr und rief etwas in dem fremden Tonfall.

Die Frau entzog sich ihm nicht, sie sagte nur mit gesenkten Lidern: «Warte, bis sie schläft.»

«Ach was, warten!»

Er wurde zornig, und unwillkürlich dachte er wieder daran, daß der Brigadeleiter noch am Vorabend über diese Frau gegangen war – und auf so eine sollte er auch noch warten müssen!

Die Frau erwiderte nichts mehr, stumm zog sie dem Kind ein Kissen herbei und legte es zum Schlafen nieder. Dann stopfte sie ihm noch ein klebriges Bonbon in den Mund, das wer weiß wie lange schon in ihren Taschen verborgen gewesen war.

Sie löschte die Lampe. Als hätte er Beute gemacht, zog er die Frau auf den Kang, und eine mehr als zwanzig Jahre in sich angestaute Flut brach wild und zügellos in die Schwärze der Nacht hervor. Die chaotische, undurchdringliche Dunkelheit vermischte das Drunter und Drüber ihrer beiden Leiber zu einem Körper, der nicht mehr zu trennen war in Ich und Du, in Mann und Frau, in den Anderen und das Selbst . . .

Eine Maus auf Diebeszug vertrat sich und glitt schrill quiekend vom Dachgebälk herab. In panischer Furcht landete sie auf den ineinander verschmolzenen Körpern. Die spitzen Krallen entrissen den Matten des Kangs noch einen entsetzten, flüchtigen Nachhall.

Am ersten Tag war es so.

Am zweiten Tag war es so.

Am dritten Tag war es noch immer so.

Er fühlte, daß er drauf und dran war, den Verstand zu verlieren. Er hatte keine Kraft, diese Verrücktheit, die seinen Körper durcheinanderwirbelte, zu bändigen. Wenn er nur daran dachte, daß diese Frau, bevor sie ihm angehörte, bereits von einem anderen Mann genommen worden war, schwoll diese Verrücktheit zehnfach an, wuchs zu einer Gestalt, die seinen eigenen Körper aus Fleisch und Blut um ein Vielfaches überragte und ihm schnaubend gegenüberstand wie ein haariges Ungeheuer.

Aber jedesmal verebbte diese tosende Woge zuletzt allmählich an der warmen, weichen, nachgiebigen Brust der Frau. Und kaum war die Wildheit erschöpft, da erstanden in seinem Körper wieder Selbstbewußtsein und männlicher Stolz.

An diesem Tag wartete er, bis sie mit dem Aufräumen nach dem Frühstück fertig war, dann zog er einen Zehn-Yuan-Schein hervor: «Da.»

Die Frau, ganz verdattert, rührte sich nicht.

«Zu wenig? Hier sind noch mal zehn.»

Die Frau reagierte immer noch nicht.

«Es hat keinen Sinn, mich anzulügen. Du hast eine Familie, du hast einen Mann, er ist überhaupt nicht tot, du hast noch ein Kind – sie alle warten zu Hause auf dich!»

«Nein . . ., gar nicht . . .» Sie schüttelte ängstlich den Kopf.

«Belüg, wen du willst!» Er wurde wütend. «Du wirst hier bei mir drei Monate wohnen, fünf Monate, ein halbes Jahr oder ein ganzes, und dann läufst du doch fort und läßt mich hier allein zurück. Oder etwa nicht? Was glaubst du, was ich mit euch beiden vorhab, denkst du, ich will euch umsonst durchfüttern? Geh! Wenn du weg willst, dann geh lieber gleich. Ein Mann wie ich läßt sich doch nicht so an der Nase herumführen!»

Tränen liefen über das Gesicht der Frau.

Merkwürdigerweise bereiteten ihm diese Tränen eine gewisse Befriedigung. All die Tage hatte es ihn geplagt, jenes Gefühl, dieser nüchternen Frau nicht Herr zu werden. Er selbst wartete immer voller Ungeduld auf den Abend, und wenn es Abend geworden war, vibrierte er vor Verlangen. Jetzt war diese Spannung gelöst. Nachdem dieser Schleier durchstoßen war, hatte er die Frau völlig in seiner Hand.

Sie schluchzte auf: «Großer Bruder . . .»

«Na also, jetzt nennst du mich schon Großer Bruder.» Innerlich lachte er kalt: Du hast das Spiel also nicht durchgehalten! Wer so etwas machen will, sollte auch in der Lage sein, es bis zum Ende durchzustehen. Aber das sprach er natürlich nicht aus, er hockte nur ruhig auf dem Kang und lachte und wartete ab, ganz Herr der Lage.

«Großer Bruder, wir hatten zu Hause eine schlechte Ernte und wirklich nichts mehr zu essen ... Es war nicht recht von mir. Wenn du uns nicht dabehalten willst, dann gehen wir ... Diese Decke von dir habe ich gestern zum Waschen aufgetrennt und noch nicht wieder zusammengenäht. Warte solange, bis ich sie genäht habe, dann brechen wir auf.»

Tränen würgten ihn, er kämpfte sie verzweifelt nieder. Diese Decke hatten die beiden Töchter vor drei Jahren das letzte Mal getrennt und gewaschen, zur Zeit ihrer Hochzeitsvorbereitungen. In diesen paar Tagen hatte sich die Frau auf die Arbeit im und ums Haus gestürzt. Die Leute im Dorf sagten schon, das Glück habe es gut mit ihm gemeint und ihn vom Straßenrand einen Wohlstandsgott auflesen lassen. Und wirklich, auch in ihm kam immer wieder dieser Gedanke hoch und er hatte schon gehofft, die Frau und das Kind an sich zu binden. Ja, er hatte sogar erwogen, mit ihr zusammen nach Hejialiang zu fahren und sich diese Bescheinigung zu holen. Sie war eine gute Frau. Aber falsches Spiel war immer noch falsches Spiel, und es machte ihn wütend, daß diese Frau es so täuschend echt betrieb, daß sie mit diesem Falschspiel sein Gemüt zu bewegen wußte.

Dennoch erweichten diese Frauentränen sein Männerherz: «Wenn du bleiben willst, kannst du bleiben. Wenn du fort willst, dann geh, mir ist es gleich, ob du ...»

Die Frau fiel vor seinen Füßen nieder: «Großer Bruder, ich und der Vater dieses Kindes werden dich nie vergessen ...»

Wieder kochte der Zorn in ihm hoch und er brauste auf: «Wenn du heimkommst, sag deinem Mann, mein Gewehr taugt nicht für ihn, sonst wäre er der erste, den ich erschießen würde! Dieses Tier ...»

«Großer Bruder, er ist auch arm dran ... Ich bleibe nicht da, ich mache dir nur die Decke fertig, und morgen gehen wir dann ...»

Das Kind mit seinen zwei oder drei Jahren hatte keine Ahnung, was sich da zwischen den Erwachsenen abspielte, es hielt nur die Mutter umklammert und weinte und schrie.

Er hatte sich schon vorgestellt, daß es womöglich zu einer solchen Szene kommen könnte, aber nun fühlte er sich bei diesem Streit doch sehr unbehaglich. Was für ein Stück führten sie da auf?

Doch als er an die beiden Finger dachte, die den Vertragsbogen besiegelt hatten, und als er daran dachte, daß diese Frau, die die seine hätte werden sollen, die Frau eines anderen war, da durchbrach die wilde Wut in seinem Herzen gewaltsam das Tor der Vernunft.

So schnell war diese ‹Ehe› an ihr Ende gelangt.

An diesem Abend lag eine wortlose, feindselige Kälte zwischen ihnen. Sie hatten gegessen und es war wieder an der Zeit, die Lampe anzuzünden. Das Kind schlief bereits zusammengerollt in einer Ecke des Kangs.

Verärgert rauchte er. Er konnte diese Nacht nicht ungenutzt verstreichen, diese letzte Gelegenheit nicht sehenden Auges vorübergehen lassen. Nach dieser Nacht würde er wer weiß wie viele Jahre wieder dürsten müssen ... Im Schein der Lampe rauchte er ein ums andere Mal seine Hirschhornpfeife leer und schlug ein ums andere Mal die Asche an der Kante des Kangs aus. Die völlig aussichtslose Hoffnung war nun erloschen, das von Anfang an falsche Spiel beendet. Seinem von zwanzig Jahren Junggesellendasein geplagten Herzen bereitete dies unsägliche Pein, doch je gepeinigter er war, desto mehr wuchsen seine Ungeduld und sein Groll. Er wußte nicht, wogegen er Groll und Ungeduld richten sollte, er wußte nur, daß diese Frau, die ihn morgen verlassen würde, auf ihn wartete. Aufbrausend schleuderte er die feingeschnitzte Pfeife gegen den Ofen, drehte sich um und befahl: «Los, ins Bett!»

Die Frau knöpfte ihre Bluse auf, und unter der schmuddeligen Kleidung kamen ihre üppigen Brüste zum Vorschein. Plötzlich überfiel ihn siedendheiß ein Gedanke und er fragte herausfordernd: «Ist dieser verdammte Brigadeleiter schon über dich weggegangen?»

Die Frau senkte verlegen den Blick und verhüllte ihren entblößten Busen wieder.

«Sag, hat er dich angefaßt?»

Sie zögerte eine Weile, dann nickte sie gequält.

Verdammt, da läßt er mich über sie weggehen, nachdem er sie sich schon vorgenommen hat, dieses verdammte Dreckschwein!

Er warf sich auf die Frau, wütete, tobte, ließ sich an ihr aus, als seien nun all die Bitternisse seines halb gelebten Lebens noch bitterer geworden, als würde das Netz, das unentrinnbar über seiner Existenz ausgeworfen war, durch diese Frau noch enger um ihn gezogen. Unter wildem Zucken und Keuchen zermalmte er all die unbenennbaren Leiden und Kümmernisse seiner verhärteten Seele und seines Körpers und ließ sie zu einem trüben Strom zusammenfließen, den er in die Frau ergoß.

Die Frau ließ all das still über sich ergehen, ihre weiche, warme, nachgiebige Brust blieb auch unter den harten Stößen dieser Eruption wie zuvor weich, warm und nachgiebig.

Das erbsgroße Öllicht blakte düster vor sich hin, es hatte Mühe, mit seiner kleinen Helligkeit der Finsternis zu widerstehen.

Als die entfesselte Flut schließlich verebbt war, wischte die grobe Hand des Mannes wie absichtslos ein paar Tränen vom Gesicht der Frau. [1986]

MA JIAN

Die Himmelsbestattung

Die Veröffentlichung dieser fast «ethnologischen» Erzählung von der ursprünglich-vitalen tibetischen Frau, die mit einem Brüderpaar zusammenlebte, war 1987 nach den Shanghaier Studentenunruhen für konservativ-maoistische Literaturwächter der Anlaß zu einem weiteren Vorstoß gegen literarische Experimente und gegen eine ganze Generation von Chinas begabtesten Schriftstellern.

Der Wagen hatte sich über den fünftausend Meter hohen Gangba-Paß gequält. Einige Laster, Typ ‹Befreiung›, mühten sich noch unter uns. Ein paar letzte Wolken strichen über verstreute Felsbrocken und Haufen von Mani-Opfersteinen, glitten dann in die

Schlucht hinunter und gaben den Blick frei auf den Yangzhuoyong-See. Darin spiegelte sich der blaue Himmel, die in Sonnenlicht gebadeten fernen Schneegipfel steckten kopfüber in seinem Wasser und weckten spontan das Bedürfnis, dies alles in die Arme zu schließen. Ich befand mich auf der Gebirgsstraße ins Hintere Tibet.

Einen Monat lang hatte ich in Lhasa gelebt und mir all die alten Tempel und Klöster angeschaut. Vor allem den Jokhang, ein Heiligtum des tibetischen Buddhismus, das Gläubige, die von überall her herbeigepilgert waren, unaufhörlich umkreisten, wobei sie darum beteten, in ihrer nächsten Exisstenz in eine hinreichend wohlhabende Familie geboren zu werden und nicht wieder so viel leiden zu müssen. Wie Profisportler warfen sich die vielen, die vor dem Eingang ihren langen Kotau verrichteten, zu Boden, standen wieder auf, falteten die Hände und warfen sich erneut hin. Als Tourist fühlte man sich in seiner Neugierde voll befriedigt. Doch sind es vor allem die tibetischen Bestattungsriten, die den Fremden faszinieren. Mehrfach war ich mit der Kamera zu einer Felsplattform für Himmelsbestattungen gewandert. Doch mal war es zu dunkel zum Fotografieren gewesen, mal war die Bestattung schon vorbei oder man entdeckte mich frühzeitig und ließ mich nicht näher herankommen. Manchmal hatte man auch mit Steinen nach mir geworfen und so dafür gesorgt, daß ich verschwand.

Wie ich mir hatte sagen lassen, wird die Leiche zunächst drei Tage lang zu Hause aufbewahrt, bevor sie von Familienangehörigen auf dem Rücken zu dem Platz für die Himmelsbestattung getragen wird. Dabei darf man sich den ganzen Weg über kein einziges Mal umblicken. Am Eingang zu einer Siedlung oder an der Einmündung einer Straße muß ein aus rotem Ton gebrannter Krug zerschlagen werden. Das zeigt an, daß die Seele des Verstorbenen nicht wiederkehrt. Der Bestattungsmeister entzündet Räucherwerk, und wer Geld hat, bittet Lama-Priester, Sutren zu rezitieren. So führt man den Verstorbenen mit seinen Meriten in das Reich des Buddha ein; von dort aus wird er entweder in diese Welt wiedergeboren, oder er lebt ewig weiter. Danach schabt der Bestattungsmeister alles Fleisch von den Knochen des Toten und schneidet es in Stückchen. Die Knochen zerklopft er mit einem Eisenhammer zu einer breiigen Masse. Wenn es die zarten Knochen junger Leute sind, streut man etwas Hochlandgerste darüber, verrührt sie mit den Knochen und überläßt das Ganze den Geiern. Handelt es sich bei dem Toten um einen eifrigen Jünger Buddhas, ritzt man mit dem Messer ein Glücksmal in die Brust. Zu guter Letzt wird den Verwandten die Kopfhaut des Toten ausgehändigt. Damit gilt die Zeremonie als abgeschlossen.

Als der Wagen auf Serpentinen bis an den Fuß des Berges gelangt war und am Ufer des Yangzhuoyong-Sees entlangbrauste, wurde mir schwindelig. Ich schob das Wagenfenster zurück: draußen die weite Fläche des Sees, kein Staubkörnchen in der frischen Brise. Aber hier drinnen war es unerträglich eng, der Gestank der Schafshäute nahm mir den Atem. Ich hielt es nicht länger aus und sprang aus dem Wagen.

Das war im August, der besten Zeit dort auf der Hochebene. Der Himmel ist dann so blau und klar, daß man die Luft gar nicht mehr wahrnimmt. Ich ging ans Ufer und setzte meine Reisetasche ab, zog ein Handtuch hervor und wusch mir erleichtert das Gesicht. Langkazi hieß das hier, ein Weiler mit gut hundert Familien. Am Fuße des Berges hatten die Tibeter in Reihen ihre Lehmhütten gebaut, deren Dächer voller Gebetsfahnen steckten. Auf halber Höhe des Berges hatte man einen Lama-Tempel errichtet und die Außenwände rot und weiß gestrichen, unter dem überhängenden Dach war ein breiter blauer Streifen gezogen. Daneben ein paar verfallene Mauern ohne Dach darüber sowie ein frisch gekalktes Steinmonument, eine Stupa, die im Sonnenlicht schimmerte. Unterhalb dieser Ansammlung von Lehmhütten und ganz nah am Ufer stand ein Betonhaus mit einem roten Ziegeldach, wahrscheinlich die Gemeindeverwaltung.

Ich zog das gefälschte Empfehlungsschreiben mit den roten Siegeln hervor und ging auf das Gebäude zu. Ein Soldat trat heraus, dem Dialekt nach kam er aus Sichuan. Er winkte mich herein. Es war eine Telefonstation des Militärs. Er war hier stationiert und für die Wartung der Telefonleitung zuständig. In der Regel gab es keine Probleme; dann fuhr er zum Angeln auf den See hinaus oder las wohl auch Zeitschriften und Ritterromane. Er freute sich, daß ich hier Quartier suchte. Schon vier Jahre war er hier, hatte eine Menge Tibetisch gelernt und zog oft im Dorf von Haus zu Haus und trank mit den Leuten. An der Wand hing eine Maschinenpistole; in dem Raum herrschte ein Durcheinander wie in einem Lagerraum für Ausschußware.

Ich erkundigte mich, ob es hier auch so einen Platz für Himmelsbestattungen gebe. Ja, meinte er. Als ich ihn fragte, ob es in letzter Zeit eine Himmelsbestattung gegeben habe, stutzte er und sagte, vor ein paar Tagen sei eine Frau gestorben. Aufgeregt drang ich weiter in ihn, aber er wollte nicht mit der Sprache heraus und gab vor, er wolle nun für den Abend Schnaps kaufen gehen. Ich gab ihm Geld. Er wurde verlegen, wies es zurück und ging.

Abends tranken wir und plauderten über Gott und die Welt. Um mit ihm warm zu werden, schnitt ich mächtig auf und servierte ihm hundert Lügenmärchen. Er angelte gern, also war auch ich ein Angler und versprach ihm hoch und heilig, gleich nach meiner Rückkehr nach Peking eine importierte Angelrute aus nichtrostendem Stahl zu schicken. Später redeten wir über die Weiber, da war er ganz Ohr und paffte eine nach der anderen. Nun bin ich allerdings Experte auf dem Sektor; ich übertrieb mächtig, als ich ihm – und das im Sichuan-Dialekt – beschrieb, wie aufgeschlossen die Frau von heute ist. Wenn er mal nach Peking käme, würde ich ihm meine Kleine fürs Bett überlassen, und ich forderte ihn schon mal großzügig auf, sich bloß nicht zu zieren. Er fuhr mit der flachen Hand nervös über den Tisch; dann meinte er unvermittelt, jene Frau sei erst siebzehn. So jung, mir verschlug es die Sprache.

«Bei der Geburt verblutet», sagte er. Das Kind sei noch im Bauch. Ich spürte, wie mir schlecht wurde, und zog eine Zigarette hervor. Wir schwiegen eine Weile.

Der Boden war feucht, an der Wand war ein Einmannbett aus Holz, wie man es bei der Armee benutzt: aufgeschlagen, gelb gestrichen, mit einem roten Stern und der Nummer am Kopfende. An der Wand klebten eine Menge Bilder aus Illustrierten. Hinter der Tür türmten sich unter einem Gestell für die Waschschüssel Dreifüße und Telefonschnüre. Der untere Teil des Fensters war mit

Zeitungspapier ausgestopft, der obere war aus Glas und gab den Blick auf den Himmel frei: aus dem Tiefblau war Schwarz geworden. Von der Landstraße drang nicht länger das Geräusch von Wagen.

Der Soldat stand auf und meinte, gegen das Bett gelehnt: «Du kannst es dir angucken. Die Leute hier kümmern sich nicht sehr um so was. Die meisten haben noch nie eine Kamera gesehen, und die beiden Männer von Mima schon gar nicht.»

«Wer hat zwei Männer?» fragte ich.

«Nun ja, die Tote.»

«Wieso zwei Männer?» hakte ich nach.

«Hat eben zwei Brüder geheiratet», sagte er leise.

Einen Moment lang war ich verdattert, dann fragte ich weiter, warum sie denn unbedingt zwei Männer geheiratet habe, spürte aber, sobald ich dies gesagt hatte, daß es nicht in Ordnung war, so zu fragen. Die Frau war tot. Was sollte da die Frage, warum sie zwei Männer hatte? Aber er antwortete: Sie sei nicht von hier gewesen, sei aus Naiduila hierher gezogen. Elf Kinder waren es bei ihr zu Hause, und Mima war ganz besonders mager gewesen, als sie, gerade erst sechs Jahre alt, gegen neun Schaffelle eingetauscht wurde.

«Das gibt es noch, daß Menschen eingetauscht werden?»

Er antwortete nicht. Statt dessen fuhr er fort: Als sie größer wurde, habe sich manches geändert, da sei sie drei Jahre lang in Longmazi zur Schule gegangen. Damals habe ihre Stiefmutter noch gelebt.

«Was heißt hier Stiefmutter?» fragte ich. Ich hatte das Gefühl, es könne sich lohnen, darüber zu schreiben, und zückte Stift und Notizbuch.

«Der Stiefvater war Säufer. Und wenn er besoffen war, fing er immer gleich an zu singen und ging den Weibern an die Wäsche. Manchmal umarmte er Mima und machte sich an ihr zu schaffen. Und als seine Alte erst mal tot war, wurde es noch schlimmer. Wie sollte sich denn ein Mädchen von gut zehn Jahren so einen Kerl vom Halse halten?»

Das klang gereizt. Ich wußte, gleich würde er anfangen zu fluchen. Als ich eben so vor ihm aufgeschnitten hatte, hatte er pausenlos wild vor sich hin geflucht.

«Daß ich mir seine Mutter, die verdammte Fotze, vorknöpfe! Wenn ich erst mal die Uniform aushab!» Sein Gesicht, eben noch gerötet, wurde nun tiefrot und nahm den für Männer aus Sichuan typischen verbiesterten Gesichtsausdruck an. Ich muckste mich nicht, wartete ab, bis sich auf seinem Gesicht die Wirkung des ordinären Fluchs allmählich verflüchtigt hatte.

«Kannst du mich mitnehmen? Ich würde es mir gern einmal ansehen», sagte ich.

Ohne aufzublicken, griff er nach dem Schlüssel und der Taschenlampe auf dem Tisch: «Gehen wir!»

Es ging sich schlecht in diesen holprigen Gassen. Im Licht der Taschenlampe schienen Unkraut und getrockneter und feuchter Mist in sich zusammenzuschrumpfen, von überall tönte Hundegebell. Der Soldat stieß ein Gatter auf und rief etwas auf tibetisch in ein erleuchtetes Zimmer hinein. Dann traten wir ein. Um ein offenes Feuer saßen einige Männer. Sie wandten sich mir zu und staunten mich mit offenem Munde an. Ein etwas Älterer erhob sich. Der Soldat besprach sich mit ihm auf tibetisch. Die anderen musterten mich. Ich zog mein Feuerzeug hervor und knipste daran herum. Dann bot ich ihnen Zigaretten an. Im trüben Licht konnte ich nur ihre Zähne erkennen. Noch einmal ließ ich das Feuerzeug aufschnappen, so daß die Flamme hoch loderte. Sie sperrten Mund und Nase auf. Ich reichte es dem, der aufgestanden war. Er nahm es und setzte sich. Alle Blicke waren nun auf das Feuerzeug gerichtet, sie ließen es rumgehen, sahen mich dabei immer wieder an und lächelten mir zu. Der junge Mann neben mir zog ein Stück gedörrtes Hammelfleisch aus seiner Stofftasche und schnitt mir einen Brocken ab. Diese Sitte, Rind- und Hammelfleisch ungekocht zu verspeisen, hatte ich schon in den Weidegebieten von Yangbajing kennengelernt und das Fleisch so gegessen. Also löste ich mein Messer vom Gürtel und fing an, mir mundgerechte Stückchen abzuschneiden. Sie freuten sich darüber und reichten mir eine Schale Gerstenbier. Das war aber nicht gut gebraut, es trieben noch Körner darauf. Mir fiel wieder die Frau ein.

Der Raum war erfüllt vom beißenden Qualm der getrockneten Yakfladen, mit denen man heizte. Ich wagte kaum zu atmen. Mein Blick flog durch das Zimmer. Es war so einfach eingerichtet wie andere tibetische Behausungen: Entlang der Wand waren Filzpolster über die gut einen Klafter hohe Holztruhe gebreitet, die Wände waren mit Kalkfarbe getüncht. Rechts von der Eingangstür ging es in ein hinteres Gelaß, das zwar nicht durch einen Vorhang abgetrennt war, in dem es aber zu düster war, als daß man etwas hätte erkennen können. Es mochte Mimas Zimmer sein oder eine Rumpelkammer. Genau dem Feuer gegenüber hing ein alter tibetischer Schrank an der Wand. Außerdem noch ein buddhistisches Bild: ein Abgesandter des Höllenfürsten hielt eine Scheibe, die das Rad der Wiedergeburt darstellte, und schüchterte mit aufgerissenem Maul die Lebenden ein. Es war ein altes Bild, unter dem tibetische Sutrenfragmente klebten, alles auf rotem und grünem Papier gedruckt.

Wahrscheinlich sprachen sie darüber, daß ich der Bestattung beiwohnen wollte, denn ein paar Tibeter blickten mich an und nickten dabei. Der Soldat stand auf und bedeutete mir, mich ebenfalls zu erheben. Er brachte mich zu dem Winkel hinter der Tür und ließ das Licht der Taschenlampe auf einen oben zugebundenen Jutesack fallen, der auf ungebrannten Tonziegeln abgestellt war.

«Das ist sie», sagte der Soldat.

Später lag ich mit weit aufgerissenen Augen im Bett und stellte mir vor, was für ein Mädchen das wohl gewesen war. Bestimmt hatte sie gut singen können, das ist ja bezeichnend für die nationalen Minderheiten. Oft habe ich solche Frauen im Wald singen hören oder wenn sie auf der Straße mal eine Pause einlegten. Man versteht dann zwar nichts, aber allein wenn man hört, wie sie so frei von der Leber weg singen, wird es einem warm ums Herz. Diese Frauen zogen sich ihre Felljacken aus und banden sie sich um die Hüfte, und wenn sie sich bei der Arbeit bückten, glitt ihnen das Haar an den Seiten über die Ohren.

Ich lieh mir einfach das Gesicht des Mädchens aus, das ich im Lastwagen gesehen hatte: ein rundes Gesicht mit geröteten Wangen, die Nase nicht groß, die Augenringe tiefschwarz. Sie sah einen geradewegs an, die Haut an Hals und Brustansatz war weiß und zart, über den Brüsten spannte die Bluse, aber von der Seite konnte man verstohlen einen Blick auf den dunklen Spalt zwischen den Brüsten riskieren, die im Rhythmus der Erschütterungen des Wagens vibrierten.

Der Soldat hatte nach der Telefonleitung gesehen und kehrte zurück. Er machte Licht. Sein Gesicht war ausdruckslos. Er zündete sich eine Zigarette an und legte sich neben mich. Uns war nicht zum Schlafen zumute.

«Ich erzähl's dir, du bist ja nicht von hier und in zwei Tagen sowieso wieder weg. Und ich muß drüber sprechen.»

Ich setzte mich auf, steckte mir ein Kissen in den Rücken und hörte zu, wie er erzählte.

«Mima und ich verstanden uns gut. Nur ihretwegen hab ich mich hier nicht ablösen lassen. Dies hier ist ja kein Ort, wo man alt werden möchte. Zum erstenmal bin ich ihr in den Bergen begegnet; war raufgestiegen, um Leitungen auszuwechseln, mußte über zwei Gipfel rüber. Sie saß da so einfach und ließ ihre Schafe weiden. Ich kam von oben mit einer Rolle Telefondraht auf dem Rücken, war schwer. Ich rief ihr einen Gruß zu und setzte mich neben sie. Ihr Hund warf mir einen Blick zu und schlief wieder ein. Es war ziemlich heiß an dem Nachmittag, die Schafe suchten sich was, wo der Wind rankam, und weideten da. Sie lächelte. Ich sagte ihr, ich sei von der Telefonstation unten, aber das verstand sie nicht. Also zeigte ich immer an den Telefondrähten entlang bis unten zum Haus; da lächelte sie wieder und wandte den Blick dem Gangba-Paß zu, wo sich gerade ein Laster hinaufquälte, ohne daß man was von ihm hörte. Mima meinte, sie hätte mich schon mal gesehen, und fragte, warum ich so lange hierbliebe und nicht nach Hause ginge. Ihr Tibetisch klang nicht wie das der Leute hier. Später bin ich noch oft zu ihr in die Berge gelaufen. Sie hat da extra auf mich gewartet und mir Hammelfleisch gegeben, das sie selber gebraten hatte, und Gerstenbier. Sie konnte auch aus Datteln und Holzbirnen Schnaps machen. Oft hing ich bei ihr rum, bis es dunkel wurde. Sie war sauberer als die meisten tibetischen Mädchen, und den strengen Geruch von Hammelfleisch und Käse, der an ihrem Körper haftete, mag ich ohnehin. Als ich einmal die Hand ausstreckte und den Stoffgürtel lösen wollte, der ihren langen Fellmantel zusammenhielt, stieß sie mich nicht zurück. Wir umarmten uns dann. Sie war die erste Frau für mich. Ich brauchte mich ihr nur zu nähern oder sie unterhalb des Halses zu berühren, schon ging die Post ab. Ich glaube, sie wartete, daß ich ihr die Hand hineinsteckte. Aber ich war noch zu naiv. Dabei sagte sie mir, daß sich ihr Vater immer wieder an ihr zu schaffen machte. Mehrmals sei sie weggelaufen und habe sich nicht wieder nach Hause getraut. Im Dorf wußte jeder, daß ihr Vater mit ihr schlief, und die jungen Leute verachteten sie. Letztes Jahr, es war ungefähr um diese Zeit, stürzte sie plötzlich hier ins Zimmer und tastete sich zu meinem Bett vor. Da hab ich's mit ihr gemacht, weiß auch nicht, woher ich den Mut nahm. Die ganze Nacht lang. Als es hell wurde, stieß sie mich zurück und wollte plötzlich gehen. Ich half ihr noch in die Kleider und schlief dann gleich wieder ein. Bevor sie ging, stopfte sie mir noch die Halskette mit den Türkisen, die sie von klein auf getragen hatte, unters Kissen. Erst am nächsten Tag erfuhr ich, daß man sie mit den beiden Brüdern verheiratet hatte.»

Er streifte mich mit einem Blick und meinte: «Wenn die Geschichte mal rauskommt, bin ich geliefert, dann stechen die mich ab.» Ich nickte ernst und bedeutete ihm, ich würde schweigen wie ein Grab.

Der Soldat zog die Kette aus einer Schublade, ich sah sie mir unter der Lampe an. Eine Kette aus Achaten, dazwischen, immer im Abstand von ein paar Steinen, rote Perlen aus Mahagoni; in der Mitte baumelte ein großer Türkis. Glatt und schimmernd war die Kette und duftete noch nach den Brüsten des Mädchens. Sie fiel mir wieder ein, wie sie da so im Jutesack auf dem Ziegelhaufen saß.

«Hat sie dich später noch mal besucht?» fragte ich.

«Nein. Nach der Hochzeit hat sie im Haus gearbeitet. Wie ich hörte, hatten beide Brüder sie gern. Wenn sie getrunken hatten, konnte man Mima in der zweiten Nachthälfte schreien hören. Jemand hat auch gesehen, wie der jüngere der beiden Brüder sie nach Wangdan mitnahm, wo sie zu Buddha beteten, und wie sie's dann nach der Rückkehr gleich wieder miteinander trieben. Damals war Mima schon schwanger.»

Als wir an den Ort für die Himmelsbestattung gelangten, sah man im Osten bereits die Sonne aufgehen. Er befand sich hier nicht wie in Lhasa auf dem abgeflachten Ende eines hoch aufragenden Felsens, vielmehr auf halber Höhe eines Hanges auf einem wilden Felsbrocken, der Hügel und hohe Berge verband. Einige Eisenstangen waren in den Boden eingelassen, zwischen den oberen Enden waren Seile gespannt, daneben lagen ein paar rostige Messer, zwei große Hämmer und eine gewaltige Axt mit abgebrochenem Stiel. Ringsum unzerstampfte Knochenkrümel, Haare von Toten, zersplitterte Armreifen, Glasperlen und Fingernägel.

Es war ganz still in den Bergen, die Geier hockten noch auf den Gipfeln. Aus dem Yangzhuoyong-See hob sich Nebel, stieg in einzelnen Wölkchen auf, die sanft zu einem einzigen breiten Streifen verschmolzen. Schon war der See verschwunden; immer dichter wurde der Nebel, wallte, wie von einer Frau ein- und ausgeatmet, auf und ab, schwebte, rings alles erfüllend, immer höher, bis er die blutrote Sonne verdeckte. Nebel, die noch an der Seeoberfläche gehaftet hatten, drehten sich lautlos um sich selbst und quollen nach und nach bis an den Fuß der Berge empor.

Allmählich tauchten Leute auf. Der ältere der beiden Brüder trug den Jutesack auf dem Rücken. Sie hatten es sich wohl nicht leisten können, einen Bestattungsmeister zu bitten, vielleicht gab es hier in der Gegend auch keinen. Der Jüngere trug auf dem Rücken Mehlsack, Wasserflasche und eine flache Pfanne. Ihm folgte ein Lama-Priester; nach und nach identifizierte ich ihn als einen von denen, die ich gestern nacht in Mimas Haus hatte trinken sehen. Hinter ihnen stieg der Nebel empor.

Sie lächelten mir zu und öffneten den Jutesack, so daß Mima zu sehen war. Wie einem frischgeborenen Säugling hatte man ihr die Glieder vor die Brust gebunden. In den Rücken hatte man mit dem Messer ein Hakenkreuz geritzt, das Fleisch war um die Schnittwunde herum schon verschorft. Als sie den Sack aufbanden, fiel sie auf die Erde. Man richtete ihr den Kopf und zog an den Gliedern, bis sie ausgestreckt dalag, mit dem Gesicht nach oben, die Augen zum Himmel und in den Nebel gerichtet, der sich allmählich in feine Streifen auflöste. Der jüngere Bruder entzündete Räucherwerk und streute etwas Tsampamehl darüber. Über offenem Feuer brachte man ein Gestell an, auf dem die flache Pfanne abgesetzt wurde. In ihr schmolz der jüngere Bruder Butter, während der ältere zu den drei Feuerstellen ging, in denen das Räucherwerk brannte, und Fladen und Viehmist nachlegte. Der Lama-Priester saß bereits im Schneidersitz auf dem Schaffell. Er hatte die Sutren aufgeschlagen und ließ die Perlen der Gebetskette durch beide Hände laufen.

Ich trat langsam näher. Mimas Gliedmaßen lagen ausgestreckt und sie sah aus, als hätte sie im Angesicht des Himmels gern noch etwas erledigt. Die Brüste, deren Haut zarter als alle anderen Körperstellen war, hingen schlaff an den Seiten herab, ihr Bauch stand hervor, das kleine Leben, das den Weg in diese Welt nicht mehr gefunden hatte, harrte noch immer darin. Vielleicht war es von dem Soldaten, dachte ich.

Ich machte meine Kamera bereit, stellte Blende und Entfernung ein, hockte mich rechts neben die Frau und schickte mich an, die Aufnahmen zu machen. Passenderweise stiegen im Hintergrund feine Nebelschleier empor, und in der Ferne wurden die bleichen schneebedeckten Gipfel von der Sonne mit einer Schicht freundlichen Lichtes übertüncht. Im Sucher nahm sie sich wie ein Mädchen aus. Ich stellte mir vor, wie sie als Kind auf dem Pferderücken hierhergetragen worden war, wie sie damals, praktisch ohne einen Faden am Leib, den Kopf aus der Schaffelltasche gesteckt hatte und den Blick über die hohen Berge und den See gleiten ließ. Durch den Sucher sah sie aus, als sei sie ein wenig eingenickt.

Ich ließ das Objektiv nach unten wandern. Ganz entspannt wirkten die Arme, die Handflächen zeigten nach oben, unterhalb der Brüste ein rotes Mal, glatte Oberschenkel. Jäh fiel mir das quietschende Bett des Soldaten ein und die beiden Brüder, die jetzt Schnaps tranken. Ich stellte meine Kamera auf ihre Füße ein: bleiche Fußrücken, ganz dicht standen die Zehen beieinander, die kleine Zehe war kurz, der Nagel nicht recht ausgeprägt.

Ich trat noch einmal zurück, suchte den richtigen Ausschnitt und drückte auf den Auslöser. Im selben Moment sah ich plötzlich, wie sich um ihre Mundwinkel eine feine Falte bildete – nein, es war kein

Lächeln, auch kein Spott, aber zweifellos hatte sich da etwas bewegt. Ganz langsam richtete ich mich auf. Über mir erscholl ein ohrenzerreißender spitzer Schrei, dann ein Brausen, ein Windstoß streifte mich: ein Mönchsgeier stieß herab, kreiste über dem Schädel der Toten, ließ sich dann auf einem Felsbrocken nieder und legte die Flügel an.

Ich ging zu den dreien zurück. Der jüngere Bruder schleppte den Sack herbei, zog einen Fladen getrockneten Mist hervor und warf ihn beiläufig ins Feuer. Dann zog er noch einen getrockneten Gerstenfladen heraus, brach ihn in Stücke und reichte mir eines. Ich biß herzhaft hinein. Zuletzt zog er noch ein Stück gedörrtes Hammelfleisch hervor und schenkte Gerstenbier in den Deckel der Warmhaltekanne. Ich leerte ihn mit einem Zug. Das Fleisch hatte wahrscheinlich noch Mima zubereitet; ich blickte zu ihr hinüber. Ihre Scham lag uns zugekehrt, ein blutverschmiertes Stück Baumwollschnur lugte aus der aufklaffenden Scheide hervor, damit hatte man wahrscheinlich das Kind herausziehen wollen. Ich griff zum Messer und schnitt mir entschlossen das Hammelfleisch zurecht. Der Nebel hatte sich spurlos aufgelöst. In der Ferne lag der See so friedlich und klar wie am Vortage und dunkel wie Mimas Türkis.

Der ältere der beiden Brüder erhob sich, legte Mistfladen in die drei Feuerstellen, wo das Räucherwerk verbrannt wurde, und schenkte dem Lama-Priester noch einmal nach. Der trank aber nicht. Mimas Seele sei schon zum Himmel aufgestiegen, sagte er zu ihm. Nun erhob sich auch der jüngere Bruder. Er holte das Hackmesser aus dem Sack, den er auf dem Rücken hier heraufgeschleppt hatte. Im selben Moment erhob sich mit Geschrei der Pulk der Geier in die Luft, sie stießen mit den Flügeln aneinander und verdunkelten den Himmel. Die Brüder drehten Mima um, stießen an der Stelle, wo sich das Gesäß wölbte, mit dem Messer zu und schnitten das Fleisch die Schenkel entlang bis hinunter zur Ferse auf. Der jüngere Bruder zerschnitt das Fleisch noch einmal in kleinere Stücke. Von einem Bein blieb nur noch der Knochen. Da sie mit dem Bauch auf die Erde drückte, lief eine klebrige Flüssigkeit den Oberschenkel hinunter. Ich brachte die Kamera in Anschlag und stellte die Entfernung ein. Es klickte. Gleich darauf schwebten von allen Seiten Dutzende von Geiern herab und balgten sich wild krächzend und flügelschlagend um die Beute. An ihrer Peripherie ließ sich ein Schwarm Krähen nieder, die sich wohl selber für eine mindere Rasse hielten, denn keine von ihnen wagte sich ein Stück vor; aus sicherer Entfernung sahen sie zu und warteten.

Inzwischen lag der Hang im vollen Sonnenlicht. Der jüngere Bruder verscheuchte ein ums andere Mal die Geier, die ihre Kreise immer enger um uns zogen, während er ihnen gleichzeitig Stücke von Mimas Leib hinwarf. Als der ältere Bruder Mimas Gesicht vom Kinn her aufklappte, konnte ich mich nicht länger erinnern, wie sie eigentlich ausgesehen hatte. Nur ihre Augäpfel waren noch deutlich dem Himmel zugekehrt, bis schließlich alles von ihr verschwunden war.

Zu guter Letzt griff der ältere der beiden Brüder nach Mimas Zöpfen, an deren Enden immer noch die roten Wollfäden hingen. Schwankenden Schrittes, immer wieder die Geier zurückscheuchend, die im Kreis um ihn herumhockten, ging er zur Feuerstelle zurück. Da hatten sich die Krähen schon unter die Geier gemischt, saßen mit ihnen um die Eisenstäbe herum und pickten nach dem mit Gerstenmehl verrührten Hirn und Fleischresten.

Ich warf einen Blick auf die Uhr. Schon über zwei Stunden war ich hier oben. Ich mußte wieder hinunter, der Soldat wartete auf mich. Er habe ein Boot geliehen, hatte er gesagt. Er wolle heute noch auf den See mit mir und angeln. [1987]

FRAUEN — AUFBEGEHREN UND EXPERIMENTE

YU LUOJIN

Die erste Nacht

Autobiographie als Therapie und Anklage gegen erlittene Demütigungen, verbunden mit der Verletzung des Tabus weiblicher Sexualität – damit waren die Grenzen der neuen Liberalität auch der frühen Reformperiode überschritten.

In dieser Nacht hatte ich einen Traum. Ich träumte, ich hätte mir die Hochzeitsnacht, an die ich nie mehr denken wollte, nur eingebildet . . .

«Gehen wir gleich schlafen!» Es war noch nicht neun Uhr, aber Zhiguo drängte. In seinem befangenen, scheuen Blick glaubte ich etwas Beunruhigendes, Gemeines zu entdecken. Was war dieses Unheimliche, das sich in seinen Augen verbarg?

Bis zu diesem Zeitpunkt hatten wir noch kein Liebeswort gewechselt, uns noch nie bei den Händen gefaßt. Es war ganz nach traditioneller Art der Chinesen: ‹Erst die Heirat, dann die Liebe.› Ich bin eine echte Chinesin und habe nichts gegen die chinesischen Eigenarten, aber ich wurde nicht glücklich damit – ich liebte Zhiguo nie.

Diese Nacht war für mich die erste Lektion in Sachen Ehe. Wie würde es sein? Was würde ich empfinden? Ich wußte bis dahin noch nichts von diesen Dingen. Nie hatte ich medizinische Bücher gelesen, nie einen anstößigen ‹gelben Roman›, nie hatten meine Eltern mit mir darüber gesprochen, nie war in der Schule vom Thema Sexualität die Rede gewesen. Und bei meinen Schulfreundinnen war es das gleiche, nie hatten wir über diese Dinge nachgedacht.

So war es, bis ich zur Umerziehung kam. Da waren Prügeleien zwischen jugendlichen Verbrechern an der Tagesordnung, wobei sie sich Obszönitäten an den Kopf warfen, die sich das ganze Lager mit anhören mußte. Erst da bekam ich eine vage Ahnung. Allerdings gab es in dem großen Lager keine näheren Kontakte zwischen unserer Gruppe der ‹ideologischen Reaktionäre› und ihnen, weder wohnten noch arbeiteten wir zusammen. Kein Wunder also, daß ich mit vierundzwanzig Jahren noch völlig unaufgeklärt war. Und nun, Hals über Kopf, diese Heirat. Als ich das Bett machte, erinnerte ich mich schlagartig an jene Schimpfworte.

Ich hatte das Bett gerade hergerichtet, da befahl Zhiguo mit einem seltsamen Blick: «Leg die Decken so hin, daß man zu zweit darunter schlafen kann.»

Gehorsam tat ich es, und meine Unruhe wuchs. Zhiguo wusch sich im Vorderzimmer die Füße, während ich Jacke und Hose auszog und mich zuerst niederlegte.

Jedes Mädchen muß einmal über diese Schwelle, und heute sollte es also mich treffen. In mir ging alles durcheinander. Freude? . . . Nein. Scham? . . . Nein. Glück? . . . Nein. Zufriedenheit? . . . Nein. Angst? Ja. Unruhe? Ja. Schmerz, Phantasien? Alles war so banal. Ich schloß die Augen und überließ mich meinen Phantasien.

Man hat mir die Arbeit genommen, ich habe den Schandhut eines ‹Rechten Elements› getragen, das Leben hinter Gefängnismauern gekostet, ausgetreten haben sie die kaum erglühten Funken der ersten Liebe, verloren ist ein glückliches Zuhause, erschossen der liebe Bruder, würdelos bin ich in den ‹Weiten Norden› gegangen, um mich selbst zu verhökern – so viel Leid, so viel Leid. Verdiente ich da nicht wenigstens heute nacht etwas zärtliches Mitgefühl von dem Mann, der mich gekauft hat – von meinem Mann? Mag unsere Ehe auch ein Handel sein, so bin ich doch keine Dienstmagd, keine Sklavin, keine Prostituierte! Mich demütigt diese Ehe mit ihm, aber sein Mitgefühl könnte diesen Eindruck auslöschen. Eine winzige Spur Liebenswürdigkeit, und es wäre schon gut.

Vielleicht könnten wir unter der Bettdecke liegen und uns freundschaftlich an den Händen halten – so sollte unsere erste Berührung sein: Er streichelt meine Hände zärtlich, drückt mich ganz sanft an sich, streichelt mir Haar und Gesicht, schaut mich liebevoll an, geht mit mir um wie mit einem armen Kind. So soll er mich trösten. Tiefe Zufriedenheit, Süße und Glück empfinde ich in dieser wortlosen Liebe, in einem solchen Austausch zarter Gefühle. Geschwunden sind all die Niedergeschlagenheit und das Leid in mir . . .

. . . Plötzlich trat ein großer Fuß auf die Bettdecke neben mir. Aus meinen Phantasien gerissen, öffnete ich die Augen. Es war ein Fuß der Größe 46, einfach riesig. Ängstlich blickte ich auf: Er – 1,80 Meter groß stand er auf dem Kang und fing an, sich auszuziehen. Vorgebeugt öffnete er seinen Gürtel. Mit Gier in den Blicken, die mich trafen, war er von dem Ideal meiner Phantasien Welten entfernt. Er setzte sich und stieg aus seiner Hose, dann zog er sich, ohne die Augen von mir zu lassen, nackt aus.

Wie häßlich! Ich schloß die Augen, zog den Kopf ein und wikkelte meine Steppdecke fester um mich, innerlich zu Eis erstarrt. Seine großen Hände wischten die Bettdecke zur Seite, dann drängte er sich an mich. Seine Füße waren kalt, und er stieß mich mit seinen knochigen Beinen, daß es mir weh tat. Meine schönen Träume zerplatzten wie Seifenblasen. Hastig riß er mir Schlafanzug und Unterwäsche vom Leib und warf alles zur Seite. Ich lag da und ließ es mit mir geschehen, wie eine Holzpuppe, wie ein zum Schlachten hingelegter Fisch.

Da warf er sich auch schon mit seinem ganzen Gewicht auf mich. Seine rauhen, harten Riesenhände packten meinen Kopf, seine klebrige Zunge bohrte sich in meinen Mund. Ich stemmte mich gegen ihn und versuchte, ihm auszuweichen. Plötzlich hatte ich im Unterleib einen harten Schmerz, der mich wie ein brutaler Schlag traf. Unbeschreiblich ekelhaft war die Empfindung der nächsten Minute. Auf einmal lockerte sich der Griff seiner Hände, erschöpft drückte er sein Gesicht in das Kopfkissen und atmete heftig. Mit aller Kraft kämpfte ich mich frei und setzte mich auf. Mein ganzer Körper schmerzte. Ich beugte mich über den Bettrand und spuckte auf den Boden, um das Ekelgefühl in meinem Mund loszuwerden. Ich zog meine Hose an, wollte mir den Mund ausspülen und mich waschen, als ich diesen nassen Blutfleck auf der Decke sah. Ich starrte auf die Stelle.

«Was ist das?» entfuhr es mir erschrocken.

Zhiguo hob den Kopf, schaute sich schläfrig nach dem Fleck um, und plötzlich kam Leben in ihn. Er geriet fast außer sich.

«Du weißt wohl gar nicht, was das ist?» Sein Begeisterungsausbruch war mir unverständlich. Er umschlang mich mit seinen Armen, drückte mich auf den Kang nieder und flüsterte mir ins Ohr: «Die Goldnadel hat die Pfirsichblütennarbe durchstoßen. Sie unterdrückt den Schrei und zieht nur die Augenbrauen zusammen.»

Er lachte und näherte sich mir schon wieder mit geöffnetem Mund, die Zunge zwischen den Lippen. Mit meinem ganzen Körper bäumte ich mich auf, stieß ihn weg, wälzte mich zur Seite und sprang vom Kang.

«Du . . .!» Wutentbrannt spuckte ich vor ihm auf den Boden. «Was für Worte nimmst du in den Mund? Du bist dreckig, so dreckig!»

Mit warmem Wasser spülte ich mir den Mund und putzte mir die Zähne, suchte mir dann einen sauberen Schlafanzug. Währenddessen lag Zhiguo mit halboffenem Mund da und starrte mich entgeistert an. Aber sosehr ich mich auch wusch, ich hatte das Gefühl, nie wieder sauber zu werden. Gift war in meinen Organismus eingedrungen, ich war für immer beschmutzt. In meinem Körper waren nicht nur meine eigenen Säfte, da war nun auch etwas von ihm. Aber wofür stand er? War es die Liebe? Nein, seine Person stand für Niedrigkeit und Gemeinheit, für Schande und Obszönität. Wärme und Zärtlichkeit hatte ich bekommen wollen in dieser Nacht, hatte nicht geglaubt, daß ich so beleidigt und beschmutzt werden könnte. Dieser Ekel und dieser Abscheu, diese obszönen Worte und diese widerwärtigen Küsse – das war, was ich von ihm bekommen hatte. War so die Ehe? Sollte es nun Nacht für Nacht so weitergehen?

Nun erst verstand ich das Leid der Frauen in der alten Zeit, die als Leibeigene verkauft wurden, die roher Gewalt ausgeliefert waren, die Erniedrigungen durch ihre Herren erdulden mußten, die man nicht als Menschen behandelte. Ich aber hatte mein Elend selbst heraufbeschworen! – War das wirklich so? Wurde mir nicht der Kampf um die nackte Existenz aufgezwungen? Von klein auf hatte mich die Liebe von Eltern, Lehrern und Mitschülern umfangen. Und war ich nicht in der Obhut der neuen Gesellschaft aufgewachsen? Warum nur war die Welt jetzt auf einmal so anders? War dieses Elend von nun an mein Los? Nein, lieber den Tod!

Mit meinen Gedanken so weit gekommen, wallte mein Blut auf. Diese verfluchte Minute! Ausradieren wollte ich sie. Ich würde mich nie mit der Existenz dieser Minute abfinden. Ich riß den Truhendeckel auf und hatte meine Schneiderschere in der Hand, die scharfen Klingen blitzten im Mondlicht grünlich auf, böse und häßlich. Ich sprang auf, in der Rechten mit festem Griff die Schere, starrte ihn an und sagte mit Nachdruck auf jedem Wort:

«Ich sage dir, Zhiguo, wenn du von heute an noch einmal wagst, auch nur ein Haar meines Körpers zu berühren, bringe ich dich um. Ich bezahle lieber mit meinem eigenen Leben, als daß ich dir das deine lasse. Hast du das kapiert?»

Ihm blieb vor Schreck der Mund offenstehen. Verdutzt schaute er zu, wie ich mein Bettzeug von seiner Seite wegzog und am hinteren Ende des Kangs ausbreitete. Es dauerte lange, bis er mit kehliger Stimme stammelte:

«Was ist denn eigentlich los . . .? Du bist ein komisches Ding.»

Ich legte die Schere, die ich seither stets bei mir habe, unter das Kissen. Vom Kopf bis zu den Füßen deckte ich mich mit der Steppdecke zu. Ich hatte das Gefühl, dort schlafe ein schwarzbehaarter Gorilla, nicht einmal seine Atemzüge wollte ich hören. In meinem Kopf war alles so verworren wie in einem Hanfknäuel. Wo war ein Fadenende, von dem aus sich dieses Durcheinander entwirren ließ? Ich fand keinen Schlaf.

Es dauerte lange, bis ich mich wieder einigermaßen beruhigt hatte. Aber dieser Mann, der mir angst machte, schien fest zu schlafen. Langsam und vorsichtig schob ich die Decke zurück und setzte mich auf. Das Zimmer war von hellem Mondlicht durchflutet. Ich überwand mich und warf einen Blick auf ihn: Ekelhaft war sein im Traum leicht geöffneter Mund, in seinem Gesicht standen noch der Schreck und die Verständnislosigkeit. Schnell wandte ich mich dem Fenster zu und schaute weit, weit in die Ferne.

Wußte er, was Liebe ist? Nein, nichts wußte er. Meine Antwort konnte nur die Schere sein, wenn ich noch weiterleben wollte. Diese Minute war der Anfang unserer Verbindung und der Beginn unserer Trennung. Nie würde ich in ihm meinen Mann sehen, und nie würde ich ‹seine› Frau sein. Sollte ich ihn schon morgen verlassen? Aber wo konnte ich hin? Die Ansiedlung der Brüder war noch nicht geregelt, und Vater war in Peking immer noch allen möglichen Schikanen unterworfen. Mutter drückte der Schmerz über den Verlust ihres Erstgeborenen, krank schleppte sie sich zur Arbeit. Wie ich führte auch sie einen Verzweiflungskampf an der Front des Lebens. Großmutter lag im Sterben. Mein Auftrag war noch nicht erfüllt, ich hatte nur daran zu denken, warum ich in den ‹Weiten Norden› gekommen war.

Verfluchte Minute! Die Schande dieser Minute war mehr als genug für ein Menschenleben . . .

Es begann, als ich mit drei Jahren in den Kindergarten kam. Der Betreuer erklärte uns, daß die Mundhöhle eine Brutstätte für ansteckende Krankheiten und sich schnell vermehrende Bakterien sei. Tief steckt die Erinnerung in mir, wie mich der Vater einmal auf die Wange geküßt hatte, da mochte ich fünf Jahre alt gewesen sein. Ein winziges bißchen Speichel war auf meinem Gesicht klebengeblieben, und ich hatte gar nicht schnell genug ins hintere Zimmer kommen können, um mit einem nassen Lappen wieder und wieder mein Gesicht abzureiben. Ich war aufgebracht gewesen über Vaters Benehmen und hatte zugleich gefürchtet, daß er mich so sehen könnte, es wäre mir peinlich gewesen. Ich wußte damals nur, daß der Mund zum Essen, Sprechen und Liedersingen da war. Als ich ins Erziehungslager kam, erfuhr ich noch, daß man ihn auch zum Fluchen benutzte. Die Kußszenen in Filmen und Romanen hatten mich nie gestört, aber auch nie besonders interessiert. Kamen da ‹brennende Küsse› und ‹heiße Lippen› vor, so maß ich dem wenig Realitätsgehalt bei.

Ob nun brennend oder heiß, ich hatte noch in keiner Kußszene bemerkt, daß die Zunge dabei eine Rolle spielte. Wo Zhiguo das nur herhatte? Wie konnte er so abgebrüht sein? Sollte denn die Liebe, dieser heilige, über jeden Makel erhabene Begriff, etwas zu tun haben mit der Brutstätte von Bakterien?! Was hatte Zhiguo nur aus der Liebe gemacht: Statt Liebe war da bloß Triebhaftigkeit, statt Zärtlichkeit Roheit, statt Feingefühl Gewöhnlichkeit . . .

Wir sind doch vollkommen Unwissende auf dem Gebiet der Sexualität. Nicht einmal in Gedanken sind wir irgendwie vorbereitet. Unsere Naivität steht in keinem Verhältnis zu unserem Alter. Wie viele Mädchen waren schon in der gleichen traurigen Lage wie ich! Uns läßt man in völliger Ahnungslosigkeit, die Eltern ebenso wie die Schulen. Als wäre es eine Beleidigung für die Ohren, das Wort Sexualität auszusprechen, als wäre es eine Rebellion gegen die guten Sitten! Obwohl für jedes Mädchen dieser Tag kommt, versteckt man vor ihnen das Wissen um die erste Nacht, macht es zum Tabu und überläßt es den Männern – wie immer sie sind und wie immer sie es gerade machen wollen –, uns in dieses Wissen einzuführen. Es müßte doch angenehmere Formen geben, Formen, die uns Freude bereiten!

Daß es in China nach der ‹Befreiung› keine Sexualerziehung gegeben hat, weiß jeder – aber wird denn überhaupt genug Bildung vermittelt, lernt man denn, was zu einem geistigen Leben alles nötig ist? Diese Ultralinken, bei denen sich alles um persönliche Macht und um den Kampf, Kampf und noch mal Kampf drehte – was haben sie eigentlich dem Volk gegeben?

Ich hätte mehr nachdenken müssen. In Hebei war es mir um eine Heirat gegangen, ganz gleich mit wem, nur um mir eine Existenzgrundlage zu schaffen. Und erst an dem Tag, als ich zur Schere griff, wußte im tiefsten Inneren, daß das Verlangen nach einem geistigen Leben nichts ist, was man einfach wegwischen kann. Warum hatte ich mich selbst nur immer darüber hinweggetäuscht und damit auch noch andere betrogen?

Und wenn Zhiguo sich nun durch die Schere nicht hätte abschrecken lassen . . .? Dieser Gedanke macht mir noch im Nachhinein Angst.

[1980]

ZHANG JIE

Das Ei in seiner ganzen Pracht

Ein Ausschnitt aus einem der wenigen «feministischen» Romane der Volksrepublik, in dem die Autorin scheinbar ungerührt das Leben alleinstehender berufstätiger Frauen um die Vierzig beschreibt

Liu Quan weiß, daß sie mit dem Rauchen aufhören sollte. Sie zählt die Zigarettenstummel in ihrem provisorischen Aschenbecher, einem blauumrandeten Tellerchen, das jemand mal aus der Kantine mitgehen ließ. Eine, zwei, drei . . . sieben Zigaretten an einem Nachmittag! Trotzdem nimmt sie die achte aus der Schachtel.

Langsam strömt der Rauch zwischen ihren schmalen Lippen hervor, ballt sich regellos zusammen und verflüchtigt sich. Einem Fragezeichen ähnlich schwebt ein Rauchschwaden vor ihren Augen auf und ab.

Fragen? Was? Wen? Ja wen?

Liu Quan bläst leicht gegen das Fragezeichen, es löst sich auf. Sie lächelt erleichtert, als sei es ihr gelungen, einen ekelhaften Besserwisser zu verjagen, der davon lebt, seiner Umwelt mit bohrenden Spitzfindigkeiten auf die Nerven zu gehen.

Liu Quan fragt längst nicht mehr.

Die Antworten sind im Schicksal beschlossen. Und wer wüßte zu sagen, was das Schicksal ist. Keiner weiß, was ihn morgen erwartet, was er morgen tun wird. Hätte sie jemals gedacht, daß sie rauchen würde – acht Stück an einem Nachmittag? Der Glaube ans Schicksal ist tröstlich.

Früher fand sie rauchende Frauen unmöglich. Aber damals war sie auch noch ein junges Mädchen mit zwei dicken schwarzen Zöpfen, eine Einserabsolventin der Englischen Fakultät. Heute ist sie eine geschiedene Frau, eine kleine Angestellte in einer Exportfirma.

Rauchen ist wunderbar, Zug um Zug inhalieren; beobachten, wie das Ende der Zigarette aufglüht; ab und zu die Asche abstreifen; diese mechanischen Bewegungen zerstreuen Konzentration und Gefühl und bauen innere Spannungen ab. Sie hat vergessen, wer von ihnen dreien mit dem Rauchen angefangen hat.

Verglichen mit ihren Mitbewohnerinnen Jinghua und Liang Qian ist ihr die Verwandlung in ein Durchschnittsgeschöpf wahrscheinlich am besten gelungen. Auf der Straße, im Büro, im Umgang mit fremden Menschen läßt nichts mehr in ihrer Sprache, ihrem Auftreten oder ihrer Kleidung erkennen, daß sie eine Hochschulbildung genossen hat.

Vielleicht meint es das Schicksal jetzt gut mit ihr? Das Büro für Auswärtige Angelegenheiten hat sich mit ihrer Versetzung einverstanden erklärt.

Jinghua behauptete einmal, daß unweigerlich eine Wende eintrete, wenn jemand am Tiefpunkt angelangt sei.

Wirklich? Sollte sie wirklich den Tiefpunkt ihres Lebens durchschritten haben? Liu Quan wagt nicht, daran zu glauben. So einfach kann das doch nicht sein. Sie ist wie Jia Gui aus dem klassischen Roman ‹Der Traum der Roten Kammer›, der nicht wagte, sich in Anwesenheit anderer zu setzen. Jia Gui war ein Kriecher. Und sie?

Ausschweifende Gespräche über Dialektik und Materialismus sind Jinghuas Leidenschaft. Liu Quan ist sich im klaren darüber, daß eine Frau, die den ganzen Tag nur über Dialektik und Materialismus redet, sämtliche Männer in die Flucht jagt, selbst wenn man Augen hat, die von einem feinen Regenschleier verdeckt scheinen. Wenn sich Jinghua nicht gerade lauthals über Dialektik und Materialismus ereifert, fühlt man sich von ihren Augen wie von einem leisen Nieselregen eingehüllt. Aber letztlich suchen die Männer eine Ehefrau, keine Expertin für Marxismus-Leninismus. Sinnlos, ihr diese Leidenschaft ausreden zu wollen. Man nimmt schließlich auch einem Hinkenden seine Krükke nicht fort oder operiert einem Sänger die Stimmbänder heraus.

Wann wird endlich einmal für Jinghua die Wende eintreten? Momentan wird sie ‹ohne Nennung des Namens› kritisiert. Der entsprechende Artikel ist mit ‹Ein Kritiker› unterzeichnet. Handelt es sich da um eine Kompanie, ein Bataillon oder ein Regiment?

Jinghua macht sich nichts draus: «In den vierziger Jahren waren Anzugjacken mit Schulterpolstern der letzte Schrei, in der ersten Zeit nach der ‹Befreiung› sang man überall – sogar in der Shanghaier Unterwelt – ‹Der Himmel über den befreiten Gebieten ist klar›; vor zwei Jahren waren ‹Reform›, ‹Demokratie› und ‹Humanität› en vogue. Ich habe vermutlich meinen Part ausgesungen, jetzt sind die anderen an der Reihe. Sollen sie mir doch das Arbeiten verbieten! Ich habe meine Schreinerei. Liang Qian, du wolltest doch einen Rahmen für ein Ölbild? Jetzt habe ich Zeit dafür. Gib mir morgen die Maße.»

«He, Liuchen!»

Das Gebrüll von Tie, dem Chauffeur von Direktor Wei. Als sei sie sein Dienstmädchen. Warum war sie damals so versessen darauf, Englisch zu studieren? Auto fahren hätte sie lernen sollen, dann könnte sie jetzt auch so aufgeblasen herumkommandieren.

Gott sei Dank sitzt sie hier mit einem ruhigen Gewissen. Die Formalitäten der Arbeitsübergabe hat sie am Vormittag erledigt. Sämtliche Unterlagen über Forschung, Produktion und Vertrieb sind chronologisch abgeheftet; die Verbindungsleute in den der Firma angeschlossenen Fabriken und Institutionen sind tabellarisch erfaßt; die für den nächsten Monat anstehenden Termine und Kontrollen sind in die Agenda eingetragen, ebenso die Übersicht über die im laufenden Quartal erledigten Vorgänge – eigentlich könnte sie nach Hause gehen. Aber Liu Quan weiß, daß sie nicht gehen kann, selbst wenn sie hier nur rauchend herumsitzt. Sie ist nur ‹ausgeliehen›, noch nicht regulär versetzt, sie muß sich daher eine Rückzugsmöglichkeit offenlassen. Direktor Wei ist zuzutrauen, daß er noch am letzten Nachmittag, noch in der letzten Stunde ein Haar in der Suppe findet und mit einem Fingerschnippen den Erfolg ihres Kampfes zunichte macht.

Liu Quan drückt die Zigarette aus und steht auf. Lao Dong, der Abteilungsleiter, hebt seinen grauen Stiftenkopf von seinen Formularen und mustert sie ein wenig besorgt. Jedesmal, wenn sie zu Direktor Wei gerufen wird, hat er diesen Blick.

Liu Quan zwinkert ihm zu und verläßt das Büro.

Warum tut sie so, als sei ihr alles egal? Ihre Nerven sind zum Zerreißen gespannt, sie hat panische Angst, Direktor Wei werde sich irgendeinen Dreh einfallen lassen, um ihre Versetzung in letzter Minute unmöglich zu machen. Aber sie möchte nicht, daß Lao Dong sich ihretwegen Gedanken macht. Lao Dong ist ein grundanständiger Mensch, und wie fast alle grundanständigen Menschen ein Schwächling; ihnen fehlen sowohl die aggressiven wie die defensiven Fähigkeiten. Solche Menschen bleiben ihr Leben lang Kinder. Und Liu Quan möchte ihnen immer zulächeln, selbst wenn die Katastrophe wie ein hungriger Wolf schon zum Fenster hereinschaut. Auch eine Art von Betrug. Aber da es ein Betrug aus guter Absicht ist, kann man ihn ihr nicht zum Vorwurf machen.

Offene Plastiksandalen an den Füßen, einen Bananenblattfächer in den Hosenbund gesteckt, lümmelt Tie, der Fahrer, im Türrahmen des Direktionsbüros. Schon von weitem wedelt er mit einem Blatt Papier und sagt: «He, übersetz mir mal das Geschreibsel hier!» Er hält ihr das Papier vor die Nase.

Liu Quan beachtet ihn nicht, sie weicht ihm aus und geht ins Direktionsbüro. Tie behandelt sie immer mit dieser widerwärtigen Vertraulichkeit. Liu Quan schließt daraus, daß er sich mit Direktor Wei von Mann zu Mann über sie unterhalten hat, wer weiß, mit welch schweinischen Ausdrücken.

Direktor Wei fläzt sich auf dem mit rotem Samt überzogenen Sessel, ein Bein über die Armlehne gelegt, sein Hosenschlitz steht weit offen, eine geblümte Unterhose lugt daraus hervor, wie sie sonst nur Frauen tragen. Zerstreut sieht er auf ein Aktenstück in seiner Hand. Liest er? Von der Flegelei seines Chauffeurs scheint er keine Notiz genommen zu haben. Obwohl Liu Quan schon eine ganze Weile vor ihm steht, hält er es nicht für nötig, auch nur den Blick zu heben.

Gegen solche Demütigungen versucht sich Liu Quan zwar zu wehren, aber ihre seelischen Kräfte, mit denen sie nicht eben überreich ausgestattet ist, haben sich mit der Zeit verbraucht. Jetzt ist sie brav geworden, hat begriffen, daß sich die Schlinge um so enger zusammenzieht, je mehr sie sich wehrt. Selbstachtung, Würde – so zerbrechlich wie Eierschalen. Wie war es denn mit der Dichterin Li

Qingzhao aus der Song-Zeit, jener berühmten ‹Mannfrau›? Um zu überleben, war sie schließlich doch gezwungen, wieder zu heiraten!

Mit zittriger Stimme fragt Liu Quan: «Sie haben mich rufen lassen, Direktor Wei?»

Direktor Wei wirft die Papiere auf das Tischchen, streckt sich und nimmt endlich das Bein von der Lehne. «Hat Tie dir nicht Bescheid gesagt?» Er wirkt ungeduldig, er glaubt wohl, daß nicht nur er, sondern alles, was mit ihm zusammenhängt, Macht über Liu Quan besitzt, und sei es ein von ihm beschriebenes Papier oder eine von ihm benutzte Teetasse. Liu Quans Mißachtung seines Fahrers versteht er daher selbstverständlich auch als eine Geringschätzung seiner Person.

Mit triumphierendem Gekicher hält Tie ihr das Blatt wieder unter die Nase: «Übersetz mal!»

Liu Quan nimmt das Blatt nicht entgegen, sie wirft nur einen Blick auf den Briefkopf. Ein englisches Telegramm, vermutlich von einer ausländischen Handelsgesellschaft.

«Kann ich nicht», sagt sie.

«Kannst du nicht übersetzen? Kann sie nicht übersetzen und will so hoch hinaus?!» Direktor Wei lacht trocken.

Er ist schlechter Laune. Als bedeute Liu Quans Versetzung für ihn einen Riesenverlust und für sie einen unangemessenen Vorteil. Nie hätte er gedacht, daß sie über solche Mittel verfügt: das Büro für Auswärtige Angelegenheiten fordert sie an. Sie? Ausgerechnet sie?! Da muß sich einer gewaltig für sie eingesetzt haben. Die Leute, die in Sachen Liu Quan bei ihm vorsprachen, waren Leute, denen er schlecht etwas abschlagen konnte, daher mußte derjenige, der hinter ihnen stand, eine höhergestellte Persönlichkeit sein. Ist sie vielleicht mit einer höhergestellten Persönlichkeit verbandelt?

Er mustert Liu Quan von Kopf bis Fuß, als sähe er sie zum erstenmal. Blaue Hose, kurzärmelige, schwarzweiß karierte Bluse, schwarze Plastiksandalen. Falten um die Augen, auf der Stirn, sogar um die Mundwinkel. Nichts, aber auch gar nichts, was Blicke auf sich ziehen könnte, ganz anders als die verführerischen Frauen, mit denen er umzugehen gewohnt ist. Doch bei längerer Bekanntschaft entdeckt man etwas Anziehendes an ihr, etwas wie ... wie was? Er erinnert sich an die ‹Hände Buddhas›, die seine Urgroßmutter in seiner Kindheit auf dem Ahnenaltar opferte. Diese Früchte gaben einen leichten, herben Duft von sich, der selbst in jenem düsteren, dumpfen Raum die Vorstellung eines üppigen grünen Gartens hervorrief.

Wenn man sich an Fisch und Fleisch überfressen hat, steht einem der Sinn zur Abwechslung nach anderen Gaumenfreuden. In den letzten Jahren hat Direktor Wei auf allen möglichen Wegen versucht, an Liu Quan heranzukommen, alles umsonst. Woher zum Teufel nimmt sie die Kraft, sich ihm zu verweigern? Sie hat doch sonst keinerlei eigene Ansprüche! Einen Menschen, der alle Sehnsüchte aufgegeben hat, kann man nicht mehr verletzen. Und jetzt plötzlich schlägt sie mit den Flügeln und will davonfliegen! Warum Liu Quan weg möchte, ist ein offenes Geheimnis; daß sie es geschafft hat, ist eine klare Niederlage für ihn, schwer zu verdauen. Aber so leicht wird er sie nicht davonkommen lassen.

Liu Quan versteht, daß der Kasernenhofton des Fahrers und das trockene Lachen Direktor Weis beabsichtigte Beleidigungen sind. Als Untergebene Weis fühlt sie sich wie eine der Ameisen, die Mengmeng mit Mottenkugeln umzingelt und die aus Leibeskräften in die eine oder andere Richtung rennen, fliehen wollen. Aber wohin sie sich auch wenden, immer prallen sie auf eine Wand aus Kampfergeruch. Dennoch krabbeln sie hartnäckig weiter, im törichten Glauben, die Welt stehe ihnen offen und irgendein Weg führe gewiß zum Ziel.

«Man muß immer für die Revolution arbeiten, einen Unterschied zwischen hoch und niedrig gibt es da nicht. Die Leitung hat bei ihren Anordnungen stets das Ganze im Auge.» Liu Quan konzentriert sich darauf, tief durchzuatmen. Von Leuten, die Qigong praktizieren, hat sie gehört, daß man mit dieser Atemtechnik seelische Störungen verhindern kann. Gerade in diesem Moment darf sie auf keinen Fall die Beherrschung verlieren. Umsonst, vor ihren Augen tanzen die kleinen, dummen Ameisen. Worüber redet Direktor Wei? Sie versteht nichts mehr. Offenbar geht es darum, daß sie nur ‹ausgeliehen› ist, es also durchaus sein kann, daß sie wieder unter seine Fittiche zurückkehren muß. Daß es sinnlos ist, sich an irgend jemand anders zu wenden, bevor sie nicht seine Einwilligung eingeholt hat . . .

«Liu Quan, Telefon!» Abteilungsleiter Dong klopft an die Fensterscheibe.

Genau zur rechten Zeit. «Wünschen Sie noch etwas, Direktor Wei?»

«Geh erst mal!» Direktor Wei runzelt die Stirn.

Beim Verlassen des Direktionsbüros faßt sich Liu Quan unwillkürlich an den Rücken. Ihre Bluse ist schweißnaß.

Liu Quan greift eilig nach dem Hörer: «Hallo! Hallo!» In der Ohrmuschel pfeift es, als jage ein Sturm hindurch. Noch einmal: «Hallo!» Es pfeift weiter.

Lao Dong sagt: «Aufgehängt, hat wohl zu lang gedauert.»

«Hast du nicht gefragt, wer am Apparat war?»

Ohne den Kopf zu heben, antwortet Lao Dong: «Nein.»

Liu Quan legt auf. Angesichts seiner Gleichgültigkeit steigt ein plötzlicher Verdacht in ihr auf. Hat wirklich jemand angerufen? Zweifelnd sieht sie ihn an: breite Nase, große Augen, das Gesicht ausdruckslos wie das eines Lehmbuddhas. Ist er wirklich so einfältig, wie er tut? Als Liu Quan im letzten Frühjahr von Direktor Wei als Begleiterin zur Kanton-Messe angefordert wurde, ließ ihn Lao Dong geschickt auflaufen: «Ausgeschlossen, man wartet oben dringend auf die Resultate ihres Untersuchungsprojekts, sie kann hier unmöglich weg.»

Nie hat Liu Quan ihm gegenüber Direktor Weis niederträchtige Zudringlichkeiten erwähnt. Nur vor Jinghua und Liang Qian heult sie sich Wut und Scham von der Seele.

Schon fast ein gewohntes Bild: Nach dem Abendessen sitzen sich die drei Frauen außerhalb des Lichtkreises der Stehlampe gegenüber, auf dem Tisch daneben das schmutzige Geschirr, keine ist in der Laune, abzuspülen. Zwei hören sich rauchend und wortlos die Klagen der dritten an oder sehen ihr rauchend und wortlos zu, wie sie wütend mit der Faust auf die Sessellehne trommelt. Zwischen ihnen fällt kein Wort des Trostes. Was nützen all die schönen, leeren Worte! Warum tut man ihnen so viel Unrecht an, warum haben sie so viel Pech? Für welche Sünden in ihrem vorigen Leben müssen sie in diesem derart büßen? Als könnten sie ihre Schuld nicht sühnen, selbst wenn sie das Leid aller Frauen der Welt auf ihre Schultern lüden.

Liu Quan hat Angst. Sie hat Angst vor Dienstreisen mit Direktor Wei, vor Arbeitsberichten, die sie bei ihm abzuliefern hat, Angst sogar davor, mit ihm in einen Bus zu steigen. Auf der Dienstreise nach Hunan im letzten Sommer, als sie wegen der Hitze nur dünne Kleidung trugen, preßte sich Direktor Wei im Bus von hinten an sie, so daß sie gezwungen war, mit aller Gewalt weiter nach vorn zu drängen, bis sie schließlich an der Brust eines anderen Fahrgastes klebte. Sein Kinn lag fast auf ihrem Scheitel, und ihr schlug der Nikotingeruch seines Atems entgegen. Der Mann stank wie eine lange nicht gereinigte Pfeife. Aber er schien Liu Quans Probleme zu begreifen, denn er verschaffte ihr mit Mühe einen kleinen Freiraum und klemmte seine Tasche zwischen Liu Quan und Direktor Wei. Sie dankte mit einem jämmerlichen, hastigen Blick.

Auf der Betriebsfeier zum 1. Mai hatte Lao Dong mit der Direktheit eines Angetrunkenen – war er wirklich betrunken oder tat er nur so? – erklärt: «Warum hat sie keine Lohnerhöhung gekriegt, he? Die ganze Abteilung war einverstanden . . . Ist es ein Verbrechen, wenn man ein bißchen nach was aussieht? Hör mal, Liu, du mußt heiraten, dann stehst du nicht mehr so allein da!»

Heiraten? Leicht gesagt. Heutzutage ist es schon für junge Mädchen schwierig, einen Mann zu finden, und sie ist eine geschiedene Frau von vierzig! Noch dazu hat sie einen Sohn. Und mit zunehmendem Alter verlieren sich die Illusionen, das macht den Fall noch schwieriger. Frauen wie sie betrachten die Heirat eher als eine Katastrophe oder bestenfalls als Lotteriespiel, bei dem die wenigsten einen Treffer erzielen.

Aber anders als Männer müssen Frauen lieben, als bestünde darin der Sinn ihrer Existenz. Ohne die Liebe zu einem Mann, zu einem Kind, verliert ihr Leben seinen Reiz. Und wenn Mann und Kind fehlen, lieben sie eine Katze, ein Möbelstück oder Kochrezepte. Das wenigstens bleibt Liu Quan erspart, sie hat einen Sohn.

Gott sei Dank sieht der seinem Vater nicht ähnlich. Ihr allerdings auch nicht. Die Augen, die kleine Nase, der Mund – das ganze Gesicht glänzt wie ein frischgebackenes Brötchen. Mengmeng ist ein offenherziger Lausbub. Ganz anders als sein knickriger, mißtrauischer, ewig berechnender Vater, der Tomatenmark nur in Dreipfunddosen kaufte, weil man auf diese Weise, verglichen mit der gleichen Menge in 300-Gramm-Dosen, 75 Fen sparte. Da sie keinen Kühlschrank besaßen, mußte sie dreimal täglich Tomatenmark essen: Eiersuppe mit Tomatenmark, Kartoffeln mit Tomatenmark gedünstet, mit Tomatenmark gebratener Reis, Nudeln mit Tomatenmark . . .

Mengmeng ist auch nicht so nervös und reizbar wie sie. Er vergißt schnell. Vielleicht wird sich das später ändern. Als kleines Mädchen war sie genauso offen und fröhlich.

Weil sie keine Wohnung hatte, verlor sie das Sorgerecht für Mengmeng an seinen Vater. Auf ihre Eltern konnte sie nicht zählen. Schon ihre Heirat hatte eine ‹Eiszeit› zwischen Liu Quan und ihrer Familie ausgelöst. Vater mochte den ‹Krämer›-Schwiegersohn nicht. Als Liu Quan dann die Scheidung verlangte, empfand er das wiederum als eine Familienkatastrophe. Eine verderbte Tochter in seiner Familie!

‹Einem Hund vermählt heißt Hundes Frau ein Leben lang› – das ist ein ehernes Gesetz seit Jahrtausenden. Aber Vater hat schließlich in England studiert, Talar und Doktorhut getragen. Wir mögen alles aus dem Westen mit nach Hause schleppen, Elektronik und Coca-Cola, Trident-Flugzeuge und Miniröcke, einzig in puncto Moral bleiben wir uns ewig und unverrückbar treu, hier herrscht Konfuzius bis heute unangefochten.

Liu Quan seufzt. Nein, der Himmel ist nicht immer trübe. Übermorgen! Nicht nur ein Wechsel der Umgebung, sondern der Beginn eines neuen Lebens!

Das Leid hat ihre Illusionen längst zerrieben. Geblieben ist ihr das nackte Verantwortungsgefühl gegenüber der Gesellschaft: Sie will etwas tun, wofür sie ihre 56 Yuan Monatsgehalt mit gutem Gewissen in Empfang nehmen kann.

Spätnachts, wenn wieder ein widerwärtiger oder banaler Tag herum ist, wenn sie geseufzt, geweint, geflucht hat, sitzt sie allein neben der einsamen Schreibtischlampe, das Kinn aufgestützt, und liest eifrig in einer englischsprachigen Zeitschrift, die ihr zufällig in die Hände gefallen ist. Manchmal schreckt sie hoch und fragt sich: Was tue ich da? Was haben ihre Englischkenntnisse, die ‹Einsplus› ihrer Semesterprüfungen noch mit ihr zu tun?

Dann sitzt sie regungslos da und starrt auf den Pandabären, der auf dem Sockel der Tischlampe gierig an einem Bambus nagt. Schließlich seufzt sie, zieht sich mechanisch aus und geht zu Bett.

Die Betonung, die Direktor Wei besonders auf das Wort ‹leihweise› gelegt hat, klang wie eine Drohung. Als wolle er ihr zu verstehen geben, daß er sie noch immer in seinen Klauen hält. Es wird doch nicht in letzter Minute etwas dazwischenkommen?

In seinem großspurigen Tonfall hatte Abteilungsleiter Xie sie verständigt: «Am Montag fangen Sie hier an. Dienstag erwarten wie eine amerikanische Delegation, da brauchen wir Sie umgehend als Dolmetscherin. Der Versetzungsbescheid kommt nach.»

Lao Dong hatte sie gewarnt: «Sei nicht so ungeduldig. ‹Leihweise Versetzung› – das bedeutet gar nichts. Warte, bis du den offiziellen Versetzungsbescheid in Händen hast, erst dann bist du sicher.»

Aber Liu Quan hat es eilig. Sie erträgt keinen weiteren Tag den Anblick von Direktor Weis Glatzkopf. Wenn man sich seinem Büro nähert, taucht er schon von fern über der Milchglasscheibe seines Bürofensters auf, wie ein Ei, das auf dem Wasser schwimmt. Anfangs sieht man von diesem Ei nur verschwommen die Spitze, je näher man kommt, desto tiefer sinkt der Wasserspiegel – und schließlich erscheint das Ei in seiner ganzen Pracht.

Außerdem hofft sie auf ein bißchen Glück, ihr Englisch genügt allen Ansprüchen, sie ist fleißig und leistet ordentliche Arbeit. Was für einen Grund sollte das Büro für Auswärtige Angelegenheiten haben, sein Versprechen rückgängig zu machen? 1981

WANG ANYI

Als sei es nur ein Traum gewesen

In den achtziger Jahren wurden junge Autorinnen sehr erfolgreich, die nicht nur lange ausgesparte Themen wie Sexualität, Liebe und Partnerschaft aufgriffen, sondern sich auch um neue, westlich inspirierte Darstellungsformen bemühten.

Der Regen war vorüber, und als die blanken Strahlen der Sonne am nächsten Morgen jeden Winkel des Balkons ausleuchteten, fanden sie ihn über und über bedeckt mit gelblichen und bräunlichen Blättern, an denen bereits die Fäulnis nagte. Sie erwachte und setzte sich zunächst auf die Bettkante. Schlaftrunken und mit einem schalen Geschmack im Mund gähnte sie so ausgiebig, daß ihr das Wasser in die Augen trat. Ein Bein zog sie zu sich heran, das andere ließ sie herunterbaumeln, die Zehen berührten den Boden. Aus den Augenwinkeln sah sie zu ihrem Mann hinüber. Wie ein Hampelmann lag er mit ausgestreckten Armen und Beinen da und breitete sich auf der von ihr gerade freigegebenen Hälfte des Bettes aus. Es mußte der Wind sein, der das Bambusrollo und damit die morgendlichen Sonnenstrahlen bewegte, so daß der Körper bald heller, bald dunkler schien, wie es auch in ihrem Innern bald lichter und bald dunkler aussah. Ein Gefühl, als sei ihr Herz an eine Schaukel gebunden und bewege sich auf und nieder, bis ihr übel wurde. Ihr Mann jedoch rührte sich nicht. Plötzlich, als habe er im Traum jemanden rufen hören, ruderte er mit allen vieren in der Luft herum, drehte sich um und setzte sich schließlich mit übereinandergeschlagenen Beinen auf. Noch ganz benommen starrte er leer geradeaus, als meditiere er. Dann tastete er auf dem Kopfkissen herum, bekam einen Ohrstöpsel zwischen die Finger und stopfte sich ein Ohr zu. Gleichzeitig schlossen sich seine Augen wieder zur Hälfte, und seine Miene nahm einen weichen, lebendigen Ausdruck an. Sie hatte ihn die ganze Zeit im unsteten Licht der Morgensonne bewegungslos angestarrt, in Gedanken weit, weit fort. Schließlich erwachte er mit einem strahlenden Glanz in den Augen, und als er sie auf der Bettkante sitzen sah, fragte er, was es zum Frühstück gebe. Sie sagte es ihm und erhob sich. Da ließ er ein Bein auf den Boden hängen und zog das andere zu sich heran. Sie trat auf einen der Sonnenstreifen am Boden; sie hatte sechs Lockenwickler im Haar: vorn zwei, hinten zwei, links und rechts je einen, ein albernes Käppchen. Auf der Bettkante sitzend zählte er leise die Lockenwickler. Im Zimmer war das Surren des Ventilators zu hören.

Am Frühstückstisch saßen sie einander frisch und ausgeschlafen gegenüber. Der steife Kragen seines strahlend weißen Hemdes rieb sich an den Bartstoppeln, Gesicht und Hände verströmten das warme Aroma der Sandelholzseife. Er kratzte mit den Bambusstäbchen in seiner Schale herum. Ihr pechschwarzes Haar hatte sie hinter den Ohren hochgesteckt, so daß sich nur noch die gekräuselten Spitzen einiger Strähnen auf den Wangen ringelten. Sie beachteten einander nicht, als wären sie sich so vertraut, daß es nichts mehr am anderen zu entdecken gab. In aller Eile schlangen sie den faden Reis in sich hinein und waren dabei so angestrengt auf der Hut, sich nicht die Lippen zu verbrennen, daß ihnen der Schweiß auf die Stirn trat.

Es war halb acht, Zeit für ihn zu gehen, und um zwanzig vor acht mußte auch sie aus dem Haus. Es war ein Morgen wie alle Morgen, ja, es war sogar einer der besseren unter all den immer gleichen Morgen, und wenn etwas Besonderes um ihn war, so dies, daß ungewöhnlich viel fauliges Laub auf dem Balkon lag, aber darauf hatte sie gar nicht geachtet. Ihr Zuhause war ihr vertraut, es war nichts mehr aufregend oder interessant, auf nichts war mehr achtzugeben, um es neu zu sehen. Erst wenn die Haustür hinter ihr zufiel, begann ihr Leben, und alles innerhalb der Hausmauern war bloße Vorbereitung darauf, eine Übung hinter den Kulissen eines Theaters.

Die Glocke schrillte zum Zeichen des Arbeitsbeginns, Menschen hasteten die Treppe hinauf, andere mit einer Thermosflasche in der Hand hinunter, um sich noch schnell Wasser zu holen. Grußlos hetzten sie aneinander vorbei. Sie mischte ihren Schritt unter das

Getrappel zahlloser Füße und betrat ihr Büro im ersten Stock. Ein Rest Tee vom gestrigen Tag war noch in der Tasse, auf dem gläsernen Regal hatte sich Staub angesammelt, und ein Bürokollege, der Alte Wang, fegte ihr vor den Füßen herum. Sie rangelte mit ihm um den Besen, doch erfolglos, und nahm schließlich ihre Tasse, um sie auszuspülen.

Inzwischen war der Postverteiler dagewesen und hatte einen Stapel Briefe auf ihrem Schreibtisch hinterlassen. Mit noch feuchten Fingern blätterte sie sie flüchtig durch und schloß vom Absender auf den ungefähren Inhalt. Dann goß sie Tee auf. Mit der Teetasse in der Hand ließ sie sich in einem Armsessel nieder. Es gab insgesamt nur zehn dieser bequemen Sitzmöbel, und die als letzte gekommen waren, mußten mit schmalen, harten Stühlen vorlieb nehmen. In den Sessel geschmiegt, sah sie durchs Fenster auf den einen gewaltigen Baum, der aus dem entlegenen Nordwesten hierher verpflanzt worden war. Durch die dicht gewachsenen Äste und Blätter konnte sie dennoch das kleine Ziegelhaus gegenüber ausmachen, das ein spitzes Dach hatte, wie sie es nur aus Märchen kannte, und einen halbrunden Balkon.

Sie riß sich von dem Anblick los, nahm lustlos die Briefe vom Tisch und schlitzte mit einer nicht sehr scharfen Schere einen Umschlag nach dem anderen auf, um dann einen Briefbogen nach dem anderen vor sich auszubreiten. Eine heimliche Hoffnung war in ihr, aber so verschwommen, daß sie nicht wußte, was es war, auf das sie wartete, oder ob es überhaupt einen Grund gab, auf irgend etwas zu hoffen. Und so hoffte sie denn auch vergebens, bis sie alle Briefe gelesen hatte. Doch wie um einen letzten Funken zu schüren, klingelte in diesem Augenblick das Telefon. Es stand direkt neben ihr. Sie nahm den Hörer ab und meldete sich, doch der Anrufer wollte den Alten Wang sprechen. Nun gab es endgültig keinen Grund mehr herumzusitzen, sie mußte etwas tun. Aus dem Regal hinter ihr angelte sie sich aus einem kleinen Stapel das zuoberst liegende Manuskript und legte es vor sich auf den Schreibtisch. Es war uninteressant und gewöhnlich und außerdem in höchst eigenwilliger Handschrift verfaßt. Sie versenkte sich in die Lektüre.

Wie aus heiterem Himmel verstummte plötzlich das allgemeine

Bürogemurmel. Es war wie beim Defekt eines Filmes: Die Bewegung ging weiter, aber der Ton fehlte. Die Stille war jedoch nur von kurzer Dauer, bis eine Biene hereingeflogen kam und im Kreise herumsurrend einen kleinen Tumult verursachte. Die Biene drehte einige elegante Kreise und surrte dann wieder zum Fenster hinaus. Zurück blieben golden schimmernde Linien in der Luft, die sich nur langsam auflösten. Das Durcheinander des hektischen Bürobetriebes setzte wieder ein, der Defekt des Filmes war behoben: Bewegung und Ton stimmten wieder überein. Am kommenden Montag, sagte der Alte Wang zu ihr, tage auf dem Lushan-Berg der PEN-Club, es würden zwar nicht viele, dafür aber erstklassige oder doch wenigstens die zweite Riege der Schriftsteller zu einem Gespräch über Literatur erwartet. Es werde sicher sehr anregend, und die Redaktion beabsichtige wohl, jemanden hinzuschicken. Bei seinen Worten dachte sie sofort daran, daß es großartig wäre, wenn sie hinfahren könnte. Ihr Herz klopfte.

In diesem Augenblick ertönte das Zeichen zur Pausengymnastik, alle erhoben sich, die Stühle scharrten laut auf dem Parkett. Die Sonne funkelte auf dem Fenster direkt neben ihr, so daß sie stark geblendet wurde. Deshalb zog sie sich in das andere Ende des Raumes zurück, das gegenüber einer düsteren Gasse lag, aus der sie das Gurgeln eines Abwasserkanals hören konnte. Den Rücken dem im Sonnenlicht blitzenden Fenster zugewandt, starrte sie abwesend auf die schmale Gasse hinunter. Undeutlich hörte sie, daß ihr Name gerufen wurde, antwortete aber nicht. Entweder man rief sie ein zweites und ein drittes Mal, oder eben nicht, und in dem Fall würde sie weiter allein am Fenster stehenbleiben und ihren Gedanken nachhängen. Da brach die Musik der Pausengymnastik ab, Stühle scharrten, man setzte sich wieder. Sie horchte, ob man sie erneut rief, und als nichts dergleichen geschah, wandte sie dem Fenster den Rücken und marschierte durch den Büroraum zurück zu ihrem Schreibtisch.

Auf halbem Wege lag rechts eine Tür, die durch einen kurzen Flur und über zwei Stufen nach links in das Zimmer des Chefredakteurs führte. Gerade als sie an diesem Büro vorbeiging – wann immer sie sich später zurückerinnerte und an diese paar Schritte dachte, schien es ihr ein unendlich weiter Weg gewesen zu sein und die Zeit fast eine Ewigkeit –, auf halbem Wege, als sie gerade am Zimmer des Chefredakteurs vorbeigehen wollte, trat der stellvertretende Chefredakteur aus dem Zimmer, blieb auf den zwei Stufen nicht weit von ihr stehen und sagte: «Der PEN-Club tagt auf dem Lushan. Du fährst hin, ja?» Sie legte die zweite Hälfte des Weges zurück und blieb neben ihrem Schreibtisch stehen.

Die Sonne war inzwischen noch weiter gewandert und beschien ein anderes Fenster, und kurz darauf läutete es zur Mittagspause. Sie ging nicht nach Hause, sondern kramte ihre Emailleschüssel aus der Tasche hervor und ging hinunter, um sich etwas zu essen zu kaufen. Die Kantine war verbunden mit der Aula, und Dampf- und Rauchschwaden von Reis und Gemüse schlugen ihr entgegen. Es hatte sich bereits eine Schlange von zwanzig Leuten gebildet, zwanzig Menschen in einer Reihe, und alle unterhielten sich miteinander. Sie war die 21ste in der Schlange und die einundzwanzigste Stimme in dem allgemeinen Gewirr. Während sie sich unterhielt, sah sie ständig den Lushan vor sich. Sie war noch nie auf dem heiligen Lushan gewesen, sie war überhaupt noch nie im Gebirge gewesen, und ihres Wissens gab es im Lushan-Gebirge nur die ‹Höhle der Unsterblichen› in dahinjagenden Wolken zu besichtigen. Sie sah sich am Eingang der Höhle stehen und einen Rock tragen, den sie vor langer Zeit selbst genäht und dann nie zu tragen Gelegenheit gehabt hatte. Da war die Reihe an ihr, und sie kaufte ihr Essen.

Den Rest des Tages war sie geistesabwesend, und da sie sich keinen anderen Rat wußte, fing sie immer wieder eine belanglose Plauderei an. Von Zeit zu Zeit blickte sie wieder in das Manuskript und las mit Erfolg, doch in Gedanken war sie auf dem Lushan. Ein Tag neigte sich seinem Ende zu, sie war matt und machte einen desolaten Eindruck, angegriffen wirkte sie und wie von einer unsichtbaren Staubschicht überzogen, der Rock faltig wie eine überreife Frucht. Sie wollte nach Hause, um jeden Preis wollte sie nach Hause. Eine Art Minderwertigkeitsgefühl machte sich in ihr breit und deprimierte sie. Ungefähr eine Stunde verbrachte sie damit, sich nach ihrem Zuhause zu sehnen. Dann ertönte das Feierabendsignal.

Die Allee lag warm und ruhig in der Dämmerung. Sie ging eilig inmitten der Fußgängermenge. Keiner achtete auf den anderen oder wurde beachtet, jeder ging hastig seines Weges, denn es war der Heimweg. Welch eine Wohltat war der Wind, der mild und angenehm über die Menschen dahinstrich und ihre müden Körper erfrischte. Mit der Sonne im Rücken hetzte sie weiter und kam völlig ausgepumpt zu Hause an. Als erstes kramte sie den Briefkastenschlüssel hervor und sah nach der Post. Außer der Abendzeitung war nichts gekommen, und wenn sie es sich genau überlegte, konnte auch nichts weiter gekommen sein. Langsam ging sie die Treppe hinauf. Das Geländer war so durchgerostet, daß es keine Stütze mehr bieten konnte, die Wand war mit einem verdreckten Bild bemalt, und unten türmte sich der Müll. So blieb nur, behutsam Stufe um Stufe hinaufzusteigen, ohne sich festzuhalten. Hinter einigen Flurfenstern brannte bereits Licht, andere waren noch dunkel. Ihres war stockfinster. Sie wußte genau, daß er bis zu einer Viertelstunde nach ihr kommen konnte, und doch konnte sie eine Spur Ärger und Ungeduld nicht unterdrücken. Als sie die Tür aufsperrte, schlug ihr stickige Schwüle entgegen und hüllte sie ein, so daß sie binnen Sekunden in Schweiß gebadet war. Mißmutig trat sie ein und stieß Fenster und Balkontür auf. Als sie auf dem Balkon die dicke Schicht schmutziggrauer Blätter sah, erinnerte sie sich vage an den Herbststurm und Regen der letzten Nacht.

Voller Groll begann sie, Reis zu waschen und dabei so erregt in sich hineinzuerzählen, daß ihr Atem immer schneller ging. Unruhig wartete sie auf ihn, aber er kam einfach nicht. Sie wußte genau, daß er frühestens in zehn Minuten heimkommen konnte, erwartete ihn jedoch voller Ungeduld. Noch fünf Minuten – doch da hoffte sie plötzlich, daß er sich verspäte, um zehn Minuten vielleicht oder noch mehr. Dann wäre ihre Wut begründet und sie könnte sich nach Herzenslust austoben. Aber natürlich kam er pünktlich, um Schlag sechs Uhr hörte sie seinen Schlüssel sich im Schloß drehen. Die Tür bewegte sich in den Angeln, und um den Gaskocher nicht zum Verlöschen zu bringen, öffnete er sie vorsichtig einen Spaltbreit, streckte zunächst sein gutmütig und rechtschaffen lächelndes Gesicht ins Zimmer und zwängte sich dann selbst hinein. Da war es um ihre Selbstbeherrschung geschehen, und sie schrie ihn wütend an: «Los, schnell! Das Feuer geht aus!» Eilig schlüpfte er ins Zimmer und schloß die Tür. Doch er hatte sich zu hastig bewegt, die Flämmchen des Gaskochers kämpften mühsam gegen den Windhauch an und verloschen schließlich eines nach dem anderen. Das reizte sie noch mehr, und eine Flut von Vorwürfen ging auf ihn nieder wie die unaufhaltsamen Wassermassen nach einem Dammbruch.

Er wich ins Schlafzimmer aus und machte sie damit noch wütender. Der Heber klapperte unnötig laut in der Pfanne, während sie ohne Punkt und Komma redete, weniger um ihre Wut an ihm auszulassen, als um sie sich selbst zu erklären. Sie mußte Gründe für ihren Ausbruch finden, sonst wäre sie verloren, ja in ihren eigenen Augen war sie bereits verloren. Da riß ihm der Geduldsfaden und er machte endlich den Mund auf: «Schon gut, schon gut.» Er wollte um des Hausfriedens willen klein beigeben, doch der Überdruß und die Ungeduld in seiner Stimme brachten sie auf und kränkten sie. Oft hatte sie sich ausgemalt, er würde sie unterstützen, vielleicht, nahm sie an, könnte das sie beruhigen – aber er übte sich immer nur in Geduld. Solange niemand ihr half, sich zu zügeln und zu beherrschen, konnten sich ihre Gereiztheit und ihr Jähzorn, ihr Abscheu vor den Menschen und vor sich selbst ungehindert breitmachen. Widerwillen und Müdigkeit bemächtigten sich ihrer, ohne daß sie sich dagegen zur Wehr setzen konnte. Um sich zu beweisen, daß es nicht an ihr lag, wenn sie den Unmut anderer erregte, suchte sie um so lebhafter und geschwätziger nach Erklärungen. Sie fühlte sich minderwertig und zutiefst betrübt und verspürte den Wunsch, ihr Verhalten zu ändern. Aber er kannte sie bis auf den Grund ihres Wesens, sie konnte ihm nichts vormachen. Sie war nun einmal so, ja, so war sie nun einmal, so und nicht anders. Jawohl, wütete sie mit Tränen in den Augen in sich hinein, stumm. Keiner hörte sie toben, nur das laute Zischen des Öls war zu hören. Je matter sie nach und nach wurde, desto größer wurde erneut ihr Wunsch nach Tröstung. Sie brauchte die Wärme liebevoller Zuwendung, um sich ausruhen und erholen zu können. Doch es gab keine Tröstung. Unerbittlich hatte sie zahllose

Schlachten geschlagen, und er war abgestumpft gegen ihr Gelärme, was blieb ihm auch anderes übrig. Er mußte Augen und Ohren schließen, um sich vor ihrem nächsten überraschenden Ausbruch zu schützen, und nur durch seine Zähigkeit überlebte er in dieser Zeit, deren Größe ihre Gewöhnlichkeit war. So wohnten sie jeder für sich einsam unter einem Dach, rieben sich aneinander und hatten doch einen unüberbrückbar breiten Graben zwischen sich. Und keiner konnte dem anderen helfen.

Sie aßen zu Abend. Trotz des Auftritts kurz zuvor hatten beide großen Appetit und wollten anschließend noch fernsehen. Nach und nach wurde sie ruhiger, doch war es mehr die Ruhe grenzenloser Einsamkeit, die nur von der angenehmen Stimme der Fernsehansagerin gemildert wurde. Sie waren dieses Lebens überdrüssig, doch keiner von beiden fand den Weg heraus aus ihrem bescheidenen Heim, sondern suchte statt dessen sein eigenes Quentchen Glück darin zu finden. Sie schienen aneinandergebunden, untrennbar, und es mochte kommen was wollte, wenn sie nur beieinander blieben. So verbrachten sie in dem kleinen Zimmer die Abende, einer auf dem Bett, der andere auf einem Stuhl, er las ein Buch, sie las die Zeitung, und dann tauschten sie und er las die Zeitung und sie das Buch.

Sie war inzwischen ganz ruhig geworden und mußte erneut an den Lushan denken. Das munterte sie sogar ein wenig auf. Nach dem Wutausbruch war ihr Gemüt besänftigt und friedlich und voller Mitleid. Jetzt erst erzählte sie ihm von der Dienstreise und er fragte, wann sie losfahre. In fünf Tagen, sagte sie, und so kamen sie ins Gespräch, in ein ruhiges und friedliches Gespräch. Er legte sich zu ihr aufs Bett, und sie konnte sich endlich an ihn schmiegen und die langersehnte Wärme spüren. Jetzt war sie sanft und friedlich. Er streichelte sie wie eine heimatlose Katze, und sie dankte es ihm behutsam. Sie waren durchströmt von einem tiefen Glücksgefühl, das alle Mühe und Last des Tages und den Mißklang des Abends unbedeutend erscheinen ließ. Alles Unglück vergangener und kommender Zeiten legten sie zur Seite und lebten nur dem Glück des Augenblicks. Aus diesem kurzlebigen Glück sammelten sie Kraft, um zügellos ausschweifenden und langweilig schalen Zeiten gewachsen zu sein. Erst fielen ihr die Augen zu, dann auch ihm, und sie glitten langsam in den Schlaf hinüber. Im Traum ließen sie einander los und ruhten jeder für sich bis zum Anbruch des Tages.

Der erste Schimmer der Dämmerung fiel durch die Ritzen des Bambusrollos, und die Lichtstreifen verwoben sich zu einem leuchtenden Netzwerk, das den Boden des Zimmers bedeckte. Dann ging die Sonne auf. Sie erwachte und setzte sich auf die Bettkante, der Wind bewegte das Bambusrollo und damit die Sonnenstrahlen, so daß sein Körper bald heller und bald dunkler schien, da ruderte er plötzlich mit allen vieren in der Luft herum und setzte sich schließlich mit übereinandergeschlagenen Beinen auf. Wie betäubt starrten sie einander an, aller Zorn und alle Nähe des vergangenen Abends hatten sich spurlos aufgelöst, als sei es nur ein Traum gewesen. [1987]

CAN XUE

Im weiten Land

Aufgabe linearer Erzählstrukturen und Verzicht auf eine nachvollziehbare Handlung – so weitreichend waren zeitweise die formalen Freiheiten für experimentelle Prosa in der Volksrepublik.

Als sie sich an jenem Abend hinlegte, merkte sie plötzlich, daß sie nicht einschlafen konnte. So stand sie auf und ging in dem dunklen Zimmer auf und ab. Bei jedem Schritt knarrten die morschen Dielen schauerlich. In der Düsternis kauerte in einem Winkel etwas, das noch dunkler war und seinem Umriß nach wie ein Bär aussah. Das Ding bewegte sich, und auch unter seinem Schritt knarrten die Dielen schauerlich.

«Wer ist da?» Die Stimme gefror ihr in der Kehle.

«Ich.» Die verängstigte Stimme ihres Mannes.

Sie hatten sich gegenseitig einen Schrecken eingejagt.

Fortan wanderten sie allnächtlich wie die Seelen zweier Gespenster durch die leeren Räume dieser großen Wohnung. Tagsüber hielt sie die Lider gesenkt, als ob sie sich an die nächtlichen Geschehnisse nicht erinnerte.

«Jemand hat den Briefbeschwerer, der auf der Glasplatte lag, kaputtgemacht.» Er hob den Blick aus blutunterlaufenen Augen und musterte sie heimlich.

«Von selbst wird er wohl kaum runtergefallen sein. Aber es hat heute nacht mächtig gestürmt», sagte sie und zog dabei die Schulterblätter hoch. Im selben Moment spürte sie ein schmerzhaftes Ziehen in den Rippen.

«Diese Heimlichtuerei widert mich an!» platzte sie ohne jeden Zusammenhang los.

«In einigen Zimmern, die jahrelang leergestanden haben, gibt es Schlangen! Außerdem . . .» Er fuchtelte mit einer Aderpresse aus Gummi herum, an der eine gewaltige blitzende Injektionsnadel hing, während er weiterredete: «Was hatte ich noch eben gesagt? Richtig, wenn sich eines Tages eine Schlange raschelnd am Fuße der Wand entlangwindet, dann paß auf, daß du nicht gebissen wirst . . .»

Vor fünf Tagen hatte sie Gummischlauch und Injektionsnadel unterm Kissen gefunden. Sie waren ganz neu und rochen nach Gummi. Damals hatte sie nicht weiter Notiz davon genommen. In den letzten Tagen hatte ihr Mann immer wieder damit herumgespielt und sich noch im Schlaf den Schlauch in den Mund gesteckt und auf ihm herumgekaut.

«Du solltest mal hören, was der Wetterbericht sagt», fuhr er fort und zwinkerte dabei mit einem Auge.

Die Räume waren groß und leer, der Nordwind stieß gegen das Fenster mit dem defekten Fensterhaken.

Um nicht in der Dunkelheit aufeinanderzuprallen, traten beide noch lauter auf.

Als er hinausging, hängte er Schlauch und Nadel an einen Nagel der Wand, das ganze Zimmer roch danach.

«Ich will das mal testen», sagte er zu ihr, als er von seinem

Rundgang zurück war. «Ich werde mir eine streunende Katze fangen. Es ist so groß und dunkel, bestimmt versteckt sich irgendwo alles mögliche streunende Getier. Du weißt ja, nachts gehen draußen auf dem freien Feld Graupelschauer nieder; ich habe da ein paar Runden gedreht, mein Rücken ist klitschnaß und eisverkrustet. Irgendwo hörte man fremde Schritte. Wer mag das gewesen sein?»

«Das kam von mir, ich ging am anderen Ende», sagte sie teilnahmslos und steckte dabei den verschwollenen Kopf in den Schatten, um die schwarzen Höfe um ihre Augen zu verbergen. Sie tat einen großen Schritt nach vorn, nahm die Aderpresse und die Spritze von der Wand und spielte damit herum.

«Manchmal nimmt das Leben eine unvorhergesehene Wendung.»

Im Schein eines Blitzes stob ein Funken aus der Nadel.

Sie konnten sich schon nicht mehr erinnern, wie lange ihre Schlaflosigkeit anhielt.

Sie legte sich hin; sofort dröhnte dieses seltsame Geräusch in den Ohren. Sie riß die Augen auf und bemerkte, wie ihr Mann mit geschlossenen Augen auf der Presse kaute. Die mächtige Nadel steckte ihm im Herzen.

Sie zog sich an und stand auf und wurde sogleich von einem Traum verfolgt. Die Wand war feucht; wenn man sich gegen sie lehnte, blieben die Kleider daran kleben.

«Der Briefbeschwerer ist kaputt. Wer war das nur?» meinte er aus einer Ecke heraus. Das Gummi, auf dem er kaute, quietschte.

«Ein Traum verfolgt mich. Er ist da durch das kleine Fenster hereingekommen. Wie ein Hai kam er geschwommen und blies mir seinen kalten Atem in den Nacken. Seit Tagen habe ich nicht mehr geschlafen, sieh, überall ist meine Haut ganz runzelig geworden. Gestern habe ich in meiner Panik den Briefbeschwerer kaputtgemacht, nur um diesem Fisch, diesem Menschenfresser, zu entrinnen. Wie lange soll dieses Verfolgungsspiel noch weitergehen?» Unbewußt verfiel sie in einen klagenden Ton. «Ich kann einfach nicht mehr unterscheiden, ob ich träume oder wache. Ich fange an, im Büro dummes Zeug zu reden und die Kollegen zu verstören.»

«Wer kennt sich da schon aus? Manche Leute bringen ihr ganzes Leben in so einem Zustand zu. Ob sie gehen oder reden, sie schlafen unweigerlich ein. Vielleicht gehören wir dazu.»

«Ich habe Angst, jemandem zu begegnen. Man wird merken, daß ich in Trance lebe. Also halte ich möglichst den Mund.»

Als er in ein anderes Zimmer ging, sah sie wieder Funken aus der Nadel in seiner Hand sprühen.

Das Donnergrollen nahm kein Ende.

Seit ihrer Kindheit hatte es in der Wohnung so viele leere große schwarze Räume gegeben, und einer wie der andere. Nie hatte sie gezählt, wie viele es eigentlich waren.

Später kam er dann. Anfangs hatte er mit wahrer Begeisterung Buchsbäumchen auf die Fenstersimse jener Zimmer gestellt, hatte mit von Eifer zerzaustem Haar und hochgerecktem Hinterteil die Räume so heftig geputzt, daß überall der Staub aufwirbelte. Schaute mal jemand vorbei, hob er die Stimme: «Nicht mehr wiederzuerkennen ist das Zimmer!»

Doch goß er die Pflanzen kein einziges Mal, und alle Buchsbäume verdorrten.

Er warf sie fort. Übrig blieben auf den Simsen leere runde Töpfe, die nachts Totenköpfen zum Verwechseln ähnlich sahen.

«Hättest du nichts gepflanzt, wär es viel sauberer», nörgelte sie entmutigt, ihr Gesicht war wachsgelb.

«An so einem Platz gedeiht nichts.» Er stampfte grimmig auf. «Ein Flecken Wüste ist das.»

Er pflanzte dann nichts mehr. Noch jung an Jahren, bekam er ein Alte-Leute-Asthma; überraschend stellte sich auch noch Schlaflosigkeit ein.

Einmal war es pechschwarz vor dem Fenster, als er aufwachte. Er warf einen flüchtigen Blick auf die Uhr an der Wand und stellte fest, daß er gerade erst ins Bett gegangen war. Da wanderte er von einem Zimmer ins nächste, stieß dabei die Tontöpfe von den Simsen, so daß sie stumpf auf den Zementboden schlugen.

«Gestern hast du den Briefbeschwerer kaputtgemacht, den mit dem Löwenkopf. Kannst du dich nicht ein bißchen zusammenreißen?» Eigensinnig kam er noch einmal auf den Vorfall zurück.

«Nachts machen einem die Töpfe ganz besonders angst. Kannst du sie nicht wegräumen?» Sie hielt einen Augenblick inne; ihre Stimme schwankte, als sie dann meinte: «Eines Tages ist es soweit, dann ringe ich mich endlich durch und schaffe sie alle weg, restlos weg. Blank und kahl ist dann das Fenstersims, und man wird darüber heilfroh sein.»

Er wurde vor Verlegenheit rot und knirschte mit den Zähnen.

Als sie nachts beide vor sich hin träumend wach lagen, entdeckte sie, wie lang sich seine Füße streckten, so lang, daß sie ihr fremd wurden. Die eiskalten Fußsohlen unter den klar voneinander abgesetzten Gelenken stießen gegen ihr Kissen. Eine Zehe war so angeschwollen, daß sie wie eine Karotte aussah.

«Du nimmst dir so viel Platz», murmelte er unter der Decke, «du hast mich an die Wand gedrückt, und da hängt doch schon die Spritze. Es regnet. Während du es dir hier gemütlich machst, bin ich in dem weiten Land hin und her gelaufen und dabei auf einen Skorpion getreten.»

Sie machte Licht an, alles verschwamm ihr vor den weit aufgerissenen Augen.

Die Spritze hing an der Wand, an der das Bett stand; ein großer schwarzer Blutstropfen sickerte gerade aus der Nadelöffnung. Der Schlauch krampfte sich schreckenerregend zusammen und quetschte dabei die Flüssigkeit aus seinem Innern.

Sie trat ins weite Land. Dort fielen Graupelschauer, und von den Bäumen bröckelten knisternd Eisstückchen. Ihr Körper war unerträglich fett und aufgedunsen, aus den geschwollenen Fingern sickerte Wasser. Gern hätte sie geschlafen, hörte aber wieder, wie jemand im Morast stöhnte. Mit unbeholfenen Bewegungen begab sie sich zu dem Ort, von dem das Stöhnen kam, näherte sich ihm schlafwandelnd und trat dabei in jede Kuhle. Sie schrie vor Schmerz auf.

Tatsächlich war er auf einen Skorpion getreten. Eine Zehe war rasch geschwollen, Rötung und Schwellung zogen sich im Nu bis hinauf zum Knie. Als Wind aufkam, klang es hell aus allen Wasserlöchern. Er geriet mit einem Bein in den Sumpf und konnte es, sosehr er sich auch mühte, nicht wieder herausziehen. In der Einsamkeit hörte er, wie sich diese schrecklichen Schritte näherten.

«Es ist doch nur ein Traum, ein Traum, den ich selber gewollt habe», sagte er laut und mit Trotz in der Stimme. Er hatte Angst, daß sie sich nähern könnte. Die Schritte hielten neben ihm inne, ohne daß ein Mensch zu sehen gewesen wäre. Keine Menschenseele in diesem weiten Land. Die Schritte existierten nur in seiner Einbildung, nun waren diese eingebildeten Schritte neben ihm zum Stillstand gekommen.

Eine gestaltlose Hand stieß absichtlich schmerzhaft gegen seine Zehen, ohne daß er dem Stoß hätte ausweichen können. Wie lauter Spritzen standen am Körper die gefrorenen Härchen empor.

Nachdem die Wanduhr das letzte Mal geschlagen hatte, zerbrach sie in Scherben; wie ein Schwarm kleiner Vögel stoben die Zahnräder in die Luft und flogen auf und davon. An der schmutzigen Wand haftete der verdrehte Gummischlauch, auf die Erde war ein großer Fleck aus schmerzend schwarzem Blut gespritzt.

[1986]

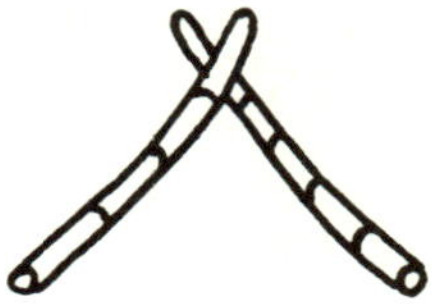

WAS IST AUFGABE DER LITERATUR?

WANG RUOWANG

Der Unglückskanal

Ein Stück Reportageliteratur, das den mühsamen Reformprozeß dokumentiert und auf seine Weise die Engstirnigkeit der maoistischen Kunstdoktrin kommentiert

Der Oktober 1978, der uns auf dem Gebiet der Literatur das Tauwetter des ‹Pekinger Frühlings› gebracht hatte, war gerade vorbei, als ein junger Mann in unsere Redaktion kam. Er verlangte eine etwa zehn Tage zuvor eingereichte Erzählung zurück, um noch ein paar Verbesserungen anzubringen. Das Manuskript hatte den Titel ‹Der Unglückskanal›.

«Haben Sie die Erzählung selbst geschrieben?» fragte ich ihn und legte dabei die Betonung auf das Wort ‹selbst›. Der junge Mann wühlte mit gesenktem Kopf in seiner Umhängetasche und zog einen Brief hervor, den er mir überreichte. Absender war das Revolutionskomitee der Volkskommune ‹Langer Marsch› im Kreis T. Ich riß den Umschlag auf und las:

«Betreffs der Erzählung ‹Der Unglückskanal›, die der Grundschullehrer unserer Volkskommune, der Genosse Jiao Keyi, für Ihre Zeitschrift geschrieben hat: Verfasser findet, daß einige Stellen nicht richtig sind. Sie müssen geändert werden. Erwarten Rückgabe des Manuskriptes an den Überbringer dieses Schreibens.»

Wenn der Autor selbst eine Korrektur für angebracht hielt, konnte doch er uns einen Brief schicken. Wozu dann dieses offizielle Schreiben? Der Kreis T. liegt mehr als zweihundert Kilometer von Shanghai entfernt. Weshalb hatte man jemanden extra auf die weite Reise geschickt, um das Manuskript zurückzufordern? Diese Fragen beunruhigten mich und ließen meine Gedanken um den Text kreisen. Es ging um den Bau einer Bewässerungsanlage in einer Volkskommune. Alle arbeitsfähigen jungen Leute wurden mobilisiert, um einen Kanal auszuheben. Wenn es an diesem Text etwas zu bemängeln gab, so war es der Ausgang der Geschichte, denn es blieb unklar, ob der Kanal zu Ende gegraben oder die Arbeit vorzeitig eingestellt wurde.

«Wir werden das Manuskript an den Autor persönlich zurücksenden», sagte ich zu dem jungen Mann.

Als er fort war, nahm ich mir den Text noch einmal vor. Ich fragte mich, ob die Schilderung wohl bis in alle Einzelheiten der Wahrheit entsprach, und in mir regte sich der Wunsch, den Konflikt, den diese Erzählung beschrieb, selber an Ort und Stelle in Augenschein zu nehmen. Vier Tage später traf ich, das Manuskript in der Tasche, am Verwaltungssitz der Volkskommune ‹Langer Marsch› ein.

Eine Menge höherer und weniger hoher Funktionäre war zu meiner Begrüßung versammelt. Erstklassige Zigaretten und bester Tee wurden angeboten. Mein Einführungsschreiben wollte niemand sehen. Es dauerte nicht lange, und der junge Mann, der mich in der Redaktion aufgesucht hatte, erschien auf der Bildfläche. Als er auf mich zutrat, wirkte er aufgeregt, verlegen und beschämt zugleich. Im ersten Augenblick brachte er keinen Ton heraus, dann fragte er: «Was verschafft uns die Ehre Ihres Besuches?»

Da er in gewisser Weise der einzige alte Bekannte war, den ich hier hatte, sagte ich zu ihm: «Ich bin gekommen, um Jiao Keyi, den Verfasser des ‹Unglückskanals›, zu sprechen. Ich will mit ihm beratschlagen, wie man sein Manuskript verbessern kann.»

Als der junge Mann das hörte, lief sein Gesicht rot an, und er brachte erst recht kein Wort mehr hervor. Zum Glück stand neben ihm ein Funktionär, der für die politische Propaganda zuständig war. Der Mann hieß Zhang Yanhong, war ungefähr vierzig Jahre alt und trug weiße Tennisschuhe. Er nahm sofort das Wort und verkündete lächelnd:

«Es ist schon ziemlich spät. Der Redakteur wird nach der langen Reise ganz schön müde sein? Am besten ruht man sich erst einmal richtig aus.»

Ich erklärte Zhang Yanhong, daß ich den Parteisekretär der Volkskommune sprechen wollte.

«So ein Pech», erwiderte Zhang, «Sekretär Xu ist zu einer Konferenz in die Kreisstadt gefahren!»

«Wen ich noch suche», fuhr ich fort, «ist Lehrer Jiao Keyi. Ich will mit ihm etwas bereden.»

Mein Gegenüber stutzte, faßte sich aber schnell: «Gut, ich gebe ihm Bescheid.»

Nach dem Abendessen schlenderte ich ein Stück die Straße hinunter und geriet in das Haus einer Bauernfamilie. Ein alter Mann saß auf einer Bank und flocht Strohsandalen. Ich grüßte, bot ihm eine Zigarette an und fragte: «Sollen das Strohsandalen werden?»

Er musterte mich eine Weile und sagte dann: «Was denn sonst? Beim Kanalbau macht man seine Schuhe schnell kaputt. Mit diesen Sandalen rutscht man weniger.»

«Was ist das für ein Kanal, der hier gebaut wird?»

«Ein Kanal ohne Wasser.»

«Wer ist denn auf die Idee gekommen, so einen Kanal zu graben?» wollte ich wissen.

Der alte Bauer ließ die Strohsandale sinken, nahm einen tiefen Zug aus der Zigarette und sagte: «Natürlich die da oben. Wenn die da oben von uns einfachen Leuten verlangen, daß wir ins Meer springen, um dem Drachenkönig das Herz aus dem Leibe zu schneiden, oder daß wir in den Himmel steigen, um die Zimtblüten auf dem Mond zu pflücken, dann brauchen sie nur eine Losung auszugeben, und wir müssen tun, was sie wollen.»

Ausgerechnet in dem Augenblick, da unser Gespräch diese Wendung nahm, kam Zhang Yanhong hereingestürzt. Als er mich sah, erklärte er umständlich: «Ich war für Sie auf der Suche nach Lehrer Jiao. Wir haben wirklich kein Glück: Vor drei Tagen ist er zu einem Fortbildungskurs in die Bezirkshauptstadt gereist. Er wird erst in zwei Wochen wieder zurück sein.» Dann musterte er mich und sagte: «Hatten Sie sich nicht ein wenig ausruhen wollen?»

Als ich erklärte, daß ich mich ganz zwanglos mit diesem Alten unterhalten wollte, beeilte sich Zhang Yanhong, mich vorzustellen: «Das ist ein Schriftsteller, der uns besucht, um Material über unseren Kanalbau zu sammeln.»

Der Alte griff sofort das Thema auf und kommentierte: «Ach ja, das ist wirklich ein großartiges Projekt. Drei Jahre hintereinander ist unsere Volkskommune dafür schon mit dem ‹Roten Banner› ausgezeichnet worden.»

«Und was bedeutet das praktisch?» fragte ich ihn.

Der Alte dachte lange nach, dann fiel ihm eine Formulierung ein: «Ich habe gehört, mit der Arbeit von fünf Jahren kann man ‹zweimal die Erdkugel› umrunden.»

Zhang Yanhong berichtigte ihn: «Du meinst, die ausgehobene Erde, Kubikmeter für Kubikmeter nebeneinandergehäuft, würde einmal um die Erde reichen. Nicht zweimal.»

«Richtig», verbesserte sich der Alte, «nur einmal, jetzt fällt es mir wieder ein. Ich habe das damals von Ihnen gehört. Nichts mehr los mit meinem Kopf. Natürlich, also nur für *einen* Gürtel um die Erdkugel haben wir fünf Jahre geschuftet!»

Am nächsten Tag holte mich Zhang Yanhong zur Besichtigung des künstlichen Wasserlaufs ab. Wir hatten das Dorf noch nicht sehr weit hinter uns gelassen, als sich ein Schwarm von dreißig bis vierzig Personen – Männer, Frauen, Kinder und Greise – an unsere Fersen heftete. Ich nahm an, daß die Führung eine ‹Massenbewegung› inszenieren wollte, und dachte bei mir: Das wird ja wieder was geben.

Wir hatten etwa zwei Kilometer zurückgelegt, als wir einen großen Graben vor uns liegen sahen, dessen Breite mindestens fünfzehn Meter betrug. Sein Boden war knapp mit Wasser bedeckt, niedrige Weidenbäume säumten das Ufer. Zhang wies auf eine nahegelegene Brücke aus Stahlplatten und sagte stolz: «Das ist die modernste Brücke der Volkskommune.»

Wir folgten dem Ufer in Richtung der neumodischen Brücke. Die Kanalböschung zierten zertretene Strohsandalen, von den Bauern hier weggeworfen, halb eingegrabene Strohsäcke gegen das Rutschen, zerrissene Bambuskörbe und schwärzlich verrußte Feuerstellen aus Erde, an denen die Arbeiter ihr Essen gekocht hatten. Wir näherten uns der Brückenauffahrt. Da standen tatsächlich die von Jiao Keyi beschriebenen großen Schautafeln aus Blech mit ihren kühnen Losungen. Die Schriftzeichen waren zwar schon verblichen, aber man konnte sie noch immer entziffern. Ich las: «Kämpft für die Landwirtschaft, erbaut Bewässerungsanlagen!» – «Drei Jahre bittere Mühe, zehntausend Jahre Glück!» – «Lernt von der Musterbrigade, vergießt viel Schweiß, macht tausend Hektar fruchtbar!» Auf einer dieser Tafeln entdeckte ich eine obszöne Zeichnung, die jemand mit einem Nagel eingeritzt hatte, um seiner Verachtung Ausdruck zu verleihen. Sie verwandelte diese Propagandatafeln, die viel Geld gekostet hatten, in Spott-Schilder zur Verhöhnung des Projekts.

Die Zahl der Bauern, die uns folgte, war größer geworden. Als wir das modernste Bauwerk der Volkskommune erreichten, standen schon viele Kommunemitglieder auf dieser Brücke. Zhang Yanhong plazierte sich auf der höchsten Stelle und fing an zu brüllen: «Was sucht ihr hier? Seid ihr schon fertig mit der Arbeit auf der Tenne? Ich mache mit dem Redakteur eine Besichtigung des Wasserbauprojekts. Habt ihr davon noch nicht genug gesehen?»

Gemessen an der beflissenen Höflichkeit, die Zhang Yanhong mir gegenüber an den Tag gelegt hatte, wirkte er bei dieser groben Ansprache wie ein anderer Mensch.

«Was wir wollen?» rief ein Bauer laut. «Wir wollen die Ansicht des Ingenieurs hören.»

Ein junger Mann bemerkte spitz: «Vom Sehen haben wir noch nicht genug, aber gegraben haben wir schon viel zuviel.»

«Erklären Sie uns, Ingenieur», verlangte eine Frauenstimme, «was es bringt, einen Kanal zu bauen, in dem kein Wasser fließt. Sollen wir darin Mücken züchten oder Goldfische?»

«Dieses Jahr tun wir eh nichts mehr. Wir verzichten auf das verfluchte ‹Rote Banner›, dafür schuften wir uns nicht zu Tode.»

Diese unwirschen Zurufe versetzten den Propaganda-Organisator in nicht geringe Verlegenheit. Er wurde rot bis über beide Ohren und schrie laut: «Ah Long, bring die Leute weg, sie dürfen hier keinen Unfug stiften.»

Der als Ah Long, das heißt ‹Ah der Drache›, Angeredete war ein alter Mann mit violettem Gesicht, der in leicht gebückter Haltung eine Mistkiepe auf dem Rücken trug. Er trat vor die Menge und kommandierte: «Wenn ihr was zu sagen habt, verzieht euch und beredet es anständig. In der Politik haben wir jetzt die Linie der Demokratie. Da dürfen wir den Führern keine Schwierigkeiten machen!»

Dieser alte Mann besaß wirklich Autorität; zwei Sätze genügten, und in die Männer und Frauen, die auf der Brücke standen, kam Bewegung. Ein junger Bauer trat an mich heran und bat mich inständig: «Wir wollen von Ihnen nur eine einzige Frage beantwortet haben: Müssen wir den Kanal in diesem Winter weiterbauen?»

«Ich bin kein Bewässerungsfachmann», erwiderte ich, «davon verstehe ich nichts.»

Enttäuscht schob sich die Menge langsam auseinander. Ich ging mit Zhang Yanhong weiter den Kanal entlang. Während wir dahinschritten, begann der Propaganda-Experte, mich ideologisch zu bearbeiten: «Wenn ich schon den Ausdruck ‹Unglückskanal› höre! Eine Unverschämtheit. Wissen Sie, wie die offizielle Bezeichnung lautet? ‹Proletarischer Durchbruchskanal›! Das Wort ‹Unglückskanal› haben sich die ehemaligen Großgrundbesitzer und reichen Bauern ausgedacht, um unsere Kampagne des Lernens von der sozialistischen Musterbrigade Dazhai zu verunglimpfen. Daran können Sie erkennen, wie kompliziert der Klassenkampf hier auf dem Lande immer noch ist. Wenn man im Kopf nicht die richtige Einstellung hat, kann man auch nicht zwischen korrekt und falsch unterscheiden.»

«Die Leute vorhin», erkundigte ich mich, «waren das alles ehemalige Großgrundbesitzer und reiche Bauern?»

Ohne zu überlegen, erwiderte Zhang wie aus der Pistole geschossen: «Ist doch klar, daß viele hier von den Parolen der Großgrundbesitzer und reichen Bauern vergiftet sind. Die Leute, die Sie gesehen haben, sind alle extreme Individualisten. Sie scheuen die kollektive Arbeit, sie haben keinen Überblick, und sie wollen sich vor der Plackerei am Kanal drücken. Solchen Personen gegenüber muß man den Klassenstandpunkt einnehmen, anders geht es nicht.»

Auf unserem Weg das Ufer entlang waren wir fast schon am Ende des Kanals angelangt, als sich vor uns ein Flußbett auftat, das den Kanal von West nach Ost kreuzte. Der Propagandachef informierte mich: «Dieses Gewässer nennen die Einheimischen den Mondsichel-Fluß. Er wird das Wasser für unseren ‹Proletarischen Durchbruchskanal› liefern.»

Ich stellte mich an die Einmündung des Mondsichel-Flusses und blickte hinunter: Den vor fünf Jahren in Angriff genommenen Kanal aus einem so armseligen Zulieferer speisen zu wollen war gerade so, als wollte man im Walde Fische fangen und auf dem Lande rudern, aber der Propagandachef hörte nicht auf, mich zu indoktrinieren. Ich hatte keine Lust, mir diese Phrasen weiter anzuhören, deshalb lenkte ich das Gespräch auf die Person des Verfassers der ‹Geschichte vom Unglückskanal›.

«Bitte geben Sie mir die genaue Anschrift, wo Jiao Keyi seinen Fortbildungskurs besucht. Da ich nun einmal hier bin, kann ich mich auch dort mit ihm treffen.»

Zhang Yanhong sah ein, daß mein Entschluß feststand, und erwiderte zögernd: «Sie werden bestimmt nichts verpassen, wenn Sie diesen Menschen nicht kennenlernen. Schließlich ist er kein großer Schriftsteller, sondern nur ein kleiner Wichtigtuer, der den Pinsel schwingt, um die Ideen der Großgrundbesitzer und reichen Bauern zu verbreiten. Also ist dieser Mensch ein Konterrevolutionär oder zumindest ein ‹Rechtes Element›. Daß er Ihnen den ‹Unglückskanal› zugeschickt hat, ist ja wohl Beweis genug.»

Ich kam mir vor, als sei ich in die Zeit der ‹Viererbande› zurückversetzt. Eine Gänsehaut überlief mich von der Wirbelsäule bis zu den Zehen. Das Resultat dieses Gesprächs war, daß ich noch unruhiger und mißtrauischer wurde. Am Abend des dritten Tages suchte ich Jiao Keyi auf.

Jiao Keyis Wohnung lag am Hinterhof eines Atriumhauses. Er war tatsächlich nicht zu Hause. Ich wurde von seiner Frau empfangen, einer jungen Lehrerin, die an der gleichen Schule wie er unterrichtete. Als sie mich sah, war sie entsetzt. Auch als ich erklärte, weshalb ich gekommen war, und die Bücher auf den Tisch legte, die ich als Geschenk für Jiao Keyi mitgebracht hatte, musterte sie mich mit skeptischen und ängstlichen Augen. Die Geschenke würdigte sie nicht eines Blickes, als seien es verbotene Waren, die Sprengstoff enthielten und jeden Augenblick in die Luft fliegen könnten. Ich mußte mir selber einen Stuhl herbeirücken.

«Lehrer Jiao hat uns ein Manuskript geschickt, das sehr gut und wahrheitsgetreu ist. Er war völlig im Recht, das alles zu schreiben. Der Vorsitzende Hua Guofeng hat mehr als einmal erklärt, Genossen, die so handeln, müssen geschützt werden, nicht unterdrückt. Glauben Sie mir, die Zeit der Kulturrevolution wird nie wiederkehren. Es wird weder jetzt noch in Zukunft mehr erlaubt sein, Menschen willkürlich zu verhaften und einzusperren! Also erzählen Sie mir bitte: Was ist passiert?»

Mit Tränen in den Augen erwiderte sie: «Hätte ich nur nie etwas von dieser Erzählung gehört, die so viel Unheil angerichtet hat! Bevor er den Text wegschickte, gab ihn mein Mann einigen ‹guten Freunden› zu lesen. Jeder meinte, daß die Geschichte zum Ausdruck bringe, was uns allen am Herzen liegt. Plötzlich stand der Propagandaleiter bei uns auf der Matte und verlangte, daß Keyi ihm das Manuskript aushändigte, andernfalls werde er eine Haussuchung vornehmen lassen. Ich zitterte vor Angst am ganzen Leibe, aber mein Mann wollte sein Werk nicht herausgeben. Mein Vater gab ihm gehörig Bescheid.»

Sie imitierte die Stimme ihres Vaters, der Rektor an der Grundschule war: «‹Es steht dir frei, dich in den Tod zu stürzen, wenn du das willst, aber hast du etwa schon vergessen, wie viele Familien in den letzten Jahrzehnten zugrunde gegangen und wie viele Menschen zu Tode gekommen sind, nur weil sie ein bißchen was geschrieben hatten? Jetzt ist die Situation etwas entspannter, und gleich juckt es dich in den Fingern.› Nach dieser Ansprache willigte mein Mann ein, das Manuskript auszuliefern, und die Haussuchung unterblieb. Damit war die Sache aber noch nicht ausgestanden.

Typen wie Zhang Yanhong sind sehr durchtrieben: Auf dem Postamt hat er sich das Buch mit den Einschreibenquittungen geben lassen und herausgefunden, daß mein Mann Ihnen das Manuskript zugeschickt hat. Deshalb zitierte man Keyi zweimal zur Vernehmung vor das Revolutionskomitee. Beim zweiten Mal blieb er so lange weg, daß ich befürchtete, er dürfe gar nicht mehr nach

Hause zurückkehren. Vorsichtshalber packte ich für ihn schon Zahnbürste, Handtuch und eine warme Decke zusammen. Zu meiner Überraschung haben sie ihn aber am späten Abend doch noch gehen lassen. Er war ganz blaß im Gesicht und rührte das Abendessen nicht an. Zhang Yanhong hatte ihn aufgefordert, das Manuskript zurückzuverlangen, aber mein Mann, der sture Ochse, weigerte sich, so einen Brief zu schreiben. Er berief sich auf die gerade veröffentlichte Verfassung, in der die Unverletzlichkeit des Postgeheimnisses schwarz auf weiß garantiert wird. Wäre nicht gerade die ‹Viererbande› gestürzt worden, sein Temperament hätte Keyi längst ins Gefängnis gebracht!

Vorgestern abend war es dann soweit: Zhang Yanhong schickte uns zwei Volkspolizisten ins Haus. Sie hatten den Auftrag, meinen Mann ‹zu seiner eigenen Sicherheit› in den Nachbarkreis zu begleiten. Dort soll er als Lehrer arbeiten, bis der Sturm sich gelegt hat. Sie haben ihn mitten in der Nacht fortgeschafft, wie man einen Gefangenen abtransportiert. Bis heute bin ich mir nicht im klaren, ob er nicht tatsächlich im Gefängnis hockt. Gestern kam Genosse Tao von der Propaganda-Abteilung und trichterte mir ein, keinem Menschen zu verraten, was passiert ist und wo mein Mann sich jetzt aufhält. Daß Sie heute abend hierhergekommen sind, ist deshalb eine ganz schlimme Sache – nicht für Sie, Sie klopfen sich den Staub ab und gehen Ihres Weges; aber wie soll ich das Leben hier überstehen? Sie meinen es gut mit Keyi, und dafür danke ich Ihnen. Aber jetzt gehen Sie besser, denn ich habe wirklich Angst, daß man Sie hier sieht.»

Die Frau wies auf die Bücher und forderte: «Die nehmen Sie wieder mit. Keinen Fetzen Papier darf man hier finden. Wie soll ich mich sonst bei einer Haussuchung rechtfertigen?»

Wie Peitschenschläge trafen mich ihre Sätze, und tief bekümmert sammelte ich meine armseligen Mitbringsel ein.

Zuletzt bat sie mich noch: «Ich flehe Sie an, die ‹Geschichte vom Unglückskanal› darf auf keinen Fall gedruckt werden. Wenn sie veröffentlicht wird, wäre das der Untergang für meine ganze Familie!»

«Begreifen Sie doch», erwiderte ich, «es ist aus und vorbei mit der ‹Viererbande›. Was hier passiert ist, das schreit zum Himmel! Ich werde Ihren Mann herausholen, verlassen Sie sich drauf.»

Mein erster Schritt: Ich setzte das Gerücht in Umlauf, ich sei fest entschlossen, bei der Disziplinarkontrollkommission der Provinz Beschwerde einzulegen, falls Jiao Keyi nicht umgehend freigelassen werde. Damit hoffte ich, Zhang Yanhong aus der Reserve zu locken. Und tatsächlich – kaum hatte ich meinen Versuchsballon losgelassen, da änderte der Parteisekretär der Volkskommune, der ursprünglich nicht für mich zu sprechen war, seine Meinung und erklärte sich einverstanden, mit mir zusammenzutreffen. Zhang Yanhong fiel die Aufgabe zu, mich ins Verwaltungsgebäude der Volkskommune zu geleiten. Sekretär Xu war ein kompetent wirkender, untersetzter Sechzigjähriger mit einer Halbglatze und großen Augen unter buschigen Brauen. Er empfing mich höflich und entschuldigte sich dafür, daß er mich nicht persönlich an den ‹Proletarischen Durchbruchskanal› begleitet hatte.

Ich ging sofort zum Angriff über: «Ich habe die Reise hierher unternommen, weil ich Jiao Keyi sprechen möchte. Wo haben Sie ihn hingeschafft?»

Der Parteisekretär setzte die Miene eines siegessicheren Generals auf und erwiderte lächelnd: «Mir ist zu Ohren gekommen, daß Sie bei der Disziplinarkontrollkommission eine Klage gegen mich einreichen wollen. Warum auch nicht? Das ist Ihr gutes demokratisches Recht. Wir haben Jiao Keyi weder verhaftet noch an die Staatssicherheit überstellt. Wir haben lediglich ein anderes Betätigungsfeld für ihn ausgewählt, um zu verhindern, daß er auf einem falschen Weg immer weiter voranschreitet. Sagen Sie mir, gegen welche politische Richtlinie es verstößt, wenn wir ihn im Nachbarkreis als Hilfslehrer einsetzen?»

«Und was ist falsch daran, daß er Geschichten schreibt? Warum ergreifen Sie derartige Maßnahmen? Wenn Ihre Volkskommune so ein Talent hervorbringt, sollten Sie als Verantwortlicher froh sein und sich Mühe geben, es noch weiter zu fördern . . .»

Er fiel mir ins Wort: «Menschen wie Jiao Keyi, die unserer Partei ein Dorn im Auge sind, können wir nicht fördern. Das ist eine

Frage der Klassenlinie. Es geht hier um die korrekte Richtung, da darf man sich keine Nachlässigkeiten erlauben.»

«Unter Ihrer Obhut», hielt ich ihm vor, «können höchstens Papageien gedeihen, aber keine Schriftsteller!»

«Mir sind Papageien lieber als Unglücksraben. Seine Geschichte haben Sie doch gelesen. Wie schildert er darin den Parteisekretär, was ist das für ein Typ? Er ist hinterhältig, despotisch, großsprecherisch, erfolgssüchtig und ein Mann, der blinden Gehorsam verlangt – kurz: ein richtiger Tyrann. Was für einen Eindruck soll das auf die Leser machen?»

Er rückte seinen Sessel zu Zhang Yanhong hinüber und fragte ihn mit geradezu hilfeheischender Miene: «Was meinst du, bin ich so ein Mensch?!»

Der Angesprochene beeilte sich richtigzustellen: «Das sind nichts als bösartige Erfindungen von Jiao Keyi.»

Mit einer Entschlossenheit, die ihn kleine Speicheltropfen versprühen ließ, erklärte Sekretär Xu: «Sie veröffentlichen dieses Manuskript nicht, und ich lasse die Sache auf sich beruhen. Wenn es aber erscheint, übernimmt Ihre Redaktion die Verantwortung für alle Konsequenzen.»

Ich hatte seinen schwachen Punkt entdeckt: Was er am meisten fürchtete, war die Publikation dieses Werkes. Mit Bedacht betonte ich daher, daß wir den Abdruck vorbereiteten. Genau wie er das Recht habe, die Volkskommune zu leiten, habe unsere Redaktion das Recht, einen gewissen Text herauszubringen.

«Es handelt sich hier um ein literarisches Werk, und ein Autor kann seine Figuren frei erfinden», sagte ich. «Die Geschichte von Jiao Keyi ist sehr informativ. Ich habe mich mit den Tatsachen vertraut gemacht und muß Ihnen ganz offen sagen: Was er erzählt, das stimmt alles, die Geschichte ist nicht übertrieben. Ich finde es eher schade, daß er ein paar Personen weggelassen hat, die eigentlich hineingehören.» Dabei schaute ich Zhang Yanhong an, der zusammenzuckte, als hätte ihn ein Stromschlag getroffen.

Jetzt war ich der siegreiche General: «Angenommen», provozierte ich Xu, «der Autor kommt nicht frei. Wäre das nicht wieder ein Thema für eine Geschichte, die das Leben schrieb?»

Auf seiner Stirnglatze bildeten sich Schweißperlen. Nach Luft ringend, sagte er: «Ich, wir ... haben ihn nicht eingesperrt. Natürlich, wenn wir noch die Zeit der ‹Viererbande› hätten ... Bei so einem, wie Keyi es ist, mußte der Parteisekretär nur ein Wort verlieren, und der marschierte ganz brav ins Loch, ohne einen Mucks zu machen.»

Ich erwiderte: «Sie haben zwei Volkspolizisten gebraucht, um ihn wegzuschaffen.»

Sekretär Xu wischte sich mit der Hand über die Stirn, erhob sich aus seinem Sessel und bemerkte zweifelnd zu Zhang Yanhong: «Weshalb hätten wir die Polizei bemühen sollen? Das ist nicht unsere Art.»

Ich blickte den Genossen Zhang scharf an. Der stotterte: «Es war nur zu seiner eigenen Sicherheit, zu seinem Schutz. Ich habe zwei Männer gebeten, ihn bis zum Kreisschulamt zu begleiten, damit ihm unterwegs nichts passiert!»

Dieses Geständnis brachte den Parteisekretär erst richtig auf Touren. Er herrschte seinen Propaganda-Beauftragten an: «Immer diese Übertreibungen, wenn man dich etwas tun läßt! Früher habt ihr wegen jeder Kleinigkeit immer gleich die Volkspolizei losgeschickt. Jetzt ist die ‹Viererbande› gestürzt, aber du setzt immer noch die Polizei ein. Damit verschlimmerst du einen ‹Widerspruch innerhalb des Volkes› zu einem ‹Widerspruch zwischen uns und dem Feind›. Das ist tatsächlich ein Verstoß gegen die Vorschriften!»

Diese Rüge machte Zhang Yanhong ganz ratlos. Mit rotem Kopf sagte er mehrmals: «Ja, ja. In diesem Punkt bin ich zu weit gegangen.»

«Also», instruierte Sekretär Xu seinen Untergebenen, «du holst Jiao Keyi zurück. Er soll ruhig wiederkommen – ich glaube nicht, daß ein Lehrer den Himmel zum Einsturz bringen kann.»

Als Zhang Yanhong den Raum verlassen hatte, bemerkte Xu: «Dieser Mensch hat den Bogen noch nicht raus. Früher ist er immer bei jeder politischen Wende am schnellsten umgeschwenkt, doch bei der jetzigen großen Verlagerung der Arbeitsschwerpunkte kommt er einfach nicht mit. Er hat keine Ahnung von den neuen Richtlinien, da kann man nichts machen.»

In einem vertraulicheren Ton fuhr er fort: «Haben Sie im Ernst etwas vor mit dem Beitrag von Jiao Keyi? Könnten Sie die Veröffentlichung nicht wenigstens auf das nächste Frühjahr verschieben, am besten unter einem anderen Titel? Der Name ‹Unglückskanal› ist hier in der Umgebung weit und breit bekannt, kein Mensch spricht vom ‹Proletarischen Durchbruchskanal› . . .»

«Weshalb wollen Sie den Abdruck so lange hinauszögern?» fragte ich ihn.

«Ich werde Ihnen die Wahrheit sagen. Noch vor Jahresende ist für unsere Region die große vergleichende Projektbewertung angesetzt. Wir haben einen Ruf zu verlieren, denn mehrere Jahre hintereinander haben wir das rote Banner ‹Fortschrittliche Einheit› gewonnen. Wenn die Erzählung herauskommt, sind wir fertig. Es wäre eine Niederlage nicht nur für unsere Volkskommune, sondern für den ganzen Kreis. Man würde uns auch Verlogenheit zum Vorwurf machen – Sie sehen, die Folgen wären unausdenkbar.»

Da kam Zhang Yanhong zurück und meldete schüchtern: «Ich habe Tao Fuhai mit dem Fahrrad losgeschickt.» Dann wandte er sich an mich: «Wir machen Jiao Keyi keine Schwierigkeiten.»

Ich hielt den Augenblick für gekommen, einen entscheidenden Schritt weiter zu tun: «Nach meiner Ansicht waren Sie bei der Inangriffnahme dieses Kanalprojektes von Anfang an mit Blindheit geschlagen. Es ist unwissenschaftlich und gegen die Interessen des Volkes gerichtet. Wir dürfen nicht Fehler auf Fehler türmen. Machen Sie Schluß mit diesem Projekt, das das Volk strapaziert und ein großes Loch in die Finanzen reißt!»

Der Parteisekretär bekannte: «Zu Ihrer werten Ansicht bin ich schon vor drei Jahren gelangt. Es war das Jahr, in dem uns die Provinzbehörde für Wasserbau einen Experten schickte, der alles in Augenschein nahm und überprüfte. Dieser Mann zitierte: ‹Der Vorsitzende Mao hat uns die Weisung gegeben, den Erdball zu bearbeiten, aber nicht, ihn zu zerstören.› Leider nahmen das Kreisparteikomitee und das Parteikomitee der Volkskommune ihn nicht ernst, sie schimpften ihn einen Wackelkopf. Der einzige, der seine Worte vernünftig fand, war ich, denn wir hatten seit drei Jahren rückläufige Getreideerträge auf den Feldern beiderseits des Kanals.

Aber schon damals war es ein Ritt auf dem Tiger, von dem man nicht so leicht wieder runterkommt. Der Abbruch des Projekts hätte nicht nur einen Gesichtsverlust für den Kreisparteisekretär bedeutet, er wäre auch für unser Komitee höchst fatal gewesen: Wieviel Propaganda hatten wir dafür betrieben! Wieviel Papier und Tusche verbraucht! Wie viele Sitzungen vor Ort organisiert!»

Das Geständnis des Parteisekretärs traf Zhang Yanhong wie ein Blitz aus heiterem Himmel. Alles, woran er geglaubt hatte in fünf Jahren harter Arbeit für eine große Sache, verlor auf einmal seinen Sinn. Er saß ganz erstarrt auf seinem Stuhl, wie ein Stück Eis am Stiel, das noch in seiner Papierverpackung steckt.

Auch mich hatten die Ausführungen seines Chefs sehr überrascht. «Die Verantwortung für die Fehler, die früher gemacht worden sind, könnte man der ‹Viererbande› zuschieben. Jetzt kommt es darauf an, allen Mut zusammenzunehmen und sie den Massen zu erklären. Die werden dafür schon Verständnis aufbringen. Dann könnte man noch in diesem Winter mit dem Zuschütten des Kanals beginnen. Wäre das nicht das beste?»

Sekretär Xu legte die Stirn in Falten. In seine Augen trat ein feuchter Schimmer. «Meine Volkskommune allein», sagte er verlegen, «kann die Entwicklung nicht herumreißen. Unser Kreisparteisekretär hat uns erst vor kurzem den Auftrag erteilt, im kommenden Winter und Frühjahr eine ‹große Wasserbauschlacht› zu schlagen. Er beschwor uns, in der Anstrengung nicht nachzulassen, selbst wenn wir den Erdkern durchbohren müßten, um Wasser zu finden. So festgefahren ist die Sache.»

Einen Monat nach meiner Rückkehr erhielt ich einen Brief von Jiao Keyi, in dem er mir schrieb, wie die Sache mit dem ‹Unglückskanal› ausgegangen war.

Ah Long hatte nach meiner Abreise erfahren, daß ich nur wegen der Erzählung von Jiao Keyi in die Volkskommune gekommen war, worauf sich der Alte mit dem Lehrer in Verbindung setzte. Ah Long meinte, nur ein Verrückter könne den Kanalbau befürworten. Jiao Keyi ermutigte ihn, bei der Kreisverwaltung Beschwerde zu erheben, aber Ah Long fand, wenn überhaupt, so könne nur ein

Protest bei der Provinzregierung etwas bewirken. So entschlossen sich Jiao Keyi, Ah Long und noch drei andere Bauern, auf eigene Faust in die Provinzhauptstadt zu reisen. Die Institution, der ihre letzte Hoffnung galt, war die Provinzbehörde für Wasserbau. Der Beamte, der sie dort empfing, war ausgerechnet jener Bewässerungsspezialist, der schon drei Jahre zuvor das Projekt begutachtet hatte.

Ah Long berichtete, wie schlecht es den Bauern in der Zwischenzeit durch den Kanalbau ergangen war. Der Beamte versprach, umgehend eine Experten-Kommission mit der Untersuchung der Angelegenheit zu beauftragen. Tatsächlich traf eine Woche später eine vierköpfige Untersuchungsgruppe in der Volkskommune ein, und fünf Tage lang überprüfte die Delegation alles an Ort und Stelle. Das Resultat war eine Mitteilung der Provinzbehörde für Wasserbau an das Kreisparteikomitee: «Die Arbeit an diesem Projekt ist einzustellen.»

«In diesem Jahr», schrieb Jiao Keyi, «haben alle Familien in unserem Kreis ein wirklich fröhliches Neujahrsfest feiern können – nur der Kreisparteisekretär nicht . . .»

Der Brief endete mit der Bemerkung: «Jetzt dürfte es kein Hindernis mehr geben, die ‹Geschichte vom Unglückskanal› an die Öffentlichkeit zu bringen. Aber ich habe Angst, daß sich die politische Richtung bald wieder ändern könnte. Was heute befürwortet wird, kann morgen schon wieder verworfen werden. Deshalb wäre es vielleicht besser, die tatsächlichen Namen von Orten und Personen nicht zu verwenden.»

An diesen Rat habe ich mich gehalten. [1980]

BA JIN

Über die Wahrheit

Nach durchlittenen Verfolgungen machte sich der Vorsitzende des Schriftstellerverbandes erneut unbeliebt durch nüchterne Kommentare zum politischen Tagesgeschehen – mit seinen autobiographischen Gedanken unter der Zeit.

Meine *Gedanken unter der Zeit* enthalten keine Weisheiten, und sie sind nicht für die Ewigkeit gemacht. Trotzdem sind sie mir lieb, denn ich bin dabei aufrichtig. Ich schreibe, wie ich denke, und ich will nicht abstreiten, daß ich mich auch manchmal täusche.

Man hat mich darauf aufmerksam gemacht, daß der erste Band der *Gedanken* in der Hongkonger Zeitschrift *Das offene Buch (Kai juan)* vernichtend kritisiert worden ist. Nur zu, ich nehme andere Ansichten als meine eigenen gerne zur Kenntnis, man darf die ‹*Gedanken* ruhig verreißen! Aber was sie an Wahrheit enthalten, läßt sich damit nicht aus der Welt schaffen. Allerdings habe ich ja nicht allein zu bestimmen, was die Wahrheit ist, das unterliegt zumindest noch der Prüfung durch die Zeit. In den vergangenen Jahren habe ich auch schwache Texte geschrieben, wie zum Beispiel einen Artikel über einen Modellarbeiter: Aus diesem ehemaligen Modellarbeiter ist plötzlich ein hohes Tier geworden, sehr rasch war er wie umgekrempelt. Es ging dann auf einmal nicht mehr darum, zu arbeiten und ‹Modell› zu sein, sondern darum, möglichst gut zu lügen, sich Privilegien zu verschaffen, anderen die Butter vom Brot zu holen. Und ich hatte über ihn so viele stolze Worte geschrieben, voller Begeisterung – erst jetzt weiß ich, wie vielen Lügen ich aufsaß. Diese gnadenlose Zeit brauchte Lügen, um die Öffentlichkeit zu betrügen, und sie ging nicht nachlässig mit ihnen um!

Unbegreiflicherweise verlangen manche Leute auch heute noch von uns Schriftstellern in unseren Werken den Lobpreis irgendwelcher nichtexistenten ‹Verdienste› und ‹Tugenden›. Immer noch begegne ich jenen Oberkorrekten, die ständig auf der richtigen Seite stehen, so wie es sie früher überall gab. Unbeständig und opportunistisch, sind sie stets in der Position des Richters anzutreffen, Richter über andere, welche sie fortwährend ins Unrecht setzen. Es kann passieren, daß einer heute laut als ‹hervorragender Mensch› angepriesen wird, der morgen schon als ‹Schlechtes Element› gilt. Wer in der Vergangenheit ein Verräter war, kann plötzlich als Märtyrer verehrt werden. Was so ein Hundertprozentiger selbst zu sagen hätte, zählt nicht. Doch jeder halbe Satz, den gewisse Leute von sich geben, wird peinlichst genau registriert. Ohne sich zu schämen, haben sie zum gegebenen Zeitpunkt dann alles parat. Sie funktionieren wie ein gutgeölter Mechanismus, die Platte, die man auflegt, wird gespielt, sie spulen jedes Tonband ab. Wie bei den Wetterhähnen, die man im Ausland früher auf den Dächern hatte, richtet sich ihr Schnabel nach dem jeweils wehenden Wind.

Ausländische Freunde haben sich bei mir darüber beklagt: Leute, die sich im guten Glauben, nichts als die Wahrheit zu berichten, mutig für uns zum Sprecher machten und dabei immer wieder in Verlegenheit kamen. Sie kommen aus Freundschaft nach China und lassen sich von uns über die ‹wirklichen Verhältnisse› informieren. Zurück in ihrem eigenen Land, berichten sie dann, was wir ihnen gezeigt und erzählt haben. Aber dann ergeben sich plötzlich Widersprüche und Ungereimtheiten, die Fakten und Zusammenhänge verschieben sich und werden unfaßbar; die gute Absicht verwandelt sich zu einem Schlag ins eigene Gesicht. Vertrauenswürdigkeit ist im Ausland sehr wichtig, man kennt dort ideologische Sprünge oder komplizierte Verkrümmungen nicht. Hast du gelogen, dann hat es keinen Sinn mehr zu leugnen, du mußt offen dafür geradestehen. Manche ausländischen Freunde, die sich für China einsetzen, haben jetzt noch unter dem Verlust ihrer Glaubwürdigkeit zu leiden, und sie haben sie verloren, weil sie unsere Lügen verbreitet haben. Schuld war ihre Ehrlichkeit, sie konnten sich nicht vorstellen, daß es bei uns Leute gibt, deren Existenz sich auf Lügen gründet.

Als unter der ‹Viererbande› bei uns Antonioni wegen seines Films über China kritisiert wurde, las ich in einer ‹linken› italienischen Zeitschrift einen Artikel, der ihn ebenfalls verurteilte. Damals war ich von meinem Status des ‹Beiseitestehens› erst zum Teil befreit worden, aber ich konnte immerhin über den Zeitschriftenstand im Postamt ‹linke› ausländische Publikationen beziehen. Längst hatte ich aufgehört, das lügnerische Gerede der ‹Viererbande› zu glauben, denn ich sah, wie wir immer ärmer wurden, während die ‹Viererbande› groß dahertönte, daß sich China ‹mit Riesenschritten auf den Kommunismus zubewegte›. Was ich in der Zeitung las und was ich alltäglich mit eigenen Augen sah, klaffte meilenweit auseinander. Ihr tatsächliches Handeln und das, was die ‹Viererbande› verkündete, hatten nichts miteinander zu tun. Ich hörte nicht ein einziges wahres Wort am Tag, und wenn mich hin und wieder jemand aufsuchte, um mit mir über ideologische Dinge zu sprechen, wagte ich nicht, offen zuzugeben, was ich wirklich dachte. Mir tat jener italienische ‹Linke› in seiner Naivität leid, der sich so leicht hatte betrügen lassen. Die Sache liegt schon viele Jahre zurück, und ich weiß nicht, ob er heute als ‹links› oder ‹rechts› gilt, vielleicht aber gibt es immer noch Leute, die ihm seine damalige Leichtgläubigkeit vorwerfen. Das ist die Strafe dafür, daß er es nicht auf sich nahm, selbständig zu denken.

Doch die Lehre, die mir selbst erteilt wurde, war noch bitterer. 1958, während der Kampagne ‹Der große Sprung nach vorn›, als Übertreibung und Großmäuligkeit auf der Tagesordnung waren, glaubte ich nicht nur all die großartigen Parolen, sondern trug sogar selbst mein Teil an großsprecherischen Lügen dazu bei. Noch 1956 hatte ich einen Artikel veröffentlicht, in dem ich eine Lanze für das unabhängige Denken gebrochen hatte. Als aber dann das zweite Jahr der Kampagne gegen die ‹Rechten› begann, strauchelten einige meiner Bekannten, und auch ich streckte die Waffen. Jetzt hielt ich meine früheren unkontrollierten Gedanken für ein nichtwieder gutzumachendes Vergehen. Ich fand es keine Schande mehr zu lügen. Natürlich wurde ich zuweilen auch ‹rückfällig›; schließlich hatte ich einen Kopf und konnte denken. Manchmal *mußte* ich einfach meine eigenen Gedanken formulieren. So redete ich 1962 bei der ersten Versammlung der Literatur- und Kunstschaffenden in Shanghai über den ‹Mut und die Verantwortung der

Schriftsteller›. Um wie wenig Mut und Verantwortung ging es dabei im Grunde! Ich sagte kaum mehr als dreißig ehrliche Sätze. Doch sie wurden mir in der Folge schwer angelastet, ein geistiges Schuldbündel, dessentwegen viele Leute, unter ihnen auch der Propagandist der ‹Viererbande› Yao Wenyuan, gegen mich vorgingen. Während ich noch in Peking an der ‹Außerordentlichen Konferenz afro-asiatischer Schriftsteller› teilnahm, wurde der gefährliche Charakter dieser ‹gegen die Partei gerichteten› Rede in den Wandzeitungen enthüllt, die zu Beginn der ‹Großen proletarischen Kulturrevolution› im Versammlungssaal des Shanghaier Schriftstellerverbandes aufgehängt worden waren, um ‹Proletarisches zu fördern und Kapitalistisches zu vernichten›. Erschrocken und bestürzt kehrte ich nach Shanghai in den Schriftstellerverband zurück. Eine Wandzeitung folgte der anderen, und per ‹revolutionären Dekrets› erhielt ich immer neue negative Attribute. Noch bevor der zehnte Anschlag geklebt war, hatte man mir meine Rechte als Bürger entzogen.

Was im August und September 1966 geschah, versetzte mich in eine merkwürdige Gemütsverfassung, einen Zustand, den ich später – vielleicht nicht ganz zutreffend – als eine Art Hypnose bezeichnete. In meinem Kopf war ein einziges Chaos, ich konnte überhaupt nicht mehr selbständig denken. Das einzige deutliche Gefühl war das meiner Schuld; ich war mit einer schweren Last ins Wasser gefallen und sank tiefer und tiefer, so viele Rettungsversuche ich auch unternahm. In meinem Kopf war kein Raum mehr für Urteilskriterien: richtig, falsch, gut, böse. Ich wußte nur noch, daß ich schuldig war und daß meine Schuld immer noch wuchs. Zuletzt wurde mir klar, daß es für mich selbst schon keine Rettung mehr geben konnte.

Mein persönliches Unglück mußte ich auf mich nehmen, damit nur meine Frau und die Kinder verschont würden. Die Liste meiner Verbrechen, die die Rebellen fabrizierten und bei den Kritiksitzungen ans Tageslicht brachten, war endlos. Ich hatte schreckliche Angst. Am Anfang verteidigte ich mich noch, mit der Zeit gab ich dann alles schweigend zu. Damals war ich sogar bereit, abergläubisch jeden Spuk und Firlefanz zu akzeptieren. Wenn die

Rebellen mich kritisierten, warfen sie mir oft vor: «Versuch nicht, dich an jeden Strohhalm zu klammern!» Doch der einzige Strohhalm, der mich noch hielt, war die Hoffnung auf ‹Selbstreform›. Daran glaubte ich nicht nur äußerlich und zum Schein, ich war tatsächlich aufrichtig entschlossen, mich umzuerziehen.

In meiner Kindheit bat man bei jedem Todesfall einen Mönch, Sutren für den Verstorbenen zu lesen, um ‹die Seele des Toten von ihren Sünden zu reinigen›. Dazu wurde in der Haupthalle des Hauses oder an einem entsprechenden Ort ein Bild der zehn Paläste Yamas, des Höllenfürsten, aufgehängt. Der schuldbeladene Geist durchwandert auf dem Bild die zehn Paläste und wird in jedem grausam gestraft. Zuletzt kommt er dann geläutert als Mensch auf die Welt. Was man mich als Kind gelehrt hatte, machte sich damals, viele Jahrzehnte später, wieder bemerkbar. Vom Herbst 1966 an lebte ich drei Jahre lang in einer Vorstellung von Umerziehung, die dem Muster dieses Rituals entsprach. Ich war bereit, mein Innerstes nach außen zu kehren, mir ‹den Bauch aufzuschlitzen, über Messer zu gehen und in heißes Öl einzutauchen›, um dann am Ende den Zaubertrank zu mir zu nehmen, der mich wieder in die lichte Welt der Menschen zurückbefördern würde. Deshalb faßte ich den Entschluß, unter allen Umständen durchzuhalten.

Allerdings dachte ich eine Weile lang auch an Selbstmord und daran, daß ich nur die Augen zu schließen bräuchte, um nichts mehr zu wissen und zu fühlen, daß mir Lob oder Verurteilung durch diese Welt nichts mehr anhaben könnten, wenn ich erst einmal im friedvollen Reich des ewigen Schlafs angelangt wäre. Doch ich brauchte nur zu überlegen, welches Schicksal meine Familie erwartet hätte, um zu erschrecken. Einige Male habe ich den Tod ernsthaft erwogen, aber dann erkannte ich, wie feige ein Selbstmord in meinem Fall gewesen wäre. Die Leiden, die ich selbst nicht mehr ertragen wollte, hätte ich dem Menschen aufgebürdet, der mir am nächsten stand; meine Frau hätte die bittere Suppe auslöffeln müssen, die ich mir eingebrockt hatte. Wie ungerecht das gewesen wäre, empfand ich deutlich. Damals gab es ein geflügeltes Wort: ‹Wo du gestürzt bist, da muß du auch wieder aufstehen›. Immer noch wollte ich glauben, daß ich unter der Herrschaft der

‹Viererbande› irgendwann einmal von derselben Stelle, wo ich gefallen war, auch wieder hochkommen könnte, wenn ich nur lange genug durchhielt.

Ich lebte mit der Lüge, jahrelang, ich wurde belogen, und ich log selber. Zu Anfang glaubte ich meine eigenen Lügen noch, doch mit der Zeit erkannte ich sie als solche. Zuerst machte ich mir etwas vor, um mich umzuerziehen, dann log ich, um mich zu schützen. Zuerst hielt ich meine Lügen für Wahrheiten, dann log ich aus vollem Bewußtsein. Nach und nach sah ich klar und durchschaute die zehn Paläste des Höllenfürsten: Es waren Lügengebäude! Der ‹Zaubertrank› verlor seine Wirkung, ich kam wieder zu mir. Wenn ich auf den Weg zurückblickte, den ich hinter mir hatte, drängte sich mir als Erklärung, wie ich über die Jahre gekommen war, sehr deutlich auf: Ich hatte mir einen Pfad aus Lügen gebaut, aus wohldekorierten Lügen!

Aber Lügen verwandeln sich nicht in Wahrheiten, man mag sie beschönigen und verzieren, wie man will. Es hat mich lange Zeit gekostet, diese offensichtliche Selbstverständlichkeit zu begreifen. Ich habe einen hohen Preis dafür gezahlt. Aufrichtig kann nur leben, wer die Wahrheit sagt. [1980]

WANG MENG

Gegenseitige Hilfe

Die pointierteste «Mini-Geschichte» des späteren Kulturministers über die erfolgversprechenden Wirkungsmechanismen offiziöser Kritik im Sozialismus.

Seit Herr L. die literarische Szene betreten hat, dürften schon einige Jährchen dahingegangen sein, letztlich ist er aber nie so recht in den Vordergrund gerückt, weshalb er eine ziemliche Leere um sich herum verspürte. Da ließ er schließlich seine Beziehungen spielen und lud den berühmten Literaturkritiker Herrn J. zu einem opulenten Mahl ein. Herr J. zeigte sich dabei gerührt von den offensichtlich tiefen Gefühlen des L. und versprach generös: «Die behandeln dich heutzutage allzu kühl, das ist wirklich nicht gerecht! Ich will auf jeden Fall einen Artikel schreiben und deine Schriften empfehlen. Wenn so etwas in einer großen Zeitung steht, werden sich die Qualitäten deiner Werke . . .»

Herr L. wartete gar nicht erst, bis Herr J. zu Ende gesprochen hatte. Hastig winkte er ab und schüttelte den Kopf: «Auf keinen Fall, auf keinen Fall! Ich möchte Sie lediglich darum ersuchen, einen aufrechten, gestrengen Artikel zu schreiben und mich darin mit Ihrer Kritik völlig zu verreißen! Nach den Erfahrungen der letzten Jahrzehnte weiß ich genau, sobald jemand von Ihnen kritisiert worden ist, wird er beliebt im ganzen Land, sein Name erschüttert den Erdball! Und auch Sie werden dadurch wiederum Prestige erlangen und Ihren Nutzen daraus ziehen. Das erst nennt man ‹einander bekämpfen und einander unterstützen›, ‹durch Zusammenarbeit die Effizienz erhöhen›.» [1982]

BLICK ÜBERS MEER:
LITERATUR AUS
TAIWAN

CHEN RUOXI

Der Tunnel

Die taiwanesische Autorin ging während der Kulturrevolution aus patriotischer Überzeugung aufs Festland und schilderte nach ihrer Rückkehr ernüchtert die Lebenswirklichkeit des VR-Sozialismus.

Li Mei hatte Geduld und war eine ausgesprochen gute Zuhörerin. Meister Hong schüttete ihr nach und nach sein ganzes Herz aus. Über alles sprach er mit ihr, über seine Enkel, über seinen jüngeren Sohn in Qinghai, ja sogar über seine verstorbene Frau. Manchmal sagte er ihr auch, wie gern er sie habe und daß er fürchte, er könne zu alt für sie sein. In solchen Momenten tröstete ihn Li Mei und versicherte ihm, seine Kräfte seien doch ungebrochen und er sähe noch genauso aus wie damals, als er in das Wohnheim der Universität einzog. So kam Meister Hong immer mehr zu der Überzeugung, noch nicht wirklich alt zu sein.

Je häufiger er Li Mei traf, um so besser gefiel sie ihm. Sie war eine Frau, die nicht viel sprach, aber sehr gutherzig und immer geradeheraus. Längst hätte sie sich wiederverheiraten können, doch sie liebte ihre Tochter über alles und fürchtete, sich an jemanden zu binden, der womöglich nicht väterlich zu der Kleinen sein würde. So ging sie lieber arbeiten und sich ihren Lebensunterhalt selbst verdienen.

Hong hätte zufrieden sein müssen, schließlich wußte er, wie sehr Li Mei ihn schätzte. Aber oft erkennen Menschen ihr Glück nicht und quälen sich. Li Mei war sehr freundlich zu ihm, doch allmählich begann Meister Hong sich zu fragen, ob sie wohl auch anderen gegenüber so vertraulich war? Vor allem konnte er nicht vergessen, welche Gerüchte sich um sie rankten, als er ihren Namen zum erstenmal hörte: War da etwas zwischen ihr und jenem zwielichtigen alten Kerl gewesen? Zweifel plagten ihn und ließen ihn nicht zur Ruhe kommen.

Einmal, als Li Mei sein Mißtrauen bemerkte, brach sie mitten auf der Straße in Tränen aus: «Lao Hong, willst du, daß ich mein Herz herausreiße und es dir präsentiere?»

Das rührte ihn. Er, ein Mann in den Sechzigern, war eifersüchtig wie ein junger Bursche! Er schämte sich.

«Wein doch nicht, Li Mei», sagte er und nahm ihre Hand. «Es ist nur . . . Ich . . . ich liebe dich so sehr!» Kaum hatte er das ausgesprochen, wurde er rot bis über beide Ohren. Nie hätte er sich träumen lassen, daß er in seinem Alter noch einmal so etwas sagen könnte – so redeten doch nur junge Leute!

Als Li Mei seine Worte hörte, gab sie alle Zurückhaltung auf, schmiegte sich an ihn und legte ihren Kopf auf seine Schulter: «Lao Hong, wenn du nichts gegen mich hast, wenn du mich willst, dann möchte ich mit dir leben!»

Etwas gegen sie haben? Sie nicht wollen? Was für eine Frage! Beinahe hätte Meister Hong mitten auf der Straße laut losgeschrien. In seiner Freude begann er zu stammeln: «Li Mei . . . Schon lange . . . lange schon möchte ich dich heiraten!»

Dieses Gespräch hatte im Herbst stattgefunden, wenige Tage bevor man Lao Hongs Sohn von einer Dienstreise zurückerwartete. Wie immer war nichts verborgen geblieben, und auch jenes frühmorgendliche Treffen, ihr Weinen und Lachen, wurde beobachtet. Allenthalben gab es Klatsch, bis das Gerede schließlich auch seine Schwiegertochter erreichte.

Zunächst ahnte Meister Hong davon nichts, denn die Schwiegertochter benahm sich ganz wie immer. An jenem Tag jedoch, an dem sein Sohn zurückgekehrt war, flüsterte das Paar die ganze Nacht hindurch. Worüber nur? Durch die Wand hörte Meister Hong ihr Wispern, glaubte jedoch, daß sie sich nach so langer Trennung allerlei Vertrauliches zu erzählen hätten. Am nächsten Tag freilich hatte sich ihr Tonfall verändert, und da erst wurde ihm alles klar.

Wie zufällig begann der Sohn, die Rede auf seine Mutter zu bringen, die vor vierzehn Jahren gestorben war. Er sprach über ihre Tüchtigkeit und davon, wie lecker ihre Klößchen geschmeckt hatten, wie sparsam und sorgfältig sie den Haushalt führte, wie hart sie Tag und Nacht für Mann und Söhne geschuftet hatte. Bald lenkte die Schwiegertochter das Gespräch auf Li Mei und bauschte allen bösen Klatsch und Tratsch auf.

«Was kann man denn schon von einer geschiedenen Frau erwarten!» brachen die Vorurteile aus ihr hervor. «Sie hätte doch längst wieder heiraten können, worauf hat sie denn bis jetzt gewartet?»

Meister Hong konnte sich nicht mehr zurückhalten, er mußte Li Mei verteidigen: «Sie hat sich scheiden lassen, weil ihr früherer Mann zum Konterrevolutionär erklärt wurde.»

Da ergriff sein Sohn Partei: «Wahrscheinlich ist sie eine Opportunistin, die glaubte, daß es unter diesen Umständen besser sei, sich scheiden zu lassen und auf Distanz zu gehen. Wer weiß, was wirklich in ihr vorgegangen ist!»

Die Schwiegertochter wurde noch deutlicher: «Sie ist eine hundertprozentige Opportunistin! Sie sucht doch nur seit so vielen Jahren herum, weil sie jemanden mit einwandfreiem politischem Hintergrund braucht, einen, den sie als politischen Beschützer ausnutzen kann. Aber das ist ja Traumtänzerei. Welcher Parteikader würde sie schon wollen? Sie wäre ja nur ein Hemmschuh!»

Der alte Mann hätte niemals mit einer derart heftigen Reaktion seines Sohnes und seiner Schwiegertochter gerechnet. Er war noch nicht einmal dazu gekommen, das Thema ‹Heirat› überhaupt zu erwähnen – hatten sie ihm nicht bereits im voraus ihre Antwort erteilt?

Meister Hong war niedergeschlagen, er wagte es nicht, die Diskussion fortzusetzen. Schließlich hatte sein Sohn den Oberschulabschluß und war außerdem Parteimitglied. Wie sollte er ihm Paroli bieten, zumal ihn auch noch die Schwiegertochter unterstützte?

Was ihn aufbrachte, war die verlogene Arroganz solcher Parteimitglieder, die kein Mitgefühl für Li Mei und ihre bitteren Erfahrungen hatten und noch dazu immer das Schlimmste vermuteten. Und außerdem: Hatte die Kommunistische Partei nicht ein neues Ehegesetz erlassen? Anfangs wurde die Bevölkerung doch von der Partei dazu aufgerufen, sich scheiden zu lassen, alte Familienbande zu lösen und für die ‹Befreiung› zu kämpfen. Heute wollten Parteimitglieder freilich nichts mit Geschiedenen zu tun haben. Als Meister Hong nüchtern überlegte, wurde ihm klar, daß diese Doppelmoral typisch war und keineswegs eine Erfindung seines Sohnes: Mao Zedong und Staatspräsident Liu Shaoqi waren mit ihren Scheidungen und Wiederheiraten geradezu beispielhaft gewesen, aber die Bevölkerung durfte nicht darüber sprechen. Tat sie es doch, galt dies als Verunglimpfung der Führer und der Sprecher als Konterrevolutionär. Daran konnte man schon sehen, daß sie nicht viel auf ihr eigenes Ehegesetz gaben.

Bald darauf kam Post vom jüngeren Sohn aus Qinghai, der sich besorgt über den Lebenswandel seines Vaters zeigte und den Vorschlag machte, ihn zu sich zu holen. Er meinte auch, üble Nachrede könne Schaden bringen, denn die politische Zukunft des älteren Bruders sei doch sehr hoffnungsvoll, und auch er selbst wolle ordentliches Parteimitglied werden. Nachdem Meister Hong diesen Brief gelesen hatte, fühlte er, wie ihn all seine Kräfte verließen. Er wollte laut aufschreien, aber seine Kehle war wie zugeschnürt; so schwer es ihm auch fiel, er mußte seinen Groll hinunterschlukken.

Keine Frage, ein alter Mann, der noch einmal Bräutigam sein wollte, rief die Kritik der anderen hervor. In dieser Beziehung war die sogenannte ‹neue Gesellschaft› konservativ geblieben, keiner dachte an die Einsamkeit der Alten oder ihre Bedürfnisse. Für sein und Li Meis Glück hatte er den Mut aufbringen wollen, der öffentlichen Meinung zu trotzen – aber es gelang ihm nicht einmal, den Zwängen seiner eigenen Familie zu entkommen.

Früher, als seine Söhne noch klein waren, hatte er die Sorge gehabt, eine Stiefmutter werde sie schikanieren, und deshalb bereitwillig auf eine neue Ehe verzichtet. Jetzt, da die Söhne zu Amt und Würden gelangt waren, wollten sie erst recht das Ansehen dieser ‹roten Familie› bewahren und ließen es nicht zu, daß irgend jemand Staub aufwirbelte. Als er noch jung und kräftig war, hatte er sich für sie aufgeopfert, und nun, da er alt war, gab es anscheinend immer noch Gründe, ihnen weitere Opfer zu bringen. Er seufzte tief, als er daran dachte.

Auch die Gedanken seiner Schwiegertochter konnte er erahnen: Seine monatliche Rente betrug sechsundfünfzig Yuan; von etwa zehn Yuan Taschengeld abgesehen, gab er seiner Schwiegertochter alles andere als Zuschuß zum Wirtschaftsgeld. Sein Sohn erhielt vierundfünfzig Yuan Lohn im Monat, und selbst mit beiden Einkommen zusammen mußte man umsichtig und sparsam wirtschaften, um einen Fünfpersonenhaushalt unterhalten, um sich anständig kleiden und ernähren zu können. Würde er wieder heiraten, träfe dies seine Schwiegertochter am härtesten. Wenn sie Essen einkaufte, konnte sie keine Kleidung mehr kaufen, und das Leben wäre mit Sicherheit wieder schwieriger. Schon ein einziger Blick auf ihr unversöhnliches Gesicht, sobald er über Li Mei sprach, genügte, und er erkannte panische Furcht darin.

So mußte er den Gedanken an eine Heirat aufgeben. Sein Sohn übernahm das Einkaufen und ließ ihm damit keine Gelegenheit mehr, Li Mei zu treffen. Außerdem fürchtete Hong sich davor, ihr ins Gesicht zu schauen; wenn er sie dann und wann zufällig im Wohngebäude traf und ihr trauriges Gesicht sah, ihren Blick, der dennoch ohne Bitterkeit war – anscheinend verstand sie seine Schwierigkeiten –, dann wäre er am liebsten zu ihr hinübergeeilt, hätte sie in seine Arme geschlossen und seinen Tränen freien Lauf gelassen.

Der Winter war in diesem Jahr ungewöhnlich kalt. Meister Hong verfiel wie eine Schlange in Winterstarre und rollte sich in seinem Zimmer zusammen. Nichts interessierte ihn, selbst die Arbeit im Nachbarschaftskomitee erledigte er nur mit Mühe und Not, und nichts erinnerte mehr an seinen früheren Schwung. Nur seine beiden Enkel, die sehr lieb zu ihm waren, vermochten ihn etwas aufzuheitern. Aber wenn er nachts aufwachte, empfand er ein Gefühl von Kälte und Einsamkeit. Schneite es, dann lehnte er, die Hände in den Ärmeln vergraben, am Fenster und starrte in das endlose Weiß.

Sein Blick wanderte zum Tunneleingang neben der Robinie. Seit der Tunnel aufgegeben worden war, hatte sich Wasser darin gesammelt und er war zu einer Müllkippe geworden. Er wurde zu einer Fallgrube, wenn er wie heute mit Schnee bedeckt war und nur undeutlich einem Tunnel glich. Seinen Blick auf den Eingang gerichtet, erinnerte Hong sich unwillkürlich daran, wie er dort neben Li Mei Erde geschaufelt hatte. Dann verspannte sich sein ganzer Körper, er wurde unruhig und ging in seinem Zimmer auf und ab wie ein gefangenes Tier in seinem Käfig. Er war so angespannt, daß er lange keine Ruhe mehr fand. Eigentlich hatte er Li Mei doch vergessen wollen, aber es gelang ihm nicht.

Schon kam wieder der Tag des Frühlingsfestes, und es gab die üblichen Aufrufe: «Sparsamkeit üben!» – «Ein revolutionäres Frühlingsfest feiern!» Doch wie immer setzte jede Familie alles daran, herbeizuschaffen, was das Herz begehrte. So hatte Meister Hong eines Nachmittags plötzlich die Idee, in die Stadt zu gehen, um etwas für seine Enkel zu kaufen.

Wie der Zufall es wollte, war auch Li Mei gerade unterwegs, und die beiden trafen sich an der Xinjiekou-Kreuzung. Sie hatten sich lange nicht gesehen und waren nun so froh, daß sie einander breit anlachten und die frühere Hoffnungslosigkeit und ihren Schmerz für einen Moment vergaßen.

Im Kaufhaus war es brechend voll. Li Mei führte Hong an der Hand durch das Menschengewühl, lenkte seine Aufmerksamkeit auf dieses oder jenes Angebot und suchte Dinge für ihn aus; Meister Hong folgte ihr. In ihrer Harmonie wirkten sie wie ein lange und glücklich verheiratetes Paar. Bevor sie sich trennten, verabredete er sich mit ihr. Er lud sie ein, am Laternenfest mit ihm in den Modellfilm ‹Am Hafen› zu gehen; sie würden sich vor dem Kinoeingang treffen.

Nach dieser ersten Verabredung gingen sie alle zwei bis drei Wochen gemeinsam ins Kino. Da man die Modellfilme an einer Hand abzählen konnte, hatten sie alle bald mehrmals gesehen – und sahen sie selbst noch bei geschlossenen Augen. Doch wohin außer ins Kino konnten sie sonst gehen? Dort nahm Meister Hong, sobald das Licht erloschen war, Li Meis Hand, legte sie auf sein Knie und streichelte sie. Diese Hand, vom langen Arbeiten in Seifenlauge ganz geschwollen, erfuhr nur in diesen Augenblicken etwas Mitgefühl und Liebkosung. Manchmal auch zog er sie zart an seine

Brust, damit sie seinen heftigen Herzschlag, Zeichen seiner wiedererwachten Jugend, spüren konnte. Nun mußten sie nur noch die Augen schließen, um in dieser leichten gegenseitigen Berührung die Vereinigung von Körper und Geist zu genießen.

Meister Hong veränderte sich. Er hatte wieder Appetit, er schlief gut, und immer spielte ein leichtes Lächeln um seine Mundwinkel. Seinen Bart, den er den Winter über vernachlässigt hatte, pflegte er jetzt mit Sorgfalt – was seine Schwiegertochter veranlaßte, ihn mit hochgezogenen Augenbrauen von Kopf bis Fuß zu mustern. Von der monatlichen Rente behielt er einen größeren Anteil für sich als Taschengeld – natürlich registrierte die Schwiegertochter auch das mit Argwohn. Aber sie dachte daran, wie niedergeschlagen er gewesen war, daran, daß Vater und Sohn kaum miteinander sprachen und welche Schwierigkeiten es machte, miteinander auszukommen. Besser, sie stellte sich taub und stumm. Über das Geld sagte sie ihrem Mann nichts.

Meister Hong begann, sich wieder für die Dinge in seiner Umgebung zu interessieren. Er las Zeitung, studierte in den Werken Mao Zedongs herum, organisierte die regelmäßigen Propagandasitzungen unter der Losung «Sich an die Bitternis der Vergangenheit erinnern und an das Glück von heute denken», kümmerte sich um ‹Sauberkeit und Hygiene› im Viertel. Überall ergriff er die Initiative. Im Sommer, als man unter der Losung «Gute Leute – gute Taten» über vorbildliche Personen zu entscheiden hatte, war er der erste, den man als Musterbeispiel herausstellte. Das Nachbarschaftskomitee forderte die alten Männer und Frauen auf, sich ihn zum Vorbild zu nehmen und von ihm zu lernen. Es war das Jahr der Modellfilme und folglich kein Wunder, daß man ihn als einen ‹Modell-Alten› bezeichnete.

Anfang Juli herrschte eine etwa zehntägige Hitzewelle. Es wurde so schwül, daß sich an den Steinen unter den Dachvorsprüngen Kondenswasser bildete; Hitze und Schwüle nahmen jedermann den Atem. An ihrem gemeinsamen Nachmittag hatte Meister Hong die Kinokarten bereits gekauft; da noch kein Einlaß für die Drei-Uhrvorstellung war, wartete er am Eingang.

Als Li Mei kam, lächelte sie ihm schon von weitem zu. Sie trug eine kurzärmelige bunte Bluse, dazu einen schwarzen Seidenrock und schwarze Plastiksandalen. Sonst zog sie meistens, da bei der Arbeit praktischer, lange Hosen an. Aber Meister Hong wollte, daß Li Mei wie die anderen Frauen im Haus auch einen Rock trug, weil es kühler war. Er hatte ihr Seide gekauft und tatsächlich: heute zeigte sie sich ihm so. Er freute sich sehr.

Sie warf ihm einen schnellen Blick zu, als sie näher kam, wurde dann aber verlegen wie ein junges Mädchen. Er blickte auf ihre bloßen Beine. Nie ans Sonnenlicht gekommen, sahen sie so anziehend aus wie frisch gewaschener, knackiger Rettich. Er starrte sie eine Weile an und hob den Kopf. Sein Blick fiel auf ihre nackten Arme, die im Sonnenlicht lagen, wohlgerundet und einer Lotoswurzel gleich. Wie benommen stand er da.

«Heute gehen wir nicht ins Kino», sagte er plötzlich.

«Wohin dann?»

Eine Antwort war schwierig, er zögerte und schaute sich um. Sein Blick streifte das Hotel dem Kino gegenüber, aber ohne ein Empfehlungsschreiben seiner Arbeitseinheit kam man dort auch für Geld nicht hinein. Er wollte mit Li Mei allein sein, aber in einer so großen Stadt wie Nanking gab es keinen Platz für ihre Zweisamkeit. Mit einem Male verspürte er den Wunsch, ganz weit weg zu sein.

«Laß uns zum Sun-Yatsen-Mausoleum fahren. Heute ist Montag, da sind nicht viele Ausflügler dort.» Li Mei war einverstanden, und so stiegen sie denn in den Bus der Linie 9.

Tatsächlich waren nicht so viele Menschen da wie an Feiertagen, doch saßen überall kleine Gruppen, die plauderten und lachten oder vertraulich miteinander flüsterten. Es war freilich nicht ganz so belebt wie am ‹Xinjiekou›, der großen Kreuzung im Zentrum der Stadt, Meister Hong war nicht in Stimmung, die Landschaft zu genießen, er suchte nur ein abgelegenes, ruhiges Plätzchen, um mit Li Mei allein sein zu können. Auf halber Höhe der Riesentreppe zum Mausoleum führte er Li Mei seitlich durch einen Obstgarten in den Wald hinein.

Die beiden gingen eine Weile ohne recht zu wissen, wohin, bis sie schließlich eine knorrige alte Kiefer fanden, auf deren freiliegende Wurzeln sie sich setzen konnten.

«Lao Hong, laß uns hier verschnaufen.»

Aufmerksam half Li Mei ihm, es sich auf den Wurzeln bequem zu machen. Dann holte sie ein Taschentuch hervor und wischte ihm den Schweiß von der Stirn.

Er war lange nicht mehr geklettert und keuchte. Li Meis sanfte und fürsorgliche Art ließ ihn freilich bald wieder zu Atem kommen.

Obwohl er längst nicht mehr schwitzte, rieb Li Mei mit ihrem Tuch weiter seinen Nacken. Ihr Lotoswurzel-Arm tanzte vor seinen Augen und reizte ihn. Plötzlich griff er danach, führte ihn an den Mund und biß zärtlich zu. Li Mei nutzte diese Gelegenheit und setzte sich auf seinen Schoß. Meister Hong umarmte sie so fest, als könne ihr Körper sein heftiges Herzklopfen besänftigen. Als er dann ihre weißen Beine betrachtete, konnte er nicht anders: er machte eine Hand frei und streichelte sie.

In diesem Augenblick hörten sie in der Nähe ein Lachen. Mit einem Ruck sprang Li Mei auf, das Gesicht rot entflammt. Die ganze Zeit über hatte ein junges Paar nicht weit entfernt unter einem Baum gesessen und sie heimlich beobachtet. Die junge Frau, damit beschäftigt, ihr zerzaustes Haar mit den Händen zu glätten, wurde vor Verlegenheit abwechselnd rot und blaß. Meister Hong richtete sich auf. Er nahm Li Mei bei der Hand und ging mit ihr weiter.

Die Sonne stand schon sehr tief, und die Bäume warfen lange Schatten. Auch die aneinandergeschmiegten Körper der beiden Liebenden bildeten lange Silhouetten. Nachdem sie ein kurzes Stück gegangen waren, entdeckten sie plötzlich, als der Wald lichter wurde, einen Tunneleingang. Es war ein eindrucksvoller Tunnel, aus Beton gegossen, mit einem schmiedeeisernen Tor. Da das Tor offenstand und es drinnen dunkel und still war, zog Hong Li Mei hinein. Sie folgte ihm willig. Arm in Arm gingen die beiden eng aneinandergeschmiegt durch den Tunnel. Das Echo ihrer Schritte hallte nach, aber sie hörten es nicht. Sie vernahmen nur die Stimme ihrer klopfenden Herzen.

Um Punkt sechs Uhr kam ein Parkangestellter und sperrte das Eisentor zu. Es wurde nur einmal pro Woche aufgeschlossen, um den Tunnel zu lüften und trocken zu halten. Erst in einer Woche würde es sich wieder öffnen. [1977]

BAI XIANYONG

In einer Winternacht

Zwischen den Kulturen des alten China und der neuen Welt, zwischen dem Exil auf der Insel Taiwan oder in den USA lavierend – so geht es vielen «Taipeimenschen» in den Erzählungen dieses Autors.

In den Winternächten von Taipei fällt oft kalter Regen. Auch an diesem Tag hatte mit der Abenddämmerung und einer plötzlichen Kälte der Regen begonnen. In den Nebengassen der Wenchou-Straße stand das Wasser schon bald einen Zoll hoch. Professor Yu ging in Holzsandalen zum Ende der Gasse und schaute sich um. In seinem Schirm aus Ölpapier war ein großes Loch, durch das der Regen auf seinen kahlen Kopf rann. Ein kalter Schauer überrieselte ihn, und er zog unwillkürlich den Hals ein. Auch sein altes, dickes, baumwollgefüttertes Gewand konnte die feuchte Kälte dieser Winternacht nicht abwehren, die ihm bis auf die Knochen ging.

In der düsteren Gasse war keine Menschenseele zu sehen, überall tiefe Stille, die nur durch das Platschen der Tropfen auf den Ziegeldächern der niedrigen Häuser unterbrochen wurde. Professor Yu verharrte eine Weile im kalten Regen unter seinem löchrigen Papierschirm, bevor er schließlich zu seinem Haus zurückkehrte. Da er am rechten Bein gelähmt war, humpelte er bei jedem Schritt und schleppte sich nur mühselig heim.

Wie die anderen Universitätsbauten in dieser Gasse stammte auch Professor Yus Haus noch aus der Zeit der japanischen Besatzung. Seit vielen Jahren war es nicht mehr repariert worden, und Dachfirst, Türen und Fenster waren schon lange verrottet. Die

Tatami-Matten, die seit alters her den Fußboden des Wohnzimmers bedeckten, verströmten wegen der jahrelang aufgesaugten Feuchtigkeit den Modergeruch von fauligem Stroh. Die Einrichtung des Wohnzimmers war sehr einfach: ein Schreibtisch, ein Teetisch und zwei schäbige Sofas, aus deren aufgeplatztem Bauch die Baumwollfüllung hervorquoll. Tische, Stühle und Tatamis waren in heillosem Durcheinander von alten, im westlichen Stil gebundenen Büchern überdeckt, manche davon mit auseinanderfallender Bindung, andere mit abgewetzten Umschlägen, und viele sahen schlimmer aus als ein Verurteilter nach der Enthauptung. Dazwischen lagen einige geliehene Schwertkämpferromane mit Packpapierumschlag. Seit Professor Yu einmal seiner Frau eine fürchterliche Szene gemacht hatte, wagte im Hause niemand mehr, diese Bücherstapel anzurühren. Damals hatte seine Frau für ihn Bücher in der Sonne gelüftet, und dabei war ein Packen Notizen zur Oxford-Ausgabe von Byrons Gedichten abhanden gekommen – die geistige Frucht seiner Lehrtätigkeit an der Peking-Universität vor mehr als zwanzig Jahren.

Professor Yu ließ sich auf einem der abgenutzten Sofas nieder und seufzte leise. Heftig rieb er die Gelenke seines rechten Beines. Bei feuchtkaltem Wetter begann das Bein stets zu schmerzen. Noch am Nachmittag hatte seine Frau, bevor sie zum Mahjong-Spiel bei der Familie von Professor Xiao in der Nachbarschaft aufbrach, ihn ermahnt:

«Vergiß nicht, dir das Yushantang-Pflaster aufzulegen!»

«Würdest du heute abend etwas früher nach Hause kommen?» bat er seine Frau. «Wu Zhuguo kommt.»

«Was ist denn so Besonderes an Wu Zhuguo? Genügt es nicht, wenn du ihm Gesellschaft leistest?» Unterdessen wickelte seine Frau ein Bündel Geldscheine in ein Seidentaschentuch, sprach's und war zur Tür hinaus. Er hielt gerade das Regierungsblatt *Zentrale Nachrichten* in der Hand und hätte seine Frau gern aufgehalten, um ihr Wu Zhuguos Foto in der Zeitung zu zeigen: »Der in den Vereinigten Staaten ansässige Wissenschaftler Wu Zhuguo, eine internationale Autorität auf dem Gebiet der Geschichtsforschung, hat gestern in der Academia Sinica vor über hundert Wissenschaftlern und Prominenten einen wissenschaftlichen Vortrag gehalten.» Doch seine Frau war bereits zu den Nachbarn geeilt.

Wenn Yaxin noch lebte, hätte sie sich bestimmt in die Küche gestellt, um zum Empfang dieses weitgereisten Freundes eine ganze Tafel mit Wu Zhuguos Lieblingsspeisen zuzubereiten. Damals, beim Abschiedsessen für Wu Zhuguo in Peking, hatte dieser mit vom Wein schon leicht gerötetem Gesicht zu Yaxin gesagt: «Yaxin, nächstes Jahr werde ich wiederkommen, um deine Peking-Ente zu genießen!» Wer hätte sich damals vorstellen können, daß im Jahr darauf Peking fiel und bis zu Wu Zhuguos Rückkehr zwanzig Jahre vergingen? Als er ihn nun am Tag seiner Rückkehr am Songshan-Flughafen wiedergesehen hatte, war Wu Zhuguo von einer Menge von Regierungsbeamten, Reportern und neugierigen Zuschauern so dicht umlagert gewesen, daß einfach kein Durchkommen war, ja, er war von der Menge so weit abgedrängt worden, daß er ihm nicht einmal ein Hallo zurufen konnte. Wu Zhuguo – in einem schwarzen Wollmantel, mit einer silbergefaßten Brille, mit seinem schneeweißen Haar, die Pfeife in der Hand – hatte mit großer Gelassenheit die Fragen der Reporter beantwortet. Die Ausstrahlung von feiner Bildung, die respekteinflößende Haltung eines Gelehrten schienen mit den Jahren noch gereift. Später hatte Wu ihn in der Menge erblickt und sich bis zu ihm vorgeschoben, seine Hand ergriffen und ihm ins Ohr geflüstert: «In zwei Tagen komme ich dich besuchen.»

«Qinlei . . .»

Professor Yu erhob sich hastig, um Wu Zhuguo zu empfangen, der bereits in der Tür stand.

«Gerade eben habe ich noch an der Kreuzung nach dir Ausschau gehalten! Ich hatte Angst, daß du es vielleicht nicht finden würdest.» Professor Yu ging in die Hocke und zog aus dem niedrigen Regal bei der Tür ein Paar Strohsandalen für Wu Zhuguo heraus, eine davon hatte ein Loch.

«Die Gassen von Taipei sind wirklich wie ein Labyrinth», lachte Wu Zhuguo, «noch verwirrender als die Gassen von Peking.» Sein Haar war durchnäßt, seine Brille voller Regentropfen. Er zog den Mantel aus und schüttelte ihn zweimal, bevor er ihn Professor Yu reichte. Darunter trug er eine chinesische seidengefütterte Jacke. Während er sich setzte, wischte er sich mit dem Taschentuch Kopf und Gesicht ab, so daß sein schneeweißes Silberhaar ganz zerzaust und strubbelig wurde.

«Ich hatte dich schon längst zu mir einladen wollen.» Professor Yu goß Drachenbrunnentee in die Thermotasse, die er sonst selbst benutzte, und stellte sie vor Wu Zhuguo hin, denn er erinnerte sich, daß Wu keinen schwarzen Tee trank. «Aber du warst in den letzten Tagen so beschäftigt, daß ich den Trubel nicht noch vergrößern wollte.»

«Ja, wir Chinesen sind eben sehr kontaktfreudig», schüttelte Wu lachend den Kopf. «In den letzten Tagen war ich täglich zu einem Festessen geladen, jedesmal unzählige Gänge . . .»

«Wenn du noch länger hierbleibst, fürchte ich, daß dein altes Magenleiden wieder akut wird», sagte Professor Yu mit einem Lächeln und nahm Wu Zhuguo gegenüber Platz.

«Stimmt, ich kann das viele Essen nicht vertragen. Heute abend war ich bei Shao Ziqi eingeladen und habe meine Eßstäbchen gar nicht erst angefaßt. – Shao Ziqi hat mir erzählt, daß er dich schon einige Jahre nicht mehr gesehen hat . . .» Wu Zhuguo blickte Professor Yu an, der sich über die Glatze strich und leise lächelnd seufzte:

«Er ist Beamter und ziemlich beschäftigt. Wenn wir uns sehen, haben wir uns nichts zu sagen, und ich eigne mich nicht für höfliches Geplauder, schon gar nicht mit ihm. Daher ist es wohl besser, wenn wir uns nicht sehen. Weißt du noch den ersten Schwur, den wir damals bei Eintritt in die ‹Gesellschaft zur Stärkung der Willenskraft› ablegten?»

Wu Zhuguo antwortete lachend:

«Zwanzig Jahre lang kein Beamter zu werden.»

«An jenem Tag übernahm Shao Ziqi die Führung und leistete als erster diesen Schwur! Allerdings ist die Frist von zwanzig Jahren ja schon lange vorbei . . .»

Professor Yu und Wu Zhuguo brachen in Gelächter aus. Wu erhob seine Tasse mit Drachenbrunnentee und pustete die oben schwimmenden Teeblätter auseinander. Er nahm einen Schluck, wobei ihm der heiße Dampf die Brillengläser beschlug. Er nahm die Brille ab, putzte die Gläser, schaute nachdenklich vor sich hin und seufzte dann:

«Als ich jetzt zurückkam, erfuhr ich, daß die meisten unserer alten Freunde aus der ‹Gesellschaft zur Stärkung der Willenskraft› nicht mehr am Leben sind.»

Wu Zhuguo zündete seine Pfeife an und nahm einen tiefen Zug. Während er weiterpaffte, hüllte er sich eine Weile in nachdenkliches Schweigen. Dann schüttelte er plötzlich den Kopf, lachte laut und beugte sich zu Professor Yu hinüber:

«Du weißt, Qinlei, daß ich bei meinen Kursen an ausländischen Universitäten meist nicht über das 13. Jahrhundert, über die Tang- und Song-Zeit hinausgehe und noch niemals die Geschichte der Republik nach 1912 behandelt habe? Im letzten Semester hielt ich an der Universität von Kalifornien ein Seminar mit dem Thema ‹Das politische System der Tang-Zeit› ab. Zur gleichen Zeit waren die Studentenunruhen an den amerikanischen Universitäten in vollem Gange, die kalifornischen Studenten waren ganz besonders schlimm: Sie brannten Universitätsgebäude nieder, vertrieben den Rektor der Universität und jagten die Professoren davon. Ich kann ein solches Randalieren wirklich nicht ausstehen. Eines Nachmittags, als ich gerade über das Prüfungswesen der frühen Tang-Zeit sprach, lieferten sich Studenten und Polizisten auf dem Universitätsgelände Schlachten, überall legten sie Tränengasbomben, es war einfach der Gipfel! Stell dir mal diese Situation vor: Wie sollten diese ungekämmten, barfüßigen, aktionswütigen amerikanischen Studenten meinen Ausführungen zum chinesischen Prüfungssystem des siebten Jahrhunderts folgen können? Sie saßen im Unterrichtsraum und gafften zum Fenster hinaus. Also legte ich mein Buch beiseite und sagte zu ihnen: ‹Sie halten das wohl für eine Studentenrebellion? Als vor mehr als vierzig Jahren die chinesischen Studenten rebellierten, da waren sie hundertmal wilder als Sie heutzutage!› Plötzlich waren alle sichtlich betroffen, und ein ungläubiger Ausdruck zeigte sich in ihren Gesichtern, als ob sie sagen wollten: ‹Können chinesische Studenten überhaupt rebellieren?›» Wu Zhuguo und Professor Wu brachen in Lachen aus.

«Dann habe ich ihnen gesagt: ‹Am 4. Mai 1919 stürmte eine Horde von Studenten, angeführt von Studenten der Peking-Universität, aus Protest gegen Japan das Haus eines eigensüchtigen, vaterlandsverräterischen Regierungsbeamten, brannte das Haus nieder, packte einen Gesandten, der sich drinnen verborgen hatte, und verpaßte ihm eine kräftige Tracht Prügel.› Da hörten die amerikanischen Studenten immer respektvoller zu, denn sie, die andauernd den Widerstand gegen den Vietnamkrieg im Munde führten, hätten doch nie gewagt, das Pentagon anzuzünden. ‹Später wurden diese Studenten alle verhaftet und in der Juristischen Fakultät der Peking-Universität eingesperrt, es waren über tausend.› Ich konnte nun sehen, daß ich ihre restlose Aufmerksamkeit hatte, und fuhr ganz langsam fort: ‹Und der, der die später verhaftete Studentenhorde angeführt hatte, um den Gesandten zu verprügeln, das war ich.› Die Bande brach in begeistertes Gelächter aus, trampelte mit den Füßen und klatschte in die Hände, nicht mal die Schüsse der Polizei draußen hörten sie mehr . . .» Vor lauter Lachen schaukelte der Kopf von Professor Yu hin und her.

«Sie überschlugen sich geradezu mit ihren Fragen, wie wir damals in der Zhaojialou-Straße angegriffen hätten, und ich erzählte ihnen, wie wir, einer auf des anderen Schultern kletternd, in die Residenz von Cao Julin eingedrungen waren. Der erste Student, der hinübergesprungen war, hatte seine Schuhe im Gedränge verloren, er lief barfuß im Hof herum und legte überall Feuer. ‹Und wo ist dieser Student jetzt?› fragten sie im Chor. Ich sagte: ‹Er unterrichtet an einer Universität auf Taiwan, sein Spezialgebiet ist Byron.› Die amerikanischen Studenten konnten sich vor Begeisterung kaum halten.»

Das zerfurchte Gesicht von Professor Yu war plötzlich rot übergossen, es öffnete sich zu einem fast kindlichen Lächeln, und mit einem verstohlenen Grinsen blickte er auf seine unbeschuhten Füße herab. Auf seinen groben Wollsocken prangten an den Fersen zwei schwarze Flicken, unwillkürlich schlug er die Füße übereinander und rieb sie ein paarmal aneinander.

«Ich erzählte ihnen auch, daß während unserer Gefangenschaft in der Universität viele Studentinnen kamen, um uns ihre Sympathie auszudrücken; die schönste Studentin der Pädagogischen Frauenhochschule verliebte sich in unseren barfüßigen, feuerlegenden Freund, und die beiden wurden zu Romeo und Julia des damaligen China . . .»

«Zhuguo, du verstehst es wirklich, Scherze zu machen!» stöhnte Professor Yu lachend, während er sich über die Glatze strich. Er bemerkte, daß Wu Zhuguos Tee bereits kalt geworden war, erhob sich und humpelte zur Thermosflasche hinüber.

Die beiden wurden auf einmal still, ihre Gesichter waren einander zugewandt. Wu Zhuguo schob seine Hände in die Ärmel, Professor Yu klopfte leicht auf sein steifes Bein, das schmerzte.

«Zhuguo», sagte Professor Yu nach einer Weile, während er den Kopf hob und Wu Zhuguo anblickte, «von unserer ganzen Gruppe hast du am meisten Erfolg gehabt.»

«Ich?» Wu Zhuguo sah verblüfft auf.

«Wirklich, Zhuguo», Professor Yus Stimme klang leicht erregt, «in all den Jahren habe ich nichts zustande gebracht. Jedesmal, wenn ich in der Zeitung davon gelesen habe, wie du dir im Ausland einen Namen gemacht hast, mußte ich einerseits bedauernd seufzen, andererseits habe ich mich gefreut, daß wenigstens du als einziger, stellvertretend für uns, in der akademischen Welt eine gute Figur abgibst.» Professor Yu hatte beim Sprechen unwillkürlich seine Hand ausgestreckt und drückte sie fest auf Wu Zhuguos Schulter.

«Qinlei», Wu Zhuguo machte sich mit einer plötzlichen Bewegung von Professor Yus Hand frei, «wenn du so etwas sagst, möchte ich am liebsten vor Scham im Erdboden versinken!»

«Du, Zhuguo?» murmelte Professor Yu, seine Hand zurückziehend.

«Qinlei, ich möchte dir etwas erzählen, damit du verstehst, wie ich mich in all den Jahren im Ausland gefühlt habe.» Wu Zhuguo legte seine Pfeife auf den Teetisch, nahm seine silbergefaßte Brille ab und massierte seine stark verspannte Nasenwurzel. «Ich bin zu Vorträgen durch die ganze Welt gereist, und das mag sich sehr aufregend anhören. Letztes Jahr besuchte ich in San Franzisco die Tagung der ‹Gesellschaft für Asiatische Geschichte›. In der Sektion, in der ich war, hielt ein amerikanischer Student, der soeben sein Examen in Harvard abgelegt hatte, einen Vortrag mit dem Thema: ‹Eine Neubewertung der Vierten-Mai-Bewegung›. Dieser junge Bursche zerpflückte zunächst den ‹Vierten Mai› mit seiner Kritik und zog dann wortreich die Schlußfolgerung, diese Horde von fanatischen chinesischen Jungintellektuellen habe mit ihrer gegen die Tradition gerichteten, ikonoklastischen Bewegung das konfuzianische System, das mehr als zweitausend Jahre lang in China Bestand hatte, von Grund auf aus den Angeln gehoben. Diese Jugendlichen in ihrer Unkenntnis der nationalen Lage Chinas hätten blind die Kultur des Westens angebetet, die westliche Demokratie und Wissenschaft zu ihrem Fetisch erhoben und so die chinesische Geisteswelt in ein nie dagewesenes Chaos gestürzt. Doch sie, die in einer patriarchalisch ausgerichteten Gesellschaft aufgewachsen waren, hätten weder eine eigenständige Ideologie noch eine starke Willenskraft besessen. Als die konfuzianische Tradition zusammengebrochen war, hätten sie prompt ihren geistigen Halt verloren und seien dann wie eine verlorene Herde ungehorsamer, vatermörderischer Söhne herumgeirrt, hätten sie doch ihren geistigen Vater, Konfuzius, erschlagen. Mit dieser schweren Schuld beladen seien sie in innere Selbstverbannung geflohen: Einige hätten sich dem Totalitarismus in die Arme geworfen, andere hätten sich wieder sehnsüchtig ihrer bereits zerstörten Tradition zugewandt, und manche seien nach Übersee in ein Eremitendasein geflüchtet und hätten sich aus allem herausgehalten. Ihre Bewegung sei gescheitert und habe üble Folgen gehabt. Während einige chinesische Gelehrte die ‹Bewegung des Vierten Mai› mit einer ‹Renaissance› Chinas verglichen hätten, sei er der Meinung, daß man sie nur als die ‹Fehlgeburt einer Renaissance› bezeichnen könne. Nachdem er seinen Vortrag beendet hatte, entstand eine ziemliche Aufregung; besonders einige chinesische Professoren und Studenten sahen mich an in der Annahme, ich würde bestimmt aufstehen und dazu etwas sagen. Aber ich sagte kein einziges Wort, sondern verließ schweigend den Saal.»

«Oh, Zhuguo –»

«Einige der Argumente dieses jungen Burschen waren nicht

schwer zu widerlegen, aber, Qinlei», Wu Zhuguos Stimme klang belegt und er gab ein trockenes Lachen von sich, «denk daran, daß ich einige Jahre als ‹Deserteur› im Ausland verbracht habe. Wie hätte ich mich da, ohne mein Gesicht zu verlieren, in einer Rede für die Vierte-Mai-Bewegung stark machen können? Aus dem gleichen Grund wollte ich auch während all der Jahre im Ausland niemals über die Geschichte der Republik sprechen. Das eine Mal, als ich an der Universität von Kalifornien den ‹Vierten Mai› erwähnte, geschah es nur, um die Studenten ein bißchen aufzuziehen. Über den Glanz der Vergangenheit zu sprechen ist schließlich einfacher; ohne ins Schwitzen zu geraten, kann ich zu meinen ausländischen Studenten sagen: ‹Die Kaiserdynastie der Tang errichtete damals das mächtigste, reichste und kulturell blühendste Reich der Welt.› Denn das stimmt. Ich habe es im Ausland jahrzehntelang verkündet, doch manchmal fand ich es nur noch lächerlich . . .»

«Aber Zhuguo, du hast so viele Bücher geschrieben!» unterbrach Professor Yu beinahe protestierend.

«Ich habe einige Bücher geschrieben, insgesamt einige zehntausend Zeichen – alles leeres Geschwätz», rief Wu Zhuguo abwinkend, dazu lachte er kalt: «Qinlei, um die Wahrheit zu sagen: Ich habe diese Bücher lediglich geschrieben, um den Anforderungen amerikanischer Universitäten nachzukommen. Wer nichts publiziert, erhält seinen Vertrag nicht verlängert und wird nicht befördert, aus diesem Grunde habe ich alle zwei Jahre ein Buch aus mir herausgepreßt. Wenn dieser Zwang zum Veröffentlichen nicht wäre, hätte ich kein einziges Buch geschrieben.»

«Ich gieße dir einen heißen Tee ein», murmelte Professor Yu; er bemerkte ein leichtes Zucken auf Wu Zhuguos feinem Gesicht. Er schleppte sich zum Tisch in der Ecke des Wohnzimmers, schüttete Wu Zhuguos kalten Tee in den Spucknapf und füllte neuen Drachenbrunnentee nach. Die Thermostasse in der Hand, humpelte er äußerst mühselig zu seinem Platz zurück.

«Du weißt gar nicht, Qinlei, daß ich mich im Ausland geschämt habe, sobald ich an dich und Jia Yisheng dachte. Ihr lebt so bescheiden, und dennoch hattet ihr die Kraft, im Erziehungswesen des eigenen Landes die Stellung zu halten und unsere Jugend zu erziehen . . .» Wu Zhuguos Stimme geriet in leichtes Zittern, und er gab Professor Yu einen kleinen Klaps: «Qinlei, du hast es wirklich nicht leicht.»

Professor Yu sah ihn schweigend an, eine Weile herrschte Stille. Schließlich kratzte er sich den kahlen Schädel und lächelte: «Zur Zeit unterrichte ich ausschließlich Studentinnen, im letzten Semester war kein einziger Mann dabei.»

«Dein Fach ist die Literatur der Romantik, natürlich mögen die Mädchen das», erklärte Wu Zhuguo mit einem Lächeln.

«Eine Studentin fragte mich: ‹Hat Byron wirklich so gut ausgesehen?› Ich sagte: ‹Byron war ein Krüppel, er hat vermutlich noch stärker gehinkt als ich.› Ihr Gesicht verzog sich sofort vor Schmerz, so daß ich sie trösten mußte: ‹Aber Byrons Gesicht war bezaubernd schön.›» Professor Yu und Wu Zhuguo lachten beide.

«Die Sammlung von Byrons Gedichten, die du übersetzt hast, verkauft sich hier bestimmt gut?»

«Ich habe diese Übersetzung gar nicht zu Ende gebracht.»

«Oh . . .»

«Tatsächlich fehlen nur die letzten Kapitel des ‹Don Juan›. In den letzten sieben, acht Jahren habe ich kein einziges Wort übersetzt, und ich fürchte, wenn ich jetzt eine Übersetzung von Byron herausbrächte, hätte sie heutzutage auch nicht viele Leser.» Professor Yu seufzte betrübt und richtete den Blick auf Wu Zhuguo: «Zhuguo, in all diesen Jahren verhielt ich mich nicht so, wie du es dir vorstellst, ich habe überhaupt nicht daran gedacht, ‹die Stellung zu halten›. In der ganzen Zeit habe ich dauernd nach einem Weg gesucht, ins Ausland zu kommen . . .»

«Qinlei – du?»

«Ich habe nicht nur darangedacht, ins Ausland zu gehen, sondern ich habe auch alle Mittel daran gesetzt, mir diese Gelegenheit zu erkämpfen. Jedes Jahr habe ich eilig als erster einen Antrag eingereicht, sobald ich hörte, daß unser Literaturinstitut ein Auslandsstipendium zu vergeben hatte. Vor fünf Jahren hatte ich mit knapper Not ein Ford-Stipendium der Harvard-Universität errungen, ein Forschungsstipendium für zwei Jahre, dotiert mit über neuntausend US-Dollar pro Jahr. Eines Tages ging ich zum amerikanischen Konsulat, um mein Visum abzuholen, und der Konsul schüttelte mir noch zur Gratulation die Hand. Wer hätte ahnen können, daß beim ersten Schritt aus der Tür des Konsulats ein Student der Nationalen Taiwan-Universität auf seinem Motorrad daherkam? Ein Zusammenstoß, und mein Bein war gebrochen.»

«Oh, Qinlei!» seufzte Wu Zhuguo.

«Als ich im Krankenhaus lag, hätte ich sofort meinen Verzicht auf das Stipendium erklären müssen, aber das tat ich nicht. Ich schrieb einen Brief an Harvard, mein Bein sei nur äußerlich verletzt und ich würde nach der Genesung unverzüglich ausreisen. Fünf Monate lag ich im Hospital, und schließlich annullierte Harvard das Stipendium. Wäre ich eher zurückgetreten, dann hätte Jia Yisheng es vielleicht bekommen.»

«Jia Yisheng?» fragte Wu Zhuguo verwundert.

«Er hatte sich auch darum beworben. Darum hat mich sein Tod so getroffen, ich fühle mich ihm gegenüber schuldig. Nach seinem Tod bin ich überall herumgelaufen, um die Beerdigungskosten und eine Beileidsgabe für die Angehörigen zu sammeln, denn seine Frau war damals schwer krank. Aber Zhuguo», Professor Yu blickte Wu Zhuguo traurig an, «ich selbst brauchte das Stipendium auch ganz dringend. Als Yaxin starb, waren unsere beiden Söhne noch klein. Vor ihrem Tod mußte ich ihr versprechen, daß ich ihnen die allerbeste Ausbildung ermöglichen werde. Mein Ältester hat im Ausland Technik studiert, ich mußte für ihn eine beträchtliche Summe aufbringen. Ich zahle schon jahrelang daran ab, habe aber immer noch Schulden. Deshalb überlegte ich damals, wenn ich das Stipendium hätte und im Ausland sparsam lebte, könnte ich so meine Schulden abtragen . . .» Professor Yu zuckte die Achseln und lachte trocken. Wu Zhuguo hob die Hand, als ob er etwas sagen wollte, aber nur seine Lippen bewegten sich, er schwieg weiter. Nach einer Weile zwang er sich zu einem Lächeln:

«Yaxin – sie war wirklich eine unvergeßliche Frau.»

Das Prasseln des Regens draußen war immer stärker geworden, und ein kalter Lufthauch drang durch die Ritzen von Türen und Fenstern herein. Plötzlich hörten sie, wie die Haustür auf- und wieder zugemacht wurde und ein junger Mann aus dem Vorraum eintrat. Er war sehr groß, trug einen dunkelblauen Plastikregenmantel, und sein pechschwarzes Haar war mit Regentropfen übersät. Einen Stapel Bücher im Arm, nickte er lächelnd und wollte gerade im nächsten Zimmer verschwinden.

«Junyan, komm her und begrüße Onkel Wu!» rief ihm Professor Yu zu. Wu Zhuguo ließ seinen Blick über die außergewöhnlich schöne Gestalt des jungen Mannes gleiten und konnte ein Lachen nicht unterdrücken:

«Junyan, wenn ich dich als ersten hier im Haus getroffen hätte, hätte ich geglaubt, dein Vater hätte seine Jugend wiedererlangt!» Alle drei mußten lachen.

«Onkel Wu lehrt an der Universität von Kalifornien. Hattest du nicht vor, an dieser Universität zu studieren? Du kannst Onkel Wu um Rat fragen», meinte Professor Yu zu seinem Sohn.

«Onkel Wu, ist es leicht, dort ein Stipendium für Physik zu bekommen?» fragte Junyan interessiert.

«Das ist –» Wu Zhuguo hielt zögernd inne. «Ich weiß es nicht so genau, aber jedenfalls gibt es mehr Stipendien für Physik und Technik als für Literatur und Jura.»

Nach einer Weile zog sich Junyan zurück. Während Professor Yu ihm nachsah, sagte er leise:

«Die Jungen heutzutage wollen alle im Ausland Physik und Technik studieren.»

«Das ist der Trend der Zeit», antwortete Wu Zhuguo. «Haben wir nicht früher den ‹Mr. Science› propagiert, als gelte es das Leben? Und nun hat uns ‹Mr. Science› beinahe die Eßschalen genommen!» Professor Yu und Wu Zhuguo mußten lachen. Professor Yu erhob sich, um Wu Zhuguo frischen Tee nachzuschenken, doch dieser hielt ihn zurück und stand ebenfalls auf.

«Morgen früh habe ich einen Vortrag an der Hochschule für Politik, ich sollte besser früh schlafen gehen», murrte er. «Und übermorgen fliege ich nach Westdeutschland zu einer Sinologenkonferenz. Komm nicht eigens zu meinem Abflug, laß uns jetzt Abschied nehmen.»

Mit diesen Worten begab sich Wu Zhuguo zur Eingangstür. Professor Yu zog wieder seine Holzsandalen an, spannte seinen löchrigen Ölpapierschirm auf und begleitete ihn hinaus. «Bitte komm nicht mit hinaus, das Gehen ist für dich zu anstrengend.»

«Du hast keinen Hut auf, ich begleite dich ein Stück.» Professor Yu hielt schützend den Schirm über Wu Zhuguos Kopf und legte einen Arm um seine Schulter, so gingen sie zum Ende der Gasse. Die Gasse war stockfinster und es goß in Strömen. Aneinandergelehnt stapften Professor Yu und Wu Zhuguo durch das in der Gasse stehende Wasser, Schritt für Schritt, schleppend langsam, mühselig, humpelnd.

Als sie sich dem Ende der Gasse näherten, sagte Wu Zhuguo mit schwacher Stimme:

«Qinlei, noch eine Weile, und ich werde vielleicht zurückkommen.»

«Du willst zurückkommen?»

«In einem Jahr gehe ich in den Ruhestand.»

«So?»

«Ich bin jetzt ganz allein drüben, seit Yingfeng tot ist. Das Essen macht mir Probleme, mein kranker Magen macht sich öfter bemerkbar, außerdem – ich habe ja keine Kinder.»

«Oh.»

«Ich denke, Nangang ist eine ruhige Gegend, und die Academia Sinica ist auch dort.»

«In Nangang zu wohnen ist nicht schlecht.»

Durch das Loch im Papierschirm schlug ihnen der Regen ins Gesicht. Die beiden kauerten sich fröstelnd zusammen. An der Einmündung der Gasse kam ein Taxi vorbei, und Professor Yu hielt es mit einem Handzeichen an. Professor Yu schüttelte Wu Zhuguos Hand zum Abschied und sagte plötzlich mit zittriger Stimme, während er immer noch die Hand festhielt:

«Zhuguo, da ist noch etwas, was ich mich kaum getraue, dir zu sagen –»

«Was?»

«Könntest du mir vielleicht eine amerikanische Universität empfehlen, die noch Lehrpersonal braucht? Ich würde immer noch gern für ein, zwei Jahre nach drüben gehen.»

«Aber – ich fürchte, sie werden keinen Chinesen anstellen wollen, um englische Literatur zu unterrichten.»

«Natürlich, klar.» Professor Yu lächelte trocken: «In Amerika könnte ich Byron nicht lehren – ich meinte eine Hochschule, die jemanden braucht, der chinesische Sprache oder so unterrichten könnte.»

«Oh.» Wu Zhuguo zögerte ein wenig. «Gut, ich will es versuchen.» Als Wu Zhuguo im Wagen saß, drückte er nochmals ganz fest Professor Yus Hände.

Professor Yu hinkte nach Hause zurück. Der Saum seines langen Gewandes war bereits durchnäßt und klebte eisigkalt an seinen Schienbeinen, die Gelenke des rechten Beines taten entsetzlich weh. Er humpelte in die Küche, nahm das erhitzte Pflaster vom Ofen und heiß, wie es war, klebte er es auf sein Knie. Wieder im Wohnzimmer, bemerkte er, daß das Fenster nahe beim Schreibtisch vom Wind aufgestoßen war, laut schlug es auf und zu. Eilig hinkte er hin und schloß das Fenster. Da sah er im Zimmer seines Sohnes noch Licht brennen. Junyan saß in ein Buch vertieft, sein junges, edles Profil spiegelte sich im Fenster. Ein leichter Schreck durchfuhr Professor Yu, denn ihm war, als hätte er sich selbst in seiner Jugend erblickt. Er hatte vergessen, wie er in seiner Jugend ausgesehen hatte. Nun erinnerte er sich, daß er in Junyans Alter, mit Zwanzig, Yaxin kennengelernt hatte. Damals waren sie in Peking im Beihai-Park, Yaxin hatte gerade ihre Zöpfe abgeschnitten, und der Wind spielte mit ihrem wundervollen Haar. In der tiefblauen Studentinnenuniform stand sie am Ufer des Beihai-Sees, ihr Rock flatterte im Wind, die Abendröte am westlichen Himmel spiegelte sich feuergleich im See und tauchte ihr Gesicht in Rot . . .

Er bemerkte, daß der Regen, der vorhin hereingeweht war, die oberen Bücher durchnäßt hatte. Mit dem Ärmel wischte er die Umschläge trocken und hob dann irgendein Buch auf. Beim trüben Licht der Lampe überflog er zwei Seiten, dann fielen ihm die Augen zu, sein Kopf sank auf die Brust und er nickte ein. Im Halbschlaf vernahm er aus dem Nachbarhaus das Klacken von Mahjongsteinen und das Lachen von Frauenstimmen.

Die Winternacht legte sich tiefer über Taipei, und der kalte Regen vor dem Fenster fiel weiter in endlosen Fäden. [1971]

WU JINFA

Schildkröten

Eine Parabel aus den Jahren vor der Demokratisierung Taiwans über die innere Zerrissenheit und ungelenke Widerspenstigkeit der Taiwanesen

Ah Gen befeuchtete die Seife mit Wasser und wischte leicht über seinen Hals und um das Schlüsselbein herum, so daß es schäumte. Nach einer Weile legte er die Seife hin, strich mit der Hand prüfend über die Haut und fand, daß sie glatt genug sei. Schelmisch lachte er seinem Spiegelbild zu. Eins, zwei, drei, zählte er leise mit. Dann konzentrierte er seine ganze Kraft auf den Hals, hob beide Schultern und zog ihn mit aller Kraft ein. Ein Millimeter, zwei Millimeter, drei . . . Das Wunder geschah: Sein Schlüsselbein öffnete sich langsam nach außen, und der Hals senkte sich allmählich in den Körper.

Mit weit aufgerissenen Augen beobachtete er im Spiegel, wie Kopf und Nacken langsam im Inneren seines Körpers verschwanden. Heute wollte er auf jeden Fall auch die Augen einziehen, denn sie waren das Wichtigste. Wenn er die Augen in seinem Brustkorb verschwinden ließ, dann brauchte er die Welt nicht mehr zu sehen, und erst dann konnte er sich wirklich geborgen fühlen. Zog er sich nur bis zur Nase zurück, was hatte diese ganze Kopf-Einzieh-Kunst dann für einen Sinn? Müßten dann seine Augen nicht immer noch diese häßliche Welt ertragen?

Es war übrigens von Anfang an sehr merkwürdig gewesen mit seiner Kopf-Einzieh-Kunst. Seitdem er sich damit befaßte, hatte Ah Gen niemals irgendeiner Schule angehört oder irgendeinen Meister befragt. Nein, er hatte sich alles selbst angeeignet – vielmehr war es reiner Zufall gewesen, daß er diese einzigartige Fähigkeit an sich bemerkte. Das war vor mehr als einem Monat.

An jenem Tag war er wegen eines Artikels im Feuilleton vom Chefredakteur zitiert und abgekanzelt worden. In dieser unangenehmen und peinlichen Situation bemerkte er plötzlich, daß er unter dem Brüllen seines Vorgesetzten den Kopf gesenkt hielt und den Nakken immer weiter einzog, bis er mitsamt dem Kinn im Brustkorb versunken war. Zunächst war ihm das gar nicht bewußt. Er hörte nur mit gebeugtem Kopf zu, während der Chefredakteur ihn fertigmachte:

«Sie müssen doch wissen, daß es etwas ganz anderes ist, eine Zeitung zu machen als eine Zeitschrift. Da kann man nicht das ganze Wasser auf einmal ausgießen, sondern man muß das Volk Tröpfchen für Tröpfchen mit neuen Ideen beträufeln, um nach und nach seine Einstellung zu ändern . . .»

Es war nicht das erste Mal, daß ihm der Chefredakteur die Leviten las. Es blieb ihm also gar nichts anderes übrig, als gesenkten Hauptes beschämt und wütend zugleich dazustehen und mit geschlossenen Augen den Hals so weit wie möglich einzuziehen.

«Letztes Mal sind Sie schon gewarnt worden. Ich habe Ihnen gesagt, daß Sie vorsichtig sein sollen. Vorsichtig!»

Oh, peinlich, peinlich . . .

«Jetzt haben Sie wieder so schmutziges Zeug gedruckt, Politik und natürlich auch Sex und Gewalt. Sie . . . Sie sind wirklich . . .!»

Peinlich, peinlich, peinlich . . .

«. . . Sie schreiben doch selber, da müßten Sie doch unsere Maßstäbe kennen. Sie . . .»

Oh, oh, oh . . . Mit aller Kraft zog er den Hals nach innen und zog und zog.

Was? Wie? Die lauten Vorhaltungen waren plötzlich verstummt. Lange Zeit hörte Ah Gen nur das Summen des Ventilators. Sein Gesicht und sein Hals waren schweißüberströmt. Mit einem Ärmel wischte er sich über Augen und Nase und . . . ah? Das Kinn war weg! Bestürzt wandte er den Blick nach vorn und sah, wie der Chefredakteur die Augen aufsperrte, bis sie ihm beinahe herausfielen; das Gesicht hatte sich grünlich verfärbt, er starrte ihn voller Entsetzen an, tastete sich immer näher an die Tür, riß sie dann plötzlich auf und stürmte hinaus.

Während Ah Gen den Chefredakteur draußen über den Flur rennen hörte, versuchte er, von panischer Angst erfüllt, seinen Kopf aufzurichten, stellte jedoch fest, daß sich sein Kinn am Brustbein verhakt hatte. Fahrig und verängstigt drückte er mit den Händen an seinem Kopf herum, bis der eingezogene Hals und das Kinn wie ein Kistenteufel mit einem Ruck aus dem Brustkorb hervorsprangen.

Verwirrt stand er da. Sein Kopf war vollkommen leer, und er war nicht fähig, zu begreifen, was sich da gerade ereignet hatte.

Während er noch wie betäubt verharrte, kam der Chefredakteur mit einigen Kollegen herbeigestürzt. Wie peinlich für ihn, als er Ah Gen so aufrecht dort stehen sah! Mit zweifelnder Miene musterten ihn seine Kollegen und schauten dann mit dem gleichen Gesichtsausdruck ihren Chef an.

«Gehen Sie nach Hause!» sagte dieser, als er nach einer Weile die Sprache wiedergefunden hatte. Nachdem sie tuschelnd das Zimmer verlassen hatten, wandte er sich an Ah Gen: «Gehen Sie auch heim. Und seien Sie nächstes Mal etwas vorsichtiger!» Der letzte Satz war kaum zu verstehen, die Stimme des Chefredakteurs zitterte.

So war es gewesen, als er das erste Mal die Kopf-Einzieh-Kunst praktizierte. Zu Hause angekommen, dachte er lange über das seltsame Erlebnis dieses Tages nach. Alles erschien ihm so unwirklich, daß er selbst nicht wußte, ob es Realität oder nur ein kurzer Traum gewesen war.

Um dies festzustellen, zog er sich ins Badezimmer zurück und prüfte nach, ob er tatsächlich Hals und Kinn in die Brust versenken konnte. Ganz zu Anfang funktionierte es nicht besonders gut. Da kam er auf die Idee, sich zu entkleiden und Hals und Schlüsselbein mit Seife einzureiben. Außerdem schloß er die Augen, dachte an die Worte seines Chefs und versetzte sich so wieder in die peinliche Situation im Büro. Daraufhin ging es tatsächlich viel einfacher.

Im Verlauf seiner weiteren täglichen Übungen stellte er fest, daß es etwas ungeheuer Wohltuendes war, den Kopf einzuziehen. Besonders wenn er einen sehr anstrengenden Tag hinter sich hatte und dann den Hals einzog, um ein wenig auszuruhen, verschwanden

Schmerzen und Müdigkeit sofort. Und was noch schöner war: Wenn tagsüber etwas nicht klappte oder er etwas Unangenehmes erlebt hatte, brauchte er nur ins Bad zu gehen, dort den Kopf zu versenken und sich kurz zu entspannen. Streckte er ihn dann wieder heraus, waren alle Sorgen wie weggeblasen.

Weil ihm das Kopfeinziehen so viele ungeahnte Freuden verschaffte, verbarg er sich nun seit über einem Monat abends, wenn er aus der Redaktion nach Hause kam und Frau und Kinder fest schliefen, im Badezimmer. Er ließ Wasser in die Wanne laufen, entkleidete sich und legte sich hinein, zog den Kopf ein und genoß im wohlig warmen Wasser ruhig und entspannt die Flucht aus der Realität. Für kurze Zeit versank er in einer süßen Welt voller Glück . . .

Der Mond hing in der Mitte des Himmels. Er spiegelte sich im Wasser des Flusses und wirkte besonders verlassen und verzaubert, dünn und verschwommen. Wie ein wehendes Tuch legten sich Wolken über Bambuswald, Ufer und Zuckerrohrfelder und zogen langsam weiter, bis ein neuer Schleier alles wieder lautlos bedeckte.

Ah Gen blieb am Ufer stehen und sah fasziniert auf die silbrige Fläche. Er wollte sich ausziehen, da merkte er, daß er gar nicht bekleidet war. Er? Nur sein Kopf war noch der eines Menschen, sein Körper war der einer Riesenschildkröte! Er besaß einen großen, schwarzglänzenden Panzer, vier Schwimmflossen und sogar einen zwei Meter langen Schildkrötenschwanz, den er beim Gehen hinter sich herzog. Er, Ah Gen, hatte sich in dieser einsamen Nacht, von anderen unbemerkt, in eine riesengroße menschliche Schildkröte verwandelt.

Er stand am Flußufer und schlug sich leicht mit der Vorderflosse auf den Brustpanzer. Dann verzog er den Mund und heulte mit gedehnter Stimme: Ahuu . . . Solche Töne sind für das menschliche Ohr natürlich nicht wahrnehmbar, sie erreichen nur die Menschen-Schildkröten; mit diesem Signal rufen sie nach ihresgleichen.

Langsam kroch Ah Gen ans Wasser, prüfte die Temperatur und glitt lächelnd auf allen vieren hinein. Er genoß dieses Bad in vollen Zügen, und je weiter er schwamm, desto wohler fühlte er sich. Als

Schildkröte mitten in der Nacht tief unten im Fluß zu schwimmen – das war die Befreiung für ihn. Wasser war das sicherste Versteck, es trennte ihn von der Welt über der Wasseroberfläche. Im Wasser verborgen, war er endlich der allgegenwärtigen Überwachung durch die Gesellschaft dort oben entkommen. Wasser, so weich und gleichzeitig so stark, war die Quelle allen Lebens. Ihm war, als sei er in den Bauch seiner Mutter zurückgekehrt. Während er tief unten im Fluß schwamm, fühlte er sich sicher wie nie zuvor in seinem Leben. Ah Gen war außer sich vor Freude.

War so etwas möglich? Wer steht denn jetzt am Flußufer? Ist das nur mein – Geist? Bei diesem Gedanken lief es Ah Gen kalt über den Rücken.

Als er über dieses große Rätsel nachdachte, fing die ruhige Oberfläche des breiten Flusses zu toben und zu brodeln an wie siedendes Wasser. Aus der Tiefe erklangen klappernde Geräusche. Ah Gen verschlug es die Sprache. Nach dem Klappern ertönten traurige Schreie aus der Flußtiefe. Und dann, oh, dann tauchten plötzlich viele kleine und große Menschen-Schildkröten auf – Ah Gen bekam einen Riesenschreck.

«Keine Angst, Bruder! Wir wußten seit langem, daß du kommst, und haben schon auf dich gewartet.» Eine weißhaarige, gütig aussehende Schildkröte löste sich lächelnd aus der Gruppe.

«Ihr . . .?» Ah Gen blieb vor Staunen der Mund offenstehen.

«Wir sind wie du, im Diesseits sind wir Menschen.»

«Im Diesseits? Dann . . . dann ist das hier das Jenseits? Ich bin also . . .» Ah Gens Stimme zitterte.

«Nein!» lachte die alte Schildkröte freundlich. «Weder Diesseits noch Jenseits, weder Mensch noch Geist. Hier ist die Traumwelt.»

«Traum? Ich . . .»

«Ja», unterbrach ihn die alte Schildkröte, «du träumst und kannst jederzeit in die Welt zurück.»

Zweifelnd starrte Ah Gen sie an.

«Heute haben wir deinen Geist mit voller Absicht gerufen. Sobald jemand fühlt wie wir, spüren wir das sofort und holen ihn zu uns.»

«Fühlt wie ihr? Wie denn?» Seit Ah Gen wußte, daß er sich nicht im Jenseits befand, ließ seine Anspannung nach, und er wurde neugierig.

«Überleg doch mal selbst. Wie fühlen Schildkröten wohl?» Die Sprecherin lächelte vielsagend, die anderen brachen bei ihren Worten in lautes Gelächter aus.

Mit diesem Lachen lösten sich die Fremdheit und das Mißtrauen voreinander. Die anderen Schildkröten kamen zu Ah Gen und unterhielten sich angeregt mit ihm. Nachdem sie sich bekannt gemacht hatten, stellte er überrascht fest, daß es sich hier nicht um x-beliebige Leute handelte. Vielmehr hatte er es mit recht bekannten Politikern, Ärzten, Unternehmern und Kunstschaffenden zu tun. Einige waren sogar berühmte Persönlichkeiten.

Als eine kleine grüne Schildkröte ihren Namen im Menschenleben mitteilte, rief Ah Gen verblüfft aus: «Bist du nicht der Schriftsteller, der sich mit dem Zen-Buddhismus beschäftigt? Bist du nicht schon vor vielen Jahren ein Zen-Heiliger geworden und hast diese Welt verlassen?»

Kaum hatte Ah Gen dies gesagt, passierte etwas Merkwürdiges: Die grüne Schildkröte verzerrte schmerzerfüllt das Gesicht, öffnete das Maul und schrie erbärmlich; es klang so einsam und traurig in der dunklen Nacht. Das Schreien wurde immer lauter und durchdringender. Ängstlich hielten sich die anderen Schildkröten die Ohren zu und flohen, eine nach der anderen, zurück in den Fluß.

«Dummkopf», rief die alte Schildkröte wütend, «du hast gegen eines unserer Gesetze verstoßen!» Danach sprang auch sie ins Wasser.

Die grüne Schildkröte, die am Ufer zurückgeblieben war, heulte noch immer schmerzlich. Dabei fing ihr Panzer langsam zu schmelzen an, als sei er aus Wachs. Bei diesem Anblick begann auch Ah Gen zu brüllen.

Als er plötzlich in der Badewanne aufwachte, schrie er noch immer wie am Spieß, so daß seine Frau aus dem Schlaf gerissen wurde. Sie kam herbeigeeilt, schlug wild gegen die Badezimmertür und rief: «Was ist denn los? Was ist passiert?» Da erst wachte er richtig auf. Er öffnete die Tür – noch nicht einmal eine Hose hatte er an –, stürmte aus dem Bad ins Schlafzimmer und verkroch sich, am ganzen Leibe zitternd, unter der Bettdecke.

Dieser Traum war wirklich sehr seltsam gewesen. Ah Gen fühlte sich am nächsten Tage wie gelähmt. Besonders die Erinnerung an die schmelzende grüne Schildkröte versetzte ihn in tiefen Schrekken.

Diese Schildkröte hatte sich als Xiao Jun zu erkennen gegeben. War das nicht der berühmte Schriftsteller, dessen Name vor einigen Jahren in aller Munde gewesen war? Er erinnerte sich noch genau daran, daß jener sich selbst entleibt hatte. Diese Sensation war damals durch sämtliche Gazetten gegangen. War das ein Traum? War es Wirklichkeit?

Um der Sache auf den Grund zu gehen, setzte sich Ah Gen an den Schreibtisch und hielt, so gut er sich zu erinnern vermochte, Namen und Adressen fest, die die Schildkröten in seinem Traum genannt hatten. Am gleichen Morgen noch packte er seine Reisetasche, denn er wollte diese über ganz Taiwan verstreut wohnenden Berühmtheiten aufsuchen und Einzelheiten erkunden.

Als ersten besuchte er den Schriftsteller Gao Chuanzhen – das war die alte Anführerin der Schildkröten. Als diese im Traum ihren Namen gesagt hatte, war Ah Gen ziemlich erstaunt gewesen, denn ihn hatte er als Literaturkritiker immer verehrt. Gao Chuanzhen publizierte zwar seit Jahren nicht mehr, doch als Ah Gen noch ein junger Autor gewesen war, hatte er einige von dessen Aufsätzen gelesen und die darin vertretenen Ansichten sehr geschätzt. Ah Gen war Gao Chuanzhen nie begegnet und wußte auch nicht genau, warum er nicht weitergeschrieben hatte. Man munkelte nur, daß es mit einem Literaturstreit zusammenhing.

Gao Chuanzhen wohnte in einem kleinen Fischerdorf in der Nähe von Tainan. Erst nachdem Ah Gen mehrere Male umgestiegen war und sich bei den Dorfbewohnern erkundigt hatte, fand er schließlich das Haus. Er klopfte an die Tür. Ein Teenager von achtzehn oder neunzehn Jahren öffnete. Als Ah Gen den Zweck seines Besuches erklärte, sah ihn der junge Mann betrübt an. Sein Gesicht verzog sich bekümmert und er sagte zögernd: «Mein Vater kann jetzt nicht reden.»

«Wieso?» fragte Ah Gen überrascht.

«Am vergangenen Freitag hielt mein Vater seinen Mittagsschlaf.

Plötzlich sprang er aus dem Bett und rief: ‹Schildkröten, Schildkröten!› Als wir zu ihm liefen, lag er bewußtlos auf dem Boden. Wir brachten ihn ins Krankenhaus. Der Arzt sagt, es sei ein Schlaganfall . . .» Ah Gen hörte erschrocken zu, eine Gänsehaut überlief ihn, und hastig verabschiedete er sich.

In den folgenden Tagen besuchte er noch einen Maler in Gaoxiong, einen im Osten Taiwans zurückgezogen lebenden Schriftsteller und eine Psychologin, die in Nangang wohnte. Zu seinem Entsetzen erfuhr er jedesmal, daß diesen bekannten Persönlichkeiten in den vergangenen ein, zwei Monaten Schreckliches zugestoßen war. Sie waren verschwunden, gewaltsam ums Leben gekommen, plötzlich schwer erkrankt oder konnten nicht mehr sprechen. Nach den Berichten der Familienangehörigen hatten sie in der Zeit zuvor ein eigenartiges Verhalten an den Tag gelegt: Sie erzählten alle von Träumen, in denen sie sich in menschliche Schildkröten verwandelt hatten . . .

Am Abend seiner Rückkehr träumte Ah Gen wieder. Erneut wurde sein Geist von den Schildkröten ans Flußufer gerufen. Dort angekommen, mußte er die bittersten Vorwürfe über sich ergehen lassen. Die menschlichen Schildkröten, die er tagsüber besucht hatte, waren besonders aufgebracht. Sie traten dafür ein, daß er gemäß Paragraph 38 des Schildkröten-Strafgesetzbuches ‹wegen Aufspürens der Geheimnisse von Genossen› zum Schwanzabhakken verurteilt werden sollte. Das ist in der Gesellschaft der Schildkröten die größte Schande – nicht weil dieser Schwanz besonders schön oder von irgendeinem größeren Nutzen wäre, sondern weil er als Zeichen der Überlegenheit gilt. Glücklicherweise setzte sich die alte Schildkröte sehr für Ah Gen ein. Nach vielen guten Worten besänftigte sich der Zorn der anderen.

«Ist dir denn gar nichts aufgefallen, als du in den letzten Tagen verbotenerweise unsere Lebensumstände ausspioniert hast?» fragte die Alte leise und mit traurigem Gesicht. «Im weltlichen Leben sind wir alle Versager, wir haben uns zurückgezogen, ins Abseits drängen lassen und deshalb . . . ach, ich sage nichts mehr. Denk mal an dein eigenes Schicksal, dann wirst du uns verstehen.»

Die Worte der Alten schmerzten Ah Gen zutiefst. Unwillkürlich kam ihm in den Sinn, was ihm in der letzten Zeit alles passiert war. Er war wirklich ein Versager. Ein kleiner Feuilletonredakteur, der ständig von allen schikaniert wurde, kaum mehr als ein paar Groschen nach Hause brachte und noch dazu die Ermahnungen seines Chefs, die Beschwerden der Autoren und den Spott seiner Frau über sich ergehen lassen mußte. Ach, ach . . . Ah Gen liefen die Tränen herunter.

«Ist ja gut. Da wir nun schon einmal so weit gekommen und zu Schildkröten geworden sind, wollen wir fröhlich sein und nicht an unser weltliches Leben denken!» Als die alte Schildkröte sah, wie traurig Ah Gen geworden war, klopfte sie ihm schnell auf den Rückenpanzer und beruhigte ihn: «Komm, ich zeige dir, wo es leckere kleine Fische und Krabben gibt. Dabei können wir ein bißchen im Fluß herumschwimmen, damit du die Umgebung besser kennenlernst.»

An jenem Abend war Ah Gen überall umhergeschwommen und hatte sich satt gegessen. Im Schein des Mondes fühlte er sich glücklich.

Fast hätte er vergessen, daß für die Schildkröten in dringender Angelegenheit kurzfristig eine Versammlung in einer stillen Bucht einberufen worden war. «Ach du meine Güte!» Er schwamm so schnell er konnte zum See.

Dort waren alle anderen längst zu einem großen Kreis versammelt und diskutierten. Als Ah Gen seinen Kopf aus dem Wasser hob, hörte er am Ufer eine junge Schildkröte mit schrillem Organ heftig argumentieren. Ohne hinzusehen wußte Ah Gen sofort, daß es der kleine gelbe Bursche war, der wieder mal eine Rede hielt.

«Diese Wasservögel sind Aggressoren! Immer wieder dringen sie in unser Revier ein und fressen unsere Fische und Krabben. Wenn wir sie nicht vertreiben, fangen sie uns alle Nahrung weg, und wir haben nichts mehr zum Leben. Darum müssen wir die Aggressoren unbedingt niederwerfen!»

«Sie haben Krallen und Schnäbel. Womit sollen wir gegen sie kämpfen?» fragte die alte Schildkröte ruhig.

«Mit dem Willen. Mit der unerschütterlichen richtigen Gesinnung. Seid nicht so feige, verhaltet euch nicht immer wie Schildkröten . . .»

«Wenn du schon so mutig bist, dann kannst du uns ja anführen. Du kämpfst an erster Stelle, und wir anderen folgen dir!» riefen da alle wie aus einem Munde.

«Ach nein, ich kann das nicht, ich bin doch so klein . . .» versetzte die gelbe Schildkröte erschrocken und zog eilig den Kopf ein.

Eine der Schildkröten hatte Ah Gen schwerfällig aus dem Wasser kriechen sehen und rief nun mit spitzer Stimme: «Na, dann kämpft eben er vorn!»

«Ja! Richtig!» Allseits großer Beifall.

«Er ist zu spät gekommen. Zur Strafe muß er als erster kämpfen. Los!»

Ah Gen kam nicht einmal mehr dazu, sich nach Einzelheiten zu erkundigen, denn schon drängten alle vorwärts, eskortierten ihn in Richtung Fluß und stießen ihn ins Wasser.

«Was . . . was machen wir denn?» fragte er ängstlich die Alte neben sich.

«Wir wollen mit den Wasservögeln abrechnen. Weil du zu spät gekommen bist, haben sie dich zum Frontkämpfer bestimmt», antwortete die Alte leise.

Angesichts dieser Erklärung blieb Ah Gen nichts anderes übrig, als schweigend mit ihnen zum Unterlauf des Flusses zu schwimmen. Nach ungefähr tausend Metern kamen sie an eine Sandbank. Die Schildkröten kletterten an Land und hielten Ausschau.

An einer Flußbiegung nicht weit entfernt standen die riesigen Wasservögel und suchten nach Futter. Ihre ungeheure Größe flößte Ah Gen gewaltige Angst ein, vor allem ihre spitzen, langen Schnäbel erschienen im Mondlicht besonders grausam und furchterregend. «Nein, das mache ich nicht, ich kämpfe nicht als erster!» rief er zitternd.

«Das geht nicht. Wenn du es nicht machst, wird dir der Schwanz abgehackt!» erwiderte die gelbe Schildkröte streng.

«Selbst wenn ihr mir den Schwanz abhackt – ich tue es nicht», sagte Ah Gen und blickte auf die ausgeweideten Schildkrötenpanzer an der Flußbiegung, die ihn schaudern machten.

Die gelbe Schildkröte ließ nicht locker: «Was ist denn so schlimm daran, als erster zu kämpfen? Zieh doch nicht den Kopf ein wie eine Schildkröte!»

«Jetzt hört's aber auf! Wer zieht den Kopf ein? Du hast auch gegen unsere Regeln verstoßen: Schon zweimal hast du unsere Rasse beleidigt», warnte eine Schildkröte mittleren Alters den Gelben.

«Ja, ja! Er hat auch ein Gesetz übertreten, er muß auch an die Front!» stimmten viele Schildkröten zu und stießen den Gelben aus ihrer Mitte.

«Stoß mich nicht, verdammt noch mal!» brüllte der Gelbe eine junge grüne Schildkröte an.

«Sag das noch mal!» Wütend stürmte der Grüne nach vorn, beschimpfte den Gelben und biß ihn in den Schwanz.

«Aua!» schrie der, drehte den Kopf und biß dem Grünen ebenfalls in den Schwanz. Im Nu waren beide in einen Kampf verwikkelt.

«Hör auf, meinen Sohn in den Schwanz zu beißen!» Jetzt mischten sich auch die übrigen Familienmitglieder in den Streit ein, und bald rollten über zehn Schildkröten ineinander verbissen als Knäuel in den Fluß.

Verblüfft sah Ah Gen diesem Schauspiel zu. Schildkröten waren ihm immer so friedfertig, wenn nicht feige erschienen. Nie hätte er gedacht, daß sie sich dermaßen wild und grausam bekämpften. Nun rötete ihr Blut den Fluß.

Ah Gen mußte sich abwenden. Da sah er das tränenüberströmte Gesicht der alten Schildkröte und hörte sie murmeln: «Diese Dummköpfe! Im Kampf gegen die eigenen Leute seid ihr Meister, aber gegen den äußeren Gegner kämpft ihr wie die Laien.»

Diese Worte trafen Ah Gen wie Nadelstiche. Ihm schossen die Tränen in die Augen. «Hört auf!» rief er mit lauter Stimme den Streitenden zu. «Schlagt euch nicht mehr – ich kämpfe als erster.»

Eine nach der anderen hörte auf, ließ sich auf den Rücken treiben und sah ihn stumm an. Ah Gen senkte den Kopf und sprang ins Wasser.

«Warte, warte!» Die alte Schildkröte schwamm hinter ihm her. Seltsamerweise wurde es in diesem Moment vor ihm auf dem Fluß plötzlich hell, grelles Licht blendete ihn, so daß er die Augen zukneifen mußte. Undeutlich hörte Ah Gen das Flügelschlagen der fliehenden Wasservögel und hinter sich die ängstlichen Rufe der Schildkröten: «Weg, schnell weg! Die Elektrofischer sind da!»

Bevor Ah Gen wußte, was das bedeuten sollte, spürte er einen heftigen Schlag; wie von selbst drehte sich sein Bauch zur Wasseroberfläche.

«Was für eine große Schildkröte!» Dieser Ausruf eines Menschen war das letzte, was er hörte. Danach streckte er alle viere von sich und verlor das Bewußtsein.

Die Nachricht vom schrecklichen Tod des Schriftstellers Ah Gen verschreckte die Gemüter der hiesigen Kulturszene.

Laut Auskunft seiner Frau war Ah Gen spät in der Nacht, nach der Rückkehr vom Verlag, kurz vor dem Schlafengehen im Badezimmer gewaltsam zu Tode gekommen. An jenem Abend hatte er wie gewohnt ein Bad genommen. Seine Frau war von einem langen Angstschrei aufgewacht und fand ihn in der Badewanne sitzend vor. Es war ein schlimmer Anblick: Als er starb, hatte er den ganzen Kopf in den Körper eingezogen, so daß seine Frau zunächst glaubte, man habe ihm den Kopf abgeschlagen. Sie alarmierte die Polizei.

Mit eingezogenem Kopf zu sterben war etwas so Ungeheuerliches, daß die Gerichtsmediziner selbst nach eingehender Untersuchung keine Erklärung dafür fanden. Bei der Autopsie stellte sich heraus: Ah Gen hatte anscheinend durch einen Stromschlag eine Herzlähmung erlitten. Aber woher war der Strom gekommen? Bis heute hat die Polizei noch keine schlüssige Antwort.

Einziger Anhaltspunkt ist ein Brief der Literaturzeitschrift *Unitas*, den die Polizei auf einem Tisch in Ah Gens Arbeitszimmer fand. In diesem Brief bat ihn ein Redakteur namens Peng um eine interessante Geschichte. Neben dem Brief lag ein Stapel Papier. Offensichtlich hatte Ah Gen am Tage seines Todes bereits mit dem Schreiben begonnen. Auf einem Blatt standen die folgenden Zeilen:

Schildkröten – von Ah Gen.

Wu Jinfa befeuchtete die Seife mit Wasser und wischte leicht über seinen Hals und um das Schlüsselbein herum ... [1987]

LI ANG

Das Schlachthaus

Wie radikal feministische Gesellschaftskritik sein kann, zeigt der von einem authentischen Kriminalfall ausgehende, in der Volksrepublik wie im Ausland beachtete Roman einer Taiwanesin der jüngeren Generation.

Als Schlachter war Chen Jiangshui ein großer Könner. Es hieß, daß er bereits kurz nach seinem zehnten Lebensjahr zum Schlachthof gekommen sei. Er hatte als Laufbursche angefangen, aber bald schon Gelegenheit bekommen, das Schlachtermesser zu führen. Schon beim ersten Mal hatte er das etwa ellenlange, schmale, spitze Messer mit einer plötzlichen Bewegung in den Hals des Schweines gestochen – schnell, unbarmherzig und genau. Seine Hand hatte kein bißchen gezittert. Die Kollegen des Schlachthofes gaben ihm daraufhin den Spitznamen ‹Schweineschlachter-Chen›, aber nicht nur weil sie sich über seine Art, mit den Frauen umzugehen lustig machen wollten, sondern auch weil sie seine Kunstfertigkeit bewunderten.

Am Schlachthof angekommen, ging Chen Jiangshui wie immer zuerst in den kleinen Raum, um sich dort die hohen Gummistiefel anzuziehen. Auf eine Schürze verzichtete er, da es dank seiner langjährigen Erfahrung als Schlachter nur noch selten vorkam, daß Blut auf seine Kleidung spritzte. Die Stiefel dagegen waren unbedingt notwendig, denn fast immer bedeckten Wasserpfützen den Boden. Nachdem er alles an seinen Platz gelegt hatte, ging er durch die Verbindungstür zum Schlachtraum. Der vertraute beißende

Gestank drang ihm in die Nase und belebte ihn. Mit erhobenem Kopf stampfte er zu seinem Arbeitsplatz.

Einige Frauen hatten sich bereits am Brunnen rechts am Eingang versammelt und schöpften Wasser. Neben ein paar Schweinen, die mit zusammengebundenen Füßen auf dem Boden lagen, stand eine Gruppe von Männern, die noch ein wenig plauderten, um die Zeit bis zum Arbeitsbeginn zu überbrücken. Es handelte sich um Angestellte des Schlachthofs und Fleischverkäufer vom Markt, die ihre Schweine hier schlachten ließen; letztere waren nicht gekommen, um zu helfen, sondern um das Schlachten zu überwachen.

Als Chen Jiangshui herantrat, wurde er von allen Seiten begrüßt. Ein paar Gehilfen brachen sofort in lautes Gejohle aus; ein alter Mann, der in der Nähe von Chencuo lebte, schlug sogar lachend mit der Faust gegen Chen Jiangshuis Unterleib und fragte prustend: «Erzähl mal, wie ist denn deine Alte?»

«Bestimmt klein und eng. Ein guter Fick, was?» wertete ein Fleischverkäufer mit dem versierten Gesichtsausdruck eines Kenners. «Und sicher nicht so ausgeleiert wie im Puff bei der Goldenen Blüte vom ‹Frühlingspavillon›. Bist du bei der erst einmal drin, fühlst du links und rechts gar nichts mehr. Wie ein Faß ohne Boden.»

Die Männer schüttelten sich vor Lachen.

«Wenn du ein Weib hast, hört das Junggesellendasein auf», sagte, offensichtlich neidisch, ein Gehilfe mittleren Alters. «Man hat sein Essen und seinen Platz zum Schlafen, das ist schon was Tolles.»

«Was soll daran toll sein?» warf ein anderer höhnisch ein. «Seht doch, wie abgeschlafft er heute aussieht, und spät dran ist er auch.»

Alles brüllte wieder los. Obwohl der Spott Chen Jiangshui galt, reagierte er wie gewöhnlich gelassen. Er warf nur hin und wieder ein gutmütiges «Leckt mich doch!» in die Runde und grinste dabei so über das ganze Gesicht, daß seine kleinen, tief im Fleisch liegenden Augen nur noch als schmale Schlitze zu sehen waren.

Man hatte eine Weile herumgealbert, dann war es Zeit geworden. Nur ungern löste sich die Gruppe auf. Zwei, drei Helfer machten sich daran, ein Schwein vom Boden hochzuheben. Begleitet von Anfeuerungsrufen wuchteten sie es auf den Tisch. Der über einen

Meter hohe Tisch aus Backsteinen vertiefte sich von den Rändern zur Mitte hin V-förmig. In diese Form paßte ein Schwein gerade so hinein, daß es sich mit den zusammengebundenen Füßen nicht mehr bewegen, geschweige denn davonrennen konnte.

Instinktiv witterte das Schwein die drohende Gefahr und begann laut zu quieken, woraufhin die auf dem Boden liegenden Schweine sofort einfielen. Inmitten dieses infernalischen Geschreis hob plötzlich einer der Helfer seine Stimme und brüllte Chen Jiangshui zu: «Hat dein Weib gestern auch so gequietscht?»

Diesmal hatte Chen Jiangshui nicht einmal ein Schimpfwort parat, er erhob nur sein scharfes Messer und machte eine drohende Gebärde. Alle Umherstehenden prusteten los. Einige hielten sich sogar vor Lachen den Bauch und schnappten nach Luft.

Während dieser kurzen Unaufmerksamkeit war das quiekende und zuckende Schwein beinahe vom Tisch gerollt. Doch ohne allzu große Mühe konnten die Gehilfen es sofort wieder in die Vertiefung zurückdrücken. So eine kleine Störung des Ablaufs war schnell behoben.

Jetzt trat Chen Jiangshui in Aktion. Mit der linken Hand griff er dem Schwein in die Schnauze und riß ihm den Kopf rückwärts in die Höhe, um den Hals freizulegen. Man konnte nur noch ahnen, wie er mit der rechten Hand das Messer erhob, denn es war bereits in den Hals eingedrungen. Begleitet von dem schrillen Todesschrei des Schweines zog er das Messer einige Zentimeter entlang der Halsschlagader nach unten, dann riß er es heraus. Ein Blutschwall ergoß sich.

Dies war sein Augenblick, der Ausbruch seiner angestauten Energie. Wenn die Messerspitze in Fleisch und Adern stach, streifte der vertraute Hauch warmer, nach Fleisch riechender Luft seine das Messer umfassende Hand, noch bevor er die Klinge herauszog und das Blut spritzte. Wenn dieser warme Atem nach oben drang, wurde Chen Jiangshui bewußt, daß er es wieder einmal geschafft hatte. Blut brauchte er dabei gar nicht zu sehen.

An diesem Morgen, dem ersten nach seiner Hochzeitsnacht, störte ihn jedoch eine anhaltende starke Unruhe in seinem Magen. Auch hatte er wenig geschlafen, und er fühlte sich schwach. Im

Moment des Zustoßens hatte er kurz gezögert. Er wußte, daß die Genauigkeit und Tiefe seines Stoßes nicht nur über den Tod des Schweines entschied, sondern auch über den Wert des Fleisches. Glücklicherweise war heute kein Opfertag oder gar der Geburtstag einer lokalen Gottheit, daher gab es nicht allzu viele Schweine zum Abstechen. Chen Jiangshui benötigte trotzdem seine ganze Konzentration, und nur dank seiner langjährigen Erfahrung gelang es ihm schließlich, ohne grobe Schnitzer sein Tagewerk zu verrichten. Seine messerführende Hand klebte vor Schweiß und er wurde das Gefühl nicht los, daß sie von oben bis unten mit warmem Schweineblut verschmiert war.

Erleichtert trat er aus dem Schlachthof. Es war noch früh, erst kurz nach sieben Uhr. Rundherum erstrahlte die Landschaft im Sonnenlicht. Vom Schlachthof ging Chen Jiangshui, wie er es seit Jahren gewohnt war, in die Huoche-Straße. Als er am Teich angekommen war, fiel ihm jedoch ein, daß er jetzt eine eigene Frau zu Hause hatte. Er überlegte noch, ob er wie immer unter die warme Bettdecke der Goldenen Blüte vom ‹Frühlingspavillon› kriechen sollte, aber dann erinnerte er sich an Lin Shis Kreischen während der letzten Nacht. Voller Vorfreude nahm er den anderen Weg und ging in die Richtung des Dorfes.

Lin Shi war anscheinend gerade erst aufgestanden. Mit dem Rücken zur Tür lehnte sie am Bett und kämmte sich das Haar. Überrascht bemerkte Chen Jiangshui die seidig glänzende, dichte Haarpracht dieser hageren Frau. Schnell schritt er von hinten auf sie zu, griff ihr ins Haar und fuhr spielerisch mit der Hand hindurch. Plötzlich zerrte er kräftig daran. Vor Schreck aufschreiend, fiel Lin Shi rückwärts auf das Bett. Chen Jiangshui stürzte sich auf sie.

Als die schreiende Lin Shi Chen Jiangshui erkannte, verstummte sie. Schon begann Chen Jiangshui, ihr die Unterhose herunterzuziehen. Lin Shi wußte, was nun passieren würde. In ihrer Verzweiflung begann sie wieder, laut zu schreien, doch dies schien Chen Jiangshui nur noch mehr zu erregen und seine Lust zu steigern.

Diesmal brauchte Chen Jiangshui nicht mehr so viel Zeit. Es bereitete ihm Freude, sie zu erniedrigen, diese schreiende, seiner

Kraft nicht gewachsene Frau unter sich zu sehen. Voller Stolz preßte er die tiefliegenden Augen zusammen und lachte hämisch.

Chen Jiangshui fühlte seinen Erguß, aber auch daß nur wenig herauskam. Dafür waren das morgendliche Magendrücken und die schweißtreibende Unruhe von ihm gewichen. Körperlich erleichtert, schlief er erschöpft ein.

Der Schmerz im Unterleib zwang Lin Shi, sich aufzurichten. Ein vorsichtiges Tasten ergab Blut an ihrer Hand. Auch auf den dunkelbraunen Brettern des Bettes prangten einige bereits eingetrocknete dunkle Blutflecke. Noch größeren Schreck flößte ihr das leuchtende, scharfe und lange Messer ein, das danebenlag. Es war Chen Jiangshuis Schlachtermesser, das er rasch abgelegt hatte, bevor er sich auf das Bett geworfen hatte.

Lin Shi kroch so weit sie konnte vom Messer weg. Blut schien weiter aus ihrem Unterleib zu rinnen. Aus Sorge, sie könnte ihre Unterhose damit verschmieren, wagte sie jedoch nicht, sie wieder hochzuziehen. Diesmal glaubte sie, wirklich sterben zu müssen. Erschöpfung und Müdigkeit ließen sie in einen unruhigen Schlaf fallen.

Es war schon Mittag, als sie wachgerüttelt wurde. Das Sonnenlicht, das durch ein einziges kleines Fenster ins Zimmer fiel, blendete sie. Jemand stand vor ihr und hielt ihr eine große Schale Reis entgegen. Sofort streckte sie die Hand danach aus. Es war Chen Jiangshui, der vor dem Bett stand. Obwohl es nur die Essensreste der Hochzeitsfeier vom Vortag waren, lagen noch einige große Fischstücke in der Schale. Hungrig verschlang Lin Shi das Mahl, das sättigender war als jemals eines zuvor. Nachdem sie aufgegessen hatte, bemerkte sie, wie Chen Jiangshui sie mit einem seltsamen Blick musterte. Als sie an sich herabblickte, wurde sie ihrer auf die Knöchel herabgerutschten Unterhose gewahr. Die ganze Zeit über hatte sie mit nacktem Unterleib dagesessen! Erschrocken über ihre Blöße und aus Angst, Chen Jiangshui könne noch einmal über sie herfallen, riß sie hastig ihre Unterwäsche hoch und blieb steif auf dem Bett sitzen. Sie wagte es nicht aufzustehen. Chen Jiangshui beobachtete sie noch immer, doch dann sagte er kurz angebunden, daß er fortgehe. Er drehte sich um und lief mit weit ausgreifenden Schritten aus dem Haus.

Eines Tages wurde Lin Shi noch vor Morgengrauen lautstark von Chen Jiangshui geweckt. So früh hatte sie schon lange nicht mehr aufstehen müssen. Schlaftrunken folgte sie Chen Jiangshuis Anordnungen, sich anzuziehen. Erst als beide aus dem Haus traten, wurde ihr bewußt, daß sie sich auf dem Weg zum Schlachthof befanden. Lin Shi wollte sich wehren, aber nach einigen Schimpfworten und Schlägen beugte sie sich.

In der Dunkelheit stolperte sie hinter Chen Jiangshui her. Als sie einige Straßen und Gassen passiert hatten, fiel ihr auf, wie fremd ihr die Umgebung geworden war. Dies schien nicht mehr das Lucheng zu sein, in dem sie so lange gelebt hatte. So blieb ihr nichts anderes übrig, als sich an Chen Jiangshui zu halten. Er war ihr einziger Verwandter – und immerhin ihr Ehemann. Plötzliche Böen schlugen ihr ins Gesicht; der Wind vor Tagesanbruch, der eisigste überhaupt. In der Ferne tauchten die Lichter des Schlachthofes auf. Hell und strahlend leuchteten sie in der Dunkelheit, die sich über die weiten Felder erstreckte. Sie wirkten beruhigend auf die verängstigte Lin Shi. Doch als Lin Shi in den Schlachthof trat, stieg ihr der beißend strenge Fleischgeruch in die Nase, das Geschrei quiekender Schweine und ein ständiges Hin und Her von Menschen stürzten auf sie ein. Einen Augenblick lang konnte Lin Shi in dem schwachen Licht, das alles in einen gelben Dunst tauchte, nichts erkennen. Wasserdampf, der aus einem riesigen Kessel aufstieg, verstärkte den Dunst. Umrisse von Menschen spiegelten sich flimmernd in Wasserlachen. Der Anblick und die Geräusche schienen ihr unendlich fern, fern wie Traumbilder und fern von allem, was sie kannte. Chen Jiangshui verschwand, sobald er Lin Shi hereingeführt hatte. Lin Shi stand wie betäubt da. Einige Sekunden lang glaubte sie, Chen Jiangshui habe sie in eine Traumwelt entführt und alles, was sie jetzt sah, müsse die Hölle sein, so wie sie Tante A Wang oft genug beschrieben hatte.

Wie aus dem Nichts tauchte Chen Jiangshui wieder auf. In dem schwachen gelblichen Licht konnte sie das von seiner Hand geführte blitzende Messer in den Hals eines Schweines dringen sehen, ein langes schrilles Quieken folgte, dann eine Blutfontäne. Unzählige Male wiederholte sich die gleiche Szene. Nachdem endlich der letzte Schrei verklungen und alles Blut geflossen war, beobachtete Lin Shi, wie Chen Jiangshui in einer einzigen mit seinem Messer geführten Abwärtsbewegung – wie durch ein Wunder sauber und ohne den kleinsten Tropfen Blut – den Unterleib eines Schweines auftrennte und daraus eine pulsierende Masse grauweißer, unterschiedlich dicker Därme und dunkelfarbiger Organe hervortreten ließ. Alles war ganz anders, als sie es sich vorgestellt hatte, und so unblutig. Nun glaubte sie erst recht, das Ganze nur zu träumen.

Doch dann stand Chen Jiangshui vor ihr und hielt ihr wortlos einen Armvoll Eingeweide entgegen. Ohne zu überlegen, nahm sie sie ihm ab; sie fühlten sich weich an, klebrig und warm.

Die wabbelige schwere Masse in ihrem Arm, die Wärme und der atemberaubende Gestank, der ihr in die Nase drang, führten Lin Shi mit einem Schlag zu Bewußtsein, daß dies kein Traum mehr sein konnte. In ihrem Kopf fügten sich Szenen von spritzendem Blut und endlosen schrillen Schreien zu einem realistischen Bild. Sie blickte nochmals auf die sich windende Masse von Gedärmen herab. Ein langes Stück Darm hatte sich aus ihrem Griff befreit und baumelte lose.

Mit einem gequälten Aufschrei schlug sie lang hintenüber, es gelang ihr nicht einmal mehr, die Eingeweide von sich zu stoßen. Ihre Augen verdrehten sich seltsam, und weißer Schaum quoll aus ihrem Mund. Man legte Lin Shi auf einen zweirädrigen Karren, mit dem man sonst Schweine beförderte, und brachte sie nach Hause.

Es war bereits Nacht, als Chen Jiangshui sich auf den Heimweg machte. Um das Unglück des Vormittags hinunterzuspülen und vergessen zu machen, hatte er mit seinen Gehilfen nach dem Abendessen einen über den Durst getrunken. Als er über die Schwelle trat, empfing ihn im trüben Licht der von stehenden Rauchschwaden eingehüllten Glühbirne ein intensiver Geruch von Räucherstäbchen. Brutal zerrte er Lin Shi in den Nebenraum, warf sie aufs Bett und riß ihr die Kleider vom Leib. Dann zückte er das Schlachtermesser, das stets in seinem Gürtel steckte, und fuchtelte ihr drohend damit vor dem Gesicht herum.

«Wenn du heute nicht stöhnst und schreist, dann kannst du mal mein Messer probieren.»

«Nein, du darfst so etwas nicht tun . . .» stammelte Lin Shi und wich zurück, so weit sie konnte.

«Wirst du wohl schreien?» Chen Jiangshui stieg über sie. «Wenn nicht, bring ich dich zum Schlachthof zurück, da sollst du was Schönes erleben.»

Lin Shi wehrte sich nicht, sie schluchzte nur leise wie ein kleines Tier. Für Chen Jiangshui klang es wie ein Stöhnen und er war zufrieden. Als er fertig war, rollte er sich von ihr herunter und schlief wie üblich sofort ein. Das schimmernde Schlachtermesser lag direkt neben seiner Hand.

Lin Shi setzte sich auf, zog die Knie an und umschlang sie mit beiden Armen. Hilflos starrte sie auf den blassen Mondstrahl, der durch das winzige Fenster drang. Ein geisterhaftes Licht kroch langsam über das Bett. Wie gebannt verfolgte sie den wandernden Lichtstrahl; die Klinge des Messers blinkte hell auf, als er sich in ihr widerspiegelte. Lin Shi griff danach.

Unglaublich schwer lag das breite Messer mit der scharfen Klinge in ihrer Hand. Um es aufzuheben, mußte Lin Shi beide Hände benutzen, dann stach sie zu. In der Dunkelheit, die sie umgab, blitzte das Gesicht eines Mannes in Soldatenuniform auf, eine Narbe zog sich quer von seiner Augenbraue bis zum Kinn. Dann folgte das Bild eines quiekenden und sich windenden Schweines, in dessen Hals schräg ein Messer steckte, Ströme dunkelroten Blutes ergossen sich aus der Wunde, der Körper zuckte in heftig-wilden Krämpfen.

Wo kam nur das viele Blut her? Hörte es denn niemals auf? Sie konnte es sich nicht erklären. Sie drehte den Kopf zur Seite, wie sie es im Schlachthof gesehen hatte, doch das warme klebrige Blut floß nicht, wie sie es erhofft hatte, nach unten, sondern spritzte nach wie vor im hohen Bogen und verschmierte ihr das ganze Gesicht.

Einen kurzen Augenblick lang bildete das hervorsprudelnde Blut einen dicken Strahl; etwas, das wie eine einzelne blutrote Säule aussah, schoß in der Dunkelheit aufwärts. Lin Shi rieb sich die Augen: sie mußte träumen. Plötzlich setzten die Zuckungen erneut ein, die Säule zerfiel und dickflüssiges Blut spritzte wieder nach allen Seiten.

Ich träume, dachte Lin Shi. Beim Schweineschlachten hat es doch gar nicht so viel Blut gegeben. Ich werde den Unterleib öffnen und nachsehen. Wieder nur Blut, noch mehr von diesem klebrigen Blut. Und die Innereien, auch die waren ganz anders, so sauber, unverletzt und völlig frei von Blut, aber diese hier schwammen im Blut, überall Blut.

Sie griff hinein und zog eine Handvoll warmer, langer ineinander verschlungener Därme heraus. Mehr und mehr zog sie, bis schließlich eine verklebte Masse aus Nudeln zum Vorschein kam, auf der unzählige leuchtendrote Zungen laut herumsabberten. Erneut hob sie das Messer, hackte und hackte darauf ein, bis alle Zungen vernichtet waren.

Ja, sie träumte. Als nächstes würde sie den Kopf abhacken. Noch während sie mit dem Messer darauf einschlug, glaubte Lin Shi zu träumen. Woher sollte sonst das viele Blut kommen? Sie hackte weiter. Hackte und hackte, bis sie am Bein war. Am Oberschenkel saßen große Fleischstücke; die Schweinshaxe war bestimmt noch nicht gar, warum wäre sie sonst innen so rot? Warum quoll immer noch dieses übelriechende Blut hervor? Sie hackte weiter auf etwas ein, das mittlerweile nur noch ein einziges Geschmier aus Blut und Fleischfetzen war. Das wird genügen, dachte sie, und widmete sich jetzt einer anderen Stelle, dort hackte sie weiter. Nachdem endlich alles in Stücke gehackt war, richtete sie sich auf. Das blasse Mondlicht war bereits bis zur Tür gewandert. Bald ist alles vorbei und alles wird wieder in Ordnung sein, dachte sie. Jetzt erst merkte sie, wie hungrig sie war. In ihrem Mund sammelte sich saurer Speichel.

Lin Shi ließ das Messer aus der Hand gleiten und kroch zum Herd hinüber. Geschickt entzündete sie das Feuer, holte Papierfiguren und Kleidungsstücke vom Opfertisch und verbrannte sie, Stück für Stück. Im Schein des lodernden Feuers machte sie sich über die Schüsseln mit den Opfergerichten her. Sie hockte am Herd und aß heißhungrig und gierig, bis sie sich so voll fühlte, daß sie keinen Bissen mehr hinunterbekam. Dann lehnte sie sich an den warmen Herd und fiel in einen tiefen, traumlosen Schlaf.

[1983]

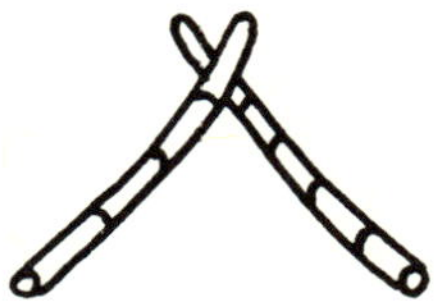

CHINA –
WOHIN GEHT DER WEG?

SU XIAOKANG

Die blaue Kultur des Westens

Durch den sechsteiligen Fernsehfilm Heshang – Elegie auf den Gelben Fluß *erhielten die kulturkritischen Reflexionen chinesischer Intellektueller in den achtziger Jahren allgemeinverständliche Form und wurden in die Bevölkerung hineingetragen. Mehrfach ausgestrahlt, schon vor dem Massaker kritisiert und mit Verbot belegt, veranlaßten dieser Film und die international aufgebrochene Debatte unter Chinesen das Regime zu einem Gegenfilm über Chinas Größe sowie zu einer Serie von pseudowissenschaftlichen Attacken auf die Nestbeschmutzer um den Drehbuchautor Su Xiaokang.*

Hat die Geschichte der letzten hundert Jahre, die nur aus dem Erdulden von Schlägen bestand, unsere heutige Geistesverfassung geformt? Oder waren es die Armut und Rückständigkeit der vergangenen Jahrzehnte? Beide Erklärungsversuche greifen zu kurz. Hinter diesen Erscheinungen verbirgt sich der Schmerz in der Seele eines ganzen Volkes. Dieser Schmerz aber rührt daher: Seine Zivilisation ist verfallen.

Zu Beginn dieses Jahrhunderts stürzte sich in Japan ein junger Chinese namens Chen Tianhua aus Verzweiflung über die hoffnungslose Lage seines Vaterlandes ins Meer. Wie viele Chinesen konnten ihn damals wirklich verstehen? Wenn wir heute an Chen zurückdenken, erscheint uns seine tiefe Verzweiflung angesichts des Verfalls der Kultur nur wie ein schwaches Aufseufzen: Wir dürfen uns nicht länger davor drücken, über das Schicksal der alten chinesischen Zivilisation nachzudenken!

Angesichts der Herausforderung durch die westliche industrielle Zivilisation und die Tendenz zur weltweiten Vermischung der Kulturen sieht sich heute jede Nation mit einer alten Zivilisation einer schweren Krise sowohl hinsichtlich der Gegenwart als auch hinsichtlich seiner Tradition gegenüber. Je älter die Tradition, desto tiefer die Krise, desto fieberhafter auch die Suche nach den eigenen Wurzeln. Wo aber liegen die Wurzeln des chinesischen Volkes?

Wahrscheinlich gehört es zum Elementarwissen jedes Chinesen, daß der Gelbe Fluß das chinesische Volk hervorgebracht hat. Auf welche Weise aber hat der Gelbe Fluß unseren Volkscharakter geformt, und wie hat er im Laufe der Geschichte das Schicksal unserer Zivilisation bestimmt? Darüber hat sich wahrscheinlich noch kaum einer je Gedanken gemacht.

Der Gelbe Fluß gehört in der Tat zu den ganz außergewöhnlichen Strömen dieser Erde. Er entspringt in den schnee- und eisbedeckten Gipfeln der nördlichen Ausläufer des Bayankara-Gebirges, durchfließt eine Hochebene aus gelbem Löß und verwandelt sich auf dem Wege nach Osten in einen gelben Schlammfluß. Von ihm stammt das gelbhäutige Volk der Chinesen ab, das seinem Urahnen den Namen ‹Huangdi›, Gelber Kaiser, gab. Heute ist jeder fünfte Mensch auf der Welt ein Nachfahre des Gelben Kaisers.

Gelbes Wasser, gelbe Erde, gelbe Rasse – welch mystische Verknüpfung! Fast macht sie einen glauben, der Gelbe Fluß habe die Haut der gelben Rasse gefärbt. Tatsächlich gibt es zwischen Himmel und Erde keine zweite Naturkraft, die auf die Ausprägung der chinesischen Zivilisation eine vergleichbare Wirkung gehabt hätte. Ganz ohne aufwendige archäologische Forschung können wir das mit einem in China überall anzutreffenden, hochverehrten Idol belegen: dem Drachen. Man könnte den Drachen fast als das Symbol unseres Volkes bezeichnen. Aber haben wir uns je überlegt, warum die Chinesen ein so wildes und brutales Ungeheuer verehren? Einer alten Überlieferung zufolge sahen unsere Vorfahren im Regenbogen eine gewaltige zweiköpfige Schlange; ihr Körper überspannte den Himmel, mit ihren Köpfen trank sie Wasser auf der Erde. Einer anderen Überlieferung zufolge hielten unsere Ahnen den wolkenspaltenden Blitz für eine in Wind und Regen wild tanzende goldene Schlange. Daraus schufen sie die Gestalt des Drachen – die typische Traumvision eines Flußvolkes. Daß der Drachenkult gerade im Tal des Gelben Flusses seinen Ursprung haben soll, liegt an der Ehrfurcht, die die Bevölkerung dieser Flußregion ihrem Schicksalsstrom entgegenbrachte, denn zweifellos ist der Gelbe Fluß der tyrannischste und unberechenbarste Strom der Welt.

Manche Leute sagen, die chinesische Kultur trage Züge der Toleranz gegenüber dem Bösen. Andere meinen, der chinesische Volkscharakter habe Schwächen wie Durchtriebenheit, Fügsamkeit und Fatalismus. Das ist sicher kein Zufall: Die Lebensader eines großen, geschichtsträchtigen Agrarlandes ist das Wasser, und das wird vom Drachenkönig regiert. Also liebt und haßt ihn sein Volk, es preist und verflucht ihn. Diese Gefühle sind sehr gemischt und komplex – wie die Gestalt des Drachen selbst. Folglich wurden auch die Chinesen mit der Zeit komplizierter. Einerseits opferten sie dem Drachenkönig und erhoben ihn zu höchster Macht, um ihm keinen Grund zum Zorn zu geben. Andererseits hielten sie dieses alte Ding kräftig zum Narren, wenn zur Zeit der fetten Ernte Gongs und Trommeln ertönten. Im Drachentanz machen sie ihrem Ärger darüber Luft, daß sie das ganze Jahr hindurch vor Angst und Ehrfurcht erstarren, sich in den Staub werfen und Räucherstäbchen für ihn abbrennen mußten.

Genau wie der Bau der Pyramiden bei den Ägyptern die Staatsgründung begünstigt hat, setzte der Kampf mit dem Gelben Fluß den Entstehungsprozeß des ‹Reiches der Mitte› in Gang. Je schwieriger die Umweltbedingungen, desto stärker sind die Kräfte, die die Entwicklung einer Zivilisation stimulieren – das ist eine bekannte These westlicher Historiker. Sie meinen, der Gelbe Fluß konnte sich zur Wiege des antiken China entwickeln, weil hier die Herausforderung an die Menschheit, mit den Umweltbedingungen fertig zu werden, viel größer war als im Süden Chinas, im Einzugsgebiet des Yangtse etwa. Die verborgenen Fähigkeiten der Menschen seien erst durch diese Herausforderung geweckt worden.

Die Hochkultur, die der Gelbe Fluß hervorgebracht hat, ist in der Tat eine der ganz früh gereiften Zivilisationen der Menschheitsgeschichte. Der Überlebenskampf gegen das grausame Klima, gegen Hochwasser und Überschwemmungen, ließ Techniken wie die der Wasserregulierung, Zeitmessung und Landvermessung, des Ackerbaus, der Viehzucht, der Keramikherstellung und der Metallverarbeitung, mindestens tausend Jahre früher als im Westen zur Reife gelangen. Wenn man heutzutage die Meinung hört, die traditionelle Despotie asiatischer Gesellschaften habe etwas mit dem Wasser zu tun, wird man das vielleicht kurios finden. Tatsächlich aber ist diese Auffassung gerade von Marx und Engels vertreten worden. Sie meinten, die natürlichen klimatischen Verhältnisse des Ostens hätten bedingt, daß der Bau von großangelegten Bewässerungsanlagen zur vorrangigen Aufgabe bei der Entwicklung der Landwirtschaft wurde. Beim damaligen Stand der Produktivkräfte bedurfte es eines hohen Grades an Zentralisierung der autokratischen Staatsmacht, um viele Tausende von Menschen für diese Arbeiten zu organisieren. Das genau aber ist die ‹Asiatische Produktionsweise›. Leider haben Marx und Engels dieses Problem nicht klar genug formuliert, so daß es in späteren Generationen zu anhaltenden Auseinandersetzungen über diese These gekommen ist.

Weisen nicht aber tatsächlich all die großartigen Bauwerke, die wir heute für ihre Vollendung bewundern – seien es nun die Pyramiden in Ägypten, der Kaiserkanal und die Große Mauer in China oder die Maya-Tempel in den Dschungeln Zentralamerikas – eine sehr deutliche historische Prägung ‹asiatischen› Typs auf? Sind sie nicht alle Hinterlassenschaften großer Imperien des Altertums? Wenn unzählige unbedeutende Individuen, in einer bestimmten Struktur angeordnet, das Ganze bis zur höchsten Spitze hinauf stützen, ähnelt diese unitaristische Gesellschaftsstruktur dann nicht sehr stark einer großen Pyramide? Das ist der Grund dafür, daß Demokratie, Freiheit und Gleichheit so schwer zu etwas ‹Asiatischem› werden können!

‹Asien› ist ein altes semitisches Wort mit der Bedeutung ‹Ort der aufgehenden Sonne›. In der gemäßigten Klimazone der nördlichen Halbkugel, wo die drei großen Kontinente Europa, Asien und Afrika zusammentreffen, waren die großen Ströme, die dort in den schneebedeckten Gebirgen entspringen, für die Entstehung der ältesten menschlichen Hochkulturen verantwortlich. Ob Gelber Fluß, Nil, Tigris oder Indus – die großen Flüsse der östlichen Hemisphäre wurden zur Wiege menschlicher Zivilisation.

Asien ist der Ort des Beginns. Das Morgenrot der Zivilisation erschien in Asien – so, wie im Osten die Sonne aufgeht. Aber inzwischen sind fünftausend Jahre verstrichen und Asiens Sonne ist untergegangen. Die zuerst erblühten Zivilisationen sind früher oder später eine nach der anderen wieder verwelkt. Warum?

Die antike Stadt Babylon, die im Zweistromland aufragte, wurde schon vor langer Zeit zerstört. Die Pyramiden am Ufer des Nils erscheinen uns heute wie ein in die Geschichte zurückweichendes Trugbild: nebelhaft, undeutbar. Noch weiter östlich, in den fruchtbaren Ebenen von Indus und Ganges, bestand schon lange bevor Alexander der Große auf seinen Eroberungszügen dort ankam, eine vom Westen völlig isolierte Hochkultur; erst als europäische Piraten im Indischen Ozean auftauchten, brach für sie das Verhängnis herein.

Die Zivilisation der gelben Rasse jenseits des Himalaya jedoch hat sich außergewöhnlich lange am Leben erhalten; das scheint eine Ausnahme zu sein. Über die Frage, warum die feudalistische Gesellschaftsform sich in China so lange gehalten hat, ist viel gestritten worden, und man hat dieses stets als Besonderheit angesehene Phänomen ganz verschieden zu erklären versucht. Aber das eigentlich Besondere ist nicht das Phänomen althergebrachter Konstanz in Asien, sondern das europäische Phänomen der raschen Veränderungen.

Professor Zhang Guangzhi, ein Wissenschaftler chinesischer Herkunft an der Harvard-Universität in den USA, meint, daß die sumerische Zivilisation, da sie selbst auf Wirtschaft, Handel und Technik Wert legte, später im Verbund mit der mediterranen hellenistischen Kultur bahnbrechende neue Elemente hervorbringen und somit letztlich den Weg zur modernen, westlich-industriellen Zivilisation einschlagen konnte. Eigentlich sei das im Gesamtkontext der Geschichte der menschlichen Zivilisation nicht der normale Entwicklungsweg.

Weltweit ist im Prozeß der Entwicklung von der Barbarei zur Zivilisation in der Tat die östliche, die asiatische Form das Reguläre und Normale. Professor Zhang untersuchte die Ähnlichkeiten der chinesischen Zivilisation mit der der mittelamerikanischen Maya und glaubt, beide seien das Produkt von Nachfahren derselben Vorfahren, ausgeprägt in verschiedenen Epochen und an verschiedenen Orten. Er ist der Ansicht, daß die alten Hochkulturen Asiens, Afrikas und Amerikas gemeinsame und allgemeingültige Charakteristika besitzen. Insofern wäre die chinesische Zivilisation also gar nichts so Besonderes oder aus dem Rahmen Fallendes; ihr Andauern wäre lediglich der letzte Kampf der alten Welt.

Die Herausforderung, auf die Asien gerade trifft, ist die Herausforderung Europas an die ganze Menschheit. Und weil das so ist, läßt umgekehrt das Alter ihrer Zivilisation die Chinesen so schwer an der Bürde ihrer Tradition tragen. Wenn auch die Zivilisation des Gelben Flusses untergeht wie die Kulturen Ägyptens und Indiens untergegangen sind, dann ist das für die chinesische Volksseele besonders verheerend und schmerzhaft.

Ein riesiges Land im Osten, das einem Marco Polo ungläubiges Staunen abverlangte, ein mächtiges Volk, das die Herrscher Europas dazu veranlaßte, voller Schrecken die Mär von der ‹Gelben Gefahr› zu erdichten, das selbst den unvergleichlichen Napoleon die westliche Welt warnen ließ, diesen ‹schlafenden Löwen› nicht aufzuschrecken: Wieso ist es in der Neuzeit so verfallen, daß jeder es unterdrücken und ausbeuten konnte? Und warum glauben wir – nachdem wir endlich die Gefahr der nationalen Unterjochung und des Untergangs der Rasse abgeschüttelt haben – gleich wieder, wir seien so außerordentlich mächtig?

Im Empfinden unseres Volkes ist der Irrglaube weit verbreitet, die Schmach der letzten hundert Jahre sei nur eine Unterbrechung unserer ruhmvollen Geschichte. Seit dem Opiumkrieg von 1840 hat es stets Leute gegeben, die die Armseligkeit und Rückständigkeit Chinas in der Neuzeit mit dem Ruhm und der Größe des Altertums zu bemänteln suchten. Es scheint, als hätten wir uns angesichts des realen Leids der letzten hundert Jahre immer mit unserem Alter und unserer Beständigkeit trösten müssen – als könne uns jede unserer sensationellen Entdeckungen von neuem Trost spenden.

Dennoch ist unsere Kultur letztlich am Ende. Der historische Reichtum, das Alter unserer Zivilisation – das alles sind Geschichten von gestern. Seien unsere archäologischen Entdeckungen noch so reichhaltig, die Kulturschätze und historischen Sehenswürdigkeiten noch so beeindruckend, mögen auch die Anfänge unserer Zivilisation noch so weit zurückreichen – spotten wir als Nachkommen dadurch nicht um so mehr unserer Vorfahren? Muß das unser heutiges Bedauern, unsere Reue und Scham nicht noch verschlimmern?

Man erzählt sich, der Direktor einer Autofabrik habe eines Tages auf dem Tor des Himmlischen Friedens in Peking gestanden und die Autos im Verkehrsstrom auf der Straße des Ewigen Friedens gezählt. Bei hundert angelangt, waren ganze drei Wagen aus inländischer Produktion, die anderen siebenundneunzig waren importiert. Diese Geschichte ruft uns den dichten Rauch in Erinnerung, der aufstieg, als der Qing-Beamte Lin Zexu 1840 in Humen das Opium verbrannte, wie auch die Boykottwelle in den dreißiger Jahren gegen Produkte der japanischen Okkupanten.

In so unfreundlicher Art und Weise machen sich Geschichte und Gegenwart über uns lustig! Unser Stolz und unsere Niedergeschlagenheit – oftmals erwachsen sie aus ein und derselben Sache.

Die Verehrung des Drachen kann wohl Zeugnis darüber ablegen, daß die Seele unseres Volkes noch immer der Stimmung jener vom Gelben Fluß hervorgebrachten Zivilisation nachhängt und daß sie zu lange im Schatten unserer Ahnen verweilte. Es ist, als lebte diese Seele in einem Traum; heute aber ist die Zeit gekommen, sie gründlich wachzurütteln.

Unsere Kultur ist am Ende – aber deshalb brauchen wir nicht zu trauern: Keine der Zivilisationen im Einzugsgebiet großer Ströme, die es einst gab, hat überlebt. Der englische Historiker Arnold Toynbee hat errechnet, daß es in der Menschheitsgeschichte insgesamt einundzwanzig Hochkulturen gegeben hat. Davon sind vierzehn untergegangen, sechs sind im Verfall begriffen, und nur die griechische Antike hat sich zu einer industriellen Zivilisation gewandelt. Es handelt sich also um eine Erscheinung, die überall auf der Welt anzutreffen ist – da sollten wir der Geschichte mutig ins Antlitz blicken!

Die Geschichte hat unzählige Male bewiesen, daß der Verfall von Kulturen seine Ursache nicht im Angriff äußerer Kräfte hat, sondern in ihrer inneren Degeneration. Toynbee sagt auch, daß die größte Wirkung äußerer Feinde nur sein könne, daß sie einer todgeweihten, bereits in den letzten Zügen liegenden Gesellschaft den Todesstoß versetzten.

Über Jahrtausende hinweg hat die Zivilisation des Gelben Flusses Angriffe und Eroberungen von außen erlebt, die sie dennoch nicht stürzen ließen; wir haben diese starke Assimilationskraft immer sehr bewundert. Heute freilich, am Ende des 20. Jahrhunderts, sind die Angriffe nicht mehr von Kanonen und Unterdrückung begleitet; trotzdem aber kann unsere alte Zivilisation nicht mehr standhalten: sie ist zu altersschwach geworden. Sie bedarf einer Ergänzung durch neue Zivilisationselemente.

Ach, Nachkommen des Drachen: Was der Gelbe Fluß uns geben konnte, hat er längst unseren Ahnen gegeben! Eine Zivilisation, wie sie unsere Vorfahren schufen, kann der Gelbe Fluß nicht noch einmal hervorbringen. Was wir heute erschaffen müssen, ist eine völlig neue Zivilisation, und die kann nicht noch einmal dem Gelben Fluß entströmen. Wie der Lehm den Flußlauf des Gelben Flusses verschlickt, so verstopft auch der Bodensatz der alten Zivilisation die Adern unseres Volkes. Es bedarf einer großen Flut, um ihn hinwegzuspülen. Diese Flut ist schon da: Es ist die industrielle Zivilisation – sie ruft uns. [1988]

NACHWORT

HELMUT MARTIN

Daheimgebliebene, Exilträume und der Weg in die Gegenkultur

«Innere Emigration ist die intellektuelle Art des Doppellebens.»

Chinas Gegenwartsliteratur, das ist die «Literatur der achtziger Jahre»; Taiwans neue Literatur seit den 60er Jahren bildet dazu einen belebenden Kontrast, der allerdings erst in den Jahren der Wiederberührung seit 1980 auf dem Festland bemerkbar werden konnte. Einen ähnlichen Aufbruch in die Moderne wie im vergangenen Jahrzehnt hatte es nur in den zwanziger und dreißiger Jahren der jungen schwachen Republik gegeben. Radikale chinesische Kulturkritiker haben alle anderen literarischen Perioden – die propagandistische Kriegsliteratur der vierziger Jahre, die eineinhalb Jahrzehnte des maoistischen Sozialrealismus der fünfziger und frühen sechziger Jahre, das Jahrzehnt der Kulturrevolution (KR) und der sich anschließenden spätradikalen Phase 1966 bis 1976 – als literarisch irrelevant beiseite geschoben und allenfalls als unfruchtbare Zeiträume tragischen gesellschaftlichen Niedergangs der Nation in ihr Zeitbild miteinbezogen.

1. Vom literarischen Neubeginn zur Kulturkritik

Als «Literatur der Neuen Periode» wurde die aufblühende Szene der achtziger Jahre bald apostrophiert, die abrupt mit Panzern und Maschinengewehrsalven durch Unterdrückung aller kulturellen und überhaupt reformwilligen Regungen zu Ende gebracht worden ist. Diese Neue Literatur hatte sich anfangs in rasenden Wirbel versetzt, sich in fesselnde Richtungen gedreht und gewendet, allmählich aber auch Substanz und Gesicht gewonnen. War sie zunächst alleiniges und deshalb hochbeachtetes Vehikel der Gegenwarts-Bewältigung, weitete sich der symbolische Diskurs über China und seine Krise in der zweiten Hälfte des Jahrzehnts zu einer das ganze Land erfassenden Kulturkritik aus, an der sich für Reformen engagierte Intellektuelle von Naturwissenschaftlern bis zu den Soziologen und Reformphilosophen beteiligten. Angesichts ständiger Behinderungen des literarischen Ausdruckswillens durch größere und kleinere Interventionen oder Kampagnenvorstöße von seiten der Partei und ihrer offiziellen Kulturwächter machte sich bei vielen Künstlern eine Art innere Emigration als intellektuelle Spielart des Doppellebens breit; Kompromißbereitschaft in Forderungen und Aussagen ist allerdings oft lediglich als eine durch die politische Vergangenheit und ihren Isolationismus geprägte, unbewußt weiterwirkende Verbundenheit mit den Prämissen des erzwungenen Einheitsdenkens der maoistischen Ära zu erklären gewesen. So könnte man vom Einschnitt 1989 und der nun einsetzenden Selbstreflexion sagen, erst das Exil habe zum intellektuellen Akt der wahren literarischen Selbstbefreiung geführt. In unserer Anthologie ist diese Linie von der traumatischen Verarbeitung der Kulturrevolution, den Äußerungen der Entrechteten und Verlorenen bis zu Bo Yangs und Su Xiaokangs schmerzhafter Selbstkritik sowie Duo Duos Exilreflexionen nachzuvollziehen. Im Zentrum der eine entscheidende Neuorientierung vorbereitenden chinesischen Überlegungen im In- und Ausland steht eine Neuwertung der Geistesgeschichte, besonders des 19. und 20. Jahrhunderts, ein Abstreifen der amtlichen maoistischen Sichtweisen, wie im Ansatz des Kulturhistorikers und Philosophen Li Zehou. Irritierend für alle Beteiligten war und ist dabei die Auseinandersetzung um Aufgaben und Funktion des chinesischen Intellektuellen in Zeiten des Umbruchs, beinhaltet sie doch eine peinvolle Selbstkritik und verweist auf den Umstand, daß die vom System entmündigte Schicht der Intelligenz während der achtziger Jahre nicht energisch genug in die ihr zustehenden Funktionen der Kritik und Perspektivgebung wiedereingetreten sei – und damit eben auch nur eine windelweiche Literatur hervorgebracht habe –, wie der nach dem Massaker für zwei Jahre im Gefängnis einsitzende junge radikale Philosoph und Kritiker Liu Xiaobo konstatiert hat.

2. Richtungen, Gruppen und Themen der achtziger Jahre

Mit einem Schwall von Kurzgeschichten nahmen seit 1979 jahrelang zum Schweigen Verurteilte, vor allem aber eine Gruppe jüngerer, in der Kulturrevolution geprägter Schriftsteller Abschied von der erzwungenen Sprachlosigkeit. Diese Werke erhielten nach dem Titel einer Erzählung des Studenten Lu Xinhua, der einige Jahre später an die Westküste der USA ging und seine schriftstellerische Tätigkeit einstellte, die Bezeichnung *Wundenliteratur* (*shanghen*). Noch ganz in den politischen Vorgaben der in die Reformperiode eintretenden KPCh rechneten die Wundentexte zunächst im Banne des alten Realismus bitter mit den inneren und äußeren Zerstörungen durch die Kulturrevolution ab. Feng Jicais Kurzroman «Ach!» (unser Ausschnitt) ist eines der bekanntesten Beispiele dieser Wundenliteratur.

Allerdings war die Stoßrichtung nicht auf die Kritik an den Radikalen im Politbüro (‹Viererbande›) zu begrenzen. Eine Gruppe von Schriftstellern mittleren Alters, die 1957 als Rechtsabweichler abgeurteilt und erst zwanzig Jahre später rehabilitiert worden war, weitete die Kritik auf nahezu alle politischen «Fehler» in der Geschichte der Volksrepublik aus, weiterhin die Literatur als Mittel zur Bereinigung politischer Probleme einsetzend. Ihre Themen waren der ‹Große Sprung› und die sich anschließenden Hungerjahre, die in der nun getroffenen Sprachregelung «zu weit getriebene» Kampagne gegen eine halbe Million Intellektuelle und deren Aburteilung als ‹Rechtsabweichler› 1957, aber auch in wohlüberlegter Dosierung die Yanan-Periode mit ihrer ersten Repressionskampagne der frühen kommunistischen Bewegung 1942. *Literatur der Vergangenheitsbewältigung* oder des Zurückdenkens (*fansi*) ist der Begriff, der sich für ihre Werke eingeprägt hat. Hierher gehört aus unserer Anthologie etwa Lu Yanzhous Roman «Die wunderbare

Geschichte des Himmel-Wolken-Berges» oder der Roman Dai Houyings «Die Große Mauer» (*ren a ren*). Werke dieser Ausrichtung schrieben der vielseitige Wang Meng, der Schriftsteller und Chronist bäuerlicher Wirklichkeit Gao Xiaosheng, weiter Cong Weixi und Zhang Xianliang mit ihrer Berichterstattung über die Verlorenen in Gefängnissen und politischen Umerziehungslagern, deren jämmerliche Lebensumstände und psychische Probleme.

Wieder dem Reformkurs nahestehend und damit dem offiziellen Verständnis von Literatur als kulturellem «Treibriemen» waren Romane über den Vollzug der Wirtschaftsreform in den Städten und auf dem Land, in der Landwirtschaft und der Industrie. Im Zentrum stand der Zusammenstoß zwischen konservativ-maoistischen Kräften und hemdsärmeligen Reformern, den neuen Helden dieser *Reform-Literatur* (*gaige*), die aber wesentlich differenzierter gestaltet war als die Werke des sowjetischen sozialistischen Realismus. Sie loteten die sozialpsychologischen Konflikte in der Gesellschaft aus und spiegelten die empfindlichen Probleme wider, die der Zusammenprall maoistisch-ideologischer Wertvorstellungen und der Vielfalt von westlich beeinflußten Vorstellungen aufwarf, die jetzt auf das Land einstürmten. Zum stellvertretenden Werk wurde der noch recht ungelenk strukturierte Roman «Schwere Flügel» der Zhang Jie. Er wurde bei uns in Deutschland ein Erfolg, weil er im Westen Verständnis für Chinas Reformen weckte und als sichtbares Zeichen dafür gelesen wurde, daß in China eine neue Gegenwartsliteratur im Entstehen begriffen war. Andere Autoren dieses Genres waren der im politischen Sozialreportagestil schreibende Ke Yunlu und vor allem Jiang Zilong, in unserer Anthologie ironisch die Rehabilitierungspolitik Dengs kommentierend. Jiang propagierte damals landesweit mit seinen erfolgreich verfilmten Romanen den neuen Typ des Fabrikdirektors. – Alle drei Richtungen stellten politische Fehlentwicklungen und Gesellschaftsausrichtungen in den Mittelpunkt. Die Literatur dieser Jahre bleibt soziologisches Zeugnis, hat aber literarisch nur geringen Wert, wie auch chinesische Kritiker heute einräumen.

Das Erleben der in der Kulturrevolution aufs Land verschickten Jugendlichen, deren Desillusionierung und Heimkehrerpsychosen nach der Rückkehr in die Städte behandelte die sogenannte ‹Literatur der Jugendlichen mit Schulbildung› (*zhiqing*), die wir *Literatur der KR-Jugend* nennen könnten. Daraus entwickelte sich eine vielfach thematisch verzweigte Literatur der «erwachten» oder «verzweifelten» Generation – kräftigstes Zeugnis ist Bei Daos mit 25 Jahren 1974 konzipierter, im Untergrund zirkulierender und 1979 erstmals zu privater Vervielfältigung gekommener Roman «Gezeiten», aus dem unsere Anthologie einen Ausschnitt bringt. Jüngere, um 1950 geborene Autoren experimentierten mit Formen der in Übersetzung einströmenden westlichen Literatur, brachten Gefühle der Einsamkeit, Absurdität zusammen mit der Technik des Bewußtseinsstroms und nur halbverstandenen Formen des *Modernismus* vor den chinesischen Leser. Aber auch an der literarischen Entwicklung im Ausland interessierte Autoren der mittleren Generation wie Zong Pu (unser Text) und Wang Meng (z. B. «Das Auge der Nacht») schlossen sich dieser Richtung an.

Großen Eindruck hinterließ der magische Realismus Lateinamerikas, den der Leser vor allem über die «Hundert Jahre Einsamkeit» von Gabriel García Márquez kennenlernte. Im Verlauf der Rezeption solcher Vorbilder wurde erstmals wieder öffentlich über das Verhältnis der traditionellen Kultur zu Chinas gesellschaftlichen Modernisierungsanstrengungen nachgedacht. Den Chinesen erschien der Umstand, daß ein Autor der Dritten Welt den Literaturnobelpreis erringen konnte, als Mahnung, neue Größe nun auch auf literarischem Felde zu dokumentieren und mit repräsentativen Werken höchste internationale Anerkennung zu gewinnen. Kein chinesischer Schriftsteller hatte bisher diese Auszeichnung in Empfang nehmen können, obwohl die Repräsentanten der Republikliteratur Ba Jin und Shen Congwen mehrfach unter den Kandidaten gewesen waren.

Geschockt auch von der Regierungskampagne 1983/84 gegen ‹Geistige Verschmutzung›, gegen zu weit gehende Westöffnung also, suchten einige jüngere Autoren ihr Heil in den Regionen, in der «unverfälschten» Volkskultur auf dem Lande. Zheng Yi aus Shanxi wandte sich der Lößhochebene der «Gelben Erde» und dem Flußgebiet des Gelben Flusses Huanghe, der Wiege der uralten chinesischen Kultur, zu. Sein Kurzroman «Alter Brunnen» wurde zum repräsentativen Werk der Kunstrichtung der *Suche nach den Wurzeln* (*xungen*). Der aus Hunan stammende Han Shaogong, der in unserer Auswahl nostalgisch die Zeit der Landverschickung wiederaufleben läßt, schrieb Erzählungen über das geheimnisvolle West-Hunan auf der Suche nach der antiken Kultur der Chu-Region zu Zeiten des halblegendären Dichters schamanistischer Gesänge Qu Yuan. Mo Yan aus Shandong wurde mit einem Schlag durch eine Serie von Erzählungen «Rote Hirse» (*hong gaoliang*) bekannt. Und ein weiteres Meisterwerk, das seinen Autor 1985 ebenfalls über Nacht international bekannt machte, war Zhong Achengs Kurzroman «Der Schachkönig» (unser Ausschnitt), der des Autors intensive Beschäftigung mit der Volksreligion sowie mit dem philosophischen Taoismus verriet. Allerdings haben die Intellektuellen wohl heftiger über diese Literatur debattiert, als daß sie Anklang beim gewöhnlichen chinesischen Leser der Volksrepublik fand.

Parallel zu dieser Entwicklung, aber mehr der ersten sozialkritischen literarischen Phase verhaftet war die *Reportage- oder Dokumentar-Literatur* (*baogao, jishi*), die um so breiter wirkte, je mehr sie Funktionen des Journalismus, des Rechtswesens und der Geschichtsschreibung zeitweise übernahm. Reportageautoren wie Liu Binyan sind hier zu nennen, der schließlich im Januar 1987 zusammen mit dem unerschrockenen Shanghaier Essayisten Wang Ruowang (siehe die Auswahl) aus der Partei ausgeschlossen wurde. Die Reportageautoren Dai Qing und Su Xiaokang wandten sich ökologischen Fragen, politischer Vergangenheitsbewältigung und Problemen der zurückgestauchten Sexualität in China mit diesen Mitteln zu. Zhang Xinxins Reportagen der «Pekingmenschen» wurde im In- und Ausland weithin gelesen – allerdings eher als Reiselektüre und journalistische Dokumentation denn als Literatur verstanden. Dieser Richtung wird die zukünftige Literaturgeschichte wohl ebenfalls nur eine Zeitbedeutung einräumen, journalistischen Spürsinn und Professionalität bescheinigen, weniger aber von Literatur im eigentlichen Sinne sprechen und bleibende Beachtung einfordern können. Auch schimmern in diesem Genre die traditionellen konfuzianischen Ästhetik-Vorstellungen durch, daß «Literatur das Dao zu fördern habe» (*wenyi zaidao*) – ein enger moralisch-normativer Anspruch erscheint den chinesischen Autoren weiterhin unverzichtbar.

Can Xue (Pseudonym ‹Schneeflecken›, eigentlich Deng Xiaohua) ist eine Autorin aus Hunan, die eine *Literatur des Absurden* und des Abscheus so auf die Spitze getrieben hat, daß sie in keine der Kategorien der Literaturwissenschaftler paßt. Mit einer Reihe von Erzählungen hat Can Xue «aus Rache» Prosa geschrieben, sie hat alle Häßlichkeit und Scheußlichkeit aus sich herausgeschrien, ihre Wut über die absurde brutale Gesellschaft und die Niedrigkeit, wie der 1990 erschienene Roman «Aufführung des Ausdrucks» (*tuwei biaoyan*) bestätigt.

Liu Xiaobo hat gegen die Literatur der Wurzelsuche heftigst polemisiert, sie sei ein Abgesang auf die traditionelle chinesische Kultur. Aber er übersieht dabei die literarische Kraft, die dieser Stil aus der jeweiligen Region, aus der Volkskultur und der Volksreligiosität schöpft. Hier allerdings stehen sich die Auffassungen unversöhnlich gegenüber: Katastrophen wie die Kulturrevolution hätten sich nur ereignen können, so heißt es einmal, *weil* man die Bindung zur traditionellen Kultur zerstört habe, während andere genau umgekehrt argumentieren: Das Propagieren dieser Literatur gleiche den neuerlich auch staatlich gestützten Versuchen chinesischer Kulturhistoriker wie Professor Du Weiming, den Konfuzianismus für Chinas Erneuerung wiederzubeleben. Dies alles bleibe aber nichts als ein weiterer fruchtloser Rückgriff auf eine längst untergegangene Kultur.

Verfasser von ersten Überblicken der VR-Gegenwartsliteratur haben in ihren Darstellungen neben einer Aufteilung in die oben skizzierten Schulen und Richtungen auch mit anderen Kategorien gearbeitet. Neben den Wundentexten, der Lagerliteratur, den Zeugnissen der Vergangenheitsbewältigung und den Erfahrungsberichten der KR-Jugend war eine Literatur entstanden, die oft in geradezu weinerlichem Ton das *Los der Intelligenz* beklagte. Urbild wurde das Porträt einer selbstlosen Ärztin, eine Art larmoyanter Schiwago-Verschnitt, gezeichnet von der Schriftstellerin Shen

Rong (Erzählung «In den mittleren Jahren»). Solche Texte tragen den Charakter einer Lobby-Literatur mit standhaften Helden aus der eigenen Schicht.

Frauenliteratur, also von Frauen verfaßte und vorrangig Probleme chinesischer Frauen behandelnde Prosatexte, sind zweifellos ein zentraler Bereich der Gegenwartsliteratur, der ihre Unverwechselbarkeit und Qualität ausmacht, von Vorformen wie Yu Luojins «Wintermärchen» bis zu Zhang Jies Roman «Die Arche» sowie Texten von Wang Anyi und Shen Rong. Dieser größere Aufmerksamkeit verdienenden Thematik ist ein Kapitel der Anthologie gewidmet.

Ein weites Feld ist die *Regionalliteratur*, die Städte oder geographische, heimatliche Räume beschreibt. Autoren wie Jiang Zilong, Han Ying und Feng Jicai etwa haben immer wieder die Stadt Tianjin porträtiert, so wie Lu Wenfu der Dichter des malerischen Suzhou geworden ist. Für den Süden stehen der Satiriker Chen Guokai und andere, für eine Literatur, die Pekinger Volkssitten einbezieht, Deng Youmei, Su Shuyang, Lin Jinlan und bis zu einem gewissen Grade auch Wang Zengqi. Shaanxi und die sich wandelnde Bauernschaft wurde uns etwa von Jia Pingwa, das westliche Hunan Shen Congwens von Gu Hua beschrieben.

Eine zunächst nur naturbezogene, gegen Ende der achtziger Jahre immer mehr Umweltprobleme aufgreifende *ökologische Literatur* haben Autoren wie Xu Gang, Dai Qing und Su Xiaokang mit Mitteln der Grenzgattung der Reportage geschaffen: entwickelter aber ist diese Gattung nach wie vor in Taiwan, wo sie von Autoren wie Wu Jinfa, dem späten Huang Chunming und anderen *xiangtu*-Autoren der Heimatliteratur aufgegriffen wurde. Hierher gehört auch Song Zelais von Tschernobyl beflügelte apokalyptische Vision von einer atomverseuchten, aufgegebenen Insel Taiwan.

Auf die *Militärliteratur* oder die *Minderheitenliteratur* kommen meist nur konservative Literarhistoriker zu sprechen. Ihre Darstellungen des ersten Genres entpuppen sich meist als Lob- und Preis-Literatur auf Chinas Volksbefreiungsarmee, ihre Sicht des Krieges gegen Japan, der KMT und der «Befreiung» 1949 präsentierend. Minderheitenliteratur ist die folkloristische Beschreibung der Unterwerfung anderer Nationalitäten unter Han-Dominanz. Man muß hier allerdings hinzusetzen, daß es «Minderheiten-Autoren» wie den Tibeter Zhaxidawa oder den Schriftsteller Wureertu vom Volksstamm der Ewenken gibt, die nur auf chinesisch zu schreiben verstehen, aber eine unverwechselbare Atmosphäre der Lebensumstände ihres Volkes eingefangen haben. Ihre Haltung als Autoren hat nichts gemein mit den Unterwerfungsgesten oder der Schönfärberei der sinisierten «Nationalitätenkader».

Unterhaltungs- und *Trivialliteratur* hat in den achtziger Jahren einen Siegeszug angetreten, nachdem maoistischer Puritanismus dem chinesischen Leser über Jahrzehnte hinweg solche Lektüre – Texte aus der vormodernen Zeit, Übersetzungen aus dem Ausland oder in China Neuverfaßtes – verwehrt hatte. Solche Trivialliteratur hat China in Wellen erfaßt und Hunderttausende von Lesern von der «ernsten» Literatur abgezogen. Die aus dem Festland stammenden Hongkonger Erfolgsautoren Liang Yusheng und Jin Yong, die ganze Serien von neo-traditionellen, eine heile chinesische Welt der Gerechtigkeit vorspiegelnden *Schwertkämpfer-Romanen* (*wuxia*) verfaßt hatten, wurden auch in der Volksrepublik begeistert verschlungen. Taiwanesische Autorinnen eskapistischer Reiseliteratur, wie die 1990 durch Freitod aus dem Leben geschiedene San Mao, oder Verfasserinnen sanft-erotischer Liebes- und Jugendliteratur wie Qiong Yao, wie die Hongkong-Autorin Yi Shu, entfachten unter den Lesern in der VR wahre Begeisterungsstürme. Unter den Ladentischen warteten dazu härtere Texte des Bereichs *sex and crime* auf ihren Leserkreis. Eine Reihe bekannter und weniger bekannter VR-Autoren griffen solche Stil- und Themenrichtungen auf und beglückten ihr Publikum mit einer breiten Palette eigener Werke neuer Trivialliteratur.

3. Exil: Auf dem Wege zur Gegenkultur

Mit den Juni-Ereignissen 1989 wurde der Wettstreit all dieser Richtungen und Gruppen erschüttert. Der überwiegende Teil der Schriftsteller hatte sich in der demokratischen Bewegung engagiert und exponiert. Vielen blieb nur die Flucht. Als sich abzeichnete, daß für diese Schriftsteller und Intellektuellen aus dem Auslandsaufenthalt nach der Flucht eine längere Zeit des Exils werden würde, war dies ein Signal zum Umdenken. Die Autoren mußten sich 1989 zunächst einmal – wie die anderen prominenteren Figuren der politischen und kulturellen Emigration – nach Möglichkeiten umsehen, ihren Lebensunterhalt im Ausland zu verdienen. Danach begannen sie, frei von den alten Rücksichten, wieder zu schreiben und zu publizieren, die prominenteren unter ihnen sind über den ganzen Globus vielfältigen Vortragsverpflichtungen nachgegangen. Ab 1990 bildeten sich neue Strukturen heraus. Es gab zahlreiche Neugründungen politischer und kultureller Zeitschriften wie *Einundzwanzigstes Jahrhundert* (Hongkong), das von der US-taiwanesischen Autorin Chen Ruoxi ins Leben gerufene, leider nur kurzlebige *Square* (Berkeley) und Bei Daos *Today* (Oslo/Hongkong). Wiederholt wurden von Liu Binyan und anderen Anstrengungen unternommen, eine Art Schriftstellerverband im Exil zu gründen.

Der Lyriker Bei Dao hat 1990 vom norwegischen Exil aus Camus sinngemäß zitiert und festgestellt, daß das Selbstverständnis von Chinas Exilautoren seiner Generation, jedenfalls was seine Person und seinen Freundeskreis angehe, aus dem grundsätzlichen Widerspruch zur maoistischen oder reformsozialistischen Wirklichkeit des Landes zu definieren sei. Literatur, Gedichte – das sei einfach Widerstand, wer kompromißbereit gewesen sei, habe seine moralische Autorität aufs Spiel gesetzt.

Ein Großteil der einflußreichen VR-Autoren ist ins Ausland gegangen. Die nachstehende Liste der Autoren im Exil mag unvollständig sein, doch zeigt sie, mit welcher Wucht die Juni-Ereignisse Chinas neue Literatur getroffen haben, verdeutlicht, daß der Militäreinsatz die Gegenwartsliteratur von ihrem angesehenen Platz im Kräftevieleck der gesellschaftlichen Modernisierung weg in den Untergrund getrieben hat. In den USA ließen sich zum Exil nieder der Literaturwissenschaftler, Schriftsteller und frühere Direktor des Instituts für Chinesische Literatur der Akademie für Sozialwissenschaften Liu Zaifu, die Reportageautorin

Zhang Xinxin, der Autor eines Bestsellers über KR-Jugendliche auf dem Land Lao Gui, Zhong Acheng, der angesehene Journalist Liu Binyan und der progressive Literaturkritiker Li Tuo. In Kanada fand der zunehmend radikalisierte Gu Hua Zuflucht. In Australien und Neuseeland erhielten die modernistischen Lyriker Gu Cheng und Yang Lian eine Bleibe, in Paris der Lyriker Xu Gang, der für ökologische Reportagen viel Zuspruch erhalten hat. In Paris fanden weiter Unterschlupf der Journalist und Autor Zu Wei sowie Lao Mu, in London der Lyriker Duo Duo und Liu Suola, die Sängerin und Autorin mehrerer Erzählungen. Yu Luojin hatte zuvor schon in Deutschland um Asyl nachgesucht. Chinas bekanntester Lyriker Bei Dao ging nach Oslo, Stockholm und zuletzt nach Aarhus. Su Xiaokang hatte beträchtlichen Einfluß in Paris als Herausgeber der Zeitschrift der Exilaktivisten *Demokratisches China*. Einige Intellektuelle entschieden sich, ihren Aufenthalt im Ausland abzubrechen. Der bekannte Nachwuchsregisseur Chen Kaige, der 1990 seine biographischen Erinnerungen an die Kulturrevolution in Japan veröffentlichte, ging nach einer Schamfrist aufs Festland zurück, um wieder im Lande arbeiten zu können (wohnte 1991 jedoch wieder in Berlin). Ähnlich entschieden sich auch Autoren wie Dai Houying, Zhang Jie oder Ma Jian, der zwischen Hongkong und dem Inland pendelte, und andere.

Was ist seit 1989 an Neuem im Exil entstanden? Es scheint noch immer zu früh, die literarischen Werke der chinesischen Exilliteratur genauer einzuschätzen. Thematisch findet man jedenfalls einmal die unmittelbare Aufarbeitung der demokratischen Bewegung, ihrer Niederschlagung mit Gewalt, das traumatische Erlebnis der Flucht und Beschreibungen der inneren Isolation und Verzweiflung im Exil. Zum anderen haben sich die chinesischen Schriftsteller einer Vielzahl von Themen der Reflexion über Chinas Krise zugewendet. Der oppositionelle Journalist Liu Binyan veröffentlichte 1989/90 seine Autobiographie in chinesischer und (gekürzt) in englischer Sprache, die die Perversionen des chinesischen Kulturlebens bitter kommentiert, dazu zusammen mit dem Schriftsteller Xu Gang eine Analyse der Juni-Ereignisse. Bei Dao bereitete einen neuen Band seiner Gedichte zum Druck vor. Die Reportageautorin Zhang Xinxin schloß einen Roman mit dem Titel «1949» für ihren amerikanischen Verlag ab; dieses Buch hatte eigentlich in der Folge der «Pekingmenschen» eine historische Reportage werden sollen, doch nach 1989 waren der Schriftstellerin keine Interviews mehr möglich. Der stellvertretende Vorsitzende des Schriftstellerverbandes Guangdong, Kong Jiesheng, der zunächst noch in Südchina ausgeharrt hatte und erst als die Spannungen und der Druck ärger wurden über Hongkong ins Exil in die USA gegangen war, veröffentlichte Teile seines Reportageromans «Blutspuren» (*xuelu*) in der Zeitschrift *Square* (*guangchang*). Gao Xingjian, schon vor 1989 im selbstgewählten Pariser Exil, publizierte in der ersten Nummer der wiederbegründeten ehemaligen Untergrundzeitschrift *Today* das Drama «Auf der Flucht» zum Jahrestag des Massakers, das vom Königlichen Theater in Stockholm angenommen wurde. Dazu veröffentlichte er Ende 1990 in einem taiwanesischen Verlag sein Epos des inneren und äußeren Aufbruchs, den Roman «Ling-Berg». Die junge Schlagersängerin Liu Suola schrieb eine Serie von Kurzgeschichten und einen Kurzroman für die Zeitschrift Chen Ruoxis. Der schon vor dem Massaker nach Kanada gegangene Gu Hua legte seinen neuen kritischen Roman «Garten der Konfuzianer» vor.

Die Schriftsteller im Exil waren sich damit 1991 der eigenen Situation zunehmend bewußt. Sie hatten im Protest zusammengefunden, und viele zeigten sich fest entschlossen, es den Dissidenten Osteuropas und der Sowjetunion im Exil nachzutun. Alle Anzeichen deuten darauf hin, daß eine chinesische Gegenkultur im Entstehen begriffen ist, die sich durch Krisenbewußtsein, größere Weltläufigkeit und eine ungewohnt direkte Sprache auszeichnet, wie der Literaturkritiker Zhao Yiheng festgestellt hat.

Wie weit kann das Beispiel der osteuropäischen und sowjetischen Dissidenten- und Exilliteratur für China Vorbild sein? Diese Literatur strömte in der zweiten Hälfte der achtziger Jahre nach Beginn der Perestrojka in die Sowjetunion zurück und wurde zur «Haupttradition», während parteifrommes Lügen- und Verschweigensgeschreibsel gnädigem Vergessen anheimfiel. Es ist hier auch daran zu erinnern, daß eine gewichtige Anzahl von Autoren im Lande sich

1989 für chinesische Formen der «inneren Emigration» entschieden. Das Muster und die Optionen in der Folge der gescheiterten Reform von 1898 drängte sich jedermann in den Sinn: Liang Qichao und andere hatten das japanische Exil gewählt und von dort aus weitergewirkt, Tan Sitong aber bewußt dem Märtyrerschicksal keinen Widerstand entgegengesetzt. 1991 ist in China sowohl der Sog der schleichenden Anpassung zu spüren, verfolgt man die Spuren etwa von Deng Youmei oder Feng Jicai und anderen. Schriftsteller wie Bai Hua, Wang Ruowang oder Wang Meng andererseits sind keinen Schritt von ihren Ansichten abgerückt und haben das auch mit mutigen Worten oder zumindest symbolischen Gesten kundgetan. Insgesamt haben die Autoren im Inland, so könnte man zusammenfassen, passiven Widerstand durch Nichtpublizieren und beredtes Schweigen geleistet. Was in einem zukünftigen Jahr der Wahrheit aus den Schubladen der Daheimgebliebenen ans Licht der Öffentlichkeit gelangt, vermag heute niemand zu sagen.

4. Chinas Gegenwartsliteratur in Übersetzung

Mit dem Einschnitt des Jahres 1989 und dem Entstehen einer Gegenkultur im Exil war die Zeit für einen Rückblick gekommen. Sammelbände, die Chinas Gegenwartsliteratur vorstellen, hat es seit den achtziger Jahren in so großer Zahl gegeben (in englischer Sprache zählte ich Ende 1990 28, in deutscher 23 Auswahlbände), daß jeder Herausgeber, der sich erneut auf ein solches Unterfangen einläßt, sehr genau überlegen muß, was einen weiteren Band rechtfertigen kann.

Die vorliegende Textauswahl ist als *Bilanz*, als Rückblick auf den Neubeginn der chinesischen Literatur während des Jahrzehnts der Reformen konzipiert. Diese Phase hat Mitte 1989 ein abruptes Ende gefunden: Rund die Hälfte der VR-Schriftsteller unserer Anthologie befinden sich gegenwärtig oder befanden sich eine Zeitlang im Exil. Wir wollten vor allem einen Überblick über die Übersetzungen in deutscher Sprache, die in diesem Jahrzehnt entstanden sind, geben. Über die begrenzte Zahl der in gestraffter Form präsentierten Texte dieser Auswahl führt unsere Bibliographie von Übersetzungen der chinesischen Gegenwartsliteratur am Ende des Bandes hinaus. Verweisen möchte ich zudem auf die eben abgeschlossene Sammlung von 45 Selbstporträts chinesischer Schriftsteller, die unter Mitarbeit von Stefan Hase-Bergen 1991 beim Verlag Bouvier, Bonn, erscheint und in der die Gegenwartsliteratur aus ergänzender Perspektive vorgestellt wird.

Wir haben die wichtigste Gattung, Chinas neue Prosaliteratur (*xiaoshuo*) aus Platzgründen im Mittelpunkt der Auswahl belassen – ohne Essays, Theaterstücke und Lyrik berücksichtigen zu können. Der Leser wird über die vorgestellten Texte und die Literaturangaben nur an Übersetzungen in Form von Buchpublikationen herangeführt. Verzichtet wurde auf Verweise auf bestehende Sekundärliteratur oder gar auf in Zeitschriften und Zeitungen verstreute Übersetzungen. Trotzdem komme ich bei dieser Bilanz übersetzter chinesischer Gegenwartsliteratur zu dem ziemlich bemerkenswerten Ergebnis, daß rund hundert Bücher chinesischer Schriftsteller in dieser kurzen Zeitspanne im deutschen Sprachraum vorgestellt worden sind.

Ein Blick auf das Datum der Niederschrift bzw. der Originalpublikationen unserer Ausgabe ist aufschlußreich. Die Jahre 1979 bis 1981 sind sehr stark vertreten, darin spiegelt sich der Aufbruch der neuen Literatur, die Phase der sogenannten Wundenliteratur. Die Dichte der Texte nimmt nach 1985/86 spürbar ab, das entspricht einer zurückgehenden literarischen Produktion in China, als der Impetus der ersten Jahre abhanden gekommen war, auch die Literatur reagierte empfindlich auf die sich verschärfende allgemeine gesellschaftliche Krise, noch *bevor* das Deng-Xiaoping-Regime den gewaltsamen Schlußstrich zog. Schriftsteller verspürten in der zweiten Hälfte der achtziger Jahre zunehmend Mühe, der eigenen Literatur zeitgemäße Ziele zu setzen bzw. Klarheit zu finden über die eigene Rolle als Autoren im neuerwachten und von vielen Seiten bedrängten Kulturbetrieb der Volksrepublik. Entsprechend hat bei deutschsprachigen Verlagen und Übersetzern das Interesse nachgelassen und sich damit die Anzahl übersetzter Werke verringert.

Die vorliegende Auswahl soll allerdings nicht nur Rückblick auf bereits Vorgestelltes sein. Etwa ein Drittel unserer Texte, rund ein Dutzend Schriftsteller, werden dem deutschen Leser mit unbekannten Beiträgen oder aber zumindest als neue Autoren vorgestellt. Im Zentrum steht das Kapitel der *Suche nach den Wurzeln*, in dem Chinas ländliche Wirklichkeit die Literatur der ‹Stadtautoren für städtische Leser› zur Seite drängt. Diese *xungen*-Autoren waren auf der Suche nach der Bedeutung der altchinesischen Vergangenheit und nach der eigenen Identität heute. Gerade diese Gruppe der Suchenden ist in Deutschland noch zu wenig übersetzt worden, meine ich. Li Rui beschreibt die ländliche Situation mit einem geradezu störrischen Wahrheitswillen und in unerschöpflicher Themenvielfalt. Han Shaogong erstaunt durch eine bewunderswerte Wandlungsfähigkeit.

Zum erstenmal konnten wir die politische Rücksichtnahme der vergangenen Jahrzehnte im Umgang mit Kollegen aus der ehemaligen DDR aufgeben und einfach ohne weitere Hindernisse mit ihnen zusammenarbeiten. Professor Eva Müller von der Humboldt-Universität, mit der ich 1990 erstmals gemeinsam an einer Literaturkonferenz auf Taiwan teilnahm, ist für diese Anthologie vermittelnd tätig gewesen, ich freue mich über die Mitarbeit einer so kompetenten Übersetzerin wie Hannelore Salzmann und einer jüngeren Sinologin wie Cordula Gumbrecht. Mein Dank gilt schließlich Christiane Hammer, die in den letzten Jahren in unserer Presse die chinesische Literatur einem weiteren Leserkreis sachkundig vorgestellt hat, für kreative und präzise Mitarbeit. Ich habe gelernt aus Karla Hielschers Essays über die russische Literatur der Perestrojka-Periode und dazu von den Einsichten Timothy Garton Ashs über das «abgewählte Jahrhundert» profitiert.

H. M. Herbede, 5. 3. 1991

Anhang

Über die Autoren

BA JIN geb. 1904 in Chengdu, Provinz Sichuan; eigtl. Li Feigan. Sohn einer wohlhabenden Familie. Studium in Nanking (1923) und Paris (1927–29). Übersetzer von Gorki, Kropotkin und Herzen (Pseudonym in Anlehnung an BA-kunin und Kropot-KIN). Das Hauptwerk *Die Familie* (*Jia*, 1937), mit stark autobiographischer Beschreibung des Zerfalls einer traditionell geprägten Großfamilie, ist Teil einer Romantrilogie (*Frühling, Chun*, 1938; *Herbst, Qiu*, 1940). Die Erzählung ‹*Shading*› (1933) behandelt die Probleme der Bergarbeiter. Nach Gründung der VR im Jahre 1949 in den Diensten des neuen Regimes, während der KR als «Konterrevolutionär» verfolgt und erst 1978 rehabilitiert. Verkörperte in der Reformperiode als Vorsitzender des Schriftstellerverbandes wie Shen Congwen die Republikliteratur. Verfasser der von Alexander Herzen inspirierten autobiographischen *Gedanken unter der Zeit*.

BAI XIANYONG geb. 1937 in Guilin, Provinz Guangxi. Sohn eines prominenten KMT-Generals, kam Anfang der fünfziger Jahre nach Taiwan. Studium der englischen und amerikanischen Literatur, seit 1960 Herausgeber der westliche Vorbilder propagierenden Zeitschrift *Modern Literature* (*Xiandai wenxue*) und Veröffentlichung eigener Erzählungen (Sammlungen *Taipeimenschen* 1971, *Einsam mit Siebzehn* 1976; Homosexuellenroman *Der verlorene Sohn*, mit autobiographischen Zügen). Teilnahme am International Writers Program an der University of Iowa, Professur an der University of California in Santa Barbara. Von den USA aus ständige Präsenz in Hongkong und auf Taiwan, auch Besuche der VR.

BEI DAO geb. 1949 in Peking; eigtl. Zhao Zhenkai. Pseudonym: «nördliche Insel». Während der KR Rotgardist und 1970 von der Mittelschule weg als «Jugendlicher mit Schulbildung» zur Arbeit in die Provinz Hebei verschickt, wo erste Gedichte entstanden und 1974 eine Erstfassung des Romans *Gezeiten* (*Bodong*), die der Autor unter Lebensgefahr heimlich zirkulieren ließ. Während des «Pekinger Frühlings» 1979/80 Herausgeber der Untergrundzeitschrift *Today* (*Jintian*), einem Forum vor allem für die «obskure Lyrik» (*menglongshi*) der desillusionierten jungen Generation. Seit 1985 Mitglied des Schriftstellerverbandes und Redakteur einer Zeitschrift, Teilnahme am Horizonte-Festival 1985 in Berlin, visiting fellow der University of Durham 1987/88. Im Februar 1989 Initiator eines offenen Briefes von 33 Intellektuellen an Deng Xiaoping mit der Forderung nach Freilassung des seit 1979 inhaftierten Dissidenten Wei Jingsheng. Kehrte von einem DAAD-Stipendium in Berlin nach dem Pekinger Massaker nicht mehr in die VR zurück. Lebt jetzt in Dänemark und ließ 1990 *Today* als Emigrantenzeitschrift wiederaufleben.

BO YANG geb. 1920 in Kaifeng, Provinz Henan; eigtl. Guo Yitong. Schriftsteller, Journalist und Mitherausgeber einer Tageszeitung auf Taiwan, während der fünfziger und sechziger Jahre auch kulturkritischer Kolumnist. 1968 von der KMT-Regierung wegen «staatsfeindlicher Hetze» für fast zehn Jahre ins Gefängnis gebracht. Seit seiner Freilassung zahlreiche Auslandsaufenthalte und ein verunglückter Besuch in der VR. Herausgebertätigkeit und Übersetzung eines klassischen Geschichtswerkes ins moderne Chinesisch, Autor eines Buches über die Wiederbegegnung mit dem Festland.

CAN XUE geb. 1957 in Changsha, Provinz Hunan; eigtl. Deng Xiaohua. Pseudonym: «Schneeflecken». Verfasserin zahlreicher absurder Kurzgeschichten und eines Romans über die Brutalität und Häßlichkeit der VR-Gesellschaft. Nach wie vor Arbeit als selbständige Schneiderin in Changsha, Einzelgängerin mit Distanz zu den offiziösen Schriftstellerkreisen, denen sie mit kaum verhüllter Herablassung und dürrem Spott über die Blüten des «sozialistischen Realismus» begegnet. 1990 nach einem Zwischenaufenthalt in Japan mißglückte Ausreise in die USA und unwillige Rückkehr in die VR.

CHEN RUOXI geb. 1938 in Taipei/Taiwan. Studium der Anglistik und Literaturwissenschaft in Taipei, 1962–65 an der Johns-Hopkins-Universität. Zog 1966 mit ihrer Familie in die VR der Kulturrevolution, wo sie unter schwierigsten Bedingungen vier Jahre an der Nanking-Universität Englisch unterrichtete. 1972 Ausreise und Verarbeitung ihrer Eindrücke u. a. in dem Erzählband *Die Exekution des Landrats Yin*, der ihr 1978 den internationalen Durchbruch brachte. Während der achtziger Jahre zahlreiche Reisen in die VR als Kulturmittlerin zwischen Taiwan und dem Festland, 1990 Herausgabe der US-Emigrantenzeitschrift *Square*. Lebt in Berkeley/Kalifornien.

DUO DUO geb. 1951 in Peking; eigtl. Li Shizheng. Einer der bekannteren modernen Lyriker neben Bei Dao, Shu Ting, Gu Cheng, Mang Ke und Yang Lian. Mitglied im oppositionellen «Club der überlebenden Dichter». Arbeit als Journalist, Augenzeuge des Massakers auf dem Platz des Himmlischen Friedens. Lebt seit seiner Flucht in Großbritannien, 1989 im Exil mit dem *Jintian*-Literaturpreis ausgezeichnet.

FENG JICAI geb. 1942 in Tianjin. Nach dem Abitur bis zu einer Verletzung Basketballer, auch begabter Maler, Kalligraph und Karikaturist. Verarbeitete die Perversionen des chinesischen Sozialismus während der KR in dem Kurzroman *Ach!* und in zahlreichen, oft moralisierenden Erzählungen. Vorstandsmitglied des nationalen Schriftstellerverbandes und Funktionär einer der gleichgeschalteten kleineren Parteien. Auslandsreisen u. a. nach England (1982) und Deutschland (zuletzt 1990).

GU HUA geb. 1942 in der Provinz Hunan. Besuch einer landwirtschaftlichen Schule und 1961–75 Arbeit auf dem Lande. Daneben Unterricht an einer Volksabendschule und schriftstellerische Tätigkeit. Durchbruch mit dem Roman *Die Stadt Hibiskus* (*Furongzhen*), 1982 Auszeichnung mit dem Mao-Dun-Literaturpreis, Auslandsaufenthalte 1985/86. Schon vor dem Juni 1989 nach Kanada übersiedelt, äußert er sich, bisweilen auch unter Pseudonym, zu wichtigen Fragen der chinesischen Kultur und Politik.

HAN SHAOGONG geb. 1953 in Changsha, Provinz Hunan. Als Rotgardist jahrelang auf dem Lande, 1978–82 Literaturstudium. Nach erfolgreichen Kurzgeschichten 1979 Aufnahme in den Schriftstellerverband, danach Tätigkeit als Redakteur und Journalist. In seinen Erzählungen knüpft er an die Heimat-Literatur (*xiangtu wenxue*) der Republikzeit an, überzeugt, daß eine Erneuerung Chinas nur von den «reinen

Kräften» der ländlichen Bevölkerung und der Volkskunde her möglich sein werde. Beeinflußt vom «magischen Realismus» eines García Márquez, auch als Übersetzer von Kunderas *Die unerträgliche Leichtigkeit des Seins* hervorgetreten. Mit der Zeitschrift *Hainan Report* seit 1988 Kampf für mehr Pressefreiheit auf der Insel Hainan, einer zur Provinz erhobenen Wirtschaftssonderzone. Nach dem Massaker 1989 erzwungener Rückzug in die Unterhaltungsliteratur, dann Schreibverbot und 1991 Aufenthalt in Paris.

JIANG ZILONG geb. 1941 in Tianjin. Marinekader, später Fabrikdirektor, was ihm zu von der Regierung begrüßten Themen verhalf: als Chronist der turbulenten Industriereformen. Angesichts gravierender Probleme bei diesen Reformen Mitte der achtziger Jahre zunehmende Stille um Jiang und seine immer positiven, hemdsärmeligen Reformerpersönlichkeiten.

LI ANG geb. 1952 in Lugang/Taiwan; eigtl. Shi Shuduan. Studium der Philosophie in Taipei und der Theaterwissenschaften in den USA, Professorin für Theater an der Kultur-Universität in Taipei. Seit ihrem dreizehnten Lebensjahr Verfasserin von Kurzgeschichten, Erzählungen, Romanen und Reportagen, die vor dem Hintergrund des traditionell-konfuzianischen Puritanismus immer wieder sexuelle Tabus durchbrechen (Roman *Gattenmord*, 1983). Ein weiterer Schwerpunkt ihres literarischen Schaffens sind die Probleme der taiwanesischen Übergangsgesellschaft zwischen Stadt und Land, zwischen traditionellen und westlichen Werten.

LI RUI geb. 1959 in Peking. Während der KR in die Provinz Shanxi aufs Land verschickt, als Stahlarbeiter beschäftigt, danach Fernstudium der chinesischen Literatur. Herausgeber der Provinzzeitschrift *Shanxi Literatur* und Autor zweier Sammlungen von präzise formulierten Kurzgeschichten, in denen ihm überzeugende Bilder der ländlichen Wirklichkeit gelingen.

LIU BINYAN geb. 1925 in Changchun, Provinz Jilin. Bedeutendster Vertreter der Reportageliteratur (*baogao wenxue*), wegen der authentischen Erzählungen *‹Brückenbau›* und *‹Interne Nachrichten aus unserer Zeitung›* 1957 neben Wang Meng prominentestes Opfer der «Anti-Rechts-Kampagne» im Anschluß an den kurzen Kulturfrühling der «Hundert-Blumen-Bewegung». Parteiausschluß, fünf Jahre Zwangsarbeit, zwölf Jahre Lager. Nach seiner Rehabilitierung 1979 Sonderkorrespondent des KP-Organs *Volkszeitung* (*Renmin ribao*) und Verfasser kritischer, Deng Xiaopings Reformkurs loyal begleitender Enthüllungsreportagen (*‹Unter Menschen und Dämonen›, ‹Ein Mann und sein Schatten›, ‹Der fünfte Mann im Mantel›*). Nach den Studentenunruhen von 1987 zusammen mit dem Astrophysiker Fang Lizhi und dem Literaten Wang Ruowang wegen Unbotmäßigkeit und «bürgerlichem Liberalismus» erneut aus der KP ausgeschlossen. Seit 1988 in den USA (Gastprofessur in Harvard und Princeton), Exilautor. Mehrere Besuche in Deutschland, zuletzt 1990.

LIU XINWU geb. 1942 in Chengdu, Provinz Sichuan. 1961–77 Lehrer in Peking, begann nebenher mit Erzählungen sowie kulturpolitischen und sozialkritischen Essays. Redakteur der Zeitschrift *Oktober*, als Protegé von Wang Meng dessen Nachfolger als Herausgeber der offiziösen Literaturzeitschrift *Volksliteratur* (*Renmin wenxue*). Wegen der Veröffentlichung von Ma Jians Erzählung *‹Die Himmelsbestattung›* bereits 1987 in der Redaktion entmachtet, verzichtete Liu 1989 auf eine Flucht von Kanton aus. Seither bevorzugtes Ziel für Attacken und Intrigen, Verlust aller Ämter.

LU YANZHOU geb. 1928 in der Provinz Anhui. 1948 Propagandist der revolutionären Truppen, seit 1950 Schriftsteller. Behandelt in seinen dem sozialistischen Realismus verpflichteten Erzählungen Probleme aus der Geschichte der Volksrepublik und der KP Chinas, erhielt Schreibverbot während der KR. Herausgeber und Redakteur der Zeitschrift *Qingming*, Autor des Romans *Die wunderbare Geschichte des Himmel-Wolken-Berges* (1982), einer Parabel über die Verhinderung von Gerechtigkeit in der Gesellschaft und die fortbestehende Verunsicherung des Individuums. 1988 Kurzbesuch in Hamburg.

MA JIAN geb. 1953 in Qingdao, Provinz Shandong. Mitglied der Vereinigung chinesischer Fotografen, Verfasser von Essays, Geschichten sowie eines Romans. Ergänzte die Suche nach den wahren Quellen des chinesischen Wesens durch ausgedehnte Expeditionen in die Weiten der VR, besonders nach Sinkiang und Tibet. Diese rastlose Reiselust, gepaart mit einer religiösen Sehnsucht, die ihn zu einem fast asketischen Lebensstil und Phasen reinsten Eremitentums führte, hat Ma seit 1985 auf die Diskriminierung der Tibeter aufmerksam werden lassen und seine schriftstellerische Arbeit beeinflußt. Pendelt seit dem Skandal um die Erzählung ‹*Die Himmelsbestattung*› zwischen der VR und Hongkong, wo er 1990 für kurze Zeit Herausgeber einer literarischen Exilzeitschrift für die jüngere Generation chinesischer Autoren war und einen Fotoband über seine Reisen veröffentlichte.

SANG YE geb. 1955 in Peking; eigtl. Shen Dajun. Während der KR nicht zum Studium zugelassen, 1977 Besuch einer Fachhochschule in Hongkong. Autor von Reportageliteratur (u. a. *Pekingmenschen*, zusammen mit Zhang Xinxin), Pekinger Korrespondent für Hongkonger Zeitungen und die *China Daily News* in New York.

SU XIAOKANG geb. 1949 in Chengdu, Provinz Sichuan. Journalist und Verfasser engagierter Reportagen, Dozent an der Rundfunkhochschule in Peking. Hauptautor der zivilisationskritischen Fernsehserie *Elegie auf den Gelben Fluß*. Aktivist der Demokratiebewegung im Frühjahr 1989, Mitunterzeichner des von Bei Dao initiierten «Offenen Briefes» an Deng Xiaoping sowie anderer Manifeste. Nach seiner Flucht Gründungsmitglied der Exil-Föderation für Demokratie in China (FDC) in Paris, dort Herausgeber der Zeitschrift *Demokratisches China*.

WANG ANYI geb. 1954 in Nanking, Provinz Jiangsu. Tochter der Armeeschriftstellerin Ru Zhijuan. Während der KR 1970 in die Provinz Anhui verschickt. Schreibt seit ihrer Rückkehr 1976 nach Shanghai Erzählungen, die sich mit den Erfahrungen ihrer Generation sowie mit den Tabus von Sexualität und Liebe beschäftigen. Dynamische Entwicklung ihres Stils durch die Übernahme moderner Schreibtechniken und eine betonte Einbeziehung psychologischer Detailbeobachtungen. Redakteurin einer Shanghaier Literaturzeitschrift, Teilnahme am International Writers Program in Iowa und mehrere Besuche in Deutschland (u. a. Horizonte-Festival).

WANG MENG geb. 1934 in Peking. Arbeit in der Jugendliga, Politologiestudium. Wegen seiner während der «Hundert-Blumen-Bewegung» verfaßten kritischen Erzählung ‹*Der Neuling in der Organisationsabteilung*› 1957 neben Liu Binyan prominentestes Opfer der «Anti-Rechts-Kampagne». Parteiausschluß, 1958–62 Arbeitseinsatz in Peking, 1963–79 «Umerziehung» in der Provinz Sinkiang. Nach seiner Rehabilitierung Wiederaufnahme der schriftstellerischen Arbeit, zuweilen mokante Betrachtungen über opportunistische Machenschaften und intellektuelle Entgleisungen der chinesischen Gegenwartsgesellschaft. Zahlreiche Auslandsreisen (USA, Deutschland: Horizonte-Festival), 1983 Chefredakteur der offiziösen Zeitschrift *Volksliteratur* (*Renmin wenxue*). Ab 1986 Kulturminister, nach dem Massaker 1989 seines Postens enthoben. Ausweichen in eine Studie über den klassischen Roman.

WANG RUOWANG geb. 1918 in der Provinz Jiangsu. Während der dreißiger Jahre als Kommunist von der KMT inhaftiert, 1957 als «Rechtes Element» von der KP deklassiert, saß der Essayist und Reportageautor während der Kulturrevolution wieder im Gefängnis. Rehabilitierung 1979, danach Redakteur der Zeitschrift *Shanghai-Literatur*. Aufgrund seiner unerschrockenen Kritik an Mißständen in der KP 1987 zusammen mit Liu Binyan und Fang Lizhi wegen «bürgerlichem Liberalismus» aus der Partei ausgeschlossen. Zuletzt 1989 wegen seiner in einem offenen Brief vor dem Einsatz der Panzer ausgesprochenen Mahnung, Deng Xiaoping stehe am Scheidewege, nach dem Massaker sistiert. Erst ein Jahr später ohne Gerichtsverhandlung wieder auf freien Fuß gesetzt.

WANG ZENGQI geb. 1920 in der Provinz Jiangsu. Begann 1940 mit dem Schreiben und hat sich als Maler und Kalligraph einen natürlichen Zugang zu Chinas alter Kultur bewahrt, wodurch er dem Amateur-Ideal der traditionellen Literati (*wenren*) verbunden blieb. Wang ist Schüler von Shen Congwen, dem großen epischen Erzähler während der Republikzeit aus dem ländlichen Grenzgebiet West-Hunan. Gilt als Meister kurzer Erzählungen und Essays. Während der KR Redaktion der Modellopern von Maos Gattin Jiang Qing.

WU JINFA geb. 1954 in Meinong/Südtaiwan. Journalist, Verfasser von Essays und einprägsam-symbolischen Erzählungen über die Identitätskrise der Taiwanesen, die hin und her gerissen sind zwischen der Loyalität für die chinesische Kultur des Festlands, einer Haßliebe zur japanischen Zivilisation ihrer ehemaligen Kolonialherren und dem Wunsch nach Eigenständigkeit am Ende von Jahrzehnten der Fremdbestimmung. Herausgeber literarischer Werke der vernachlässigten Minderheit der taiwanesischen Bergstämme.

YANG JIANG geb. 1911 in Wuxi, Provinz Jiangsu. Ehefrau von Chinas letztem Universalgelehrten Qian Zhongshu (Roman *Die umzingelte Festung*). In den vierziger Jahren als Bühnenautorin bekanntgeworden, legte die bescheidene Yang, nach feinen autobiographischen Prosaskizzen aus ihrer Heimatstadt, 1988 den Roman *Wäsche* über die Beugung der chinesischen Intellektuellen in der Folge der kommunistischen Machtübernahme vor. Für ihre Übersetzung des *Don Quixote* vom spanischen König ausgezeichnet.

YU LUOJIN geb. 1946 in Peking. Besuch einer Kunstgewerbeschule. Keine Möglichkeit zur Weiterbildung, da die Eltern 1957 zu «Rechten Elementen» erklärt wurden. 1966–69 zur «Umerziehung» aufs Land verschickt. Tief beeinflußt von ihrem älteren Bruder Yu Luoke, der 1970 standrechtlich erschossen wurde, weil er sich in Artikeln gegen die Sippenhaftung ausgesprochen hatte. Nach dem autobiographischen Roman *Ein Wintermärchen* (1980) als Autorin wieder verstummt. Wegen ihrer Scheidungen in der VR zur Skandalfigur gemacht, ersuchte Yu bei der Vorstellung des Buches um politisches Asyl in Deutschland, wo sie seither lebt.

ZHANG JIE geb. 1937 in Peking, aufgewachsen in Hongkong und in der Provinz Shanxi. 1956–60 Studium der Planungswissenschaft und Tätigkeit im Nationalbüro für Maschinenausrüstung. Seit 1978 Drehbuchautorin und Verfasserin teils preisgekrönter, teils kritisierter Erzählungen (*Vergiß die Liebe nicht*). 1981 bekanntgeworden mit dem Roman *Schwere Flügel* über die Turbulenzen des Reformprozesses in Ministerien, Betrieben, unter den Arbeitern und im Privatleben. Interesse an der Psychologie der neu aufbrechenden Wertekonflikte, die sie genau beobachtet und lakonisch benennt, und an der Situation der Frauen in China (Roman *Die Arche*, 1983). Zhang lehnt allerdings, wohl aus politischer Rücksichtnahme, für sich die Bezeichnung «Feministin» ab.

ZHANG XIANLIANG geb. 1936 in Nanking, Provinz Jiangsu. Nach Abschluß der Mittelschule 1955 als Lehrer an der Kaderschule der Provinz Gansu. Wegen der Veröffentlichung des Gedichts *‹Das Lied vom Großen Wind›* 1957 als «Rechtsabweichler» abgestempelt und zur «Umerziehung» auf eine Farm in die Provinz Ningxia verbannt, zeitweise auch inhaftiert. Nach seiner Rehabilitierung 1979 Redakteur der Zeitschrift *Shoufang* und Publikation zahlreicher – meist marxistisch abgesicherter – Novellen und Romane, die die psychische und sexuelle Frustration der vergessenen und entrechteten Regime-Opfer in Arbeitslagern und Gefängnissen behandeln. Nach 1989 heftig attackiert.

ZHANG XINXIN geb. 1953 in Nanking, Provinz Jiangsu, aus einer Offiziersfamilie. 1969 in die Provinz Heilongjiang (Mandschurei) verschickt, 1973 als Sanitäterin bei der Armee. 1979 Zulassung zum Studium an der Zentralen Hochschule für Schauspiel und Theater, nach politischen Behinderungen Dramaturgin am Zentralen Theaterinstitut in Peking. Seit Anfang der achtziger Jahre Verfasserin thematisch auffallender Erzählungen und Kurzromane, 1984 zusammen mit Sang Ye durch die auch in zahlreiche Fremdsprachen übersetzte Reportage-Sammlung *Pekingmenschen* bekanntgeworden. Aufenthalt an der Cornell University. Lebt seit dem Massaker in den USA, 1990 Fertigstellung eines historischen Romans über das Gründungsjahr der Volksrepublik 1949.

ZHONG ACHENG geb. 1949 in Peking, Sohn des Filmkritikers Zhong Dianfei. Ging während der KR aufs Land, schlug sich nach seiner Rückkehr wie Bei Dao lange Zeit mühsam als fast Ausgestoßener und Sonderling durch, getreu seinem strengen Ideal, «für sich allein verantwortlich» und ganz auf sich selbst gestellt aus den Wurzeln des Volkes eine «Literatur ohne Verlogenheit» zu schaffen. Sein vom Taoismus inspirierter Kurzroman *‹Schachkönig›* (1985) sowie zwei Erzählungen wurden auf Taiwan ein überwältigender Erfolg, was der VR-Literatur der achtziger Jahre, die zuvor tabu gewesen war, zum Durchbruch verhalf. Seit 1987 intensive Reisen durch die USA, nun dort im Exil und, wie zuvor schon in der VR, sporadisch als Anstreicher und Gelegenheitsarbeiter tätig.

ZONG PU geb. 1928 in Peking, Tochter des 1990 im biblischen Alter verstorbenen Philosophen Feng Youlan. Professorin für englische und amerikanische Literatur an der Qinghua-Universität, Redakteurin der offiziellen *Zeitung für Literatur und Kunst*

(*Wenyibao*). Als eine der belesensten Autorinnen der älteren Generation während der KR verfolgt (Erzählung ‹*Traummelodie*›, 1980). Tätig am Literaturinstitut der Akademie für Sozialwissenschaften.

Bibliographie

1. Quellen

1.1 Nachweis der deutschen Übersetzungen und Übersetzer

*(für diesen Band gewählte Texttitel in Anführungszeichen; Erstübersetzungen mit *)*

Ba Jin, Über die Wahrheit, aus: Helmut Martin (Hg.), Ba Jin, Gedanken unter der Zeit (Übers. Sabine Peschel), Köln 1985, Eugen Diederichs Verlag, neue chinesische Bibliothek

Bai Xianyong, In einer Winternacht (Übers. Elke Junkers) in: Kuo Heng-yü (Hg.), Der Ewige Fluß. Chinesische Erzählungen aus Taiwan, München 1986, Saur-Verlag, Minerva Publikationen

Bei Dao, «Bittere Träume» aus: Helmut Martin (Hg.), Bei Dao, Gezeiten. Roman einer verlorenen Generation (Übers. Irmgard E. A. Wiesel), Frankfurt/M. 1990, S. Fischer Verlag

Bo Yang, «Häßliche Chinesen» (Übers. Jürgen Ritter) aus: Jürgen Ritter, Kulturkritik in Taiwan – Bo Yang (1920–), Bochum 1987, Brockmeyer Verlag, Chinathemen Bd. 30

* Can Xue, Im weiten Land (Übers. Wolf Baus) in: Hefte für Ostasiatische Literatur Nr. 8/1989

* Chen Ruoxi, Der Tunnel (Teilübers. Britta Lanzerath), deutsche Erstübersetzung

Duo Duo, «Künstliche Menschen» aus: Der Mann im Käfig (Übers. Bi He und La Mu/Pseudonyme), Freiburg/Br. 1990, Herder Verlag

Feng Jicai, «Nachtgetier» aus: Helmut Martin (Hg.), Feng Jicai, Ach! Ein Kurzroman (Übers. Dorothea Wippermann), Köln 1985, Eugen Diederichs Verlag, neue chinesische Bibliothek (H. M. Hg.)

* Gu Hua, «Der Soldat aus dem Norden» (Übers. Andreas Schlieker), deutsche Erstübersetzung

* Han Shaogong, Leere Stadt (Übers. Hannelore Salzmann)

Jiang Zilong, Auf der Suche nach der Kappe (Übers. Rupprecht Mayer) in: Helmut Martin u. a. (Hg.), Kleines Gerede. Satiren aus der Volksrepublik China, Köln 1985, Eugen Diederichs Verlag, neue chinesische Bibliothek

Li Ang, «Das Schlachthaus» aus: Helmut Martin (Hg.), Li Ang, Gattenmord (Übers. Udo Hoffmann und Chang Hsien-chen), Köln 1987, Eugen Diederichs Verlag, neue chinesische Bibliothek

* Li Rui, Trügerische Heirat (Übers. Marion Eggert)

* Liu Binyan, Warnung (Übers. Cordula Gumbrecht), deutsche Erstübersetzung

* Liu Xinwu, Im Aufzug (Übers. Kornelia Roßkothen)

Lu Yanzhou, «Ringen um Rehabilitierung» aus: Die wunderbare Geschichte des Himmel-Wolken-Berges (Übers. Eike Zschacke), Bornheim 1983, Lamuv Verlag

* Ma Jian, Die Himmelsbestattung (Übers. Wolf Baus) in: Hefte für Ostasiatische Literatur Nr. 6/1987

San Mugong, Die Sommerferien des kleinen Xing (Übers. Marianne Fronhofer) in: Helmut Martin u. a. (Hg.), Kleines Gerede. Satiren aus der Volksrepublik China, Köln 1985, Eugen Diederichs Verlag, neue chinesische Bibliothek

* Su Xiaokang, «Die blaue Kultur des Westens» (Red. Sabine Peschel) aus: Sabine Peschel (Hg.), Die Gelbe Kultur. Der Film «Heshang»: Traditionskritik in China, Bad Honnef 1991, Horlemann Verlag

Wang Anyi, «Als sei es nur ein Traum gewesen» aus: Liebe im Verwunschenen Tal, in: Wang Anyi, Kleine Lieben (Übers. Karin Hasselblatt), München 1988, Carl Hanser Verlag

Wang Meng, Gegenseitige Hilfe (Übers. Helmut Martin) in: Helmut Martin u. a. (Hg.), Kleines Gerede. Satiren aus der Volksrepublik China, Köln 1985, Eugen Diederichs Verlag, neue chinesische Bibliothek

– Die Auflösung der Abteilung für Haarspalterei (Übers. Helmut Martin) in: Inse Cornelssen u. a. (Hg.), Lauter Fürsprecher und andere Geschichten, Bochum 1989, Brockmeyer Verlag, Chinathemen Bd. 44

* Wang Ruowang, Der Unglückskanal (Übers. Andreas Donath)

* Wang Zengqi, Katzenjammer (Übers. Helmut Martin)

* Wu Jinfa, Schildkröten (Übers. Anke Pieper)

* Yang Jiang, Brunnenbau (Übers. Hannelore Salzmann), deutsche Erstübersetzung

Yu Luojin, «Die erste Nacht» aus: Ein Wintermärchen (Übers. Michael Nerlich), Bonn 1985, Engelhardt-Ng Verlag

Zhang Jie, «Das Ei in seiner ganzen Pracht» aus: Fangzhou – Die Arche (Übers. Nelly Ma und Michael Kahn-Ackermann), München 1985, Verlag Frauenoffensive

– «Im öffentlichen Bad» aus: Was fehlt ihm? in: Zhang Jie, Solange nichts passiert, geschieht auch nichts. Satiren (Übers. Michael Kahn-Ackermann), München 1987, Carl Hanser Verlag

Zhang Xianliang, «Zwiegespräch» aus: Die Hälfte des Mannes ist die Frau (Übers. Petra Retzlaff), Frankfurt/M. 1989, Limes

Zhang Xinxin/Sang Ye, Der Popcorn-Junge (Übers. Heidrun Schulz) aus: Helmut Martin (Hg.), Zhang Xinxin/Sang Ye, Pekingmenschen, Köln 1986, Eugen Diederichs Verlag, neue chinesische Bibliothek

* Zhong Acheng, «Das Tao des Schachs» (Teilübers. Katharina Wenzel-Teuber); deutsche Erstübersetzung

* Zong Pu, Wer bin ich? (Übers. Kai Portmann)

Die Herausgeber und der Verlag danken allen Rechteinhabern für die Abdruckgenehmigungen.

1.2. Nachweis der chinesischen Quellen

Ba Jin, suixianglu, Hongkong 1979 und Folgebände; Bai Xianyong, dongye, taibei ren, Taipei 1971; Bei Dao, bodong, Hongkong 1985; Bo Yang, choulou de zhongguoren, Taipei 1985; Can Xue, kuangyeli, shanghai wenxue 8/1986; Chen Ruoxi, didao, laoren, Taipei 1978; Duo Duo, chin. Manuskriptfassung 1990; Feng Jicai, a!, Tianjin 1980; Gu Hua, furongzhen, Peking 1981; Han Shaogong, kongcheng, Taipei 1988; Jiang Zilong, weixing xiaoshuo xuan, o. O. 1983/84; Li Ang, shafu, Taipei 1983; Li Rui, jiahun, shanghai wenxue 11/1986; Liu Binyan, jinggao, zhongguo xinxieshi zhuyi wenyi pinglun xuan, Liu Binyan, ji qi zuopin, Hongkong 1980; Liu Xinwu, diantizhong, wenhui zengkan 7/1980; Lu Yanzhou, tianyunshan chuanqi, Tianjin 1980; Ma Jian, liangchu nide shetai huo kongkongdangdang, Taipei 1988; San Mugong, weixing xiaoshuo xuan, Shanghai 1982; Su Xiaokang, heshang, Peking 1988; Wang Anyi, jinxiugu zhi lian, zhongshan 1/1987; Wang Meng, 2 Minis, huacheng 1, o. O. 1981, und weixing xiaoshuo xuan, Shanghai 1982; Wang Ruowang, Manuskript, vgl. Wang Ruowang, xuanji, Hongkong 1987; Wang Zengqi, nüemao, zhuyuji, Taipei 1988; Wu Jinfa, wuguizu, lianhe wenxue 3/1987; Yang Jiang, ganxiao liuji, Hongkong 1981; Yu Luojin, dongtian di tonghua, Hongkong 1983; Zhang Jie, fangzhou, Peking 1983; Zhang Jie, ta you shenmo bing, zhongshan 4/1986, Zhang Xianliang, nanrende yiban shi nüren, shouhuo 5/1985; Zhang Xinxin/Sang Ye, fang dilei di xiao nanhaizi, shanghai wenxue 7/1985; Zhong Acheng, qiwang, Taipei 1986; Zong Pu, wo shi shui, changchun 12/1979.

2. Bibliographie deutscher und englischer Übersetzungen ausgewählter chinesischer Autoren des 20. Jahrhunderts

Diese Auswahlbibliographie basiert auf dem Anhang der Studie Helmut Martin et al. (ed.), Self-portrayals of Contemporary Chinese Writers, Armonk/New York 1991 (erscheint in dt. Fassung direkt a. d. Chin. als «Bittere Träume», Bonn 1991; s. u.). Sie führt exemplarisch einige wenige Dramen- und Lyrikbände, Sammlungen erzählender Literatur aus Taiwan sowie in deutscher Übersetzung vorliegende Werke namhafter Autoren der späten Qing- und der Republikzeit vor 1949 auf. Hauptsächlich jedoch ist chronologisch chinesische Prosa seit Ende der siebziger Jahre erfaßt, die in Buchform auf deutsch publiziert wurde. Hinzu kommen wichtige englischsprachige Sammel- und Auswahlbände. Sofern von einzelnen Autoren keine Buchveröffentlichungen in deutscher Sprache vorliegen, wurden in Periodika erschienene Übersetzungen berücksichtigt. Gibt es von einem Autor bisher keine Texte in deutscher Sprache, wurden Titel in englischer Sprache aufgeführt.

2.1. Sammelbände

Bernd Eberstein (Hg.), Moderne chinesische Stücke, Frankfurt/M. 1980

Wolfgang M. Schwiedrzik (Hg.), Kulturfrühling in China? Gespräche mit chinesischen Schriftstellern, Köln 1980

Volker Klöpsch/Roderich Ptak (Hg.), Hoffnung auf Frühling. Moderne chinesische Erzählungen 1919–1949, Frankfurt/M. 1980

Wolfgang Kubin (Hg.), Hundert Blumen. Chinesische Erzählungen 1949–1979, Frankfurt/M. 1980
Andreas Donath (Hg.), Die Drachenschnur. Erzählungen aus dem chinesischen Alltag, Neuwied/Darmstadt 1981
Jochen Noth (Hg.), Der Jadefelsen. Chinesische Kurzgeschichten 1977–79, Frankfurt/M. 1981
Seven Contemporary Women Writers, Peking 1982
Helmut Martin/Charlotte Dunsing/Wolf Baus (Hg.), Blick übers Meer. Chinesische Erzählungen aus Taiwan, Frankfurt/M. 1982
Perry Link (ed.), Stubborn Weeds. Popular and Controversial Chinese Literature after the Cultural Revolution, Bloomington 1983
Rudolf G. Wagner (Hg. und Übers.), Literatur und Politik in der Volksrepublik China. Erzählungen, Frankfurt/M. 1983
Ye Yonglie/Charlotte Dunsing (Hg.), SF aus China. Kurzgeschichten, München 1984
Irmtraut Fessen-Henjes/Fritz Gruner/Eva Müller (Hg.), Erkundungen. 16 chinesische Erzähler, Berlin (Ost) 1984; auch als: Ein Fest am Dashan. Chinesische Erzählungen, München 1988 (Knaur)
Michael S. Duke (ed.), Contemporary Chinese Literature. An Anthology of Post-Mao Fiction and Poetry, Armonk/New York 1985
Helmut Martin/Karl-Heinz Pohl (Hg.), Schwarze Augen suchen nach dem Licht. Chinesische Schriftsteller der 80er Jahre; Sonderheft Akzente, Zeitschrift für Literatur, 2/1985
Helmut Martin/Charlotte Dunsing (Hg.), Wang Meng u. a., Kleines Gerede. Satiren aus der Volksrepublik China, Köln 1985, neue chinesische Bibliothek
Helmuth F. Braun/Ruth Keen (Hg.), Horizonte '85: Von Rinderteufeln und Schlangengeistern. Chinesische Literatur, Kunst und politische Kultur im Spektrum des 20. Jahrhunderts; Die Horen, Zeitschrift für Literatur, Kunst und Kritik, Bd. 138/1985
Eike Zschacke (Hg. und Übers.), Das Weinen in der kalten Nacht. Zeitgenössische Erzählungen aus China, Bornheim 1985
Wolfgang Kubin (Hg. und Übers.), Nachrichten von der Hauptstadt der Sonne. Moderne chinesische Lyrik 1919–1984, Frankfurt/M. 1985
Geremie Barmé/John Minford (ed.), Seeds of Fire. Chinese Voices of Conscience, Hongkong 1986
Kuo Heng-yü (Hg.), Der ewige Fluß. Chinesische Erzählungen aus Taiwan, München 1986
Helmut Hetzel (Hg.), Frauen in China. Erzählungen, München 1986; Zweitübers. a. d. Engl.: Seven Contemporary Women Writers, Peking 1982
Nienling Liu (ed.), The Rose Colored Dinner. New Works by Chinese Women Writers, Hongkong 1988
Konrad Wegmann/Guan Huiwen (Hg.), Nach den Wirren. Erzählungen und Gedichte aus der Volksrepublik China nach der Kulturrevolution, Dortmund 1988
Li Jun (ed.), 100 Glimpses into China. Short Short Stories from China, Peking 1989
Helmuth F. Braun/Wolfgang Kubin/Kurt Morawietz (Hg.), Wilde Lilien. Chine-

sische Literatur im Umbruch; Die Horen, Zeitschrift für Literatur, Kunst und Kritik, Bd. 155 und 156/1989
Ernst Schwarz (Hg.), Das gesprengte Grab. Erzählungen aus China, Berlin (Ost) 1989
Jeanne Tai (ed.), Spring Bamboo, New York 1989, Einf. Bette Bao Lord und Leo Ou-fan Lee
Michael S. Duke (ed.), Children of the Dragon, Armonk, New York 1990
Andrea Wörle (Hg.), Chinesische Erzählungen, München 1990
Andreas Donath (Hg.), China erzählt, Frankfurt/M. 1990
Helmut Martin (Hg.), Bittere Träume. Selbstportraits chinesischer Gegenwartsautoren, Bonn 1991 (im Druck)
Renditions Nos. 35/36, Sonderheft Contemporary Taiwan Literature, Hongkong 11/1991

2.2 Einzelne Autoren

Ai Bei: Howard Goldblatt (ed.), Red Ivy, Green Earth Mother. Stories by Ai Bei, Salt Lake City 1990
Ai Qing, Auf der Waage der Zeit. Gedichte (Übers. Manfred und Shuxin Reichardt), Berlin (Ost) 1988
Ai Wu: Eva Müller (Hg.), Ai Wu, Der Tempel in der Schlucht und andere Erzählungen, Berlin (Ost)/München 1989
Ba Jin, Die Familie. Roman (Übers. Florian Reissinger), Berlin 1980/Frankfurt/M. 1983
– Kalte Nächte. Roman (Übers. Sabine Peschel und Barbara Spielmann), Frankfurt/M. 1981
– Shading. Erzählung (Übers. Helmut Forster-Latsch, Marie-Luise Latsch und Zhao Zhenquan), Frankfurt/M. 1985
– Helmut Martin (Hg.), Ba Jin, Gedanken unter der Zeit (Übers. Sabine Peschel), Köln 1985, neue chinesische Bibliothek
Bai Hua, Bittere Liebe. Filmskript (Teilübers. Lutz Bieg) in: Eva Klapproth/Helmut Forster-Latsch/Marie-Luise Latsch (Hg.), Das Gespenst des Humanismus. Oppositionelle Texte aus China von 1979 bis 1987, Frankfurt/M. 1987
Bai Xianyong, Einsam mit Siebzehn. Erzählungen (Übers. Wolf Baus und Susanne Ettl), Köln 1986, neue chinesische Bibliothek (H. M. Hg.)
Bei Dao (Shi Mo), Die Heimkehr des Fremden. Erzählung (Übers. Barbara Spielmann) in: Kubin (Hg.), Hundert Blumen, Frankfurt/M. 1980
– In den Ruinen (Übers. Almuth Richter und Irmgard E. A. Wiesel) in: Die Horen, Bd. 138/1985
– Helmut Martin (Hg.), Bei Dao, Gezeiten. Roman einer verlorenen Generation (Übers. Irmgard E. A. Wiesel), Frankfurt/M. 1990
– Notizen vom Sonnenstaat. Gedichte (Übers. Wolfgang Kubin), München 1991
Bo Yang, Der häßliche Chinese in: Jürgen Ritter, Kulturkritik in Taiwan – Bo Yang (1920–), Bochum 1987, Chinathemen Bd. 30 (H. M. Hg.)
– Secrets. A Collection of Short Stories by Bo Yang, Hongkong 1985
– A Farewell. A Collection of Short Stories, Hongkong 1988

Can Xue, In jener Welt. Kurzgeschichte (Übers. Wolf Baus) in: Donath (Hg.), China erzählt, Frankfurt/M. 1990
Chen Jo-hsi (Chen Ruoxi), Die Exekution des Landrats Yin und andere Stories aus der Kulturrevolution (Zweitübers. a. d. Engl.), Hamburg 1979
– The Old Man and other Stories, Hongkong 1986
Chen Yingzhen: Lucien Miller (ed.), Exiles at Home. Stories by Chen Yingzhen, Ann Arbor 1986
– Wolken. Erzählung in: Anke Pieper, Der taiwanesische Autor Chen Yingzhen, Bochum 1987, Chinathemen Bd. 29 (H. M. Hg.)
Dai Houying, Die Große Mauer. Roman (Übers. Monika Bessert und Renate Stephan-Bahle), München 1987/1990 (dtv)
Deng Youmei, Phönixkinder und Drachenenkel. Bilder aus dem alten Peking (Übers. Ulrich Kautz), Berlin (Ost) 1990
Ding Ling, Das Tagebuch der Sophia, Frankfurt/M. 1980
– Hirsekorn im blauen Meer. Erzählungen (Übers. Yang Enlin und Konrad Herrmann), Leipzig/Köln 1987
– Jahreszeiten einer Frau. Roman (Übers. Michaela Herrmann), Freiburg/Br. 1991
Duo Duo, Der Mann im Käfig. China, wie es wirklich ist (Übers. Bi He und La Mu/Pseudonyme), Freiburg/Br. 1990
Feng Jicai: Helmut Martin (Hg.), Feng Jicai, Ach! Ein Kurzroman (Übers. Dorothea Wippermann), Köln 1985, neue chinesische Bibliothek Berlin (Ost) 1989
– Das Fenster zur Straße. Erzählung (Übers. Heidrun Schulz) in: Wegmann (Hg.), Nach den Wirren, Dortmund 1988
– Kerzenlicht. Kurzgeschichte (Übers. Heidrun Schulz), ebd.
Gao Xiaosheng, Geschichten von Chen Huangsheng (Übers. Eike Zschacke), Göttingen 1988
Gao Xingjian, Die Busstation. Eine lyrische Komödie aus der VR China, Bochum 1988, Chinathemen Bd. 34 (H. M. Hg.)
– Die Wilden. Theaterstück (Übers. Monica Basting) in: Monica Basting, Yeren – Tradition und Avantgarde in Gao Xingjians Theaterstück «Die Wilden» (1985), Bochum 1988, Chinathemen Bd. 36 (H. M. Hg.)
Gu Hua, A Small Town Called Hibiscus, Peking 1983; Zweitübers. a. d. Engl.: Hibiskus oder Vom Wandel der Beständigkeit, Berlin (Ost) 1986
– Pagoda Ridge and Other Stories, Peking 1985
Guo Moruo, Kindheit, Jugend (Übers. Ingo Schäfer), Frankfurt/M. 1981, 1985.
Han Shaogong, Papapa. Kurzgeschichte (Übers. Karin Hasselblatt) in: Drachenboot Nr. 1/1987
Hwang Chun-ming (Huang Chunming), The Drowning of an Old Cat And Other Stories, Bloomington 1980
– Bittere Äpfel in: Isa Grüber, Moderne Zeiten – chinesische Literatur aus Taiwan: Huang Chunmings Erzählungen 1967–77, Bochum 1987, Chinathemen Bd. 28 (H. M. Hg.)
Huang Fan, Eine Regennacht. Erzählung (Übers. Renate Krieg) in: Kuo (Hg.), Der ewige Fluß, München 1986

Jiang Zilong, All the Colours of the Rainbow, Peking 1983
Lao She: Volker Klöpsch (Hg.), Lao She, Das Teehaus. Schauspiel (Übers. Volker Klöpsch u. a.), Reinbek 1980
– Volker Klöpsch (Hg.), Lao She, Zwischen Traum und Wirklichkeit. Erzählungen, Frankfurt/M. 1981/Berlin (Ost) 1990
– Kuo Heng-yü (Hg.), Lao She, Blick westwärts nach Changan. Drama, München 1983
– Die Blütenträume des Lao Li. Roman (Übers. Irmtraut Fessen-Henjes), Berlin (Ost) 1984
– Die Stadt der Katzen. Phantastischer Roman (Übers. Volker Klöpsch), Frankfurt/M. 1985
– Lao She, Rikschakuli. Roman (Übers. Florian Reissinger), Frankfurt/M. 1987
– Eine Erbschaft in London. Roman (Übers. Irmtraut Fessen-Henjes), Berlin (Ost) 1988
Li Ang: Helmut Martin (Hg.), Li Ang, Gattenmord. Roman (Übers. Udo Hoffmann und Chang Hsien-chen), Köln 1987, neue chinesische Bibliothek, München 1990 (dtv)
Li Ping, Zur Stunde des verblassenden Abendrots. Roman (Übers. Marianne Fronhofer-Almen und Birgit Voigtländer), Freiburg/Br. 1988
Liu Binyan: Jean-Philippe Béja (Hg.), Liu Binyan, China! Mein China! (Zweitübers. a. d. Franz.), Wien/Darmstadt 1989
Liu E: Helmut Martin (Hg.), Liu E, Die Reisen des Lao Can. Roman (Übers. Hans Kühner), Frankfurt/M. 1989
Liu Shaotang, Catkin Willow Flats, Peking 1984
Liu Xinwu, Der Ort der Liebe. Erzählung (Übers. Renate Krieg) in: Kubin (Hg.), Hundert Blumen. Frankfurt/M. 1980
– Der Glücksbringer. Erzählung (Übers. Helmut Forster-Latsch, Marie-Luise Latsch und Zhao Zhenquan) in: Donath (Hg.), Die Drachenschnur, Neuwied/Darmstadt 1981
Lu Wenfu, A World of Dreams, Peking 1986
– Die Mauer in: Stefan Hase-Bergen, Suzhouer Miniaturen. Leben und Werk des Schriftstellers Lu Wenfu, Bochum 1990, Chinathemen Bd. 53 (H. M. Hg.)
Lu Xun: Hans-Christoph Buch (Hg.), Lu Xun, Der Einsturz der Lei-feng-Pagode. Essays über Literatur und Revolution in China (Übers. H. Chr. Buch und Wong May), Reinbek 1973
– Die wahre Geschichte des Ah Q (Übers. Joseph Kalmer), Frankfurt/M. 1980
– Wolfgang Kubin (Hg. und Übers.), Lu Xun, Die Methode, wilde Tiere abzurichten. Erzählungen, Essays, Gedichte, Berlin 1981
– Kein Ort zum Schreiben. Gesammelte Gedichte (Übers. Egbert Baqué und Jürgen Theobaldy), Reinbek 1983
– Hans Magnus Enzensberger (Hg.), Lu Xun, Die Große Mauer. Erzählungen, Essays, Gedichte, Nördlingen 1987
Lu Yanzhou, Die wunderbare Geschichte des Himmel-Wolken-Berges. Roman aus China (Übers. Eike Zschacke), Bornheim 1983/Berlin (Ost) 1985
Mao Dun, Seidenraupen im Frühling. Erzählungen und Kurzgeschichten, Berlin (Ost) 1975/München 1987

– Shanghai im Zwielicht, Roman (Übers. Franz Kuhn, revidiert v. Ingrid und Wolfgang Kubin), Berlin 1979/Frankfurt/M. 1983
Mao Tse-tung, 37 Gedichte (Übers. Joachim Schickel), Hamburg 1965
Nieh Hualing, Two Women of China Mulberry and Peach, Peking 1981
Qian Zhongshu, Das Andenken. Erzählungen (Übers. Charlotte Dunsing und Ylva Monschein), Köln 1986, neue chinesische Bibliothek (H. M. Hg.)
– Die umzingelte Festung. Roman (Übers. Monika Motsch und Shi Renzhong), Frankfurt/M. 1988
Ru Zhijuan, Der Pfad durch das Grasland (Zweitübers. a. d. Engl.) in: Hetzel (Hg.), Frauen in China, München 1986
Shen Congwen, Meine Erziehung (Übers. Helmut Martin u. a.), in: Klöpsch u. a. (Hg.), Hoffnung auf Frühling, Frankfurt/M. 1980
– Erzählungen aus China (Übers. Ursula Richter), Frankfurt/M. 1985
– Grenzstadt. Novelle (Übers. Ursula Richter), Frankfurt/M. 1985
– Die Grenzstadt und andere Erzählungen (Übers. Ursula Richter, Helmut Martin und Volker Klöpsch), Berlin (Ost) 1988
Shen Rong, Ein rosenroter Abend. Erzählung (Übers. Marianne Liebermann) in: Fessen-Henjes u. a. (Hg.), Erkundungen, Berlin (Ost) 1984
– In den mittleren Jahren (Zweitübers. a. d. Engl.) in: Hetzel (Hg.), Frauen in China, München 1986
– Zehn Jahre weniger. Erzählung (Übers. Dorothee Ballhaus) in: Wegmann (Hg.), Nach den Wirren, Dortmund 1988
Shu Ting/Gu Cheng, Zwischen Wänden. Moderne chinesische Lyrik (Übers. Rupprecht Mayer), München 1984
Su Shuyang, Nachbarn (1979/80). Ein chinesisches Familiendrama über die Periode des Umbruchs (Übers. Roswitha Brinkmann), Bochum 1984, Chinathemen Bd. 19 (H. M. Hg.)
Su Xiaokang: Sabine Peschel (Hg.), Die gelbe Kultur. Der Film «Heshang»: Traditionskritik in China, Bad Honnef 1991
Wang Anyi, Der Zug endet hier. Erzählung (Übers. Reiner Müller) in: Fessen-Henjes u. a. (Hg.), Erkundungen, Berlin (Ost) 1984
– Wege. Erzählungen, Bonn 1985
– Kleine Lieben. Erzählungen (Übers. Karin Hasselblatt), München 1988
Wang Meng: Helmut Martin/Charlotte Dunsing (Hg.), Wang Meng u. a., Kleines Gerede. Satiren aus der Volksrepublik China, Köln 1985, neue chinesische Bibliothek
– Das Auge der Nacht. Erzählungen, Berlin (Ost)/Zürich 1987
– Fritz Gruner (Hg.), Wang Meng, Ein Schmetterlingstraum, Berlin (Ost) 1988
– Inse Cornelssen/Sun Junhua (Hg.), Wang Meng, Lauter Fürsprecher und andere Geschichten, Bochum 1989, Chinathemen Bd. 44 (H. M. Hg.)
Wang Tuo, Die Explosion. Erzählung (Übers. Wolf Baus) in: Martin u. a. (Hg.), Blick übers Meer, Frankfurt/M. 1982
Wang Zengqi, Die Mönchsweihe. Erzählung (Übers. Ilse Karl) in: Fessen-Henjes u. a. (Hg.), Erkundungen, Berlin (Ost) 1984
– Story after Supper. Peking 1990

Wang Zhenhe, Ein Ochsenkarren als Mitgift. Erzählung (Übers. Charlotte Dunsing) in: Martin u. a. (Hg.), Blick übers Meer, Frankfurt/M. 1982
Xi Xi, A Girl Like Me, Hongkong 1986
Xiao Hong, Frühling in einer kleinen Stadt. Erzählungen (Übers. Ruth Keen), Köln 1985
– Der Ort des Lebens und des Sterbens. Roman (Übers. Karin Hasselblatt), Freiburg/Br. 1989
– Geschichten vom Hulanfluß. Roman (Übers. Ruth Keen), Frankfurt/M. 1990
Xiao Qian (Hsiao Ch'ien), Semolina and Others, Hongkong 1984
Yang Jiang, A Cadre School Life – Six Chapters, Hongkong 1981
Yu Dafu, Allein unterwegs. Erzählung (Übers. Kay Möller) in: Klöpsch u. a. (Hg.), Hoffnung auf Frühling, Frankfurt/M. 1980
Yu Luojin, Ein Wintermärchen. Erzählung (Übers. Michael Nerlich), Bonn 1985
Zhang Jie, Fangzhou – Die Arche. Roman (Übers. Nelly Ma und Michael Kahn-Ackermann), München 1985/1987 (dtv)
– Schwere Flügel. Roman (Übers. Michael Kahn-Ackermann), München 1985/1987 (dtv)
– Solange nichts passiert, geschieht auch nichts. Satiren (Übers. Michael Kahn-Ackermann), München 1987/1990 (dtv)
Zhang Jie/Zhang Kangkang, Das Recht auf Liebe. Drei Erzählungen zu einem wiederentdeckten Thema (Übers. Claudia Magiera), München 1982
Zhang Xianliang, Mimosa and other Stories, Peking 1985
– Die Hälfte des Mannes ist die Frau. Roman (Übers. Petra Retzlaff), Frankfurt/M. 1989
– Die Hälfte des Mannes ist Frau (Übers. Konrad Herrmann), Berlin (Ost) 1990
– Die Pionierbäume (lühuashu). Ein Roman der Volksrepublik China des Jahres 1984 (Übers. Beatrice Breitenmoser), Bochum 1990, Chinathemen Bd. 51 (H. M. Hg.)
– Martha Avery (Übers. u. Hg.), Zhang Xianliang, Getting Used to Dying. Roman, London 1991
Zhang Xinxin, Am gleichen Horizont. Erzählung (Übers. Marie-Luise Beppler-Lie), Bonn 1985
– Traum unserer Generation. Erzählung (Übers. Goatkoei Lang-Tan), Bonn 1986
Zhang Xinxin/Sang Ye: Helmut Martin (Hg.), Zhang Xinxin/Sang Ye, Pekingmenschen, Köln 1986, neue chinesische Bibliothek, München 1989 (dtv)
Zhao Shuxia (Chao Shu-hsia), Traumspuren. Erzählungen (Übers. Heiner Klinge), Köln 1987
– (Susie Chen), Der Jadering. Erzählungen (Übers. Heiner Klinge), Thalwil 1988
Zhong Acheng, The Chess Master in: Chinese Literature 2 (Summer), Peking 1985
Zong Pu, Traummelodie (Zweitübers. a. d. Engl.) in: Hetzel (Hg.), Frauen in China, München 1986